俄 国 史 译 丛 · 社 会

Серия переводов книг по истории России

Россия

РОССИЙСКАЯ ДЕРЕВНЯ В УСЛОВИЯХ УРБАНИЗАЦИИ :

РЕГИОНАЛЬНОЕ ИЗМЕРЕНИЕ (ВТОРАЯ ПОЛОВИНА XIX – XX В.)

城市化背景下的俄罗斯农村
——19 世纪下半叶至 20 世纪

〔俄〕Л.Н.马祖尔／著

Л.Н.Мазур

张广翔　王祎　高腾／译
李牧群／校

社会科学文献出版社
SOCIAL SCIENCES ACADEMIC PRESS (CHINA)

УДК 325.111

ББК С546.22

М139 Российская деревня в условиях урбанизация: региональное

измерение(вторая половина X IX -- X X в.) / Л.Н.Мазур. --Екатеринбург:

Изд-во Урал. Ун-та, 2012. -472с.

本书根据乌拉尔大学出版社 2012 年版本译出

俄国史译丛编委会

著者简介

马祖尔·柳德米拉·尼古拉耶夫娜　　1960 年出生在俄罗斯斯维尔德洛夫斯克州的谢韦尔斯克镇。1983 年毕业于乌拉尔高尔基国立大学历史系。1983～1987 年在乌拉尔地区卡缅斯克市任历史教师，1987～1989 年在俄罗斯科学院乌拉尔分院历史与考古研究所任实验员。1992 年在俄罗斯科学院乌拉尔分院历史与考古研究所获得副博士学位。从 1993 年开始担任"历史与计算机"协会会员。2006 年获得博士学位。从 1992 年开始在乌拉尔国立大学工作，1997 年晋升为副教授，1992～1993 年担任俄罗斯新历史教研室助教，1993 年转到史料学教研室，1996～2001 年担任档案学副教授，2001～2006 年担任文件和信息管理教研室副教授，从 2006 年起担任该教研室主任。

译者简介

张广翔　历史学博士，吉林大学东北亚研究院教授，博士生导师。

王　祎　吉林大学东北亚研究院博士研究生。

高　腾　吉林大学东北亚研究院俄国史博士研究生。

总　序

　　我们之所以组织翻译这套"俄国史译丛"，一是由于我们长期从事俄国史研究，深感国内俄国史方面的研究严重滞后，远远满足不了国内学界的需要，而且国内学者翻译俄罗斯史学家的相关著述过少，不利于我们了解、吸纳和借鉴俄罗斯学者有代表性的成果。有选择地翻译数十册俄国史方面的著作，既是我们深入学习和理解俄国史的过程，还是鞭策我们不断进取的过程，培养人才和锻炼队伍的过程，也是为国内俄国史研究添砖加瓦的过程。

　　二是由于吉林大学俄国史研究团队（以下简称我们团队）与俄罗斯史学家的交往十分密切，团队成员都有赴俄进修或攻读学位的机会，每年都有多人次赴俄参加学术会议，每年请 2～3 位俄罗斯史学家来校讲学。我们与莫斯科大学历史系、俄罗斯科学院俄国史研究所、世界史所、俄罗斯科学院圣彼得堡历史所、俄罗斯科学院乌拉尔分院历史与考古所等单位学术联系频繁，有能力、有机会与俄学者交流译书之事，能最大限度地得到俄同行的理解和支持。以前我们翻译鲍里斯·尼古拉耶维奇·米罗诺夫的著作时就得到了其真诚帮助，此次又得到了莫大历史系的大力支持，而这是我们顺利无偿取得系列书的外文版权的重要条件。舍此，"俄国史译丛"工作无从谈起。

　　三是由于我们团队得到了吉林大学校长李元元、党委书记杨振斌、学校职能部门和东北亚研究院的鼎力支持和帮助。2015 年 5 月 5 日李元元校长访问莫大期间，与莫大校长萨多夫尼奇（В. А. Садовничий）院士，俄罗斯科学院院士、莫大历史系主任卡尔波夫教授，莫大历史系副主任鲍罗德金教授等就加强两校学术合作与交流达成重要共识，李元元校长明确表示吉林大学将大力扶植俄国史研究，为我方翻译莫大学者的著作提供充足的经费支持。萨多夫尼奇校长非常欣赏吉林大学的举措，责成莫大历史系全力配合我方的相关工作。吉林大学主管文科科研的副校长吴振武教授，社科处霍志刚处长非常重视我们团队与莫大历史系的合作，2015 年尽管经费很紧张，还是为我们提供了一定的科研经费。2016 年又为我们提供了一定经费。这一经费支持将持续若干年。

我们团队所在的东北亚研究院建院伊始，就尽一切可能扶持我们团队的发展。现任院长于潇教授上任以来 3 年时间里，一直关怀、鼓励和帮助我们团队，一直鼓励我们不仅立足国内，而且要不断与俄罗斯同行开展各种合作与交流，不断扩大我们团队在国内外的影响。在 2015 年我们团队与莫大历史系新一轮合作中，于潇院长积极帮助我们协调校内有关职能部门，与我们一起起草吉林大学东北亚研究院与莫斯科大学历史系合作方案（2015～2020年），获得了学校的支持。2015 年 11 月 16 日，于潇院长与来访的莫大历史系主任卡尔波夫院士签署了《吉林大学东北亚研究院与莫斯科大学历史系合作方案（2015～2020 年）》，两校学术合作与交流进入了新阶段，其中，我们团队拟 4 年内翻译莫大学者 30 种左右学术著作的工作正式启动。学校职能部门和东北亚研究院的大力支持是我们团队翻译出版"俄国史译丛"的根本保障。于潇院长为我们团队补充人员和提供一定的经费使我们更有信心完成上述任务。

2016 年 7 月 5 日，吉林大学党委书记杨振斌教授率团参加在莫斯科大学举办的中俄大学校长峰会，于潇院长和张广翔等随团参加，会议期间，杨振斌书记与莫大校长萨多夫尼奇院士签署了吉林大学与莫大共建历史学中心的协议。会后莫大历史系学术委员会主任卡尔波夫院士，莫大历史系主任杜奇科夫（И.И. Тучков）教授（2015 年 11 月底任莫大历史系主任），莫大历史系副主任鲍罗德金教授陪同杨振斌书记一行拜访了莫大校长萨多夫尼奇院士，双方围绕共建历史学中心进行了深入的探讨，有力地助推了我们团队翻译莫大历史系学者学术著作一事。

四是由于我们团队同莫大历史系长期的学术联系。我们团队与莫大历史系交往渊源很深，李春隆教授、崔志宏副教授于莫大历史系攻读了副博士学位，张广翔教授、雷丽平教授和杨翠红教授在莫大历史系进修，其中张广翔教授三度在该系进修。与该系鲍维金教授、费多罗夫教授、卡尔波夫院士、米洛夫院士、库库什金院士、鲍罗德金教授、谢伦斯卡雅教授、伊兹梅斯杰耶娃教授、戈里科夫教授、科什曼教授等结下了深厚的友谊。莫大历史系为我们团队的成长倾注了大量的心血。卡尔波夫院士、米洛夫院士、鲍罗德金教授、谢伦斯卡雅教授、伊兹梅斯杰耶娃教授、科什曼教授和戈尔斯科娃副教授前来我校讲授俄国史专题，开拓了我们团队及俄国史方向硕士生和博士生的视野。卡尔波夫院士、米洛夫院士和鲍罗德金教授被我校聘为名誉教授，他们经常为我们团队的发展献计献策。莫大历史系的学者还经常向我们馈赠俄国史方面的著作。正是由于双方有这样的合作基础，在选择翻译的书目方面，很容易沟通。尤其是双方商定拟翻译的30种左右的莫大历史系学者著作，需要无偿转让版权，在这方面，莫大历史系从系主任到所涉及的作者，克服一切困难帮助我们解决关键问题。

五是由于我们团队有一支年富力强的队伍，既懂俄语，又有俄国史方面的基础，进取心强，甘于坐冷板凳。学校层面和学院层面一直重视俄国史研究团队的建设，一直注意及时吸纳新生力量，使我们团队人员年龄结构合理，后备有人，有效避免了俄国史研究队伍青黄不接、后继无人的问题。我们在培养后备人才方面颇有心得，严格要求俄国史方向硕士生和博士生，以阅读和翻译俄国史专业书籍为必修课，硕士学位论文和博士学位论文必须以使用俄文文献为主，研究生从一入学就加强这方面的训练，效果很好：培养了一批俄语非常好，专业基础扎实，后劲足，崭露头角的好苗子。我们在组织力量翻译米罗诺夫所著的《俄国社会史》《帝俄时代生活史》方面，以及在中文刊物上发表的70多篇俄罗斯学者论文的译文，都为我们承担"俄国史译丛"的翻译工作积累了宝贵的经验，锻炼了队伍。

译者队伍长期共事，彼此熟悉，容易合作，便于商量和沟通。我们深知高质量地翻译这些著作绝非易事，需要认真再认真，反复斟酌，不得有半点的马虎和粗心大意。我们翻译的这些俄国史著作，既有俄国经济史、社会史、城市史、政治史，还有文化史和史学理论，以专题研究为主，覆盖的问题方方面面，有很多我们不懂的问题，需要潜心翻译。我们的翻译团队将定期碰头，利用群体的智慧解决共同面对的问题，单个人所无法解决的问题，以及人名、地名、术语统一的问题。更为重要的是，译者将分别与相关作者直接联系，经常就各自遇到的问题用电子邮件向作者请教，我们还将根据翻译进度，有计划地邀请部分作者来我校共商译书过程中遇到的各种问题，尽可能地减少遗憾。

我们翻译的"俄国史译丛"能够顺利进行，离不开吉林大学校领导、社科处和国际合作与交流处、东北亚研究院领导的坚定支持和可靠后援；莫大历史系上下共襄此举，化解了很多合作路上的难题，将此举视为我们共同的事业；社会科学文献出版社的恽薇、高雁等相关人员将此举视为我们共同的任务，尽可能地替我们着想，我们之间的合作将更为愉快、更有成效。我们唯有竭尽全力将"俄国史译丛"视为学术生命，像爱护眼睛一样呵护它、珍惜它，这项工作才有可能做好，才无愧于各方的信任和期待，才能为中国的俄国史研究的进步添砖加瓦。

上述所言与诸位译者共勉。

吉林大学东北亚研究院

张广翔

2016 年 7 月 22 日

目　录

ОГЛАВЛЕНИЕ

作者按

我和很多俄罗斯人一样，是城市居民，习惯了大城市的喧嚣和忙碌，未曾想象过另外一种生活。与大部分城市居民一样，我也是农民的后代。我父母在年轻的时候离开农村来到城市，成为"民族大迁移"——我们称之为城市化的全球戏剧——的一员。或许，正因为如此，我希望了解最近 150 年我的家庭、我的祖国所经历的事情，弄清现代社会有别于传统社会发展进程的深度，并对此做出评价。

"城市化"这一术语十分常见，以至于我们早已将其视为日常词语。从科技词语向日常用语的转变不自觉地冲击并增加着它的词义，从而加大了将其作为研究工具的理解和运用难度。所以需要重新分析这一概念的语义，确定它的科学内涵。

本书重点分析城市化进程的各个阶段，以及农业地区在其各个领域内（居民、日常、文化）的重建。

正是这一考虑决定了本书的章节结构。第一章总述了农村城市化的问题——城市化的内容、主要方向和阶段；第二章以乌拉尔地区的资料为基础，分析了决定城市化空间特点的因素；第三章分析了国家有关农业地区迁移和重建的政策；第四章我们将在乌拉尔地区材料的基础上研究城市化重建进程中农村居民的生活条件及其变化；第五章阐述了乌拉尔农村社会文化风貌的转变；第六章讲述了作为城市化改革水平重要指标的乌拉尔农民生活方式变化的问题。

对区域材料的关注可以让我们找到所研究现象的共性以及特性。此外，在某种程度上，乌拉尔地区城市化的经验是通用的，因为在这里几种城市化模型（工业、农业、林业）并存，这些模型也可适用于俄罗斯其他地区。基于此，笔者研究的不光是地区性城市化的规律性，更是全俄罗斯城市化的规律性。

谨以此书献给我的家庭，特别是我的母亲和女儿，她们一直是支撑我的信念，若没有她们我将无法完成这项工作。我还想感谢我忠实的朋友、同事和无可替代的助手奥·弗·戈尔巴乔夫，在此书创作过程中他给予了我莫大的支持和鼓励。

序　言

20 世纪 50 年代"城市化"这一概念开始进入科学研究范畴，并具有了跨学科性质。它成为地理学、社会学、人口学、经济学和历史学的研究对象。在每个学科中都形成了确定这一概念的独特方法、分期体系以及过渡时期评价标准。

现代对"城市化"作为历史进程的这一概念的主要思想可以归结为三种：一是提升城市在社会发展中的作用；二是居民物质和精神文化在城市中的聚集；三是城市文化和生活方式的传播①。所有这三种论断都反映了社会生活在城市与区域规划、经济、社会、人口、文化领域的变化过程，城市环境作为特殊的社会文化现象是这些变化的根源。在这种情况下，在社会意识和潜意识中产生了已有的城市与农村之间的对立，克服这种对立也就成为"城市化"的社会意义。

如果从词源学来研究"城市化"这个词（源自拉丁语"urbanus"，意为"城市的"），那么这种论断就会显得更加明晰。在 19 世纪下半叶"城市化"一词被编入常用字典，并增加了"习性反应"的意义。起初"城市化"的含义是"使……彬彬有礼，让某物或使某人变得高雅"，这恰恰与城市环境和文化相关联。这一词义变化也被保留到现在，因而城市化即被视为变化过程②。

---

① 见：*Алаев Э. Б. Экономико-географическая терминология.* М. , 1977. C. 205.

② Урбанизация ［Электронный ресурс］ // Большой толковый социологический словарь терминов онлайн. URL: http: //www. onlinedics. ru/slovar/soc/u/urbanizatsija. html.

该词词义后期的传播绝非偶然，它的出现是两种绝佳状态（城市和乡村、城市生活方式和乡村生活方式）反射的结果，即对正在进行的根本转变的反映。在传统社会中城市和农村生活方式的文化断层并不明显，也不深远。只有在城市化的初期，也就是当城市按照新规定运作，而乡村还保留传统价值观的时候，这种断层才显现出来。从城市与乡村对立的角度来理解城市化，在很大程度上与不同社会子系统的异步变化过程有关：首先城市环境发生变化，之后农村地区才被囊括在这一质变过程中。本书的主要研究对象为城市与农村在城市化背景下互相影响的复杂辩证关系，此类研究在文献资料中尚未有明确阐释。

俄罗斯对城市化的研究始于谢苗诺夫·天山斯基，他对现有迁徙系统进行分析，重点对俄罗斯城市的特性与起源进行了研究[①]。在他的专著《俄罗斯欧洲部分的城市和农村》中涉及了有关城市化开端的研究成果[②]。比如他提到一种俄罗斯特有的现象——"虚假"城市，即只是被称为城市，但实质仍为农村的居民点。学者认为"真正"城市的重要标准是"工商业的活跃性"，这是依据生活方式确定的本质特点。

但是这些理论观点没有得到进一步的发展。该书出版后发生的一系列事件——世界大战、革命、国内战争——中断了对城市化进程的研究。在20世纪20年代该问题才再次进入学者们的视线。有关这一话题，在对社会主义建设条件下城市的发展提出不同方案的建筑师们中间展开了最为热烈的讨论。

20世纪30年代这种讨论被强行禁止，当时形成了这样一种观点：城市是劳力，以及经济、智力和物资资源汇集的地方。城市成为最重要的调节和管理的对象，而在社会主义建设条件下整个迁移转变过程被认为是居民网络的逐渐扩大，其中不仅包括已有城市的发展和扩大，也包含将"贫穷、黑

---

① См.: *Семенов-Тян-Шанский В. П.* Город и деревня в Европейской России. СПб., 1910. С. 13, 27.

② См.: *Семенов-Тян-Шанский В. П.* Город и деревня в Европейской России. СПб., 1910. С. 72.

暗"的农村改造为城市的一种。这些关于城市和农村发展道路的观念形成于 20 世纪 30 年代，一直延续到 20 世纪 90 年代，其间经历过一些修正，以相应方式确定了科学探索的方向。

有关城市和农村迁移的现代化问题的新研究高潮出现在 20 世纪 50 年代。在这之前城市化成为影响社会生活的重要因素，而对它的研究也因制定城市建设决议的必要性而具有现实意义。在此期间对城市化的研究做出了主要贡献的是地理学家，他们在很长时间内垄断了这一研究领域。

出现在 20 世纪 60～80 年代的城市化观点都具有实践性，致力于寻求迁移系统最佳方案及其调节工具。其中，以下三种观点扮演了重要角色。

第一种是居民点分组系统理论。该理论的创始人达维多维奇认为居民网络城市化的过程将会按分组系统形成的方法来演化，最终形成这些分组系统研究的因地区生产关系和共有基础设施而相互关联的、不同大小和形态的城市和农村居民点①。这种观点得到了科切特科夫、利斯金古尔特、维什涅夫斯基、比瓦瓦洛夫的支持，他们认为这一过程是必然且不可逆的②。

第二种是 20 世纪 60 年代地理学中出现的新的理论流派，取名为统一迁移系统（ECP）。它是莫斯科大学人口问题研究中心的成果，在霍列夫的作品中能找到最全面的阐释③。这一流派的主要观点是在统筹规划的背景下国家实现城市和农村居民点发展，合理（平均）分配居民，为其提供同等的条件和机会。

第三种是 20 世纪 70 年代出现的迁移支撑框架这一观点，拉波为提出者之一④。他认为迁移支撑框架是迁移系统最稳定的成分，包括城市和由交通

---

① *Давидович В. Г.* Расселение в промышленных узлах СССР. М., 1960. С. 3.

② См.: *Пивоваров Ю. Л.* Современная урбанизация. М., 1976; *Кочетков А. В., Листенгурт Ф. М.* Расселение в СССР. М., 1981.

③ См.: *Хорев Б. С.* Территориальная организация общества. Актуальные проблемы регионального управления и планирования в СССР. М., 1981. С. 238 - 239.

④ См., например: *Лаппо Г. М.* Опорный каркас территориальной структуры народного хозяйства // Территориальная организация производительных сил СССР. М., 1978. С. 3 - 25; *Его же.* Становление и развитие исследований проблем городских агломераций в СССР // Динамика расселения в СССР. Вопросы географии. [Сб.] 129. М., 1986. С. 125.

系统联合在一起的较大农村居民点。在发展迁移框架这一过程中，国家不断形成更优化的居民生活环境。帕里亚对这些思想进行了进一步的研究，他提出了将城市人口集聚点分离的方法，论证了城市中心和确定卫星城区边界的观点[1]。

上述理论方案都是根据"迁移应当依据规划进行完善和发展"这一论调提出的。这些主要观点为苏联迁移总规划提供了基础，而苏联迁移总规划是城市化调控的主要调节工具。长期计划的内容为：毁坏和清除传统农村居民网络，并在其位置建立新的、符合城市标准的迁移系统。

迁移总规划的第一个方案是在苏联生产力分配的总规划基础上于1975年由莫斯科城市建设中央教育研究所提出的。总规划的中心思想为：在苏联领土上建立统一的迁移体系，将居民区分组体系发展为居民结构体系基础。在这一思想的指导下形成了需要发展的62个大型迁移分组体系、169个中型分组体系和323个小型分组体系[2]。

在20世纪80年代中期出现了新的迁移总规划方案，这一方案既反映了平均迁移论支持者和城市主义者之间的争论，也反映了有关迁移系统进化规律性的新观念[3]。

1963年吉布斯成为第一个对迁移进化的周期特性进行研究的人，他根据城乡互相作用的特点将城市化分成五个主要阶段。本国学界的这些思想在扎翁奇科夫斯卡亚[4]的作品中得到了发展，她考虑到人口变化的动态过程和城市的角色，将迁移进化分为三个阶段：一是传统的（土地的）阶段，二是工业阶段，三是后工业化阶段。在现代城市学中这种分阶段的理论成为理

① См. : *Полян П. М.* Методика выделения и анализа опорного каркаса расселения. Ч. 1. М. , 1988. С. 77.

② См. : *Браде И.* , *Перцик Е. Н.* , *Питерский А. С.* Районная планировка и разработка схем расселения. Опыт и перспективы. М. , 2000. С. 44.

③ См. , в частности: *Гольц Г. А.* Урбанизация как феномен культуры : закономерности социально-информационного разнообразия // Изв. РАН. Сер. География. 1994. № 3. С. 24 – 37.

④ См. : *Зайончковская Ж. А.* Демографическая ситуация и расселение. М. , 1991.

解城市化进程和机制的基础①。

　　地方学也对城市化问题的研究做出了自己的贡献。20世纪60～80年代，彼尔姆和斯维尔德洛夫斯克建成了致力于研究迁移区域系统的科学中心②。乌拉尔地区作为除俄罗斯莫斯科及西北地区外城市化程度较高的地区，为研究人口集聚点的形成和发展，及其对城市居民网络变化的影响提供了机会③。对农村地区在城市化条件下的发展问题和城乡迁移的互相作用的研究在20世纪70年代瓦热妮娜的作品中有所体现④。新西伯利亚的学者们（受扎斯拉夫斯卡娅指导）对农村城市化问题的研究做了突出贡献，为新科研方向——迁移社会学的出现奠定了基础⑤。

　　20世纪下半叶在历史学中分出了几个以不同方式涉及农村城市化问题的研究方向：历史城市建设，农业历史，新社会历史（日常生活历史、心智历史）。

　　20世纪50年代，历史城市建设成为基本的科研方向，其真正成为成熟的科研方向则是在21世纪初。根据研究选题和性质可以将历史城市建设研究分成以下几个发展阶段。

---

①　См., например: Город и деревня в Европейской России: сто лет перемен. М., 2001; *Иоффе Г. В.* Управление расселением: возможности и ограничения // Методы изучения расселения. М., 1987; *Комель Т.* Стадиальная концепция урбанизации: методология и методы анализа // Методы изучения расселения. М., 1987.

②　См.: Территориальные социально-экономические системы Урала: территориальная организация производства и расселение Урала. Пермь, 1977; *Уральская Е. М.* Сельское расселение и типология сельских населенных пунктов Свердловской области // Вопр. эконом. истории и эконом. географии. Свердловск, 1964; *Ее же.* Сельские несельскохозяйственные поселения Свердловской области // Вестн. МГУ. Сер. 5, География. Вып. 5. М., 1966; *Ее же.* Расселение Свердловской области и его районирование: автореф. дис. ··· канд. геогр. наук. Л., 1968; Сельская местность: территориальные аспекты социально-экономического развития: сб. ст. Уфа, 1986; и др.

③　См.: *Демидова Г. П.* Вопросы развития Нижнетагильской городской агломерации: автореф. дис. ... канд. геогр. наук. М., 1971; и др.

④　См.: *Важенин Г. Ф.* Уральское село: образование, культура, быт. Свердловск, 1970; *Его же.* Город и деревня: новый этап сближения. Свердловск, 1976.

⑤　См., например: Социальное развитие села: анализ и моделирование. Новосибирск, 1980; *Рывкина Р. В.* Образ жизни сельского населения. Новосибирск, 1979; и др.

·20 世纪 50 ~ 70 年代——不同城市历史的研究①。

·20 世纪 80 ~ 90 年代——城市历史概况研究的出现（日罗姆斯卡娅、米罗诺夫、伦德久恩斯基、谢尼亚夫斯基等)②。

·21 世纪初——由城市历史研究转向城市化研究（谢尼亚夫斯基、列伊波维奇等)③。

在众多历史研究中应特别注意谢尼亚夫斯基的作品，因为他将历史城市建设这一概念引入科学领域④。在 2000 年出版的乌拉尔历史学家的著作中对城市化进行了综合评价，即将其视为俄罗斯社会现代化的组成部分⑤。

20 世纪 90 年代历史学家们对乌拉尔城市进行了积极研究⑥。这个课题也是阿尔费洛娃关于分析乌拉尔城市在改革后人口和经济发展方面的一系列研究课题之一⑦。世纪之交，一系列由米年科教授团队完成的著作问世，这些著作反映了 18 ~ 19 世纪乌拉尔城市生活精神风貌和社会生活的方方面面，

---

① См. , в частности: *Иофа Л. Е.* Города Урала : экономико-географическое исследование. М. , 1951; и др.

② См. , например: *Миронов Б. Н.* Русский город в 1740 – 1860-е гг. : демографическое, социальное и экономическое развитие. Л. , 1990; *Рындзюнский П. Г.* Крестьяне и город в капиталистической России второй половины XIX века : (взаимоотношения города и деревни в социально-экономическом строе России) . М. , 1983; *Жиромская В. Б.* Советский город в 1921 – 1925 гг. : проблемы социальной структуры. М. , 1988.

③ См. : *Сенявский А. С.* Российский город в 1960 – 1980-е годы. М. 1995; *Его же.* Урбанизация России в XX веке. Роль в историческом процессе. М. , 2003; *Его же.* Российский путь к городскому обществу в контексте модернизационных процессов // Урал. ист. вестн. № 5/6 : Модернизация: факторы, модели развития, последствия изменений. Екатеринбург, 2000. С. 139 – 152; и др.

④ См. : *Сенявский А. С.* Российский город в 1960 – 1980-е годы; *Его же.* Урбанизация России в XX веке. . .

⑤ Опыт российских модернизаций XVIII – XX вв. М. , 2000.

⑥ См. , в частности: *Лотарева Р. М.* Города-заводы России, XIII – первая половина XIX в. Екатеринбург, 1993.

⑦ См. : *Алферова Е. Ю.* Уральский город пореформенного времени: тенденции демографического развития // Пробл. социально-политической истории Урала. Челябинск, 1991. С. 68 – 79; *Ее же.* Города Урала второй половины XIX в. как центры торговли // Промышленность Урала в период капитализма. Социально-экономические и экологические проблемы. Екатеринбург, 1992. С. 168 – 191.

如农业和工业环境相互作用的问题和自我管理等问题①。

20世纪乌拉尔城市发展的历史观点反映在一系列由乌拉尔历史和考古研究所发表的文献中②，如阿鲁德日耶娃的预印本中有依据人口普查对城市和城市居民整体发展的描述，对区域城市化水平的评价和对其地区特点的描述③。

对小城市问题的研究出现在20世纪巴卡诺娃的专著中④。为了分析萧条城市，她使用了一些未经充分考察的文献资料，如城市登记簿，在此基础上不仅研究了人口变迁的动态和结构，同时还研究了城市基础设施的现状，包括住房保障和公用事业发展水平。

旨在研究工业和农业环境之间相互作用经验的著作对于理解乌拉尔地区城市化特点起着特殊作用。以乌拉尔和西西伯利亚的采矿工业中心为例，乌拉尔的历史学家们——米年科、波别列日尼科夫、阿普卡利莫娃和戈利科娃——仔细研究了18世纪到19世纪上半叶采矿工业中心和周边农业环境在经济、文化生活和社会阶层领域内相互作用的问题。在这种情况下特别强调农村融入采矿工业生产的途径和方法，以及国家在这一过程中的参与⑤。

如果要评价区域学的现状及其对研究乌拉尔中部地区城市化问题所做的贡献，那么需要强调的是，近年来其主要集中对城市发展进行研究，同时在这个领域取得了令人瞩目的成果。因此我们可以获取大量有关乌拉尔地区城

---

① См. : Город и русская культурная традиция на Урале в XVIII – начале XX века. Екатеринбург, 2002 ; Уральский город в XVIII – начале XX в. : проблемы социальной истории. Екатеринбург, 2004 ; *Апкаримова Е. Ю. , Голикова С. В. , Миненко Н. А. , Побережников И. В.* Сельское и городское самоуправление на Урале в XVIII – начале XX века. М. , 2003 ; и др.

② См. : Урал в панораме XX века. Екатеринбург, 2000 ; и др.

③ *Оруджиева А. Г.* Формирование системы городов Урала в двадцатом столетии : науч. докл. : препринт. Екатеринбург, 2005.

④ *Баканов С. А.* Депрессивные города Урала в 1960 – 1980-е гг. : анализ социально-экономических и демографических факторов. Челябинск, 2005.

⑤ См. : *Голикова С. В. , Миненко Н. А. , Побережников И. В.* Горнозаводские центры и аграрная среда в России : взаимодействия и противоречия (XVIII – первая половина XIX в.) . М. , 2000.

市发展的动态、性质和特点的信息。此外，学者们研究的不仅是大城市，还有那些在苏维埃时期和后苏维埃时期在整体上都很少被研究的城市类型的乡村。应当指出的是，对于乌拉尔地区来讲，这种类型的居民点因为其数量众多而有根本性的意义，并且在众多区域中肩负着行政和经济的重担。在格里戈罗维奇的学位论文中可以找到有关以乌拉尔中部地区为例的城市类型的乡村发展的历史和现代观点①。这些文章的出现拓宽了我们对城市居民网络和其前景研究的认知范围。

　　在分析历史学代表的城市化研究特点的过程中，应当指出的是，大部分研究都是在城市历史的背景下进行的。对农村迁移进化的研究是以历史编纂学传统作为依托的，通常和在城市化背景下对其理解没有关系。在大部分作品中城市化被视为乡村地区改革的外部因素，而非其主要意义。这里可以看到严格的方法论限制，不能正确评价乡村地区改革的内容、结果和性质。关于乌拉尔地区农村历史新理解的第一次尝试来自马祖尔和布罗茨卡娅的讲述20世纪中乌拉尔农村迁移进程的著作②。农村居民网络发展的动态分析和由作者划分的区域模式成为对城市化——与居民生活条件和方式转变相关的社会现象——未来深度研究的基础。对社会中所有过程不可分割性的理解变得非常重要：城市角色的变化，由于城市生活方式形成不可避免的农村地区的变化（首先发生在城市周边，之后是更远的地区）。一切都在发生改变：居民点的外观、住宅和日常生活条件、文化、生活习惯、心智发展。发达的城市化社会里的农村居民有别于城市居民，但这种区别不是根本性的，他们有相同的教育、相似的需求、同样的期望。城市化，而非社会主义有助于同源社会的形成，消除在信息和社会文化规划中的城乡差别，但同时保留生活方式的差异性，为横向流动性提供新的可能性和前景。

---

① См.：*Григорович М. А.* Современные социально-географические тенденции развития поселков городского типа старопромышленного региона（на примере Среднего Урала）：автореф. дис. ... канд. геогр. наук. Пермь, 2006.

② См.：*Мазур Л. Н.*, *Бродская Л. И.* Эволюция сельских поселений Среднего Урала в XX веке：опыт динамического анализа. Екатеринбург, 2006.

　　总之，城市化条件下的农村社会文化变化规律的综合研究目前是缺乏的。但这不能证明没有历史编纂方面的基础，20 世纪下半叶对俄罗斯农村历史的研究工作诸如农业历史等基础学科方面在紧张而富有成效地进行。

　　在苏联时期对于苏联农村生活的各方面都展开了积极研究：农业和农村居民历史、教育、农村地区的文化生活发展、农业建设、农业政策等。苏联时期俄罗斯农业的发展在讲述苏联农民历史的著作、反映农业历史各个时期和方面的总结性作品（沃尔科夫、达尼洛夫、泽列宁、阿鲁秋尼扬、秋利娜等的作品）中得到了体现①。在 20 世纪 80 年代关于农业历史的概括性成果不只体现在全苏联研究层面上，也体现在区域研究层面上。如 20 世纪70 ~ 80 年代在乌拉尔地区对这些问题的研究非常多，最终一系列关于乌拉尔地区农村和农民历史研究的著作问世②。

　　尽管有意识形态指令的压力和所研究问题的"定制性"问题，但本国科学还是在广泛范围内取得了显著成就。首先是在组织生产和社会层面。这个时期最重要的科学工作成就是来源于档案馆藏和统计字典的丰富数据。对生产力和生产关系问题的关注最后成为促进科学著作中研究那些曾处于科研

①　См., например: *Волков И. М.* Трудовой подвиг советского крестьянства в послевоенные годы. М., 1972; *Данилов В. П.* Советская доколхозная деревня: население, землепользование, хозяйство. М., 1977; *Его же.* Советская доколхозная деревня. Социальная структура, социальные отношения. М., 1979; *Зеленин И. Е.* Совхозы СССР в годы довоенных пятилеток, 1928 - 1941. М., 1982; *Арутюнян Ю. В.* Социальная структура сельского населения СССР. М., 1971; *Тюрина А. П.*

②　См., например: *Толмачева Р. П.* Колхозы Урала в первые послевоенные годы (1946 - 1950). Томск, 1979; *Ее же.* Колхозы Урала в 50-е гг. Томск, 1981; Общественно-политическая жизнь уральской советской деревни: сб. науч. тр. Свердловск, 1985; Население и трудовые ресурсы уральской советской деревни: сб. науч. тр. Свердловск, 1987; Социально-демографическое развитие уральского села: сб. ст. Свердловск, 1988; Материальное благосостояние тружеников уральской советской деревни, 1917 - 1985 гг.: сб. науч. тр. Свердловск, 1988; Социальная активность тружеников уральской советской деревни: сб. ст. Свердловск:, 1990; Развитие культуры уральской советской деревни, 1917 - 1987 гг.: сб. ст. Свердловск, 1990; История народного хозяйства Урала: в 2 ч. Свердловск, 1990; *Мотревич В. П.* Колхозы Урала в годы Великой Отечественной войны. Свердловск, 1990; *Корнилов Г. Е.* Уральская деревня в период Великой Отечественной войны (1941 - 1945 гг.). Свердловск, 1990; и др.

边缘，而后变为科研前沿的问题的前提条件。其中也包括农业地区城市化的问题。

农业历史编纂学的后苏维埃时期扩展了研究课题、史料范围、方法论和教学法科学的储备，也包括新方法的运用，按新方法评价 20 世纪农业俄罗斯的命运。在现阶段分成以下几个农业历史研究方向，或多或少涉及农业地区的城市化问题。

一是 20 世纪俄罗斯农业发展中的土地制度和趋势研究。这个方向和农业范围内重建的内容及其性质的理论再认知有关。此外，除旨在分析生产指标的作品外，出现了一系列有关农业领域转变的概念评估的著作。

第一，从构造模式出发向资本主义过渡的观点（别兹宁、季莫尼）。持此观点的学者拒绝承认农业环境中所形成关系的社会主义性质，并从资本主义的观点对其进行研究，即作为国家资本主义利用古代（封建）资本原始积累制度的一种变种[1]。

第二，农业转换的观点（科尔尼洛夫）。依靠现代化的方法，通过农业工业化研究农业范围内的变化[2]。在反映农业范围重建的过程中，农业转换包括农村生活的工业、人口、社会、文化、居民等范围，是现代化的重要组成部分。

第三，农业结构的观点（伊利伊内赫）。认为产生于自然的、经济的和政治因素综合影响下的农业模式中的农业经济具有不连续性，需要对其进行基于微量分析的精确研究。农业结构具有时间特性和空间特性。农业结构模式的出现和对其时间和空间上相互作用性质的评价为理解农业发展机制和寻找最佳模式提供了可能性[3]。

二是对 20 世纪国家农业政治和农业改革的研究。主要是历史学家和土

---

① См. Безным М. А. Демона Т. М. Агрорный строй России в 1930 – 1080 – е тез науг дыл вологда 2003.

② *Корнилов Г. Е.* Трансформация аграрной сферы Урала в первой половине XX века // XX век и сельская Россия / под ред. Хироси Окуда. Токио, 2005. С. 286 – 314.

③ См. : *Ильиных В. А.* Аграрный строй Сибири в XX веке: поиск модели устойчивого развития // Россия в XX веке. Реформы и революция. Т. 1. М. , 2002. С. 644 – 654.

地问题专家关注最近几十年那些对于国家命运而言非常重要的措施：斯托雷
平土地改革，农业集体化，20 世纪 50 年代赫鲁晓夫改革，1965～1982 年的
勃列日涅夫政策。对改革抉择和可能结果的分析及其结构的综合评价成为近
年来研究的特点。集中体现在评价系统中的领导人个人，还有采取措施后的
责任问题①。这一章主要讲述集体化和没收富人生产资料与土地，对包括乌
拉尔在内的俄罗斯北部和东部领土城市化特点带来巨大影响的国内营业制度
的形成和发展的历史②。

　　三是对农业生产组织形式及其发展的研究（集体农庄、国营农场、农
户、农业工业联合体）。研究农业生产组织形式及其进程的文献涵盖了所有
主要形式——农户、集体农庄、国营农场③。此外主要将注意力集中在农户
历史上，着重研究 20 世纪各阶段的农业结构、生产指标的动态，及其经济
效率。近年来，主要是 20 世纪初和 20 世纪 20 年代，区域调查的数量增
加④。

　　四是农村人口的历史人口学研究。对农村人口结构和数量动态的研究对
于理解农村城市化的过程有根本意义，特别是城市化中最重要的部分——农
村人口迁移。历史人口学研究分为几个研究方向：20 世纪人口灾难及其后

① См., например: *Берсенев В. Л.* Исторические особенности реформирования аграрных
　 отношений в России. Екатеринбург, 1994; *Тюкавкин В. Г.* Великорусское крестьянство и
　 Столыпинская аграрная реформа. М., 2001; *Зеленин И. Е.* Аграрная политика Н. С.
　 Хрущева и сельское хозяйство. М., 2001; *Наухацкий В. В.* Аграрная политика в СССР в
　 1965 – 1990 – х годах: проблемы разработки и реализации. Ростов н/Д, 1996; и др.

② См., например: *Земсков В. Н.* Судьба 《кулацкой ссылки》 (1930 – 1954) // Отечественная
　 история. 1994. № 1. С. 118 – 147; *Славко Т. И.* Кулацкая ссылка на Урале, 1930 – 1936.
　 М., 1995; и др.

③ *Романченко В. Я.* Государственные сельские хозяйства России: Ист. опыт, проблемы,
　 уроки развития. Саратов, 2000; и др.

④ *Безнин М. А.* Крестьянский двор в российском Нечерноземье, 1950 – 1965 гг. М.;
　 Вологда, 1991; *Есиков С. А.* Крестьянское хозяйство Тамбовской губернии в начале XX
　 века (1900 – 1921 гг.). Тамбов, 1998; *Его же.* Крестьянское хозяйство Тамбовской
　 губернии в годы нэпа (1921 – 1928 гг.). Тамбов, 2004; *Лабузов В. А.*, *Сафонов Д. А.*
　 Оренбургская деревня на завершающем этапе Гражданской войны (1920 – 1922 гг.).
　 Оренбург, 2002; и др.

果的分析，人口迁移理论下居民数量动态研究，再生产过程，对迁移流中的家庭、结构和动态的研究①。

五是对农民的日常和文化、建筑、农村地区的公用事业的研究。农村地区的城市化直接反映在日常和文化基础设施变化、居民点外观和福利设施变化、农民新生活方式形成上。这些问题在近几十年渐渐从社会和经济工作中转移到历史工作中去，并且反映在俄罗斯和地区性的作品中，反映了日益增长的对日常和心智历史的研究②。

六是对20世纪农村迁移进程的研究（杰尼索娃、马祖尔、鲁西诺夫等）③。从表面看城市化与居民结构的重建有关，而从整体上来讲，它们可以成为评价城市化水平的客观标准。

除上述农业历史研究方向，还有研究农村历史的新方法。包括研究农民的建筑、住房、思潮和记忆的社会历史（科兹诺娃），研究农村妇女的历史（杰尼索娃），研究劳动（格卢姆纳亚），研究饥饿（孔德拉申、科尔尼洛夫）的作品④。

上述所有研究都没有直接研究农村城市化这一课题，但都有所涉及。20

---

① См. : *Вербицкая О. М.* Население российской деревни в 1939 – 1959 гг. Проблемы демографического развития. М. , 2002; *Корнилов Г. Е.* Уральское село и война : （Проблемы демографического развития）. Екатеринбург, 1993; *Карпунина И. Б. , Мелентьева А. П. , Ильиных В. А.* Сельское население в Западной Сибири в 1960 – 1980 - е гг. Новосибирск, 2003; *Горбачев О. В.* На пути к городу: сельская миграция в Центральной России（1946 – 1985 гг. ）и советская модель урбанизации. М. , 2002.

② См. , например: *Наухацкий В. В. , Кабанов А. Н.* Развитие социальной сферы села Ростовской области в 1965 – 1991 гг. Ростов н/Д. , 2001; *Попов А. А. , Сметанин А. Ф.* Советская северная деревня в 60-е – первой половине 80-х гг. Сыктывкар, 1995; и др.

③ См. , например: *Русинов И. В.* 《Неперспективная》 деревня: от домыслов к истине // Вопр. истории КПСС. 1990. № 8. С. 50 – 63; *Денисова Л. Н.* Исчезающая деревня России : Нечерноземье в 1960 – 1980-е гг. М. , 1996; *Мазур Л. Н. , Бродская Л. И.* Эволюция сельских поселений Среднего Урала в XX веке...

④ См. : *Кознова И. Е.* XX век в социальной памяти российского крестьянства. М. , 2000; *Кондрашин В. В.* Голод 1932 – 1933 годов в деревнях Поволжья // Вопр. истории. 1991. № 6. С. 176 – 181; *Корнилов Г. Е.* Создание системы продовольственного обеспечения населения страны в первой половине XX века // HistoryoftheRussianPeasantryinthe 20thCentury [Vol. 1]. Tokyo, 2002. pp. 33 – 54.

世纪下半叶对城市化研究的最重要的成果是将城市化视为整个社会重建的综合过程，不仅包括城市环境，也包括农村地区，促进城市化开端的改革和一体化迁移新模式的建立。

根据累积的关于研究农村城市化进程的理论和方法论经验，可以将课题分为以下部分：

· 划分并论证俄罗斯农村的年代、阶段和重建结果；

· 论证城市化水平及其标准；

· 研究农村城市化的历史模式；

· 区分新社会文化环境（农村教育、大众媒介、迁移）的形成途径并评价其作用；

· 研究俄罗斯农村建筑艺术和平面布置的进化（规划、农村建设、农村建筑、公用设施）；

· 研究农民两极分化的主要机制和生活方式的变化。

第一章
现代化与农村的城市化：
相互作用的辩证关系

第一节 俄国现代化的特点

21 世纪初的农村，尽管具有一定的识别度或保留一定的传统特征，实际上却完全是一种新鲜事物。无论是样貌，还是公共设施水平和整体生活系统等方面，均有别于 19 世纪末的俄罗斯农村。变化囊括农村社会组织的所有层面，包括居民分布体系、居民区本身、农舍和生活方式等，而这里所说的生活方式是在以下三种要素的作用下形成的，即农业生产、家庭，以及与社会文化空间发展相关的基础设施完善。

20 世纪发生在俄罗斯社会的变化，其总体方向可用一个言简意赅而又含义丰富的词来概括——现代化。现代化是一个复杂的过程，囊括人类共同活动的所有领域，介乎传统阶段与工业化、后工业化时期之间。而"现代化"的组成部分之一，便是"城市化"。

狭义的"城市化"被理解为一种"将人口和经济生活在城市里进行集中，同时将农村改造成为'城市型乡镇'的过程"①，这种定义是相当肤浅

---

① См.：Словарь экономических терминов［Электронный ресурс］. URL：http：//krcor.ru/dict/y.html#УРБАНИЗАЦИЯ.

的。较为广义的"城市化"则被认为是一种在城市基础上进行的居民生活环境与方式的综合性改革。这一问题的提出，能够帮助我们理解社会发展中"城市化"的真正含义，帮助我们从科学实践中摆脱对城市体系经济地理分析根深蒂固的刻板认知①。这一课题研究的主要组成部分，便是城市化条件下针对农村环境改革分析的相关问题，然而这些问题却常常被忽略。

研究人员在分析俄罗斯农村城市化特点时，往往都会指出它的"乡村性"特点②。此类评价是非常严谨准确的：一方面，城市在自身结构、空间组织、社会环境上，仍对乡村性质有所保留和再现；另一方面，农业地区改革具有变形的城市性，试图改变自身长期生活质量与生活水平落后的局面。城市居民点与农村居民点的转换，是两个紧密相关的过程，二者均需要在全球和区域两个层面进行综合性研究。

城市化的综合性特点，改变着居民在经济、社会、人口、日常、文化等方面的生活，但其范围并不限于城市居民，也涉及农业地区。这些改变所形成的结果在很长一段时间内被片面地认为是农村人口逐渐向城市迁移的过程。但与预期相反的是，农业地区并没有消失，也并未被城市吞没，而是作为现代社会重要的组成部分保留下来，并发挥着经济、文化、休闲娱乐的功能。农业地区的特殊性，及其包括法律地位在内的特殊地位均保存下来，因为有相当一部分居民生活在这里。2002 年的人口普查数据显示，俄罗斯联邦的农村居民数量总计 38738000 人③。农业地区不仅是土地财富和物质财富的聚集地，还拥有最主要的休闲娱乐资源，而在现代环境下这种资源的重

---

① *Добреньков В. И.*, *Кравченко А. И.* Социология : в 3 т. Т. 3 : Социальные институты и процессы. М., 2001.

② Эту особенность выделяют, в частности, Г. М. Лаппо, А. Г. Вишневский, А. И. Трейвиш (см. : Российский город – симбиоз городского и сельского ［Электронный ресурс］ // Население и общество. 2005. № 221/222, 7 – 20 ноября. URL：http：// demoscope. ru/weekly/2005/0221/analit06. php).

③ Городское и сельское население по субъектам Российской Федерации ［Электронный ресурс］ // Итоги Всероссийской переписи населения 2002 г. URL：http：//www. gks. ru/PEREPIS/ t1. htm. 本书部分数据已根据上下文核改，但仍有部分错误数据因无其他资料可证，无法修改，只能遵从原书。特此说明，下不另注。——译者注

要性正在愈发凸显。

当从历史层面探究"城市化"时，首先需要对这一现象进行时期的划分，而划分时期的基础问题便是城市化变化的起点和出发点。同时，我们也必须承认，从原则上来讲，确定某一个具体日期是不可能的，但给出大体时间节点也是必要的，否则，谈论关于城市化进程的本质特征、阶段、结果及前景都是毫无意义的。

城市化问题研究的特点是在多种学科范围内形成了一些其独有的时期划分法，其中也包括对城市化发展初期阶段的不同评价。在地理学中，有人对这一过程的释义非常广泛，将其放在城市历史背景[①]下，即将初期阶段与古老城市的出现做对比，而有人首先将城市化问题与人口分布一体化形式的形成相联系，如人口聚集区和特大城市[②]。在人口学中，城市化现象的基本判断依据是城市人口所占比重，确切地说，是与农村居民向城市大规模迁徙相关的人口迁移过程。这一活动发生在 19 世纪末至 20 世纪初的俄罗斯，在战后时期达到了峰值[③]。从经济学角度出发，城市化被认为是一个"在农村向城市型乡镇转型的同时，将人口与城市经济生活进行集中"的过程[④]。不仅如此，在城市化条件下建设城市居民生活的核心就是制造商品和提供服务，在此背景下，城市化进程与工业化密切相关，而从社会层面来看，又与消费社会的形成不可分割。

因此，考虑到地理学、经济学及人口学领域提出的判断标准，城市化是一种与新时代和现代社会的形成有关的现象。然而，基于对持续、长久的经济和人口过渡性发展的评估，其年代范围尚不能确定。

---

① См.：*Озерова Г. Н.*，*Покшишевский В. В.* География мирового процесса урбанизации. М.，2001；*Перцик Е. П.* География городов（геоурбанистика）. М.，1995；*Лаппо Г. М.* География городов. М.，1997；*Боже-Гарнье Ж.*，*Шабо Ж.* Очерки по географии городов. М.，1967；и др.

② См.，в частности：*Пивоваров Ю. Л.* Основы геоурбанистики：учеб. пособие для студентов. М.，1999.

③ См.：*Зайончковская Ж. А.* Демографическая ситуация и расселение. М.，1991. С. 3.

④ Урбанизация［Электронный ресурс］：слов. эконом. терминов. URL：http：//krcor. ru/dict/y. html#УРБАНИЗАЦИЯ.

除人口经济学方面外，城市化还包括与生活方式变化相关的社会文化层面。如果考虑到这一层面，那么城市化进程则是一种更为复杂的情况，它导致了就业结构、生活方式、社会关系特征发生原则性改变。社会文化关系新体系作为城市化的重要成果，区别于传统意义上（公社、公会）的社会文化关系，且面向独立的人，即个人的权利和利益占首位。因此，会出现传统社会、政治、教育、文化等领域制度的更替，以及建立在绝对原则、公民权利和自由基础上的新制度，也正是它们揭示了城市环境和城市生活方式的性质和内容。

在社会文化层面，城市化不免被看作一个生活方式的现代化过程，其中包括城市本身从传统生活模式到现代方式的转变，也包括建立一些在城市和农村环境下均能得以实施，却又不同时、不相同的标准。因此，在城市化进程中，无论是城市还是农村，都在发生改变。农村生活方式的变化可以被视为二次过程，因为这种变化的趋势和特征不仅受宏观水平因素影响，还要受到城市往来环境因素的制约。

从社会角度研究"城市化"问题时，需要在纵向关系（时间上）和横向关系的层面上划分出"生活方式"这一概念的明确界限，并准确理解传统和现代的、城市和农村的生活方式等定义。这些概念与某些城市化趋向和阶段是相关联的，城市化首先涉及城市环境，有利于城市向现代化（技术、文化、政治等）转型革新，促进符合现代"城市生活方式"观念的生活、劳动、休闲、行为举止等新准则的出现。之后，城市成为这一模式在逐渐扩大的交际空间范围内得以蔓延、传播并广泛运用的发源地。农村生活方式进化（或城市化）的突出特点是改革迟缓、低速，且在很长一段时间内保留其传统特征，如农村的居民与决定农村日常生活周期的周边自然环境之间的紧密联系。

在历史和社会文化研究中，目前有两种对城市化进行分期的基本方法：世界体系法和现代化方法。

将城市化视为全面统一历史进程的观点在"世界体系"概念中得到了最充分的体现。这一概念出现的时间为 1970 年，且与弗兰克、瓦列尔斯坦因、阿米恩、阿里加、桑托斯等人有关。瓦列尔斯坦因认为，世界体系方法是一套描述"历史体系"或"世界体系"，即长期存在、被一体化的，内部统一连贯性用经济、政治、文化的互相作用来保障的体系的形成过程、功能机制和进化过程的理论①。世界体系的结构和界限范围被社会劳动分工所明确，且分为两种类型：微型系统（原始社会）和世界系统。后者的早期代表为帝国（公元前 8000 ~ 1500），后期为经济世界。资本主义属于后者，它是唯一在近代和现代（16 世纪至今）复杂变化中形成并保存下来的经济世界系统。就这个角度而言，社会主义并不像资本主义那样走运，尽管它的历史经验不能被完全否定。

城市化概念在世界体系观点中占有一席之地，它被视为国家的根基，公元前 4 世纪至 3 世纪初国家建立形成，城市形式正是这些国家的初期形态。在这种情况下，城市化进程被放置在全球范围内研究，并与这类城市的建立和发展历史相比较。这一方法的薄弱之处在于城市作为历史事实，具有各种不同的面貌形式：固定的居民点、城邦和宫邸。所有这些多样性，直至造成被研究现象之间明显的不可比性的多样性，为传统社会所特有，尤其是其古代时期。近现代城市是较均一的概念，它在自身特点、功能、作用上不同于其早期的历史形态。因此我们有理由怀疑，城市化是不是一个完整的跨历史进程。

在现代化理论背景下，城市化被认为是全球最重要的以城市为基础的社会改革，这一改革与一定的历史发展阶段有关，即农业社会向工业社会转型。这种情况考虑的是传统社会的城市体系与城市化社会的城市体系之间的差异。工业化和城市化之间相连过程的参照点常常被称作"18 世纪末的工业革命"②。比如，季杰列克斯在描述 15 ~ 20 世纪西欧国家的现代化进程时，将城市化和工业阶段相比较，并将城市化看作生产和生活在城市中集中

①　См. подробнее： *Валлерстайн И.* Миросистемный анализ. Введение / пер. Н. Тюкиной. М. , 2006.

②　Урбанизация ［Электронный ресурс］// Мегаэнциклопедия Кирилла и Мефодия. URL： http：//www. megabook. ru/Article. asp？AID = 680860.

的结果①。在这种情况下，他强调城市存在于较早阶段，是传统社会组织的形式之一。尽管城市发挥着重要功能（军事、行政、手工业等），但这些功能并没有后期那般的影响力，它们被纳入农村地区，即作为农村地区的组成部分。此外在城市化社会中，城市是一个结构形成要素。

米罗诺夫的观点与这一立场相近。他长年致力于研究俄罗斯城市的历史和帝国时期城市的发展动态②。比如，他在自己的著作中着重强调俄罗斯某一阶段的历史（17 世纪至 20 世纪初），当时城市和农村经历了重大改变。他认为，17 世纪中叶以前，俄罗斯的城市和农村"是社会、经济和文化的统一空间"③。自 17 世纪中叶起，在立法和实践过程中，才开始从行政方面区分城市和农村。彼得改革过程中，这些差异由于俄罗斯城市日常生活与文化的欧化而得以加强。1861 年前，分化过程因城乡环境的经济独立而合理完成。

在划分界限的过程中，有一个认识俄罗斯城市化特点的重要时期，那便是 1775～1785 年。当时正式对城市和农村进行了划分，确定居民点地位标准，赋予城市新功能。新功能不仅包括行政功能，还有文化、信息等功能。

米罗诺夫提出关于城市和农村在城市化条件下相互作用过程的循环性的论点：从空间连续的均一性到其分化，到拓扑凝聚性空间的形成，然后再重新变为它的一体化。研究者认为，19 世纪 60 年代完成划分范围阶段，并已在改革后期形成一体化趋势。这种趋势在 1917 年之前，乃至今日，也未能实现④。

根据城乡相互作用的特性，米罗诺夫将俄罗斯社会发展分为以下阶段。

第一，17 世纪前，城市和农村在法律、社会、文化、经济等方面无原则性差异。这是传统社会的特性。

---

① См.: От аграрного общества к государству всеобщего благосостояния. М., 1998. С. 11.

② См.: *Миронов Б. Н.* Русский город в 1740 – 1860-е гг. Л., 1990; *Его же.* Историческая социология России. СПб., 2009.

③ *Миронов Б. Н.* Историческая социология России. С. 202.

④ *Миронов Б. Н.* Историческая социология России. С. 203.

第二，城市和农村的分化阶段（17 世纪至 19 世纪中叶）。首先由行政决策引起，后又因社会、经济、政治、文化现代化进程而得以强化。在这些条件下，所有发展因素都集中在城市之中，并为城市环境的改革和现代化创造先决条件，深化城乡差异，并造成它们的对立关系。

第三，一体化阶段（19 世纪下半叶至 20 世纪）。受城市影响，城市化改革开始蔓延至农村地区及生活方式，并向其传输城市标准和生活准则。

因此，在这一分期框架内，第二、三阶段（分化、一体化）与城市化直接相关。这些思想与形成于西方科学中的城市化分段的观点相一致，如吉布斯的理论[①]。

谢尼亚夫斯基研究[②]的特点是：在认识俄罗斯城市化进程中将独特的世界体系与现代化方法相结合。他提出以下构想。

第一阶段，城市化最初阶段。这一时期与传统社会（19 世纪中叶前）中城市网络的产生和发展有关，即城市居民点现代网络基础奠定，并形成了不同于农村地区的城市建设和生活的机制和传统。

第二阶段，城市化阶段，即"在性质上与众不同的城市化过程的最高阶段，引领'以城市为基础'的全社会进行根本改革"[③]。这一改革的开端发生于 1860～1870 年，首先为农奴制的废除。城市化转型过程中可以划分出几个与俄罗斯工业化浪潮息息相关的周期。

如果从整体上谈到"城市化"这一术语的定义，那么起草人谢尼亚夫斯基则将它理解为地域城市发展的过程，并将其与城市网络本身的形成相对比[④]。

因此，在本国（俄罗斯——编者注）历史学中形成了研究城市化的独特

---

① Город и деревня в Европейской России: сто лет перемен. М., 2001. С. 111.

② См., например: *Сенявский А. С.* Российский путь к городскому обществу в контексте модернизационных процессов // Урал. ист. вестн. № 5/6 : Модернизация: факторы, модели развития, последствия изменений. Екатеринбург, 2000. С. 140; Опыт российских модернизаций, XVIII – XX вв. М., 2000. С. 72 – 88; *Сенявский А. С.* Урбанизация России в XX веке. Роль в историческом процессе. М., 2003.

③ Опыт российских модернизаций, XVIII – XX вв. С. 72.

④ Опыт российских модернизаций, XVIII – XX вв. С. 72.

方法——将其视为城市历史和整个俄罗斯社会的特殊阶段，虽然这一趋势（历史城市建设）的概念化工作尚未完成，还需进一步展开。此外，需要强调的是，我们认为，城市化作为一种进程，不能将其与城市历史相比较。城市在社会发展到一定阶段时出现，作为社会劳动分工的结果，执行特殊的历史职能，如管理、国防、贸易、手工业生产等，也就是说，作为地域社会组织必不可少的要素。古代和中世纪的城市是一种特殊现象，并应被视为传统社会的要素。它们在功能、结构、居住环境、规划等方面，即从所有系统特征上，都与现代城市有根本性区别，而这些变化是社会的城市化转型的结果。

雷蒙德·乌伊利亚姆斯在其 1973 年出版的著作《农村与城市》中，对这一问题进行了研究，并指出，现代城市生活模式受工业革命与资本主义关系发展的影响而出现[1]。它的出现与新型信息渠道和公共机构——大众传播媒体与通信、文化与教育机构、社会与政治组织、俱乐部等——有关。这些创新结果打破了传统社会人类生存与世界观的完整性。城市模型的特点为文化多样性，它给人类提供多种选择，包含少数知识分子的文化、民族城市文化、商业文化。就自身特征而言，城市模型与保留传统特征，即在新城市环境中被视为落后的、被称作"乡巴佬"的乡村文化相对立。

鉴于这一论点，城市化的起源应在中世纪城市在工业革命和公民社会形成中所经历过的变动中寻找。在不同的国家，这个过程具有其自身的特点，这是由工业化的性质和速度、政治体制的特点、国家在社会现代化中的作用决定的。城市化初级阶段的时间特征有所不同。

研究者多次提及俄罗斯城市化文明的特征[2]。其中值得关注的主要是城

---

① См.：WilliamsR. TheCountryandtheCity. L.，1973；*Красавченко Т. Н.* Уильямс（Williams）Реймонд（Генри）（1921 – 1988）［Электронный ресурс］// Культурология，XX век：энциклопедия / под ред. С. Левит, М.，1998. URL：http：// culture. niv. ru/doc/culture/encyclopedia-xx-vek/522. htm.

② См.，например：*Семенов-Тян-Шанский В. П.* Город и деревня в ЕвропейскойРоссии. СПб.，1910；*Пивоваров Ю. Л.* Современная урбанизация. М.，1976；*Вишневский А. Г.* Экономические проблемы развития форм городского расселения // Проблемы современной урбанизации. М.，1972；Опыт российских модернизаций, XVIII – XXвв. С. 76 – 88.

市化的短期性和不均衡性，这是由俄罗斯国家体制的历史周期，以及集中发生在 19 世纪下半叶和 20 世纪的屡次革命、战争和改革决定的。这在很大程度上造成了突跃式发展：积极改革和发展阶段被停滞期，甚至是交替反复过程所取代，如第一次世界大战和内战。此外，在几乎整个近现代史中，俄罗斯人口的自由流动受到实质性限制，从而破坏了人口集中和分散的正常进行。

俄罗斯城市化的另一个特点为，国家在现代城市网络的形成和发展中起重要作用，并对城市功能具有深远影响。从历史上看，城市地位正是由行政职能决定的。此外，由于 18 世纪省级改革，尤其是 1775 年改革，使城市实际获得正式地位，城市规划建设的行政原则成为主要原则，决定了城市化条件下城市网络发展的特性。

这里应强调 18～20 世纪与较早时期的城市规划建设过程之间的本质性区别。在历史学中存在很多关于中世纪城市产生、反映其进化发展"自然"模式的理论。其中包括所谓的"堡""市场""公共"等理论。这些理论对建立城市的不同形式进行了分析，或与要塞的出现有关，或处于贸易线交叉点，或是农村公社成长和发展的结果①。它们都在某种程度上考虑到劳动分工的过程和城市特有功能的执行，如国防功能、商业功能、行政功能。因此，城市规划建设进程是由居住区的客观潜力决定的。

如果回顾俄罗斯古城市的历史，那么它们也具有这样的典型特征。城市的出现首先是作为商业和手工业中心产生于"自然"发展的过程中。城市作为劳动经济分工的结果而出现，获得行政、军事、文化功能，确保整个周边地区的发展和防护。克柳切夫斯基写道："快速浏览一下这些城市的地理分布，足以看出，它们是在俄罗斯贸易取得成功的条件下创建的。它们大多沿'从瓦兰人到希腊人'的主航道，沿第聂伯—沃尔霍夫航线分布。"②

虽然俄罗斯历史上有过冲突和碰撞，但是"自然"的城市规划建设这

---

① См.: *Карев В. В.* История Средних веков. М., 1999.

② *Ключевский В. О.* Курс русской истории. Ч. 1. М. 1937. С. 123.

一过程可以追溯到 18 世纪。在现代化刚起步的条件下，国家对行政区域划分进行了调整，其中之一便是对"城市"及其功能、情况差异等概念进行法律规范。新行省制度由 1708 年的彼得大帝开始实行，在整个 18 世纪期间持续进行，最终在亚历山大一世时期完成。应当指出，18 世纪寻求行政区域单位（ATE）的最佳系统沿着两个方向进行：省的数量、大小，及其内部划分。从处理管理任务和建立符合现代化任务的地方新政权体系的角度来看，新行政单位（省）本身是卓有成效的。它与行政区域单位的旧系统之间的本质区别在于公共管理机构的统一与建立，这些机构可以确保领土的扩充和中央政府控制。

新城市网络实际上与新省级区划同时形成，这一点很重要。新城市网络部分包含了已有中心，并创建了新型中心（县），使那些在最大程度上符合中心（而非城市）的形式特征的一部分地区，从村镇和村庄类别进入城市范畴。城市建立者在确定城市作用时，会考虑到居民区规模、位置、交通线路的有无等问题。所有城市均由皇帝命令确定下来，并获得市徽。总之，若根据城市宪章序言所记载，那么在叶卡捷琳娜二世执政的 23 年中，她为满足地方利益或为了集中当地居民，共建立了 216 座城市，遍布全国各地[①]。这样便形成了所谓的城市网络，而它也为未来的城市化提供了平台。根据行政职能可将城市划分为省城、县城，以及之后（在保罗一世统治下）的非行政中心的县辖城镇，通常它们与农村居民点的区别只是名义上的。后来，这一点也发挥了作用，正如我们之前提到的，赋予了俄罗斯城市化"农村"的特点。

省级和县级城市成为新型行政管理结构中的必要元素。在这些城市里，依据"各省管理机构"[②] 条例，在社会等级制和行政权、司法权分离等原则

---

① Грамота на права и выгоды городам Российской империи［Электронный ресурс］. URL：http：//historydoc. edu. ru/catalog. asp？ ob_ no ＝12798&cat_ ob_ no ＝.

② Учреждения для управления губерний Всероссийския империи，1775 г.，ноября 7［Электронный ресурс］. URL：http：//historydoc. edu. ru/catalog. asp？ no ＝12797&cat _ ob_ no ＝.

上建立了公共机构体系。在各省建立省级政府、国家机关。建立了新型行政管理结构：社会救济衙门、贵族监护机构、城市监护法院、感化法院。就社会本质而言，普拉托诺夫认为这些机构"吸引了当地社会的力量，给生活和阶级关系带来了某种新鲜事物"①。在县级层面上也形成了类似的行政管理结构。

把城市从农村居民点中分离这一过程，在 1785 年《俄罗斯帝国城市权利与利益公文》颁布后才得以结束，此公文巩固了城市居住区的特殊地位，以及公民权利和特殊行政管理体系。根据此公文，有人提议建立一个由公民选举出的市长领导的市杜马议会，并根据财务状况和职业将公民分为六个社会等级。总杜马选出所谓的"六首领杜马"，二者均隶属于省长。因此，当地社会人士——不光是贵族，也有市民，甚至是社会底层的人们——都可获得参与行政管理事务的机会。

在改革过程中出现的"新型"城市与中世纪城市之间的差别在于，前者可进行适当管理，拥有"不受威逼和压迫的手工业、小手工业和贸易"发展自由。一系列相关（行政、司法、社会、文化等）功能的执行，保障了新兴城市的竞争优势。

城市生活情况直接取决于城市在行政管理结构中的地位。都城得到积极发展，省会城市拥有全面发展其基础设施的机会。省级贸易和工业中心得以扩大，而以前它们只依靠某一个领域的发展，却无法使公共设施得以全面完善。在俄罗斯几乎找不到适宜居住的城市，这绝非偶然，因为都市由于其忙碌和喧嚣而令人不适，而其他城市由于地方政府"永恒"的虚弱无力，加之财政困乏，在舒适指数上则更逊一筹，这也直接影响到它们的基础设施建设。

靠人为建立起来的县级市是城市化的"薄弱环节"，因为区域中心行政职能的执行不能确保形成必要的先决条件，用以创造城市环境和新生活方式。它们成为 20 世纪初引起谢苗诺夫·天山斯基关注的、所谓的"伪"城

---

① *Платонов С. Ф. Лекции по русской истории.* М. , 1993. С. 627.

市出现的基础。他写道:"城市与村庄的正式分裂是落后于生活的,并完全基于行政考虑,因而很多毫无经济价值的地区至今仍被视为'城市',而相反地,通常许多在很久以前就已具备纯城市经济性的大型居民点至今仍不被视为'城市'。"①

俄罗斯城市"伪"与"真"的分化在 19 世纪中叶前得到凸显,从根本上阻碍了俄罗斯城市化进程,但也赋予其特殊性。我们以彼尔姆省为例,来分析 19 世纪末以前的城市人口分布区域体系的形成过程及结果。

1780 年 11 月 20 日(12 月 1 日),女皇叶卡捷琳娜二世签署了一项法令:设立管辖范围包括彼尔姆和叶卡捷琳堡两个州在内的彼尔姆总督辖区,建立省级城市机构彼尔姆。1781 年 10 月 18(29)日,城市和总督辖区建立。最初,彼尔姆总督辖区包括 16 个县,分别是:彼尔姆、叶卡捷琳堡、切尔登、索利卡姆斯克、奥汉斯克、奥萨、昆古尔、克拉斯诺乌菲姆斯克、上图里耶、卡梅什洛夫、伊尔比特、沙德林斯克、车里雅宾斯克、奥布瓦、达尔马托夫、阿拉帕耶夫斯克。1783 年,车里雅宾斯克县被纳入奥伦堡省。总督辖区建立的同时,制定了城市名单。15 个城市中,有 1 个省级城市(彼尔姆),14 个县级城市,其中 3 座城市之后改为非县行政中心城镇(杰久欣、阿拉帕耶夫斯克、达尔马托夫)。乌拉尔几乎所有城镇(除昆古尔、索利卡姆斯克和上图里耶外)都在 1775 ~ 1781 年获得了认可。根据城市建立的时间,它们被分为以下几组。

15 世纪——2 个城市:索利卡姆斯克和切尔登,作为最古老的地区城市,其起源与该地区居住人口分布有关。

16 世纪——3 个城市:上图里耶、奥萨、奥汉斯克。

17 世纪——7 个城市:伊尔比特、卡梅什洛夫、昆古尔、沙德林斯克、阿拉帕耶夫斯克、杰久欣、达尔马托夫。

18 世纪——2 个城市:叶卡捷琳堡、克拉斯诺乌菲姆斯克。

彼尔姆建立的历史令人非常感兴趣。专家们至今仍为城市建立的具

① *Семенов-Тян-Шанский В. П.* Город и деревня в Европейской России. С. 46 – 47.

012

体日期而争论，这一日期在官方记录上与 1647 年叶戈希哈（布留哈诺夫噶）村庄（新开屯）成立年相关，那里后来建立了工厂。然而，一些研究人员认为，由卡什金和拉姆布建于 1781 年的彼尔姆市，以及由杰根宁、奥金措夫和别尔格林建立的叶戈申欣斯基工厂及其城区之间并无直接关系，也就是说城市实际上被重建了①。那么问题出现了：为什么 1781 年没有选择当时已然拥有约 8000 居民的叶卡捷琳堡为省级城市，而选择了叶戈申欣斯基工厂？答案很简单：通航河流之畔是对于中央政府来说更方便的位置所在，更靠近中央，也就是说，这里是更易于中央管理与控制的居民点。当选定居民点作为行政中心时，这些因素都会被政府考虑在内。

考虑到上述因素，有两座乌拉尔城市具有优势，即彼尔姆和叶卡捷琳堡。它们展现了城市化初始阶段城市发展的不同模式，即行政模式和工业模式。彼尔姆作为省级中心成为该地区的文化、行政和商业生活的核心。叶卡捷琳堡自古以来就在采矿业中占据特殊地位，且为主要的工业和商业中心。

1869 年彼尔姆人口数量为 29092 人，而叶卡捷琳堡人数略少，为 25035 人。城市有发达的工业、商业和文化生活。例如，彼尔姆在 19 世纪中叶前已有 2 座码头、33 家轻重工业工厂、11 座教堂、8 所学校、1 座图书馆、1 家医院、1 座监狱、1 个电报局、9 个集市。叶卡捷琳堡也不亚于省级中心，拥有 1 间造币厂、乌拉尔矿业管理局、1 家打磨厂、21 个制造厂、11 座教堂、7 所学校、1 座天文台、1 座监狱、1 家商场等②。

在 18 世纪末，这些城市的居民人口数增加到原来的近 3 倍，证明城市化进程开始了。人口的快速增长、新型城市环境的形成都是城市化的标志：石头建筑的发展，新的社会生活方式的出现，如期刊、教育机构、剧院、社

---

① *Белавин А.* Как и когда возник город Пермь［Электронный ресурс］. URL：http：//perm. ho. ua/.

② Списки населенных мест Российской империи. Т. 31：Пермская губерния. СПб.，1874. С. 1.

会慈善机构等。所有这些都可以让我们探讨有关地区城市化的发展和不同于农村生活方式的新型城市生活方式形成的问题。

城市人口分布区域系统发展的特殊性表现在，乌拉尔中部地区出现了两个中心，那里正在形成新的生活方式。这在很大程度上是由领土大小、地形特征决定的。乌拉尔西部及乌拉尔山脉构成拥有各自交通运输线的独立地理区域。如果我们考虑到工业化条件下"真"城市网络的形成与某些规律有关，如人口分布结构趋于可确保地域范围均匀分布的晶体结构构架，那么这一特殊性是完全可以理解的。人口分布构架的基础很早以来就是由交通运输线构成的。19 世纪，除水路和旱路交通系统外，又出现了铁路，并逐渐占据首要地位，形成新型交通运输线。如果 18 世纪建城时将其沿着交通线分布，就会促进它们的进一步发展。而如果将这些城市放在远离新型交通网络的地方，如上图里耶，那么它成为"真"城市的前景也会受阻。

彼尔姆省县级城市就像俄罗斯大部分地区一样，为同类现象，人口多为1500～10000 人。彼尔姆省的城市按人口数量分为以下几组：2000 人以下的有 1 个城市（奥汉斯克），2001～4000 人的有 5 个城市，4001～10000 人的有 2 个城市，多于 10000 人的有 1 个城市（昆古尔）。乌拉尔地区城镇居民平均人口数量为 4096 人[①]。

所有县级城市为保障区域中心功能的执行，都至少需要一套组织机构：县城政府、教堂、学校、邮局，以及工业企业、锻造厂、磨坊。县级城市的工业首先面向当地的消费市场，并与皮革、皂业、伏特加酒业、制砖、炼油及其他企业的发展有关。县级城市的必要因素还有市场和每周一次的集市，人们通过它来完成农产品和工业产品的交换。根据商业活跃度，县级城市被分为伊尔比特、昆古尔和沙德林斯克、其余城市。其余城市安静闲适，保留了传统生活方式，为典型的俄罗斯小城。

---

① Подсчитано по: Списки населенных мест Российской империи. Т. 31 : Пермская губерния. СПб. , 1874. С. 1 – 6.

彼尔姆省有三个非县行政中心城镇，即阿拉帕耶夫斯克、杰久欣、达尔马托夫，它们在城市规模上并不逊色于县级城市，但在经济、文化生活方面有自己的特色。达尔马托夫发展成为一个宗教中心。阿拉帕耶夫斯克作为行政工业中心，那里有阿拉帕耶夫斯克矿山工厂管理总局。杰久欣是一个不大的农业村落（城市消失于 20 世纪 60 年代，在建造卡马水电站时被水淹没）。

几乎所有上述城市都保留了其 20 世纪时的状态（和行政职能）。这是由行政区域划分的继承性，以及形成于 19 世纪、强化居民点地方中心作用的地方级行政、经济、贸易、文化和社会生活关系造成的。但曾经的县级城市和非县行政中心城镇的命运是不同的。它们中的大多数保留了地区中心的功能（如上图里耶、卡梅什洛夫），却没有达到真正的城市水平，尤其是在生活方式、基础设施等方面，成为经济萧条的居民点。此外，根据经济活动的特点，它们比 20 世纪时出现或变成城市的地区差很多。它们被乌拉尔新型工业中心所超过，如下塔吉尔、乌拉尔地区卡缅斯克、第一乌拉尔斯克、谢罗夫，以及一些 19 世纪时仅仅是工厂居民区的地方。这一事实证明了形成于 18 世纪的城市居民区网络的人为性和缺陷性，从而直接影响到城市化进程的性质和强度。

总的来说，对 18 世纪到 19 世纪中叶城市地区居民体系的分析可以说明城市化初级阶段的特征。在乌拉尔地区，这一阶段与 18 世纪地区工业开发和采矿工业居民区的形成，以及叶卡捷琳娜二世省城改革有关，这一改革正式确定了城市的组成，同样也奠定了城市居民区的基础，创造了城市化发展的必要先决条件。但由于城市居民区的选择是建立在形式主义原则上的，并未考虑到现实的前景和在建城市的经济潜力，而仅考虑其行政中心符合标准与否，因而在工业革命背景下乌拉尔城市分化为"真"与"伪"也就不足为奇了。历史经验表明，大部分县级城市都是远离城市化主方向的。相反，那些居民点（工厂居民区）在工业化条件下虽被客观包含在这一过程中，却并不能充分发挥自身潜力，因为在官方层面上他们不具备正式的城市地位。城市建设进程的行政管理办法是"伪"城市出现的主要原因之一，这一办法从 18 世纪末起在俄罗斯建立，并在 19 ~ 20 世纪继续发挥影响。此外，18 世纪的行政管理办法在很大程度上来自有关城市社会地位和作用的传统观念。20 世纪发生了一些变化：城镇体系通过行政领域得以发展，但考虑到了经济因素和工业社会发展趋势，从而提高了行政管理决策的有效性。然而，城市建设的基本原则实际上仍是相同的：由政府来决定哪个居民点是城市，哪个不是。

城市居民点确立的行政管理办法也同样影响研究实践，因为它设定了城市的参数，影响着人们仅将其视为行政中心的畸形理解。直至今天，科学研究通常采用官方统计，而这些统计中往往没有给出关于"真"城市数量和特征的实际介绍，因而使对在城市地区和农村地区城市化进程中所发生变化所做的分析更加复杂。

第二节　农村城市化分期的经验

城市化，这是一个随时间而展开的、拥有内部逻辑和结构的过程。起初变化只发生在城市环境中，之后才发生在农村地区。因此，城市地区和农村地区城市化改革的开端是相互关联却又随时间而分开的事件。一个城市化开端紧随另一个发生，反映现代化改革的空间扩展，其中城市起到传播新关系和新规范的作用。在这种情况下，必须将整体城市化与农村城市化过程相对比（见表 1 - 1）。尤其重要的是，俄罗斯城市化的分期通常基于城市环境状况的标准来制定，而不考虑农村地区参与这一进程的情况。

表 1 - 1 中列出的时间顺序，第一，反映出城市居民网络的发展状况和水平与农村地区城市化的相互制约关系；第二，反映出城市化与工业化、工业发展之间的紧密联系；第三，反映出城市化机制，即包括农村地区在内的全社会的根本变革，通过引进新的机构、行为准则、生活方式、文化价值来实现。

表 1 - 1　俄罗斯城市化基本阶段（含农村地区）

年代范围	城市化阶段	
	整体城市化	农村城市化
18 世纪至 19 世纪上半叶	初始阶段。城市居民区新现代网络和城市生活新条件、新传统的形成。城市居民所占比重符合传统社会标准，不超过 12%。第一阶段结束前，城市人口会显著增长，变为原来的 2~3 倍。城市居民点获得新的地位和功能，成为地区经济、贸易、行政的中心	前城市化阶段。农村地区保留了传统特征。直至 19 世纪中叶前，农村才出现基础设施的新元素（学校、图书馆、农村贸易等），即形成发生质变的先决条件
19 世纪中叶至 20 世纪 20 年代	城市急速发展，城市人口数量大量增加，其在社会生活中发挥的作用得以加强，成为政治、文化和经济活动的中心。工业社会特有的城市生活方式得以形成	初始阶段。农村迁移规模扩大，受城市影响，居住环境和农村生活方式改革展开。农村居民点数量增长，进行结构性改革（出现新型居民点）
20 世纪 30 年代至 80 年代	城市化转型过程是城市网络的急剧扩张，是城市人口的爆炸性增长，形成城市聚集区和特大城市，即形成一体化居民点	第二阶段（20 世纪 30 年代至 50 年代），即外部城市化阶段。农村人口迁移导致农村居民区数量减少，居民网络扩大
		第三阶段（20 世纪 60 年代至 80 年代），即内部城市化阶段。农村居民生活方式的城市化
20 世纪 90 年代至 21 世纪初	非城市化，即城市居民向农村远郊区迁移	第四阶段，即亚城市化。农村地区开发次要的休闲娱乐项目。城市化生活方式在农村居民中传播

还有一点应当指出：农村城市化的发生较城市城市化晚了近百年，然而农村改革的步伐却比城市快得多。由于战争和革命，农村地区的变革进程在 20 世纪中叶前得到提速，并在 20 世纪 60~80 年代达到最高点，也正是在这个时候，农村地区发生了与生活新方式的形成有关的根本性改变。这些改变发生时间极短。1990 年就实现了城市化进程——人口分布一体化阶段——的同步，在这一框架下，我们不从对立的角度来分析城市和农村，而是将其作为两个互补子系统来考虑。前文中所提到过的全社会和农村地区城市化进程的差异与按照扩散机制进行的现代化内在规律有关。在这种情况

下，城市起到革新载体和主体的作用，而农村则是接受者。这些角色由信息社会的实际情况来进行调整。

农村地区城市化先决条件的确立需符合下列情况：一是提高城市在社会生活中的地位，城市不仅是行政、军事或文化中心，也是经济有机体；二是赋予一般群众（农民）合法权益。1860～1870 年俄国进行伟大改革后这些条件才得以形成，这一改革奠定了公民社会的法律基础，促进了工业化和农村居住区的发展。

考虑到农村居民网络改革的所有因素（人口、城市与区域计划学、文化生活等），可将农村城市化分为以下几个阶段，且可以直接将其与俄罗斯城市化整体分期相比，并在逻辑上起到补充作用：

初始阶段（19 世纪下半叶至 20 世纪 20 年代）；

第二阶段（20 世纪 30 年代至 50 年代）——外部城市化阶段；

第三阶段（20 世纪 60 年代至 80 年代）——内部城市化阶段；

第四阶段（20 世纪 90 年代至 21 世纪初）——亚城市化。

除上述阶段外，还存在另一阶段，即前城市化阶段，包括现代城市体系的建立，以及后期分化为真、伪城市的过程。真城市（包括拥有农村居民点地位的城市）为现代化的动因，它们在工业革命和全俄市场形成的条件下逐步发展成经济中心，不仅改变了自身，也改变了随工艺和通信技术发展逐步扩大的附近农村地区。城市化浪潮逐渐席卷最偏远的地区和人口，创造生活新方式。

每一阶段都将影响最终成为城市化水平综合指标的农村居民生活方式的基本参数（人口、经济、社会文化等）。每一农村城市化新阶段都有其本质特点，如特殊标准，农村居民某种主导的生活方式——传统式、集体农庄—国营农场式、农村城市化式、城市化式。

19 下半叶和 20 世纪发生的所有变化造成农村地区城市化新形式的出现，它与传统模式有本质上的不同。现在我们来更细致地分析一下农村城市化每一个阶段的特点（表 1－2）。

表1-2　俄罗斯农村城市化阶段的系统特征

阶段	人口分布系统阶段	人口发展	宏观经济特征	农业生产	国家角色	社会文化领域情况	生活方式
初始阶段19世纪下半叶至20世纪20年代	传统阶段,即城市和农村居民点的扩大与发展阶段	人口特性的传统类型。人口革命的第一阶段。农村大规模人口迁移的开始。城市人口增长	市场经济、公共用地	主要基于传统技术的农业经济	农村地区的发展通过地方政府机关,即地方自治机关和农村社会来实现	适应农村地区特征的社会文化基础设施的建立	传统方式为主
第二阶段(外部城市化阶段)20世纪30年代至50年代	工业化人口分布是城市化转型过程的开端;人口集聚点的形成、居民网络的缩减和集中	人口转移。大规模(有组织和无组织)农村移民的发展。城市人口增长	工业化、农业集体化。计划分配经济	带有机械化工艺成分的集体经济	努力实施国家的监控和调节功能,利用经济和政治杠杆来影响农村地区发展	建立兼顾传统人口分布体系特性的社会文化服务机构的集中体制	集体农庄—国营农场方式为主
第三阶段(内部城市化阶段)20世纪60年代至80年代	一体化的人口分布:居民集聚点及其他一体化的人口分布形式占主导。农村居民点数量减少、合并、分级	人口特性新类型的形成。农村人口开始减少。农村人口迁移规模最大	科技革命。计划分配经济	以劳动机械化和集约型工艺为基础的大型经济生产方式(集体农庄、国营农场)	国家在人口迁移过程的积极操纵。苏联农村改造及小村庄迁移政策	社会文化服务体系的扩大和集中。居民点依据文化生活服务水平进行分化	农村城市化形式占多数
第四阶段(亚城市化)20世纪90年代至21世纪初	带有亚城市化特征的一体化人口分布:农村地区发展休闲娱乐项目为副业	死亡率高于出生率。(农村和城市)人口减少。内部迁移作用降低,外部迁移增长。劳动力的定期往返	国家市场调节体系	具有多种经济结构的机械化农业生产	形成履行行政管理职能的地方权力机关系统,并实行计划管理	社会文化服务体系的危机及分散化	城市化形式

在分析城市化变革时，需要注意三个与此过程相关的系统变化。一是人口分布系统的整体改革：从传统农业人口分布过渡到工业式和综合式。二是由于城市标准和生活形式扩散而造成的农村居民点的空间、通信及社会文化环境的改变。三是农村居民生活方式的改变。

农村城市化的初始阶段很明确，即废除农奴制的日期。这一日期直接反映在城市居民点的发展过程中。城市开始快速增长，它们在社会生活中的重要性逐渐提高。这一阶段的特点是农村移民变为一种显著的社会经济现象。19世纪70年代前，俄国农村移民与19世纪60年代初相比，增加了近1倍①。

1917年前，彼尔姆省内只有15个居民点拥有城市地位。不过，除官方城市外，在乌拉尔中部地区有大量的采矿冶炼中心，它们往往是不合法城市，却在组织经济生活和功能方面实际上已然是城市。这在很大程度上成为20世纪20年代"城市革命"的先决条件。1926年城市居民点数量普查显示，乌拉尔地区（城市和城市型居民点）数量已上升至160个，而城市人口数占总人口数的20.7%②。急剧爆发的城市建设在很大程度上与行政决策有关，比如与按照新标准修订城市列表有关，又如与1924年9月15日全俄中央执行委员会和俄联邦人民委员会通过的法令有关，此法令确立了"城市和农村居民点及居住区的基本状况"③。

除城市外，在人口分布结构中还出现了新型城市居民点，即工作定居点。它们的建立在很大程度上是有思想依据的，但也有客观前提条件：它们从人口结构、功能和经济潜力方面有别于传统农村居民点。1918～1926年，苏联共有近200个人口定居点成为城市，如工业村庄、工厂定居点、行政中心。

---

① См.: *Кучумова Л. И.* Община в системе поселений России // Сельские поселения России: исторический и социокультурный анализ. М., 1995. С. 12.

② См.: Всесоюзная перепись населения 1926 г. Т. 4. М., 1928. С. 98.

③ См.: Общее положение о городских и сельских поселениях и поселках // Сб. указов РСФСР. 1924. № 73.

19世纪下半叶农村人口分布系统发生了一定的结构变化：除传统农村居民点形式（乡村、村庄、移民新村、新开屯等）外，还出现一些新型居民点——近车站村镇、工厂村镇、贸易村镇、林业村镇、矿业村镇等，这与非农业居民点网络的形成有关[①]。

受到一系列因素（如人口、经济、政治等）影响的农村居民网络向更均匀、更密集的农业和工业地域使用模式发展。农村居民网络的扩张成为城市化初始阶段的主要趋势。这一趋势的显著特点是，它显示在一些工业化发达的区域。如彼尔姆省的农村居民点数量在整个19世纪有增加趋势。例如，1795年省内农村人口居民点数量为6324个[②]，在1869年它们的数量为9420个[③]，1904年为14113个[④]，也就是说，在19世纪农村居民点增长为原来的2倍，其中包括依靠新型交通出现的运输区、厂区、贵金属矿区。居民点密度增加，是因为人们开始开发流域分界线，这可以保障居民结构得到更均衡的发展。斯托雷平土地改革对俄罗斯农村来说拥有重要意义，它发展了农庄和独户田的土地利用形式，以及让农民移居至乌拉尔山外，从根本上影响了居住区系统。

第一次世界大战，以及随后的革命和国内战争，在一定程度上阻碍了城市化进程。在新经济政策实行年代，出现了回归现象：农村居民网络在传统基础上得到修复，并开始均匀覆盖农业用地。国家有关土地规划领域的政策在很大程度上促进了这一现象。这一时期，全国各地开始出现大村庄的动迁——农庄和移民新村建立。例如，1928年在乌拉尔地区三个区（斯维尔德洛夫斯克、伊尔比特和下塔吉尔）中，农庄和移民新村占15.9%[⑤]。

---

① См.: *Ковалев С. А.* Сельское расселение: геогр. исслед. М., 1963. С. 122.

② *Чагин Г. Н.* Этнокультурная история Среднего Урала в конце XVII – первой половине XIX в. Пермь, 1995. С. 100.

③ Списки населенных мест Российской империи. Т. 31: Пермская губерния. С. 253.

④ Список населенных мест Пермской губернии. Пермь, 1904. С. 400 – 423.

⑤ Подсчитано по: Список населенных пунктов Уральской области. Т. 10: Свердловский округ. Свердловск, 1928; Список населенных пунктов Уральской области. Т. 11: Тагильский округ. Свердловск, 1928; Список населенных пунктов Уральской области. Т. 3: Ирбитский округ. Свердловск, 1928.

　　除农村移居发展的传统形式外，这一时期出现了一些新形式：20 世纪 20 年代末在未开发土地上出现了国营农场，建成了林业区体系，在农村地区建起了工业、交通、疗养用途的设施。因此，20 世纪 20 年代无论是农业型农村居住区，还是非农业型农村居住区，数量都增多了。这一趋势一直延续到 20 世纪 30 年代末：在 1926 年俄罗斯苏维埃联邦社会主义共和国共有 404808 个农村居民点，1939 年则达到 406958 个[①]。1926 年前，乌拉尔地区农村居民点总数为 30080 个[②]，而斯维尔德洛夫斯克州则有 5179 个[③]。与 20 世纪初的数据相比较，可以说农村居民网络几乎扩大了一倍。

　　农村居民点发生了质变和量变，此外，农村居民的生活条件也发生了改变。社会文化环境变化最重要的因素是文化生活机构网的建立：乡村学校、图书馆、图书阅览室、俱乐部、医院、产科和兽医诊所、消费合作社、邮局等。

　　首批乡村学校和图书馆出现于 19 世纪初。由基谢廖夫领导开展的国家农村革命（1839～1844）促进了新型基础设施的建设。然而，符合新型条件的完备的农村社会文化服务体系在 19 世纪下半叶才因地方自治机关的工作得以建立。

　　乡村学校成为 19 世纪下半叶到 20 世纪初俄罗斯农村新型社会文化空间的核心。学校网络的形成使得几乎所有 8～10 岁的儿童都可以上学，而且，学生家与学校间的距离不超过 3 俄里。因此，第一次世界大战前夕实现普及农村人口初等义务教育的前提条件已形成。

　　学校组织促进了附属文化机构的产生，如图书馆、图书阅览室、市民之家。总体而言，地方自治机关有关形成新型农村社会文化环境的工作可以被看作有益的经验，在此框架下制定了特殊战略，即将新城市文化元素逐步应

---

① РГАЭ. Ф. 1562. Оп. 336. Д. 133. Л. 2.

② Всесоюзная перепись населения 1926 г. Т. 4. М. , 1928. С. 95 – 98.

③ Подсчитано по: Список населенных пунктов Уральской области. Свердловск, 1928. Т. 3： Ирбитский округ; Т. 6 ： Кунгурский округ; Т. 10 ： Свердловский округ; Т. 11 ： Тагильский округ; Т. 14 ： Тюменский округ; Т. 16 ： Шадринский округ.

用于传统活动形式中，而非对后者实行暴力破坏。因此这一时期的文化扩散过程便具有了自动调节的性质。

革命结束后，局势发生了变化。农村地区改革被"大飞跃""文化革命"等思想体系所取代，后者旨在通过打破过时的、老的传统形式，建立新型社会主义机制来实现农村地区的根本改变。集中、统一和严格的国家监管是农村社会文化基础设施发展的显著特征。

1918 年俄罗斯苏维埃联邦社会主义共和国政府有关劳动学校的统一条例奠定了普通两极式中等学校九年义务教育的基础。从那时起，学校就不再像从前一样，与其说是公民社会的组成部分，不如说是教育年青一代、控制公共意识的国家工具。20 世纪 20 年代在农村地区出现的图书馆和俱乐部机构便具有类似功能。在当时的农村，文化教育机构中最常见的形式便是成为农民政治和思想再教育中心的图书阅览室。

与此同时，尽管学校、俱乐部、图书馆网络存在集中化的问题，此外在意识形态方面也存在问题，但 20 世纪 20 年代农村社会文化领域的发展还是在很大程度上符合了地方自治机构制定的纲要。这体现了对农村社会的保护（通过组织和扶持文化教育机构），满足了村民的需求和利益。

20 世纪 20 年代出现了一个问题——新型苏联农村应是什么样的。第一个五年计划的实施承诺让童话成真："未来每一个城市都会成为坐落在工厂周边的工人居民区。而工厂和工业综合体将不会像现在这样集中在同一个地方，它们会依据合理的计划分布在全国各地……但为实现这个目标我们需要建造新的楼房和城市，我们的生活也需要进行彻底的改变……我们将不再有村庄……城乡之间的界线也将消失……①"

被苏联意识形态和政治思想传播的主要神话，是缩小城乡差别。政府在不同时期对其做出了不同诠释：最初，在 20 世纪 20 年代以非都会主义来理解苏联社会空间重组前景的方法占据主导地位，后来在 20 世纪 30 年代，对未来的都会主义构想占多数。这些方法反映在"花园城市""公社城市"

---

① *Ильин М.* Рассказы о пятилетнем плане. М., 1932. С. 137 – 156.

"工人村"等建筑理念中。前一种理论出现于 20 世纪初，包含了非都会主义意识，并与资本主义城乡逐步消亡，"在全苏联境内以混合了城乡人口的统一结构取而代之"的理念相关①。

所有这些"新"元素都出现在初始阶段（19 世纪下半叶至 20 世纪初）的农村地区，然而它们对农村地区的影响仍有限，并未影响到传统人口分布和生活方式的基础。基于交通通达性问题而产生的农村自治权在某种程度上得以保留。此背景下的城市影响力是间接且分散的。20 世纪 30 年代发生了转变，当时在"社会主义建设"的过程中开始加快工业化进程，这推动了社会各级组织的城市化进程。

俄罗斯农村城市化第二阶段（20 世纪 30 年代至 50 年代）首先与数量系统参数的变化密切相关，所以这一阶段也被描述为"外部城市化"阶段。它具有以下特点：城市网络愈发迅猛发展，农村居民网络扩大及缩小的前提条件也随之形成；组织重建（农业集体化、国营农场化）及农业领域机械化；农村地区建立国家统一学校教育，以及图书馆、俱乐部、医疗机构、商业机构、日常生活服务机构等网络的统一体系。当时通信系统（交通运输、电话通信、无线通信）在保障农村地区可达性，农村人口可操纵性、可控性的同时，自身也得到发展。此外，俄罗斯农村被列入城市/国家政治、经济、文化影响力范围区，排除了自治性，因为它更符合上一阶段农村地区的特征。

第二阶段，尤其战前时期，实行了被称为"外部农民分化"的过程。它首先与人口迁移增长、农村人口减少有关，同时也与其社会结构的改变（机械员、行政管理单位和其他非农业范畴人口的出现）有关。

农村人口在工业地区缩减最多。例如，1926～1959 年，斯维尔德洛夫斯克州人口数量实现总体增长，从 17160000 人增长到 40447000 人（为原来的 2 倍多），农村人口从 11590000 人减少至 9704000 人②。在这一动态趋势

---

① См. подробнее: *Брумфилд У. К.*, *Рубл Б.* Жилище в России: век XX. Архитектура и социальная история. М., 2002. С. 73.

② Население Урала, XX век. Екатеринбург, 1996. С. 136 – 143.

中，应该注意农村居民比重的变化：1926 年为 67.5%，而在 1959 年则为 24%。也就是说，工业社会特有的地区人口结构的形成造成外部农民分化。社会人口改革进程在乌拉尔和整个俄罗斯的农业地区都进行得较为缓慢。例如，20 世纪 50 年代末，库尔干地区农村人口所占比例为 66.2%，奥伦堡地区农村人口比例为 54.9%[①]。在民族区域城市化步伐也很缓慢：1959 年，乌德穆尔特苏维埃社会主义自治共和国农村人口所占比重达 55.6%，巴什基尔苏维埃社会主义自治共和国农业人口则达 61.8%[②]。

农村人口数量减少受很多因素影响，其中最重要的两个因素为工业化和人口转移，后者与人口特性新形式的出现有关。发挥重要作用的还有战争，以及国家针对农民实行的压制性或歧视性政策。总之，这些因素都扭曲了自然人口发展，导致农村人口性别年龄比例失衡，加快了城市化进程负面影响的到来——人口老龄化和农村人口减少。

农村人口数量是一项重要的城市化人口指数，然而在这一时期还无法谈及农村居民生活方式的根本性改变。这首先涉及传统价值观和活动形式（生产、日常生活、休闲）的存留。因此可以说，农业集体化及其社会特点和价值还没有与农民的生活方式与行为相对立。

20 世纪 30 年代至 50 年代的农村地区改革的主要因素是农业集体化和国营农场的建立，它们伴随农业生产工艺基础的改变而出现；还有一个因素是按照社会主义建设思想从根本上重建农村的国家政策。因而形成了趋向工业中心和交通运输线路的居民网络新格局，它更加稳定，也更加明晰。20 世纪 30 年代至 40 年代的国家镇压政策影响了人口分布系统发展，加速了营地居民点和特殊居民点网络的形成，这些居民点已成为俄罗斯北、东部地区的名片。数十万人被流放至乌拉尔、西伯利亚和北方。作为对悲惨历史的纪念，一些因"特别移民"的劳动和努力而建立的居民点留

---

① Подсчитано по: Население Урала. XX век. Екатеринбург, 1996. С. 138.

② Население Урала. XX век. Екатеринбург, 1996. С. 138.

在了地图上①。

集体农庄—国营农场体系的建立为发展居民网络提供了一定动力，同时也为其适应大型工厂的需求而进行进一步根本性的重建奠定了基础。1935～1937 年，开始了集体农庄合并扩大的首次尝试，但大多数农场规模仍相对较小。1939 年，开始了大规模的农庄迁移运动，并在 20 世纪 50 年代得到进一步发展。比如 50 年代初展开了一场集体农庄合并扩大运动，虽然中间经历了几次中断，但这一运动一直持续到 50 年代末，并因垦荒运动、改造集体农庄为国营农场的措施而得以增强。

因此，也形成了区别于传统集体农庄的新型农场内部多级人口分布体系。俄罗斯苏维埃联邦社会主义共和国中央统计局数据显示，在 1963 年初俄罗斯苏维埃联邦社会主义共和国共有 5396 个国营农场和 17900 个集体农庄，共有近 201000 个居民点。平均每个农场或农庄有 8～9 个居民点②。其中最大的居民点执行中央庄园的功能，其他居民点有大型产业的农场和分支。除了按中央和周边来划分居民点，后来又按有无发展前途来对其进行划分。但最好（从经济角度来看）去掉后者，来优化人口分布结构本身。

这些观念在实行于 20 世纪 60 年代至 70 年代的苏联农村重建规划框架内得到发展，受其影响，农村居民网络集中和减少的自然过程具有过大性，导致农村地区人口日益减少。

20 世纪 30 年代至 50 年代，俄罗斯农村的文化生活发生了巨大变化。在农村"文化革命"的背景下，开展了扫盲运动，开始实施初等义务教育，而 50 年代则实施七年义务教育。农村图书馆、俱乐部体系和消费合作社的发展受到高度重视。20 世纪 30 年代传入农村地区的广播和电影，为改变农民行为和世界观做出了贡献。知识分子组织的音乐会、演出、讲座和讨论会

---

① См. подробнее: *Мазур Л. Н.* Край ссылки: особенности формирования и развития системы расселения на Урале в 1930 – 1950-е гг. // Документ. Архив. История. Современность. Вып. 2. Екатеринбург, 2002. С. 176 – 208.

② ГАРФ. Ф. 533. Оп. 1. Д. 1277. Л. 100.

等成为辅助措施，是影响农民意识和行为，改变其日常生活和休闲消遣的强大工具。

农村文化教育机构的主要任务被确定为对集体农庄庄园进行思想教育，但除此之外，乡村图书馆、俱乐部和学校也有利于向农民传播关于文化、生活准则新观念的意识，促进新型苏联节日文化的形成。战后时期，电影和广播已成为信息传播的常见形式，有利于打破农村地区的文化隔阂，并将其加入苏联大众文化影响力范围。

在分析 20 世纪 30 年代至 50 年代农村社会文化基础设施的发展动态时，应考虑到，其发展是受到行政管理的，因为 20 世纪 30 年代实行了农村地区文化生活服务标准，依据该标准以及人口数量来确定农村地区范围内图书馆、学校、零售点、医疗保健站和医院的数量。这一做法客观上促进了文化教育机构在农村行政中心的集中以及未来的缩减。

20 世纪 50 年代苏联农村在文化生活领域发展过程中出现了一系列矛盾趋势。农村大量的基本建设为进一步发展社会基础设施提供了先决条件，但此外还形成了另一种趋势，即文化教育机构网络的集中和扩大。在相当程度上，它是人口分布系统发展的反映，但也有其自身发展逻辑，整体上与总趋势相一致。

集中的过程首先影响到了普通教育学校。其重建与实行七年义务教育相关，导致农村地区小学数量开始缩减，扩大的七年教育和中等教育机构网络开始建立。同时，集体农庄图书馆、俱乐部网络的缩减过程蓄势待发。俄罗斯苏维埃联邦社会主义共和国政府集体农庄图书馆数量从 1951 年的 22200 个下降到 1955 年的 18700 个，集体农庄俱乐部数量也有所降低（由 32100 个降至 25500 个）①。它们消失在集体农庄改组为国营农场的过程中，这对农村居民点的前景产生了不利影响。20 世纪 50 年代末，开始有大批村民迁入城市，虽令人难以置信，但其原因之一便是农村地区中等学校网络的扩大。

因此，人口分布、社会文化等发展过程密切相关，形成了可过渡到被称

---

① РГАЭ. Ф. 1562. Оп. 17. Д. 2777. Л. 2

为"内部城市化"的下一阶段的前提条件。

"外部"和"内部"城市化的交接——第三阶段——发生在 20 世纪 60 年代至 80 年代。其特点是过渡到工业化（城市化）型的人口分布，它的特殊性在于城市中聚集着大部分人口，而与此同时农村人口急剧减少。农村地区的居民网络逐渐压缩和变小，农村居住点从均匀分布变为放射分布，在自身轮廓上与城市网络、交通运输线相符。集中过程不仅涉及城市地区，也包括农村地区，按增长速度和经济发展将农村居民点进行划分。所有偏远乡村，无论其规模及功能如何，人口数量都开始急剧减少。

整体而言，1939～1989 年俄罗斯苏维埃联邦社会主义共和国农村居民网络减少了 63%，乌拉尔地区减少了 64%。人口分布转型最活跃的阶段发生在 1959～1970 年。而 1939～1959 年，全俄农村居民点数量减少了 27.7%，这主要与战争造成的破坏有关，而在乌拉尔地区，其数量减少了 20.9%。在进行分析时我们要考虑到，这一时间跨度为 20 年。1959～1970 年，全俄农村居民点数量减少 26.7%，乌拉尔地区则减少 32.7%，在随后的几年里减少速度略有下降。1959～1989 年，统计指数减少近 50%（全俄为 52.0%，乌拉尔地区为 45.9%）。同时，乌拉尔地区农村居民点平均居民数有所增长，即从 1939 年的每村庄 208 人增加到 1989 年的每村庄 307 人，同时小型人口定居点数量降低，而相应地大型人口定居点所占比重增加[①]。

国家为优化居民网络及其公共设施而对人口安置过程进行积极干预，是这一阶段的特点。"无发展前景农村"的迁移是有关人口安置方面国家政策的一部分，20 世纪 60 年代末到 70 年代前半段迁移达到了高潮。这一时期被迁移的很多是有发展前途的村庄。因此，农村居民网络的缩减进程被人为地、不切实际地加速，这给农业生产、农民世界带来重创。这些年里，数百个小村庄不复存在。很多村庄被迫消失，逐渐失去了居民，但并非所有居民。

---

① Подсчитано по: Там же. Оп. 336. Д. 3996. Л. 7, 50, 64 – 70; Д. 6121. Л. 2, 23, 68, 79, 82 – 83, 89, 98, 102, 114; Сельские населенные пункты РСФСР. По данным всесоюзной переписи населения 1989 г. С. 66, 76 – 78.

　　斯维尔德洛夫斯克州拥有很大的工业潜力，这里的农村居民点急剧减少。20 世纪 40 ~ 50 年代，有 109 个居民点被从名单中除名，60 年代有 349 个，70 年代有 514 个，80 年代有 427 个①。名单中最先消失的是那些 20 世纪平均人口数量不超过 200 人的居民点，它们所占的比重为 82.2%。在消失的居民点中，中等大小的城镇占 13.1%，其中一部分通过合并的方式被扩大，另一部分则因人口流失而消亡。例如，在 20 世纪 80 年代农村地区撤销的 215 个农业居民点中，38 个属于中型居民点，9 个属于大型居民点。如果说在城市化条件下小型居民点的消失是客观的，那么变成荒地的中型居民点的命运就更为悲惨。客观上它们的生存能力更高，在适当的支持下，这些村庄本可以被保留下来，况且它们与大型居民点一起构成农村人口部分框架。

　　直至 20 世纪 80 年代，人们才意识到，俄罗斯农村需要得到支持。更多注意力被放在现存农村人口居民点的保护和发展上。但阻止农村地区人口减少已是不可能的事了。

　　在这一时期，农村人口生活条件和生活方式发生了根本性改变。农村生活方式的基本元素——农舍——也在发生改变。开始于集体化时期的变革与行业结构的变化及农业生产范围有关，在 20 世纪 60 年代，这些变革带来必然结果。农村居民点的基本单位是庄园附属（住宅附属）经济，它与传统经济在结构和家庭收支的形成上均有严格的区别。这种经济被视为附属型经济，以至一些研究人员说，农村出现新型社会群组——有菜园的雇佣工②。

　　科技进步的成果对非农民化以及可定义为农村城市化的新型生活方式的形成做出了贡献。这些成果逐渐渗入农业领域，如电视、广播、电影、家用电器等。随着 20 世纪 60 ~ 70 年代农村地区电气化的完成，所有这些新鲜事

---

① *Мазур Л. Н.*, *Бродская Л. И.* Эволюция сельских поселений Среднего Урала в XX в.: опыт динамического анализа. Екатеринбург, 2006. С. 330.

② *Безнин А. М.*, *Димони Т. М.* Аграрный строй и поземельные отношения в России в 1930 – 1990-е гг. // Землевладение и землепользование в России (социально-правовые аспекты). Калуга, 2003. С. 10.

物变成农村居民触手可及的东西，因此形成了有利于工作劳动环境和日常生活环境发展的新农村环境，形成了新的价值观体系。这一体系可以在电影《炊具店》主人公舒克申的话中得到体现，他用以下这些重要财富来评价自己的幸福生活："电视、一头母牛、一头猪。"

城市化第三阶段的特征是学校、俱乐部、图书馆网络的进一步缩减和合并，以及为综合大众文化服务且乡村生活中常见的新型组织形式[①]。

因此，在另一信息环境下的第三阶段中，文化行为、文化消费新标准得到完善，新型农村城市化生活环境也相应产生。

俄罗斯农村城市化第四阶段出现在 20 世纪 90 年代至 21 世纪初，当时出现了一些新特征，这些特征在 20 世纪 60 年代的欧洲国家便已出现，且被取名"亚城市化"，即城市居民向农村地区迁移，起初是迁往近郊，之后便是迁往远离大城市的地区。亚城市化是城市化发展的自然阶段，可以作为过渡到社会经济发展的后工业化水平的指标。

俄罗斯农村地区次生居民点有自身特色，体现在花园—菜园（果木蔬菜种植业）式居民点的普及上。苏联人民委员会于 1933 年 12 月 25 日提出的决议《关于工业蔬菜栽培的展开》为园艺学运动（果木栽培运动）奠定了基础[②]。它建议划出一小块空闲土地（至少 1/4 公顷）给工人做菜园用。后续步骤完成于战后时期。1949 年 2 月 20 日，苏联部长委员会通过决议《关于集体和个人蔬菜栽培以及工人和职员果木栽培》，该决议试图解决战后危机中的公民粮食供应问题。果木栽培运动是非常有发展前景的，符合不久前还是农村居民的人的需求和习惯。大概数据显示，1965 年在俄罗斯苏维埃联邦社会主义共和国共有约 50 万公顷土地用作花园和工业园区[③]。1966 年仅在莫

---

① *Берсенев В. Л.* Развитие сети культурно-просветительных учреждений в колхозах Урала (1966 – 1975 гг.) // Развитие культуры уральской советской деревни, 1917 – 1987 гг. Свердловск, 1990. С. 119.

② Постановление СНК СССР от 25 декабря 1933 г. 《О развертывании индивидуального огородничества》 // Сборник документов по земельному законодательству СССР и РСФСР, 1917 – 1954. М., 1954. С. 490.

③ ГАРФ. Ф. 259. Оп. 45. Д. 3131. Л. 12.

斯科近郊地区就划出了 1 万公顷土地，建设了约 1000 个花园村①。

尽管经历了政策的曲折，但在随后的几年中园艺家庭和菜园运动在整体上还是得到了扩大，覆盖了所有城市新区。1979 年在俄罗斯苏维埃联邦社会主义共和国有 360 万个工人和员工家庭拥有花园，其面积为 23.02 万公顷，480 万个家庭从事集体化蔬菜栽培，占地 36 万公顷②。到 1990 年共有 850 万个家庭有花园，510 万个家庭有菜园③。

集体花园的出现不能被单一解释为亚城市化的一种表现，因为它是苏联时期解决城市人口粮食供应问题的尝试之一。通常，国家在危机时期重视农产品的补充来源，然而一旦情况有所好转便会制定相反的政策，这也是典型特征。但私人别墅和集体花园的建造为逐步重新分配城市和农村地区的功能创造了条件。更有利的环境、与自然的亲近迫使公民争取通过第二个家的构建，来提高自己的生活质量。因此，20 世纪末农村逐渐转变为休闲区。

研究人员认为，集体花园或别墅可以被认为是季节性亚城市化的一种形式④，但它与西方形式有本质区别：在那里向农郊区的迁移与长期居住地的变化有关，并伴随与城市发展水平相媲美的舒适生活环境的创造。20 世纪 90 年代花园别墅合作社式人口分布中又增添了更加符合西方模式的别墅式建筑。

在一般情况下，由于农村城市化的扭曲性和未完成性，亚城市化发展非常缓慢且非常片面，只覆盖了主要大都市。其他地区在苏联解体后的危机背景下，迅速衰落，变为荒地。

因此，在城市化进程中形成的农村地区城市化新形式，与传统模式有根本区别：与居民网络的合并和极化（增加与中型居民点相对的大小型居民点所占的比例）相关的农村居民点结构特点被改变；简化类型结构（将多种多样的居民点都合并成三种基本类型——新村、乡村、村庄）。农村人口

---

① ГАРФ. Ф. 259. Оп. 45. Д. 4622. Л. 41.

② ГАРФ. Ф. 259. Оп. 46. Д. 7190. Л. 3.

③ См.: Город и деревня в Европейской России: сто лет перемен. С. 385.

④ См.: Город и деревня в Европейской России: сто лет перемен. С. 193.

安置体系改革的一个重要组成部分是新型人口居民点的出现，它不同于传统的乡村和村庄，是工业、交通、林业、疗养和度假（休闲）的新村，以至非农业居民点在人口安置结构中占有越来越大的比重。例如，1908 年在彼尔姆省非农业人口（矿工等）比重是 3.25%[①]，到 1939 年在俄罗斯苏维埃联邦社会主义共和国农村居民结构中这个比例就上升到 12.8%，而在斯维尔德洛夫斯克州是 27.4%[②]，1989 年非农业人口占比为 22.5%[③]。

农村人口安置系统结构特点发生改变的同时，符合城市生活标准的居民点改造开始进行。传统村庄基于地区按户组织原则，最大限度地利用景观特色及特色庄园建筑，逐步让位于新型村庄。常规布局（街道或住宅）的运用始于国有财产部在 19 世纪 40 年代实施的重建村庄项目，后由于地方自治机关工作而加强，这也成为村庄的特点。在苏联时期，常规布局和分区原则是设计新型居民点的基础，它明确区分出住宅、工业、社会行政区。20 世纪下半叶，通过使用新型建筑材料、工艺、标准规划，不仅农村居民点的建筑外观焕然一新，人们对村庄的认识也发生了变化。

在传统社会中，村庄是一种特殊的社会经济组织，且是农业经济的首要生产单位。在工业社会环境中，村庄是一个社会不同群体的居住地，彼此间是睦邻关系。经济、专业甚至亲缘的往来都要归入第二个层面，已不能定义农村人口的生活方式。近代农村居民点的另一个特点也很重要，即拒绝传统社会典型的自治和自给原则。现代村庄被纳入地区公共基础设施内（交通、社会生活、文化、行政），若没有这些设施，那么现代村庄的存在也会受到威胁。20 世纪下半叶消失的上百个村庄的命运证实了这一点。

需要强调的是，农村城市化并不意味着其完全消失，也不意味着用城市形式替换掉所有的居民点。农村居民点作为一种特殊形式被保留下来，履行

---

① 见，подробнее：*Мазур Л. Н.*，*Бродская Л. И.* Эволюция сельских поселений Среднего Урала в XX в. ... С. 243.

② Подсчитано по：См.，подробнее：*Мазур Л. Н.*，*Бродская Л. И.* Эволюция сельских поселений Среднего Урала в XX в. ... С. 253.

③ Подсчитано по：См.，подробнее：*Мазур Л. Н.*，*Бродская Л. И.* Эволюция сельских поселений Среднего Урала в XX в. ... С. 276 – 277.

其特定功能（休闲、农业、文化等），但生活条件、公共设施水平及物质和文化财富程度却完全得到了质的改变。

在城市化转型环境下，农庄，即农村生活方式的基础，也在发生巨大改变。农舍领域反映传统社会特有而在新环境下失去自身意义的生活秩序、价值体系。20世纪，农舍变成一个新的现象——庄园附属（住宅附属）经济，其组织和功能特性从根本上不同于农庄。庄园农场的明显特征为：分支结构不完整；最劳动密集型产业——畜牧业——的缩紧；减少土地持有量，将农业生产从经济需求重新定位为个人消费。20世纪90年代，这一趋势得以放缓，然而仍得以保留且从整体上影响着农村人口新生活方式的形成，此生活方式与传统农民方式有本质不同。

应当强调的是，农村地区城市化进程的未完成性是广大俄罗斯农村地区的典型特点。只有在大型人口集聚点影响范围，才有向更高阶段——人口分布一体化——的过渡，在其范围内农村地区发展水平符合城市化社会最低标准。

因此，俄罗斯城市化特点直接体现在农村地区的面貌上。城市系统的快速发展，以及依靠集中全部精力和资源而带来的城市网络的形成，对农村产生负面影响，使其进化发展的自然过程放缓。俄罗斯村庄成为工业化和城市发展资金和资源的主要来源，失去了其内部潜力和发展现代化的力量。这反映在低水平的农村居民生活、保存至今的传统社会特有的生活环境中。

城市化发展方法中应首先分出如人口迁移、文化和教育、大众传媒和通信、贸易和日常生活服务领域、住宅建筑等。每一个渠道都为农村地区改革做出贡献，且其作用会随时间推移而变化。若个体途径（人口迁移）以及教育系统、图书馆、俱乐部等在城市化初期阶段起到主要作用，那么20世纪30~80年代，大众传媒手段（尤其是广播、电影和电视）以及与生活环境改变有关的途径（农村地区的贸易、建筑和公共设施）的作用增强。

所有这些农村城市化机制（因素）都与有关决定内容和方向，或者说社会文化影响和城市化成本的国家政策有直接关系。政治决策中尽显整个社会和政府特有的刻板思想和神话般的陈词,这一背景下俄罗斯村庄被看作一个"经济和文化落后"的堡垒①。这大概就是俄罗斯村庄的主要问题,但很多人却不愿意承认这一问题的存在。

第三节　城市化的地区模式

俄罗斯城市化的特点是多面性。由于自然地理和经济条件的多种多样,俄罗斯各地区进入现代化的进程不尽相同,导致最后城市化水平的分化和各种模式的出现。

首先研究者们将目光投向了城市化每个阶段延续的时间和达到的水平。依据这些标准,地理科学将地区分成以下几种类型②。

第一,有早期城市化过渡的地区(1941年之前)。这是俄罗斯城市化进行最好的区域,在卫国战争之前城市人口已多于农村人口。在乌拉尔地区的几个州中,斯维尔德洛夫斯克州和车里雅宾斯克州属于这种类型。在20世纪80年代,这两个州的城市居民人口数超过80%。而且在斯维尔德洛夫斯克州——这个城市化水平最高的州——这个指数达到了87%(见表1-3)。

第二,早期城市化过渡较好的地区(1941~1960)。这是一种比较接近俄罗斯平均水平的类型。其城市化速度较快,指数较高:75%~80%为城市居民。主要是北部、中部、伏尔加河流域和乌拉尔地区的工业区。在乌拉尔地区属于该类型的是彼尔姆州,它有典型的发展趋势,沿着俄罗斯欧洲部分的一般轨迹来发展(见表1-3)。

第三,城市化过渡中期阶段的地区(1961~1970)。乌德穆尔特苏维埃社会主义自治共和国的发展动态就属于这种类型,在20世纪90年代初期其城市人口比重占到70%。在奥伦堡州城市化水平没有达到65%(见表

① См.:Ленин В. И. Полное собрание сочинений. Т. 38. С. 123.
② Город и деревня в Европейской России: сто лет перемен. С. 161-170.

1 - 3）。

第四，城市化过渡后期阶段的地区（不早于 1971 年）。主要为农业地区，它们的城市发展要落后于自己的邻居。虽然城市化开始较晚，但是其发展速度是所有类型里最快的。在 20 世纪 40 年代末期其城市化程度只有 25%，而在 20 世纪 90 年代为 55% ~ 65%。乌拉尔地区的巴什基尔和库尔干州就属于这种类型（见表 1 - 3）。

第五，城市化过渡不均匀的地区。位于北高加索的地区。它们的特点是，居民结构中城市居民比重剧烈波动并通过农村地区发展动态表现出来，相反，农村居民则稳定地维持在同一水平上。

第六，没有城市化过渡的地区。这些地区仍以农村居民为主。这些地区为卡拉恰伊－切尔克斯、达吉斯坦、车臣－印古什、卡尔梅克。

表 1 - 3　苏联、俄罗斯苏维埃联邦社会主义共和国、乌拉尔地区
1959 ~ 1989 年农村和城市居民的比重

单位：%

共和国,州	城市居民				农村居民			
	1959 年	1970 年	1979 年	1989 年	1959 年	1970 年	1979 年	1989 年
苏联	47.9	56.3	62.0	65.7	52.1	43.7	38.0	34.3
俄罗斯苏维埃联邦社会主义共和国	52.2	62.1	69.1	73.4	47.8	37.9	30.9	26.6
乌拉尔地区	57.7	64.5	70.9	74.7	42.3	35.5	29.1	25.3
库尔干州	32.4	42.5	50.3	54.6	67.6	57.5	49.7	45.4
奥伦堡州	44.8	52.9	60.3	64.8	55.2	47.1	39.7	35.2
彼尔姆州	59.0	67.2	73.9	77.4	41.0	32.8	26.1	22.6
斯维尔德洛夫斯克州	75.9	80.6	85.0	87.0	24.1	19.4	15.0	13.0
车里雅宾斯克州	76.2	77.8	81.2	82.5	23.8	22.2	18.8	17.5
巴什基尔苏维埃社会主义自治共和国	38.2	48.0	56.8	63.8	61.8	52.0	43.2	36.2
乌德穆尔特苏维埃社会主义自治共和国	44.1	57.0	65.4	69.7	55.9	43.0	34.6	30.3

上述类型不足以在这种简化到只剩下城镇居民比重和其增长率这两个指标的情况下评价城市化的水平。这可以被认为是居民集中的水平，但不能作为对城市化本质方面的评价。

为了更准确地评价具体地区的城市化水平和特点，必须要研究形成城市化模式的城市和农村之间的相互作用。其中主要为人口（居民密度）和经济（部门结构、区域经济开发特点）的进程，以及自然条件。可以把城市化分为以下几个类型：工业型、农业型、森林型、疗养型、油矿型等。前三种在斯维尔德洛夫斯克州有所体现。

那些居民居住地及发展都与工业有关（乌拉尔的采矿工业）的地区为工业模式。20世纪该地区的城市化进程是在工业发展规律的影响下进行的，其特点有：

——优先发展城市居民网络，如依靠农村地区的人口资源；

——农村人口分布策源地性的增强；

——集聚的形成和其区域内人口分布一体化的构建。

工业模式的变种就是城市化的矿业模式，它建立在采矿和工业综合加工（冶金）的基础上，这些产业是斯维尔德洛夫斯克州、车里雅宾斯克州、彼尔姆州的经济基础，也是巴什基尔苏维埃社会主义自治共和国的代表性产业，因为在其经济结构中采矿部门占据重要地位。在这种情况下，自然资源分配的特点及其开发的动态就对人口分布系统的结构和演化产生了直接的影响。其中以成为区域开发中心的单一领域的工业居民点占多数，它们的发展前景取决于其活动在领域中的地位。这种模式框架下的农村地区处于矿业环境的影响下，并根据其需求进行相应的转变，在城市中心的区域内形成农业的迁移区。

在所研究的工业化模式框架下可以依据地方特点分出几个地方形式。比如，在乌拉尔的采矿业区域可以根据过渡到城市化阶段的不同方式而将其分为3个经济区。

第一，在北部地区（乌拉尔采矿区域的北部），人口分布保留了中心较少的特点。它的重建在城市和农村地区是分开进行的，得到了不同的结果：在城市聚集的地区有因为农村逐渐退化和缩小而形成的工业移民区。1989

年该区域城市居民的比重达到了 90%①，但其城市和农村环境下的公共事业水平和交通网络密度都较低。

第二，在中部矿业区，在下塔吉尔集聚点形成的情况下，在集聚点中心形成了城市化的人口分布，而在其外围进行了农村居民网络的重建。根据结果我们可以看到，农村居民点数量减少，在保留主要框架的情况下完成了由小型居民点向中、大型居民点的结构改造。到 1989 年城市居民比重达到 78.5%②，可以认为其城市化过渡阶段已经完成。而在城市居民网络密度方面，中部区只逊色于南部区。大部分城市居民都属于单一领域，这体现在居民生活质量上。

第三，在南部矿区斯维尔德洛夫斯克集聚点内有广阔的一体化人口分布区，其特点是农村地区功能领域的重建。该地区农业和工业环境紧密的相互作用成为人口资源逐渐集中及城市和农村大密度的整体化迁移的主要原因。虽然在 20 世纪末居民网络密度降低，但保持了均一的、以大中型农村居民点为主的人口分布。在该区域城市居民比重最高时达到 93.4%，和居民的密度基本相同③。这些指标也和交通网络密度及区域公用事业水平有关。

对工业化模式来说，最明显的变化体现在居民的生活方式及居民的分化中。在大型人口集聚区影响下，农村居民和城市居民生活方式的差异是不显著的，并且是内部统一的，这种统一因钟摆式移民而增强。在远离城市的居民区可以看到复古和原始的生活方式，这与重返传统农民方式无关，是其过渡状态的替代品。

有农业特点的地区（位于前乌拉尔和外乌拉尔的斯维尔德洛夫斯克州南部）的城市化符合农业模式，其主要特点如下：

——和农业地区相比更晚进入城市化过渡阶段；

---

① См.: Уральский экономический район. Основные итоги переписи населения 1989 г. Екатеринбург, 1991. С. 2.

② См.: Уральский экономический район. Основные итоги переписи населения 1989 г. Екатеринбург, 1991. С. 2 – 4.

③ См.: *Мазур Л. Н.*, *Бродская Л. И.* Эволюция сельских поселений Среднего Урала в ХХ веке... С. 440.

——保留了以农业居民点为主的迁移结构的一致性；

——城市化在集约型农业生产进程影响下发展，并由其决定；

——城市的发展受农村地区的需要制约。

在这个区域内斯维尔德洛夫斯克州的城市居民网络形成于 17～19 世纪，在苏联时期基本没有变化。农业区的城市人口比重在 1989 年为 54.4%～58.3%[①]。所以，在这种模式框架下的城市化特点受农村地区重建的影响比受城市环境的影响要大。

地理区域间存在内部的不同：如果说西南农业区的城市化改造更具有缓和性，在改造过程中农业地区的居民分布结构保留下来并获得了进一步发展，那么东南地区的居民分布结构被部分破坏，逐渐消亡。在很大程度上，这是因为东南地区按照工农业综合体之路发展，对城市化的进程造成了影响。

农业模式的特点是形成了农村城市化的生活方式，这种方式与积极改造文化日常条件相关，但保留了农业事业。

城市化木材工业模式主要分布在人口稀少的、以木材采运和木材加工为特色的地区（比如斯维尔德洛夫斯克州东北部）。20 世纪这里的农业居民网络一直在缩减，取而代之的是木材工业式、交通式、野营式居民网络。这种模式的特点是，城市的作用降到了最低。这里一共有两座城市——图林斯克和塔夫达，它们对该区域发展的影响非常有限。1989 年城市居民的比重达到了 63.3%[②]。这种模式的特点是人口密度小、小居民点（大多数是临时的）分散稀松，缺乏城市网络发展。所有这些都在影响被称为城镇的地区居民的生活方式。特点是：文化日常环境不发达，公用事业水平低，个人次要经济发展缺失，也就是说处于城市和农村的过渡带。

除上述各种城市化模式外，还需要来描述下建立在另外一种经济基础上

---

① См. : *Мазур Л. Н.*, *Бродская Л. И.* Эволюция сельских поселений Среднего Урала в XX веке... С. 457, 473.

② См. : *Мазур Л. Н.*, *Бродская Л. И.* Эволюция сельских поселений Среднего Урала в XX веке... С. 505.

的，与疗养、狩猎、采矿、油气开采等有关的模式。比如，疗养模式主要分布在那些有适宜休养的环境和丰富自然资源（高加索矿泉水、濒临黑海等）的地方。这种模式的特点是逆城市化趋势、发达基础设施的建立，后者可保证闲适氛围，满足居民消遣需要，影响更高层次的生活、农村和城市的公共事业。这样的结果是农村和城市生活方式非常接近，城市被赋予了农村的特点。疗养地住宅景观的显著特点为工业设施占主导，城市、农村居民的大多数都有宅旁园地。居民生活方式在很大程度上取决于疗养地发展趋势及其特点。

城市化的石油工业模式形成于石油出产区（包括北秋明、巴什科尔托斯坦共和国），这些地区土地的开发和发展与自然资源的分布、资源开采以及运输技术有关。这种模式的特点是人口分布结构的建立，其代表主要是不大的城市型居民点以及仅完成生产功能的临时居民点。对临时居民点活动的支持与劳动型移民（值班）系统的创立有关。其结果是形成了特殊的轮班生活制。这种生活方式将高需求与居民在物质保障问题上的能力相结合，此外，保留了特殊的劳动、休息条件，虽然这些条件通常不太好。

城市化的每一种模式（不限于上述各种模式），都需要在区域材料的基础上对其整体特点和规律做详细研究。对斯维尔德洛夫斯克州城市化模型的研究表明，这些模型对于俄罗斯其他具有类似社会经济特点的地区也有代表性。

第四节　城市化进程在地名学中的反映

社会中发生的所有变化都可以在语言和周边世界现象的名称中找到反映：可以是机构或机关、权力机关、街道和广场的名称、人的名字或者城市名称。周围世界元素的标志是认知和改变这个世界的方法。从这个立场出发，我们很想知道，在名称字典——首先是在地名学——中是如何反映城市化进程的。

通过研究地理名称，可以大致了解民族秉性，理解周边世界及其历史和社会经济变化的特点。克尔塔正确指出：地名学是民族周边文化环境的一部分，反映其处世之道、世界观和世界结构①。

自然对象（河流、山丘、湖泊等）的名称可以被认为是人的意识的外部语义范围，其影响只限于在某种程度上被开发的空间符号的功能。与其他语义学类型不同的是，居民点的名称在很大程度上反映了人的社会实践：这些名称最大限度地贴近人的部分生活，是最亲密的，甚至可以被称为家庭生活的元素。

居民点的名称比山体和水体的名称更容易变化，在最大程度上贴近当地具体的历史进程和事件。这里需要重点强调居民点的信息和社会意义。它们不是对居民点的简单说明，而是包含了对象（村镇、村庄、农村）的特性信息，指出其属于什么，提供其特定地址。

迁移的地名图是不断变化的，它的进化有自己的规律。最早的居民点名称主要反映所在地的物理、地理特点：很多地方都有叫布罗德（如斯维尔德洛夫斯克州的科索伊布罗德村）的村庄，是因为在该地区附近有渡河点；河口——就是河流注入湖泊、另一条河流或是海洋的入口处。传统的取名方式通常是以其附近的江河湖海的名称命名。比如，乌拉尔中部地区最大的城市之一——下塔吉尔市——就是以其附近的塔吉尔河命名的，同样情况还有塔博雷村、曼恰日村、苏霍伊洛格市、塔夫达市等。

还有很多名称具有民族性起源特征，这是更晚出现的一些名称。瑟兹给村（斯维尔德洛夫斯克州克拉斯诺乌菲姆斯克区）因巴什基尔的一个族名瑟兹给而得名。立陶宛村（维尔霍图里耶区）表明村民来自立陶宛，或是在过去曾臣服于此。村名科列拉（涅维扬斯克区）说明，除俄罗斯人外，芬兰－乌戈尔居民也参加了征服中乌拉尔的过程。

但在村庄的名称中最常遇到的是以人名命名的情况。根据专家们的统计，有70%的俄罗斯农村的名称来自人名②。在给村庄命名的过程中不同类

---

① *Керт Г. М.* Топонимия в современном мире // Изв. Урал. гос. ун-та. 2001. № 20.

② *Андреев В. П.* Топонимика и идеология в Советской России (1917–1941) [Электронный ресурс]. URL: http://sib-subethnos. narod. ru/p2005/andreev2. htm.

的人名都平等地起到了作用：个人的名、父称、姓、外号。更早时候发生的情况是，村庄按照最早居住在此的居民的姓来命名。比如，苏托尔米纳村（图林斯克区）的名字来源于俄罗斯名字苏托尔马，旧布哈罗沃村（下谢尔吉区）的名字中有巴什基尔、鞑靼的名字①。

在乌拉尔这个从 16 世纪开始积极扩张区域的地方，有一些规律一直延续：最古老的那些居民点的名字都和自然、地理有关，而那些由人名命名的农村居民点普遍出现较晚，在 17 ~ 19 世纪。而在此期间也出现了一些主要以当地居民所从事职业特点为名称的居民点，比如，波瓦尔尼亚村（别洛亚尔斯基区）——"这个地方的人在室外做食物，夏日厨房""整个村子在节日的时候酿啤酒""为路过的人修建休息和过夜的地方"；波德沃洛什纳亚来自沃洛克一词——无人区长长的路通常穿过森林，也就是说村庄出现于老路旁；鲁德诺耶村（斯维尔德洛夫斯克州）出现于 1631 年，与矿产加工有关。

考虑到这些命名的规律，研究人员可以分出反映区域居民点特定阶段的时间命名切面。居民点名称构成带有很多情节和冲突的土地开发的生动画面。几乎每一个名称后面都有一个传说，对其做出解释，并作为社会事实印在人们的意识中。名称中含有宗教礼仪因素，其中不仅蕴含历史、起源，而且还有命运和未来。

从居民点名称的变化中可以看出名称和居民社会实际的紧密联系。在传统社会中改名的大部分情况是因为居民点的自然进化，包括在人口分布系统中得到新的地位、功能，本地发生的某些事件等。比如，1631 ~ 1633 年在伊尔比特河上出现了伊尔别伊斯科耶村，之后它发展成为伊尔比特县城；卡拉乌利斯科耶村最早在 16 世纪末（新利亚利亚区）时被称为利亚利亚哨所，因为这里曾有海关。在 15 世纪开始出现由于建设教堂而改名的情况，出现了一批如罗日杰斯特文斯科耶、沃兹涅先斯科耶、特罗伊茨科耶、博戈

---

① См.: *Матвеев А. К.* Географические названия Свердловской области : топоним. слов. Екатеринбург, 2000.

罗茨科耶之类的村名，几乎在每个省份地图上都可以看到。1909 年在彼尔姆省的 5 个县（维尔霍图里耶、克拉斯诺乌菲姆斯克、叶卡捷琳堡、卡梅什洛夫、伊尔比特）中共有 3 个村叫波克罗夫斯科耶，2 个村叫尼科利斯科耶，2 个村叫彼得罗巴甫洛夫斯科耶，3 个村叫沃斯克列先斯科耶，3 个村叫特罗伊茨科耶等。它们中的大部分还有另一个更早一些的名字。比如，彼尔姆省叶卡捷琳堡县特罗伊茨科耶村曾叫卡拉希伊斯托克村，而沃斯克列先斯科耶村的第二个名字为克列比尼纳村，克拉斯诺乌菲姆斯克县的波克罗夫斯科耶村以前被称为阿里斯科耶村（根据河名）[①]。

在革命前的俄罗斯有因为政治原因而改名的例子，但这是个别现象。其中最有名的是根据叶卡捷琳娜二世的命令，在 1775 年将亚伊克河更名为乌拉尔河，将亚伊克城更名为乌拉尔城，目的是让大家忘记普加乔夫起义的故事。赫雷诺夫城在 1780 年因为行政改革而更名为维亚特卡城，为了惩处那些在 15 世纪拒绝加入莫斯科国的顽固居民。

众所周知，叶卡捷琳娜二世希望自己和子孙的名字能出现在俄罗斯的版图上。在 1782 年出现了叶卡捷琳诺达尔和叶卡捷琳诺斯拉夫（新罗西亚的行政中心），在 1783 年建立了巴甫洛格勒和马里乌波尔。曾经的村镇是用孙子们的名字来命名的——乌索夫卡村更名为亚历山德罗夫斯克村，别廖夫斯基要塞更名为康斯坦丁格勒要塞。保罗一世在位时期欲将斯塔夫罗波尔更名为巴甫洛夫斯克，未竟，但在此期间将巴赫季亚尔（1796 ~ 1802）更名为塞瓦斯托波尔，将新罗西斯克更名为叶卡捷琳诺斯拉夫。

特殊的更名原因之一要属对名称的异文及语言在语法和语音层面的发展。

总的来说，传统社会中的自然更名占所有居民点数量的约 10%。比如，在 1869 年编纂的《彼尔姆州居民点清单》中，9405 个居民点中的 942 个有两个或更多的名称，使得登记的任务复杂化。其中，经官方确认并登记在册的有两个名字的居民点只有 83 个，还有 859 个出现在乡镇的登记簿里，但

---

① См. : Список населенных мест Пермской губернии : в 12 т. Пермь, 1909.

没有出现在最主要的登记名录里。造册者认为，这是因为在不同的登记册中，同一个居民点被不同的名称来表示①。根据这些拥有多名称居民点的名录可以研究更名的逻辑学和标准方法：这种更名最常见的是从水体名改为人名，或是从人名改为职业名。比如，在彼尔姆县以卡缅基河得名的村子改为沙巴利亚特村；河流上游村镇从亚沙舍尔改为皮亚特科沃；在奥汉斯克县，由最初居民得名的亚格亚什梅利纳村改名为瓦西里耶娃村；索利卡姆斯克县的小樱桃村改名为比杨克瓦村，扎博洛特诺耶村改名为奇拉耶瓦村，基里洛夫村改名为沃伊洛克夫村②。

更名的情况在20世纪发生了根本变化，其数量出现了不同寻常的增长。共有近半数居民点经历了这一过程，首先是城市。20世纪末我们在已经大量更新的居民点名录中很难找到古老的名字，更困难的是很难考察其连续性，因为更名浪潮一浪高过一浪，形成了反映时代特点的历史沉积。

从整体上讲，20世纪有两个大的阶段对已形成的居民点名称做出了修改：1914～1956年和1957～1990年。在20世纪上半叶地名变化主要集中在城市和城市内，更名主要受政治和意识形态影响。在20世纪下半叶更名浪潮在农村地区掀起，更名原因与全球变化有关，其中包含城市化的因素。

在每个阶段都可以再以10～12年为界进行细分，因为在苏联时期这种更名浪潮一直没有停歇，消除旧名称，创造新名称，在居民点名录中留下了显著影响。其中改变最大的是新居民点的名字，它们在很大程度上反映了苏联时期的精神。

在研究20世纪城市和农村发展问题的著作中特别强调两个主要因素：一是政治（国家）因素在居民点更名过程中的作用；二是地名更改反映了

---

① Списки населенных мест Российской империи. Т. 31 : Пермская губерния. Л. CD － CDXIII.

② Списки населенных мест Российской империи. Т. 31 : Пермская губерния. Л. CDXI － CDXII.

社会中世界观和思维方式的巨大进步①。近年的情况在某种程度上属于革命变革的结果，与社会需求有关（在潜意识层面），令自己的社会预期与居民点名称中反映的符号、形象系统相符。

考虑到这一问题，我们再次强调，"十月革命"之前就能感觉到俄罗斯地名符号变动的需求，所以仅将更名浪潮归结为革命因素是不正确的，我们认为还有一个重要因素就是在 19 世纪末至 20 世纪初席卷俄罗斯社会的现代化进程。

一战对地名更迭的开始也起了推动作用，受反德军倾向的影响，首都也改名为彼得格勒。1917 年 2 月发生的大事件的影响也在城市的街道和广场的名字中得到了反映，但未触及居民点。

在 20 世纪 20~30 年代有两次大的更名运动。第一次是在 20 世纪 20 年代苏联国内战争结束之后，新经济政策开始时。伴随着苏联政权的胜利，开始对征服的地区做标记，赋予它们新的象征意义。在这个过程中对列宁名字的铭刻起了很特别的作用，它成为苏联时期在命名中被使用最多的名字。在斯维尔德洛夫斯克州到 20 世纪 20 年代末有 14 个居民点的名称使用了"列宁"②。

在 20 世纪 20 年代更名主要涉及城市和城内空间：街道和广场以革命运动和国内战争期间的领袖的名字命名；以与无产阶级革命有象征意义的和社会主义意识有关的名字命名。新的政权在人们的意识中建立了新的符号体系。

居民点更名进程还和年轻的苏联国家重新划分整顿行政区域及建立新的居民点统计系统有间接关系。根据全俄中央执行委员会和俄罗斯苏维埃联邦社会主义共和国人民委员会在 1926 年 8 月公布的法令，由州和省级执行委

---

① *Поспелов Е. М.* Имена городов: вчера и сегодня. М. , 1993; *Андреев В. П.* Топонимика и идеология в Советской России (1917 – 1941 гг.); *Шмелева Т. В.* Советские имена улиц в современном городе // Советское прошлое и культура настоящего : в 2 т. / отв. ред. Н. А. Купина, О. А. Михайлова. Екатеринбург, 2009. Т. 2; и др.

② Подсчитано по данным Информационно – справочной системы 《 Города и села Свердловской области в XX веке》.

员会和自治共和国内务人民委员部对出现的居民点进行统计和登记①。1926年12月20日，全俄中央执行委员会行政委员会发布关于登记和统计居民点程序的指令，该指令成为在居民点实际宣传中使用的主要文件。

结果引起了居民点取名机制的变化。如果说以前一个地方的命名首先是自称，然后被周边人群接受之后由行政机构登记，那么在苏联时期则是由政权作为发起人，很多时候还是起名者，政府命名之后，老百姓只能接受。

20世纪20年代的更名主要集中在大城市。据兰博的统计，俄罗斯苏维埃联邦社会主义共和国内有约400个城市更改了自己的名字，其中一半左右为百万人口城市，40%为特大城市，20%为巨大城市和大城市，中小城市只占8%～9%②。新的更名反映了苏联建设的政治实际及党和革命的丰功伟绩。

在更名的同时，人们对现有名称意义也在做出重新解读。比如，建立于1736年的克拉斯诺乌菲姆斯克市（斯维尔德洛夫斯克州），最初是一个要塞，因其位于乌法河边而得名，最初该要塞名为克拉斯诺亚尔斯克和乌菲姆斯克要塞，1781年因其地位变为县城而改名为克拉斯诺乌菲姆斯克，"十月革命"后"克拉斯诺"（红色）一词有了新的语义色彩，不再按"美丽"来理解，而是指"革命"。

在最初更名的城市中，有提到沙皇姓的城市。早在1918年时尼古拉耶夫斯克市就按照恰帕耶夫的提议而更名为普加乔夫市。稍晚一些，1920年叶卡捷琳诺达尔变为克拉斯诺达尔，1921年摩尔曼上的罗曼诺夫改为摩尔曼斯克，叶卡捷琳堡在1924年更名为斯维尔德洛夫斯克，1926年新尼古拉耶夫斯克更名为新西伯利亚，而叶卡捷琳诺斯拉夫变为第聂伯罗彼得罗夫斯克。还可以举出很多例子，而且很有代表性，因为更名首先涉及省级中心，

---

① Декрет ВЦИК и СНК РСФСР от 30 августа 1926 г. 《О порядке регистрации и наименования вновь возникших поселений》 // СУ РСФСР. 1926 г. № 60. Ст. 460.

② *Лаппо Г. М.* Имена городов. Топонимические размышления геоурбаниста // География. 2004. № 22 – 24.

并反映在领土行政个体名录上。

在农村地区获得带有革命性色彩命名的主要是新事物，如 20 世纪 20 年代由于大型农村迁移，集体农庄、国营农场的组织，工业、林业生产的组织而新建立的村庄、集体农庄机构、工厂等。在《乌拉尔州居民点名录》中，1928 年在许多地方可以看到名为"贫农"（在州内 3 个地方）、"无产阶级的"、"雇农"的居民点，最受欢迎的名字是"五一的"（乌拉尔州 5 个区里 12 个地方）。在名称中广泛应用"红色"一词，如"红色战士""红色矿工""红色光""红色灯塔"等。在名称中也可以见到富有感情色彩的名字，这也是很典型的，如韦肖拉亚（快乐的）村（塔博林卡区、利亚林斯基区、纳杰日金斯科耶区）、"自然小天地"农庄（巴若诺夫斯基区）、"日出"新村（斯洛博得图灵斯基区）。

以宗教意义命名的地区很少碰到改名的情况，多为农村和村镇。在 20 世纪 20 年代末，随着教堂的关闭，很多村庄的名称从地图上消失了，虽然村庄本身还在。他们得到了带有革命性色彩的新名字。托木斯克州的赫里斯托韦德维仁斯克村在 1923 年更名为奥特拉德内村，斯巴斯克更名为卡拉罗维（为纪念保加利亚的革命领袖）。有意思的是，在苏联时期一些名称为宗教意义的村庄也得以保留了自己的名字，如特罗伊茨科耶、波克罗夫斯科耶和尼科利斯科耶[1]。

典型的是，以农业为主的村庄可以得到传统或是现代的名称，工业的、运输的和林业的村庄则完全无法得到这样的名称，而只是作为生产对象入册，如巴拉克阿维阿威士卡、第三磨粉厂村、第四磨粉厂村、原木制的大粮仓、梅捷奥格尔卡、13 公里布勃卡和 87 公里布勃卡等[2]。后来这个趋势保留下来，甚至获得了发展，给居民点名单赋予了清单的性质（常见的是，使用村庄编码，而不给其命名）。这一点很重要，因为对于传统认知而言，人们总是努力让周围的事物（包括村庄）拟人化，这体现在人名的大量运

---

[1] Подсчитано по: Список населенных пунктов Уральской области. Т. 3, 6, 10, 11, 14, 16.
[2] См.: ГАСО. Ф. 88. Оп. 1. Д. 4811.

用上，但在现代化条件下，理性的增强体现在努力物化命名中细微的创作过程，并赋予其精确的算法中。由此编号被大量运用，人们努力用一个名称将生产和住宿项目结合，即简化过程。

从整体上来讲，20世纪20~30年代农村居民点（区别于城市）名字的授予过程组织得不太好，行政机构对这项工作不是很严肃。对居民网络核算单位的秩序整顿进行过不止一次，在战前也曾有过。给俄罗斯苏维埃联邦社会主义共和国最高苏维埃主席团的特别报告中曾出现有关问题，直接证明了合理统计制度的缺失，行政区域调节法律基础未制定好①。

20世纪30年代新的更名浪潮再度来袭，仍然以城市为主，在农村地区主要是对平行的命名系统的形成产生影响，这一系统在很长一段时间内遮盖了传统的居民点网络。集体农庄和国营农场在原来的农村社会中建立起来并变为主要农业集中体，实际上代替了行政划分。

集体农庄开始以党和革命领袖、党的大会、"十月革命"和其他革命事件纪念日命名。一个特殊的组别是以革命经历的形式命名的事物——黎明、日出、光明大道、胜利等。从那时起在所有统计文件中排在前面的是集体农庄、国营农场的名录，在补充列表里才是居民点名录。用集体农庄和国营农场替换农村居民点不仅体现在官方层面，也体现在日常层面，这在集体农庄建设发展阶段中表现得很明显，在这一阶段采用"集体农庄村"的模式。

20世纪30年代名录的扩大与名称的更改和以下因素直接相关：个人崇拜的产生和对领袖名字的盲目崇拜，还有工业化和国家进入城市化过渡阶段带来的城市人口爆炸式增长。要赋予新城市以"社会主义的"名字②，并将其与过去的名称相区分，这种尝试是双方的，得到政府和社会中部分人士（主要是年轻人）的支持。少先队员写给加里宁的信就是典型的例子。这封信尚保存在档案中，反映了苏联社会年青一代共同的思想。

---

① См.: ГАРФ. Ф. 7523. Оп. 10. Д. 205. Л. 26.
② См.: ГАРФ. Ф. 7523. Оп. 11. Д. 233. Л. 20.

米哈伊尔·伊万诺维奇,如果您能满足我们小小的请求,我们将不胜感激。我们会为此努力学习,考试得"优秀"。我们的请求是很微小的。鲜花盛放的乌克兰省会基辅的名称不好听,与此同时,城市本身很美。我们希望给它换一个更响亮、更吸引人的名字,即将基辅和基辅区更名为那不勒斯和那不勒斯区。米哈伊尔·伊万诺维奇,意大利有那不勒斯,但给基辅更名是不费力的。请不要拒绝我们的请求。若乌克兰省会能更名为那不勒斯市,那就太好了。还有,米哈伊尔·伊万诺维奇,请您将第比利斯改为梯碧里昂,将彼得罗扎沃茨克改为德国将领名台尔曼。将哈萨克斯坦省会阿拉木图更名为江布尔,虽然有江布尔市,但可以给它再换一个名字。将塔什干改为列宁纳巴德,而将塔吉克斯坦的列宁纳巴德改为莫洛多巴特,将阿什哈巴德改为苏联巴格达。

中央执行和立法机关收到了很多来自少先队员、共青团员和工作者的关于更改城市和农村名称的建议的信①。苏联中央执行委员会不得不准备特别信件来解释城市和地区更名的程序。其中指出,更名只发生在有政治意义的特殊情况下②。1936 年 4 月 16 日,苏联最高苏维埃主席团下达命令,确定了居民点更名问题的解决程序:苏联人民委员会决定联邦客体的名称,共和国人民委员会决定共和国居民点的名称③。

对类似问题的集中解决也体现在更名程序中,这些更名在集权制度下具有一些特殊性。最常见的州、区、市、企业、街道、广场等是用党和苏维埃领导人及革命英雄的名字来命名的。如果说在 20 世纪 20 年代这种方式是为了纪念政治和革命杰出人物,那么在 20 世纪 30 年代则是为了证明对领袖的忠诚和爱戴。这些都是大清洗的开展引起的后果。比如,坐落于乌拉尔北部的纳杰日金斯克城在 1926~1934 年以当时党委员

① См.: ГАРФ. Ф. 7523. Оп. 11. Д. 233. Л. 20.
② См.: ГАОО. Ф. 1014. Оп. 8. Д. 1. Л. 1.
③ См.: ГАРФ. Ф. 7523. Оп. 10. Д. 204. Л. 3.

会第一书记卡巴科夫斯克的名字命名。而当卡巴科夫斯克被清洗之后，该城在 1937 年被重新命名为纳杰日金斯克。两年后，在 1939 年更名为谢罗夫市，以纪念在西班牙空战中获得苏联英雄称号的飞行员阿纳托利亚·谢罗夫。

几乎乌拉尔州所有的中心城市和相邻区域都成为更名运动的牺牲品。1934 年 12 月 5 日，根据全俄中央执行委员会的命令，维尔特卡市更名为基洛夫市。1938 年，瓦列里·契卡洛夫牺牲后，奥伦堡以他的名字命名，虽然飞行员本人从未到过这里，该州也相应更名为契卡洛夫州。1940 年 3 月，根据苏联最高苏维埃主席团的命令，彼尔姆市更名为莫洛托夫市，而彼尔姆州更名为莫洛托夫州[1]。同样的命运差点就降临在车里雅宾斯克市的身上，在 20 世纪 30 年代末曾经探讨过要将该市更名以纪念斯大林，提出过许多方案——科巴、斯大林、斯大林格勒、斯大林诺、斯大林诺戈尔斯克、斯大林斯克、斯大林纳巴德、斯大林尼里等[2]。较晚的 1984 年伊热夫斯克市更名为乌斯季诺夫市。

国家用领导人为行政区域单位和居民点来命名，使其失去了区域和民族个性，变为对已去世的和健在的党和国家领导人的另一种纪念方式。据安德烈耶夫的统计，在 1939 年俄罗斯苏维埃联邦社会主义共和国的所有城市中共有 4 个日丹诺夫卡区和斯维尔德洛夫斯克区、6 个伏罗希洛夫区、7 个奥尔忠尼启则夫斯基区、9 个卡加诺维奇斯基区、12 个基洛夫区、12 个古比雪夫区、12 个莫洛托夫区、27 个斯大林区[3]。

综上所述，到 20 世纪 40 年代俄罗斯城市名录已进行了很多次更新，在工业化时代这些城市不仅有了新的外观，还有了新的名字。在城市列表中古老的名称已不多，相反，在工业化过程中产生的城市和工作城镇的比重大幅上涨，比如新沙赫京斯克、列索扎沃茨克、乌格列戈尔斯克、克拉斯诺扎沃茨克、阿帕季特、斯兰奇、阿斯别斯特、埃列克特罗乌格利、埃列克特罗斯

---

① См.：ГАРФ. Ф. 7523. Оп. 11. Д. 212.

② См.：*Лаппо Г. М.* Имена городов…

③ *Андреев В. П.* Топонимика и идеология в Советской России（1917 – 1941）…

塔利、博克西托戈尔斯克、梅德诺戈尔斯克、马格尼托戈尔斯克、奥列涅戈尔斯克、列宁诺戈尔斯克等。

和城市比起来，20 世纪 30 年代农村居民点名称发生变化的情况不是很多，而它们通常都是由政治原因引起的。比如，1935 年在奥伦堡州根据少先队员的请求将季马舍沃村更名为赫列博罗布，更名理由是季马舍沃是大地主的名字①。1938 年莫洛托夫州决定为卡希里诺村更名。在 1918 年以前，这个村名为罗日杰斯特文斯科耶，在内战时获得了新名称卡希里诺，为了纪念国内战争时期红军指挥官卡希里诺。但在 1938 年他作为人民公敌被捕入狱，所以卡希里诺村苏维埃申请将村名改为普希金村以纪念普希金，村名和集体农庄都进行改名②。不久之后，在 1939 年，在莫洛托夫州有几个村因为名字与以前的地主和商人有关，所以递交申请将鲍里索夫村改名为恰帕耶夫卡村，萨吉诺村改名为捷尔任斯科耶村，叶卡捷琳宁斯克村改名为契卡洛夫斯克村。但是这份申请被拒绝了③。

这段时期更名的一个因素是反宗教动机。一些居民点进行了更名，如莫洛托夫州的博戈罗茨科耶、斯列坚斯科耶、罗日杰斯特文斯科耶、奥斯特罗士卡、加里杨内等，因为当局认为，这些名称"损害了苏维埃政权的威信"④。新名称里包含了苏维埃政权的活动家和革命的象征意义：十月村、伏罗希洛沃、基洛沃等。在斯维尔德洛夫斯克州根据 1940 年 12 月 27 日的命令，将下谢尔吉区的格拉波瓦村更名为五月一日村⑤。

综上所述，城市之后就是农村地区更名的时候了。更名发生在二战时期，但较晚时候才发生大规模更名。

应当指出的是，直到 20 世纪 60 年代之前农村地区的更名都和政治原因有关。其中一种特殊情况是驱除居民，随之对这个地方更名⑥。1941 年 8 月

---

① См.: ГАОО. Ф. 1014. Оп. 1. Д. 3. Л. 84.
② См.: ГАПК. Ф. 564. Оп. 3. Д. 2895. Л. 28, 31.
③ См.: ГАПК. Ф. 564. Оп. 3. Д. 2895. Л. 28, 31.
④ См.: ГАПК. Ф. 564. Оп. 3. Д. 2895. Л. 37 – 38.
⑤ См.: ГАРФ. 7523. Оп. 11. Д. 216.
⑥ См.: ГАРФ. 7523. Оп. 16. Д. 166. Л. 76, 84.

26 日，苏联人民委员会和苏共中央委员会命令德国人从伏尔加河流域的德国人共和国、萨拉托夫州和斯大林格勒州迁出。1943 年 10 月 12 日，苏联最高苏维埃主席团发布关于"清除卡拉恰耶夫人自治州及其区域行政体制"的命令。1944 年，车臣人和印古什人被判定犯了卖国和叛国罪。为了从地理地图上清除这些民族，1944 年 6 月 19 日，格罗兹尼州委员会决定更改州内的区、区中心和居民点名称。在此运动过程中，中卡劳斯村更名为红军村，新优尔特更名为维诺格拉多夫卡，老优尔特更名为达尔斯托瓦，等等①。总计有 73 个农村苏维埃和 80 个居民点更名。取新名字的原则是依据"当地地理名称"。

1944 年 4 月 8 日，下达了对车臣 - 印古什苏维埃社会主义共和国的命令。卡巴尔达 - 巴尔卡尔苏维埃社会主义自治共和国更名为卡巴尔达苏维埃社会主义自治共和国，其部分区域归属了格鲁吉亚苏维埃社会主义共和国，而约 37000 巴尔卡尔族人离开了故土②。在被驱逐的人中有从格鲁吉亚和中亚迁移来的梅斯赫特 - 土耳其人，也有克里米亚的鞑靼人。所有的迁移都伴随着地名的变更和其历史民族特点的消除。这种方法用于使新地的移民形成新的历史记忆。

更名编年史中很特殊的一页是苏联在二战期间获得的新的领土的命名，比如萨哈林岛，在 1947 年 10 月 15 日根据命令将岛上 363 个居民点的名称从日语改为俄语。如纳卡基洛村更名为威尔和内列琴斯卡村，朝日村更名为波德戈尔内村，马拉祖村更名为卡缅卡村，等等③。

萨哈林岛是更名的典型案例，反映不同的历史阶段和文化。18 世纪先是被满族人占领，之后在 1786 年被日本人占领。1806 年萨哈林岛成为俄罗斯帝国领土的一部分，到 1905 年发展成为其组成部分，虽然日本直到 1875 年才承认这一事实。19 世纪这里设置了一系列保障俄罗斯帝国利益的岗哨，

---

① См. : ГАРФ. 7523. Оп. 16. Д. 166. Л. 76, 84。

② *Щербатая О. Г.* Сталинская национальная политика［Электронный ресурс］. URL: http: //zhurnal. lib. ru/s/sherbataja_ o_ g/stalinskajanacionalxnajapolitika. shtml.

③ См. : ГАРФ. Ф. 7523. Оп. 39. Д. 276. Л. 5 - 10.

这些岗哨也成为发展居民网络的基础。1905～1945 年萨哈林岛部分地或全部地置于日本监管之下，日本在此通过各种可行性手段来增强自身实力，比如积极发展自己的居民网。萨哈林岛北部区（苏联区）在 1926 年年初共有 4 个区（奥汉斯克区，奥哈村；雷布诺耶区，韦列夏吉诺村；雷科夫斯基区，雷科夫斯基村；亚历山德罗夫区），1 个城市——萨哈林岛亚历山德罗夫斯克（自 1947 年更名为南萨哈林斯克）。1932 年行政单位数增长为 6 个。南部形成了建立在民族性特点原则上的居民点体系，这一体系在战后进行了修改。

在 20 世纪 40 年代下半期，以用斯大林名字命名城市这种方式来对其进行崇拜的运动进入了新阶段[①]。在最高苏维埃的信函中建议将莫斯科更名为斯大林市，将斯大林格勒更名为斯大林 – 斯大林格勒或伏尔加河上的斯大林格勒[②]，将柯尼茨贝尔格更名为波罗的海上的斯大林格勒。最后一次政治更名运动发生在 1957 年，在纠正了个人崇拜的风气之后，对那些为纪念莫洛托夫、卡贾诺维奇、斯大林及其他被贬黜的政治领袖而命名的州、区、市进行了更名或恢复其历史名称。比如，在斯维尔德洛夫斯克市有两个区被更名：莫洛托夫市——上伊谢茨基市，卡贾诺维奇市——铁路市。类似的更名发生在乌法和彼尔姆。1957 年 10 月 2 日莫洛托夫州重新恢复名称为彼尔姆州[③]。那些以苏联领袖命名的农村居民点也难逃更名的命运。契卡洛夫州布祖卢克区伏罗希洛夫卡村因为新的需要而更名为扎托克斯基村，新波克罗夫斯科耶区的伏罗希洛夫卡村更名为别列佐夫卡村，塔什拉区的伏罗希洛夫卡村更名为卢戈沃伊村[④]。根据 1957 年 12 月 4 日的命令，恢复了奥伦堡市和奥伦堡州的历史名称[⑤]。

所有这些决定都出自 1957 年苏联最高苏维埃主席团的命令，此命令对

① См.：ГАРФ. Ф. 7523. Оп. 16. Д. 164. Л. 1, 6, 7.

② См.：ГАРФ. Ф. 7523. Оп. 16. Д. 164. Л. 1, 6, 7.

③ См.：ГАРФ. Ф. 7523. Оп. 75. Д. 483. Л. 38, 45, 54, 56.

④ См.：ГАРФ. Ф. 7523. Оп. 75. Л. 130.

⑤ См.：ГАРФ. Ф. 7523. Оп. 75. Л. 141.

居民点命名做出了严格规定。以消除个人崇拜带来的危害为目的，此命令也使对居民点网络进行的重新统计更加有序化①。比如，命令中明确了政权机关命名的职权。1968年颁布了对此规定的补充法令，在某种程度上简化了以国家和社会事件来给街道、广场和其他居民点进行命名的程序②。

在城市和州名称更改之后就到了对居民点统计和登记问题进行改革的时候了。在1959年统计时注意到了一个情况，即农村居民点的登记非常困难。无论在中央还是地方，都没有居民点网络的准确数据。许多乡村在战争期间被摧毁而没有重建，除此之外，出现了许多工业、交通、林业等领域的新居民点。通常它们没有自己的名字，而只是被称作生产对象。随后又出现了那些与垦荒和国营农场发展有关的新农业居民点。到20世纪50年代末，农村地区地名图是非常混乱的。

典型的案例是对居民点进行编号，由此出现了空间客体的理解问题。居民点这种无特征性在很大程度上符合社会意识的中央理念，依据这种理念，集体是主要的，个人只是其中的小螺丝，是没有个性的士兵。这种集体观念反映在社会的空间图上。

赫鲁晓夫解冻时期也曾触及苏联国家生活的这个方面③。像20世纪50年代至60年代末那样的更名数量在历史上或许未曾出现过。各处的州执行委员会都开始重新确定居民点登记名录，同时还提出了有关更名的建议。这些申请经过苏联最高苏维埃的同意而变成对国内几十个地区的命令④。如果说最初更名是为了告别旧世界、告别地主和劣绅的名字、告别宗教和阶级

---

① Указ Президиума Верховного Совета СССР 《 Об упорядочении дела присвоения имен государственных и общественных деятелей краям, областям, районам, а также городам и другим населенным пунктам, предприятиям, колхозам, учреждениям и организациям》// Ведомости Верховного Совета СССР. 1957. № 10. С. 494.

② Указ Президиума Верховного Совета РСФСР от 30 января 1968 г. 《О порядке присвоения имен государственных и общественных деятелей улицам, площадям и другим составным частям населенных пунктов РСФСР》// Ведомости Верховного Совета РСФСР. 1968. № 5. С. 191.

③ См.: ГАРФ. Ф. 7523. Оп. 75. Д. 529. Л. 16.

④ См.: ГАОО. Ф. 1014. Оп. 7. Д. 24. Л. 181.

标志，那么之后更名理由就变为了不好听、名称具有歧视性、农村名称不符合社会主义的形象。

比如依据 1958 年 1 月 8 日有关对奥伦堡州亚历山德罗夫区几个居民点进行更名的命令，普列沙诺夫村更名为小戈尔基村，第二霍洛多夫斯基农庄更名为泽廖纳亚罗夏（绿色小树林）村，第四霍洛多夫斯基农庄更名为波德戈尔内村，第五霍洛多夫斯基农庄更名为克雷姆斯基村（农庄居民来自克里米亚），第六霍洛多夫斯基农庄更名为扎列奇内村，第七霍洛多夫斯基农庄更名为布兰内村。这些村镇是一个国营农场的分支，起初以附近村名来命名。有意思的是，更名的原因在于村镇是根据过去的当地地主的名字——普列沙诺夫、霍洛多夫斯基——来命名的，这里可以很明显地听到斯大林时期的回声。

依据俄罗斯苏维埃联邦社会主义共和国最高苏维埃主席团在 1959 年 6 月 1 日所下的命令，奥伦堡州亚历山德罗夫区的伯大尼村更名为米尔内村。更名的原因在于，村镇原来的名字带有宗教色彩，由浸礼派教徒在建村时命名，作为对离耶路撒冷不远的神圣地方的纪念。

彼尔姆州在 20 世纪 60 年代初有超过 200 个居民点更名，它们以生产对象命名，比如基地村、变电所村和无线电室村等①。在斯维尔德洛夫斯克州这一数目超过 100 个，在奥伦堡州是 280 个②。有时会导致好笑的情况出现，比如，很多州很长时间都保留了机器拖拉机站村，但是这些站在 1958 年完成了改组③。

在独立的类别中可以分出一些与平反及 20 世纪 40 年代被驱逐出境的人返回故土有关的更名史实。车臣－印古什苏维埃社会主义共和国和卡巴尔达－巴尔卡尔苏维埃社会主义自治共和国的居民点开始根据地方传统命名，但不是很古老的名字。比如，莱蒙托夫村更名为莱蒙托夫优尔特村，波德戈

① См.: ГАПК. Ф. 564. Оп. 3. Д. 3078. Л. 2.
② См.: ГАРФ. Ф. 7523. Оп. 78. Д. 702. Л. 34.
③ См.: ГАРФ. Ф. 7523. Оп. 78. Д. 702. Л. 34.

尔诺耶村更名为沙拉日村，绿树林村更名为沙米优尔特村①。

在所有这一时期颁布的规定文件中，影响最深远的是 1962 年 5 月 28 日由俄罗斯苏维埃联邦社会主义共和国最高苏维埃主席团颁布的关于整顿俄罗斯苏维埃联邦社会主义共和国居民点的名称、统计和登记的命令②。命令中规定了居民点命名和更名的原则，以及所需履行的程序。比如建议按地理、历史、民族、地方自然条件等给居民点命名。这种方式在很大程度上让人想起居民点传统的命名方式，不过是以更简化的形式。地区自然条件的统计导致模式化名称的推行，如波列沃耶、普里沃利诺耶、卢戈沃耶、扎列奇诺耶、克柳奇等。命名（包括含有人名意义的名称）规则受到严格管控，只允许以国家和社会活动家的名字来命名，这种命名应符合 1957 年的命令。

确立了新的农村居民点统计和登记规则之后，开始建立新的农村居民点的空间和地名地图。统计的调整带来的是居民点名称的大量变更，主要动机是政府要改变那些过时的名字，赋予那些村庄以更好听和令人愉快的名字，"以体现时代精神和反映农村地区特点"③。

作为对 1962 年命令的补充条约，1964 年首先颁布了苏联最高苏维埃主席团决议，之后颁布了俄罗斯苏维埃联邦社会主义共和国最高苏维埃主席团决议，这些决议规定了行政土地单元的命名及更名规则。这一时期主要关注的是与单位土地范围内同名村镇相关的问题。当时发起了一项旨在反对不好听的名称、其他名称、不符合有关对社会主义农村构想的名称的活动。此时大量名称为获罗博夫卡、啦波奇、巴特拉其、歌莉娅杰夫卡的农村获得了更动听但也更无特点的名字。

影响地名频繁变革的附加因素是 1963～1964 年行政土地划分的改革，此改革与尝试建立农村、工业区系统有关。新划分给土地管理带来

① См.：ГАРФ. Ф. 7523. Оп. 75. Д. 530. Л. 1, 5, 10.

② Указ Президиума Верховного Совета РСФСР от 28 мая 1962 г. 《Об упорядочении регистрации, наименования и учета населенных пунктов РСФСР》// Ведомости Верховного Совета РСФСР. 1962. № 22. С. 300.

③ ГАРФ. Ф. 7523. Оп. 78. Д. 700. Л. 86.

了严重问题。在很多情况下不满导致了居民的组织对立，比如巴什基尔苏维埃社会主义自治共和国的斯捷尔利巴舍沃区，由于将地域中心移至费奥多罗夫卡村而产生了公开对峙。返回旧行政区域划分系统始于1964年，但直到20世纪60年代末还在进行地区行政结构改建过程，该改建过程与农业委员会和城市型村镇的大众教育的扩大，以及将其改为城市的过程相结合。农村居民点的修正一直在持续，并伴随着许多居民点的更名。1964~1966年库尔干州执行委员会依据居民点统计调整结果给98个居民点进行了更名。

村庄和村镇的新名字反映了对农村地区的新理解，这种理解形成于城市化过渡条件下[1]。一方面，这些名称强调与城市方式的对立；另一方面，加强苏联象征意义的使用[2]。比如，在区和居民点名称中常见的有"十月的"[3]"列宁的""基洛夫的""加里宁的""五一的"等[4]。1965年俄罗斯苏维埃联邦社会主义共和国有6个区使用了"红军的"名称，33个区使用了"十月的"，2个城市使用了"采矿的"，2个村子使用了"和平的""突击的"[5]。1966年，在俄罗斯苏维埃联邦社会主义共和国约有900个居民点更名，而在1967年有138个[6]。仅在奥伦堡州1966年就有217个居民点更名，而根据1966年10月7日俄罗斯苏维埃联邦社会主义共和国最高苏维埃主席团法令有215个居民点需要更名，其中205个首先按生产对象更名，5个名称不和谐（苏姆基诺、格梁子诺伊、巴格马左瓦，还有2个叫彼杨果夫基），还有5个名称做出更改是因为与已存在的名称很像。比如，伯格罗明斯克农业中等技术学校村更名为青年村，托茨基国营农场

① Постановление Президиума Верховного Совета РСФСР от 28 января 1965 г. 《О порядке наименования и переименования административно – территориальных единиц, населенных пунктов, предприятий, колхозов, учреждений и организаций, улиц и площадей РСФСР》 // Ведомости Верховного Совета РСФСР. 1965. № 5. С. 114.
② См.：ГАРФ. Ф. 7523. Оп. 83. Д. 824. Л. 17.
③ См.：ГАРФ. Ф. 385. Оп. 17. Д. 45926. Л. 18.
④ См.：ГАРФ. Ф. 7523. Оп. 83. Д. 643. Л. 26.
⑤ См.：ГАРФ. Ф. 7523. Оп. 83. Д. 908. Л 6.
⑥ См.：ГАРФ. Ф. 7523. Оп. 83. Д. 909. Л. 99；Оп. 101. Д. 661. Л. 82.

中心庄园村更名为苏沃洛夫村，索罗钦斯克区的皮扬科夫卡村更名为琥珀村等[1]。斯维尔德洛夫斯克州劳动者代表苏维埃执行委员会申请将102个居民点更名[2]。比如在别洛亚尔斯基区的高素林斯基国营农庄的1号地村更名为拉斯图什村，波格丹诺维奇区育肥国营农场的类似经济区更名为卢奇村，人工授精站村改为红马亚克村。

综上所述，20世纪60年代末农村居民点名称新系统得以确立，它反映了那个时期的现实。城市与农村地区对立的观念，引起了对反映在农村居民点名称中的农村风景特点的研究。20世纪70年代更名潮告一段落，在那个时期政府的所有注意力都集中在农村居民点的最优化，通过搬走没有前途的农村以及大型居民点的福利来实现。但在20世纪80年代初，由于扩大而导致农村地区政治改革失败已成定局，开始了新一轮更名，涉及的多是那些小村庄迁移计划由于某种原因失败的地区。要改名的村庄是那些因为迁移计划失败而得以保存的村庄，更名原因是它们的"旧名字"不得区领导欢心。

如果说奥伦堡州和巴什基尔苏维埃社会主义自治共和国只有一些更名情况，那么在萨拉托夫州1984年有约54个居民点更名。有意思的是，更名的居民点中，大部分建于20世纪30~50年代，是以其所属国营农场的名称等命名的。在20世纪60年代它们没有被更名，最有可能是因为它们被划入了没有希望的名录。政府新的行政土地规划的起草成为对这种更名的冲击[3]。

在20世纪80年代可以观察到很有意思的趋势。这个阶段的开端可以被称为居民点历史名称的回归。对老名字的兴趣出现在改革时期并在20世纪90年代得到发展。开始时人们尝试用旧名称给新居民点命名。比如，罗斯托夫州在1987年有147个居民点更名，其中有5个新居民点使用了曾被20世纪60年代登记名录除去的名字——克里诺夫村和沙波瓦洛夫

---

① См. : ГАРФ. Ф. 385. Оп. 17. Д. 4310. Л. 165.

② См. : ГАРФ. Ф. 385. Оп. 17. Д. 4324. Л. 45 – 50.

③ См. : ГАРФ. Ф. 385. Оп. 17. Д. 4783, 4789.

卡村①。

1989 年乌德穆尔特苏维埃社会主义自治共和国决定改变两个居民点的名字，赋予其历史上已形成的、替代官方名字的名称。官方名字（内石 - 卡克西、雅集 - 卡克西）是在 19 世纪得到的，但本地居民沿用了非官方名字——大西巴和小西巴，而这些名字还被用于制作护照和通信②。

随着苏联解体和自治改革的开始，历史名称回归的趋势得到了进一步发展，引发了新一轮更名浪潮，首先受影响的便是城市。斯维尔德洛夫斯克、列宁格勒、古比雪夫和其他一些州中心城市都恢复了历史名称，这反映了其想摆脱旧苏联的决心。这种原理如同 20 世纪 20～30 年代，更名象征着新生活和新社会。20 世纪 90 年代的社会经济和政治危机中断了需要高花费的更名程序，所以不是所有下面提交上来的相似方案都得到了更名。但这不意味着更名浪潮不会再一次袭来，这一百年来更名成为家常便饭，对于俄罗斯政府和社会来讲已经习以为常。名称游戏成为保护系统，可以让过去的苏联人将想象中的事物变为现实，并接受它。这也体现了人们对于名称的仪式感，将其视为俄罗斯民族特点之一。现代政权也有其意识形态利益。因为在我们的意识中，禁止更名的限制早已解除，那么更名就可以作为控制社会意识的方便、吸引人的途径。

讲到苏联农村的地名学，需要强调的是它和俄罗斯革命前时期的命名系统的根本区别。从整体上来讲，一百年间在词典和农村的语义中发生了很明显的变化，它们在很大程度上反映了城市化工业社会特有的新的价值评价系统。在农村的地名学中，主要强调农村地区的特点，它的自然—生态方面。在传统社会中的农村、城市的命名体系中占主导的是社会民族、人名地名学因素，在农村居民点新的命名体系中，这种因素几乎是没有的，首要因素是农村地区作为特殊自然区的田园、神话抽象形象。在这种背景下，地区和民族特点平衡，社会空间标记获得了超历史的意义。

---

① См.：ГАРФ. Ф. 385. Оп. 17. Д. 4910 - 4911.
② См.：ГАРФ. Ф. 385. Оп. 17. Д. 5047. Л. 7.

　　综上所述，伴随 20 世纪俄罗斯历史转折点的是历史—地理名称的明显变化。这可以被看作俄罗斯现代化的特点，主要反映在两点中：一是执政者想通过创造新的与之前不同的空间表现形式来操纵人们的历史回忆；二是社会的转变是高速而深刻的，需要在历史空间概念上将其记录下来。

　　地名地图的变化让我们清楚地明白：传统世界成为一去不回的过去。"我觉得俄罗斯变了/墓地和农舍也变了"——这是诗人叶赛宁写于 1923 年的诗句，诗人叙述了农村生活中发生的变化——"其他的青年在唱着其他的歌。/它们也许更有趣——/不光是村庄，整个大地都是他的母亲。"① 这种变化不只具有政治意识形态的性质，也是传统生活方式重大进步的证明。

---

① 　Цит. по：*Есенин С А*. Собрание сочинений. Т. 1. М.，1977. С. 218；Т. 2. С. 81.

第二章
俄罗斯和乌拉尔地区的农村迁移

第一节　迁移是城市化的因素和信息渠道

迁移作为一种社会现象是一直存在的，有时会变成全球性的大事件，比如，4世纪至7世纪的人口大迁移或是亚历山大大帝的征服，都对世界的政治格局和地名的变化产生了很大影响。但在传统社会中迁移主要是因政治或者自然生态而产生，从而有其不可逆性，因为受到这些相关因素影响的人，基本没有其他选择而被迫成为迁移者。现代文明形成的背景下，局势在不断变化。工业社会的形成赋予迁移以系统性和可变性，因为无论是工业化还是城市化，都要依靠迁移机制。

迁移在城市发展中的作用和其对人类社会的多方面影响在很久以前就已凸显，但直到20世纪60年代才由吉布斯第一次对其互相作用做出系统描述（见表2-1）。他的作品中着重强调了迁移理论的基本规律，就像经常被提及的"脉动"一样，每一次集中迁移阶段之后都是分散，影响着迁移流的方向和特点。

俄罗斯关于这个课题的研究流行于20世纪80年代。比如，罗多曼支持迁移脉动的理论，他研究摆动式迁移，提议采用此观点来描述区域系统特点、本地系统特点，特别是移民区网络的基础要素——居民点[①]。最终在文

---

① См.: *Родоман Б. Б.* Роль теоретической географии в улучшении территориальной организации общества // Исслед. методол. пробл. географии в Эстонской ССР : тез. докл. Таллин, 1987. С. 75 – 82.

学中确立了低频率和高频率脉动这些概念。第一种是辨别系统整体发展的方向，第二种（昼夜的、周的、年的）是在微观水平上观察并辨别单独的移民点的生活周期[1]。

关于移民区网络发展中移民和人口因素的作用扎翁奇科夫斯卡亚曾经做过分析[2]。依据社会组织水平（农业的、工业的、后工业化的），根据移民的性质和强度她分出三个迁移进化阶段（见表2-1）。在其他研究者的作品中也可以找到这种按阶段划分的方式。比如，约飞在迁移管理问题上做了很多研究，得出了相似的有关移民系统发展周期的结论[3]。他分出不同人口分布阶段以及相应的形式，如均匀型、发源地型、集聚型[4]。

在20世纪90年代关于迁移对居民点的影响的研究在国外得到了进一步的发展，比如，在差别城市化理论（里查德森、菲尔丁、盖耶和孔图伊）中，根据不同种类之间的互相作用而确定居民点的发展阶段。城市化的过程可以和脉动的过程相比较，居民的集中和分散不断互相替代，划分出移民潮和居民增长[5]。值得注意的是，吉布斯的理论和差别城市化理论不是对立的，相反，它们是互相补充的：差别城市化理论具体描述了城市化的高级阶段——城市化过渡。

居民点进化的阶段观点可以揭示城市化的内在机制和各种因素的作用。显然，在城市化条件下居民点发展的动态和方向越来越取决于迁移流的强度和方向。它们是人口自然变动过程的重要补充，对地区居民的动态和结构都

---

① См.: *Комель Т.* Стадиальная концепция урбанизации. Методология и методы анализа // Методы изучения расселения. М., 1987. С. 86.

② См.: *Зайончковская Ж. А.* Демографическая ситуация и расселение. М., 1991.

③ См.: *Иоффе Г. В.* Управление расселением: возможности и ограничения // Методы изучения расселения. М., 1987.

④ См.: *Иоффе Г. В.* Управление расселением: возможности и ограничения // Методы изучения расселения. М., 1987. С. 181.

⑤ См. об этом: *Fielding A. J.* Counterurbanisation in Western Europe // Progress in Planning., 1982. No. 17 (1). P. 1–52; *Geyer H. S.*, *Kontuly T. M.* A theoretical foundation for the concept of differential urbanization //Intern. Regional Science Rev. 1993. No. 15 (2); *Richardson H. W.* Polarisation reversal in developing countries // Pap. of the Regional Science Assoc. 1980.

有影响。

总结这些城市化和移民过程互相联系的理论，可以研究与城市化阶段有关的移民性质和强度（见表2-1）。

表2-1 历史进程中现代化和城市化阶段的对比

社会发展阶段	吉布斯理论中的城市化阶段	居民点发展的矢量	移民性质
（传统）农业阶段	城市居民点渗入农村居民点，城市在发展中落后	居民分散在小居民点	主要在地区系统框架内的移民自然水平低：城乡之间，乡乡之间
	城市发展加快，农村发展变慢	居民集中的开始阶段	农村居民更多地向大居民区迁移，包括城市中心
工业阶段	农业地区人口的减少以及城市人口的增加	集中过程延长，居民点大系统的形成	从农村向城市的移民方向占主要地位
	居民向大城市集聚的顶点，形成了集聚点	最高的居民集聚水平。出现了与集聚点和大都市相关的居民集聚新形式	从农村向城市的移民逐渐被由小城市向大城市的移民流所代替
后工业化阶段	非城市化	居民分散	大城市—郊区—农村地区这种移民回流加强。钟摆式的移民开始超过常态移民
		集聚中心向小城市和郊区转移，形成了机动的居民集聚点	钟摆式移民成为主要形式

根据移民因素可以将农村城市化分为两个阶段——粗放式和集约式。农民的"伟大的出路"过程开启了粗放阶段，其特点是从农村到城市和从小城市到大城市的迁移流持续增加。从俄罗斯的现实情况来讲粗放型阶段发生在19世纪下半叶至20世纪70年代。

20世纪80年代由于从农村向外的移民流减少和人口集聚点的大量产生，可以看到农村城市化渐渐向集约型阶段转变，从农村向城市的钟摆式迁移超过了永久移民；在人口集聚点和大都市形成了高城市化环境区，在这些地区农村和小居民点在紧密的经济联系和统一的基础设施基础上实现一体化。还有一个城市化集约型阶段的角度也很重要：农村居民点的公用事业水平与生活方式和中小城市相比差别不大。城市居民占全国总人口的75%以上，而这个比例一直保持着①。

移民流的强度和方向影响着居民点发展趋势的形成（居民网络的扩张或缩紧），除此之外，履行重要的社会功能，这种功能可以让我们将移民视为不同社会地理客体（城市、农村、国家地区、国家）间相互作用的信息渠道，得益于移民完成的社会信息交换，最后影响到移民进入和迁出地人们生活方式的变化。此外，调整城乡内部移民关系、地区间关系意味着能实现子系统之间的信息交流，以及与此相关的相互一体化和改变。

如果考虑到更个别的情况——农村的移民（从农村到城市），应当指出它对城市和农村环境的综合影响，即文化价值观从一个系统转移到另一个。在这种情况下移民在农村地区的城市化重建机制中起到推动作用，并对其产生多层次的影响。

从社会角度讲农村移民不同于其他移民方式，因为其与移民迁出地之间的亲情关系和邻里关系会保留并存在很长时间，有时会长达数代。个人之间的关系会成为农村居民之间互相作用的重要渠道，因为他们开始发现并明白城市生活方式的利弊②。这种碰撞的印象会长久留在同村人的记忆里，比如出生于阿佛尼齐亚村的谢列兹尼奥夫写道："我记得我们村走了一个男人，之后穿着新西服、新靴子回家来了，靴子上面还有西服，为的是不把靴子弄脏、弄坏。他带来了礼物：给妻子和母亲的裙子、纱巾，给女儿的手提包。人们把他视为上帝，有些人甚至带着嫉妒看着他。"

农村居民慢慢接受新的思想，开始熟悉城市文化：改变他们的住房、家具、穿着、装饰。农村居民的日常生活也慢慢发生变化。比如，19世

---

① См.: *Сенявский А. С.* Урбанизация России в XX веке. Роль в историческом процессе. М., 1993. С. 42.

② *Бердинских В.* Речи немых. Повседневная жизнь русского крестьянства в XX веке. М., 2011. С. 93.

纪下半叶乌拉尔农民家中开始出现城市中的内饰（照片、书、茶炊等）。住宅也发生了变化，利用了将住宿空间划分为房间的原则。新标准产生影响的结果就是在农村环境内承认知识和学习的价值。总体上来讲，随着劳动范围和农业经济的现代化发展，所有这些新事物都在影响着农民的生活方式。

农村移民与留在村里的亲戚和邻居的联系除交流信息外，还有很强的情感和规划作用，因为移民给农村居民带来了生活策略新方法和模式，提供更多机会。除主要的实现个人价值的方法外，在农村经济和农村社会的青年们面前出现了其他选择途径。正因为如此，农村移民带有明显的年龄特征，首先涉及年轻人，他们组成了整个 20 世纪涌向城市的移民潮。

20 世纪下半叶农村移民的信息和经济作用开始改变。随着移民潮强度的增加，移民与其迁出地的空间脱节加剧。地区间移民导致亲属和邻里关系的破坏。移民在这种情况下丧失了改变生活方式和价值观的作用，并让位于其他信息渠道，如电视、收音机、电影、大众传媒工具，这些途径在刺激农村移民的过程中的作用越发凸显。农村移民年龄结构也发生了变化，除年轻人外，移民中的老年人逐渐占主导地位，他们在 20 世纪 60～80 年代离开家乡，到城市和自己的孩子团聚。

对被视为城市化途径和机制的移民的研究有助于我们明白其主客观原因。迁移总与人的决定、动因有关。此外在不同的历史阶段个人动因可能有本质不同，形成移民特有的方向。

需要指出，在经济地理学中首先研究了与宏观和微观水平上经济需要的实现有关的、反映劳动力市场发展规律的移民原因[①]。社会学在当时引起了人们对社会文化因素的关注（生活方式和生活水平、满足获取知识的需要、

---

① См. , например: Флоринская Ю. Ф. Новые формы занятости населения малых российских городов // Миграция населения. Вып. 2 : Трудовая миграция в России : прил. к журн. 《Миграция в России》. М. , 2001; Бадыштова И. М. Трудовая миграция как средство выживания семьи в России // Там же.

了解文化实践等)①。近年开始着力研究移民的政治原因，它们与国家历史中的政治镇压、驱逐人民和逃难有关②，因此众多科学文献仔细分析了宏观水平上影响移民的主要原因。在这些文献的基础上我们可以弄清楚每一历史阶段特有的移民原因，划分出主要原因并将其与移民方向和形式相对应。但背后还有移民的动因和命运。移民动因及其原因是不同的。原因反映了外部因素的影响，可以让我们评判大部分人口迁移的主要趋势。动因造就了移民的个人选择，之后便具有个性化。一方面它们反映了这些原因，另一方面体现了移民的个性倾向。

19 世纪下半叶农村移民就在俄罗斯显现出来，是城市扩大的主要原因之一。1867~1897 年斯维尔德洛夫斯克州的总人口增加了 42.1%，而城市人口增加了 138.6%（见表 2－2）。乌拉尔地区的城市相比较而言不是很大，19 世纪中期其在彼尔姆省的平均规模是 4096 人，而在 19 世纪末达到了 12300 人③。一战前在乌拉尔地区的城市中有居民 631000 人，1917 年是 892000 人，占总人口数的 10.2%④。

上述数据非常典型，反映了人口情况的根本变化：城市居民的快速增长。城市和农村之间居民调整的动态可以参见表 2－2。

---

① См.: *Корель Л. В.* Перемещение населения между городом и селом в условиях урбанизации. Новосибирск, 1982; Миграция сельского населения / под ред. Т. И. Заславской. М., 1977; и др.

② См., например: *Бугай Н. Ф.* Иосиф Сталин – Лаврентию Берия: 《Их надо депортировать …》. М., 1992; *Горбачев О. В.* Организованная миграция из села Центрального Нечерноземья во второй половине 1940 – х – 1960 – е гг. // Вопр. истории. 2003. № 2; *Земсков В. Н.* Спецпоселенцы (1930 – 1959) // Население России в 1920 – 1950 – е годы: численность, потери, миграции. М., 1994; Массовые аграрные переселения на Восток России (конец XIX – середина XX в.) / под ред. С. А. Красильникова. Новосибирск, 2010; *Полян П. М.* Не по своей воле: история и география принудительных миграций в СССР. М., 2001; и др.

③ Рассчитано по: Списки населенных мест Российской империи. Т. 31: Пермская губерния. СПб., 1874.; *Алферова Е. Ю.* Уральский город пореформенного времени: тенденции демографического развития // Пробл. социально – политической истории Урала. Челябинск, 1991. С. 77.

④ См.: Опыт российских модернизаций XVIII – XX в. М., 2000. С. 217.

表 2 - 2　18～20 世纪斯维尔德洛夫斯克州的人口数

单位：万人

年份	人口总数	城市人口数	农村人口数
1796	39.77	不详	不详
1867	96.05	4.27	91.78
1870	101.61	4.41	97.20
1897	136.47	10.19	126.28
1923	200.57	51.47	149.10
1926	171.60	55.70	115.90
1939	261.03	155.45	105.58
1941	259.65	157.99	101.66
1946	276.44	196.87	79.47
1956	372.70	274.90	97.80
1959	404.47	307.43	97.04
1960	405.78	311.74	94.04
1970	431.97	348.50	83.47
1980	447.25	380.91	66.34
1989	471.67	410.74	60.93

　　1867～1923 年斯维尔德洛夫斯克州内农村居民的增长速度是 62.5%，城市居民的增长速度是 1105.4%，也就是说城市居民增长速度比农村居民快 17 倍多。增长最快的是省内的工业和商业城市，比如，1867～1897 年叶卡捷琳堡市居民增加了一倍多，从 25037 人增加到 55488 人，在数量上超过了彼尔姆市；伊尔比特市居民数量增加了约 4 倍，从 4220 人增加到 20004 人；卡梅什洛夫市人口增加了 3 倍。而那些不在主要交通线路上的城市的人口没有增加，比如上图里耶、克拉斯诺乌菲姆斯克、奥汉斯克等。

　　农村城市化开始阶段具有类似动态，此时城市在增长速度上开始超过农村地区，这首先是依靠农村的移民来实现的。而在这个阶段移民的主要原因是经济原因，包括工业化进程中劳动力市场的形成、铁路的建设、耕地减少和农民经济分化等。相应地过剩的居民（首先是青年和男人）离开农村寻找工作。这种可以称为被迫的移民，出现了各种形式的外出打短工[①]。虽然在大多数情况下移民的最后结果是农民变成城市居民，常常是变成工人，但他们还是希望随后能够回到家乡。特别是打零工的移民，他们的家人大多数还留在农村[②]。

改革时期的数据观察结果表明，城市里一些季节性工作或是日常工作是由农业经济决定的。农民的繁忙程度首先受农业工作的周期性支配：春天和秋天忙农活，夏天去努力从事季节性工作，比如木工，冬天从事马车运输或是伐木。这种工作更换是大多数农民的日常工作模式。

因此，经济因素是这个时期从农村向城市移民的主要原因。此外，随着社会机构的发展可能还会出现其他动因，比如学习、从事非农业性质的职业活动（政治、文化、艺术、科学等）。20 世纪初农村成为创作型知识分子产生的源泉之一（叶赛宁、别德内依、肖洛霍夫等）。但这些原因在统计数据中不是很明显，也不能以此来确定移民者的社会面貌。

战争为移民过程做出了自己的贡献，在战争过程中居民的迁移获得了反映本能的性质。一战及之后的革命和国内战争，开启了大众移民历史的新篇章。占据首位的是政治动因，衍生出诸如白色移民等历史文化现象。战争从根本上改变了俄罗斯社会，将城乡居民混合，建立了更均衡的社会环境。

20 世纪 20 年代在传统基础上进行了农村重建：恢复村社和共耕制，创造一些有利于个体经济发展的条件。同时城市化因素的作用重新加强，包括农村移民。由于经济因素发生的农村向城市移民再次成为常态，主要形式还是外出打短工。和革命前时期相比新特点是增强了政治因素，支持集体农庄、合作社等政府措施，客观地走农村无产化道路，消除经济中的个体成分，由此在文学中产生了"自行没收生产资料和土地"这个概念。到 20 世纪 20 年代末，农业集体化条件中政治因素开始占主导地位，新的移民流和

---

① См.: *Жбанков Д. Н.* Отхожие промыслы в Смоленской губернии в 1892 – 1895 гг. Смоленск, 1896.

② См.: *Шанин Т.* Крестьянский двор в России // Великий незнакомец. Крестьяне и фермеры в современном мире. М., 1992. С. 37.

移民方式开始形成。

有数十万人迁移或被派来参加了第一个五年计划。1926～1939 年，乌拉尔地区人口整体增长 24.5%，斯维尔德洛夫斯克州增长 52.1%。如果整个乌拉尔地区的农村人口数量保持在一个水平（1926～1939 年农村人口增长 6.9%），那么在斯维尔德洛夫斯克州降低了 8.9%[①]。乌拉尔地区城市人口数量增加了 1.6 倍，而在斯维尔德洛夫斯克州增加了 1.79 倍。在这一时期居民的移民超过自然增长的 2 倍[②]。

20 世纪 30 年代，农村强制性移民的主要方式是占全国人口数量众多的流放和驱逐。除镇压外，从农村以各种形式逃跑的人数增加，包括在移民及组织招工局保护下集体农庄庄园为了在林业局工作或为了进行五年计划建设。此外，还有年轻人为了继续发展团员党员关系或为了继续学业而迁移。后一种形式体现了个人选择，反映了移民的利益及其内部需求。

20 世纪 30 年代农村的移民有自身的特点：富农的大量流放对乌拉尔、西伯利亚、哈萨克等人迹罕至地区农村网络的发展起了很大作用，几十万农民家庭被派去从事农业、木材加工、工厂企业的工作。只有 1/4 被没收生产资料和土地的人留在了城市。截至 1938 年 7 月，由于"特别移民"在斯维尔德洛夫斯克州成立了 243 个特别移民村，共计 171899 人，其中 43645 人从事工业和建设工作。乌拉尔中部地区最大的城市之一下塔吉尔市共有 6776 个特别移民[③]，被分散在不同的村落（塔吉尔斯特洛伊、拷克萨斯特洛伊、第三国际矿场、列比亚任斯基矿场、瓦光斯特洛伊村等）。之后随着限制解除这些村被纳入城市范围并成为带有发达工业生产的城市型大居民点发展的基础。

国家历史上这个复杂的时期，由于其农业集体化和镇压，对农业地区产生了深远的影响，特别是这些农业地区是城市工业化和快速发展的

---

① Рассчитано по: Население Урала, XX век. Екатеринбург, 1996. С. 136, 138.

② Рассчитано по: Население Урала, XX век. Екатеринбург, 1996. С. 18.

③ См.: *Кириллов В. М.* История репрессий в Нижнетагильском регионе Урала 1920 – начало 1950 – х гг. Ч. 1. Н. Тагил, 1996. С. 131.

资源的主要来源地。集体农庄和集体农业的一切力量和资源都优先提供给社会主义建设，而社员的生活水平和公用事业问题都被推后。当时社会上大肆宣扬集体农庄建设的积极发展，农村地区的内部问题凸显，这些问题有助于农村移民情绪的增长。还有一点需要注意：集体农庄的建设导致农民与自己劳动的最终成果分离，创造了农民分化的前提条件，增强了移民动因。

在卫国战争时期很多大规模的移民都是疏散措施，他们去到荒无人烟的地区——西伯利亚、中亚、乌拉尔、哈萨克等。对许多疏散者来说新的地区就成为家乡。战后的移民迁移在很大程度上与向新的领土移民、向群众被驱逐地（克里米亚、北高加索、萨哈林、东普鲁士）移民有关。

由此可见，20世纪30~40年代影响移民的首要因素是政治因素，它确定了移民图。被迫迁移占主导，自然移民机构歪曲变形。战后逐渐返回到经济动因，此动因在20世纪50年代重新成为主要因素。

导致战后农村居民从农村逃跑的主要原因是经济原因以及国家的歧视政策。对农村而言，战后的几十年是非常困难的，沉重的赋税压在社员们身上。斯特列莫乌索夫回忆道："工作日只能获得粮食，把粮食上交国家、埋完种子之后粮食剩余很少。社员有地0.4~0.5公顷，需上交32公斤肉、75个鸡蛋，即使没有鸡也要交。税不少，借债是一定的，罚款也是必有的。如果有牛，还要上交220升牛奶。哪里去搞到钱呢？农民将税后剩下的东西带去了市场，很多人搬去了城里。"[1]

虽然人手不够，但在地里干活是养不活农民和他们的家庭的，在这种情况下又出现了多种形式的打短工。就像战前一样，很多有能力的男人通过移民及有组织的招工局逃离了集体农庄的工作。此外还有强制移民，如将人口调去林业或泥炭开采业工作。根据韦尔比茨卡娅的研究，仅在1947年去暂时从事泥煤开采工作的农村劳动力就达到了一百多万[2]。

---

① *Бердинских В.* Речи немых... С. 67.

② См.: *Вербицкая О. М.* Население российской деревни в 1939 – 1959 гг.: проблемы демографического развития. М., 2002. С. 192.

这里两种互相矛盾的趋势发生了碰撞：第一，国家希望在国民经济复苏的情况下解决工业和建筑业的人员问题；第二，国家又想从集体农庄和农村居民那里获得尽可能多的资源来复苏经济。为了解决第一个问题，建立了不同的农村居民有组织移民的渠道（工厂学徒系统、招工组织、共青团和党的征召等），通过这个渠道主要吸引的是有劳动力的男人。这种举措施行的结果就是在农村地区产生了很多分散的家庭（丈夫在城市工作，妻子和孩子在集体农庄生活），加深了由于战争和革命带来的性别年龄的比例失调。20世纪40年代末，农村移民和劳动力人口大量流失已经成为社会问题，因为人口大量迁移①。据村民回忆，这段时间是农村无人化的开端：人们离开家，整个村都变空，虽然有人能找到工作，但是大家都走了；许多女孩成了保姆，因为没有集体农场开的证明是找不到工作的。

居民自由来往的行政限制在最初起了一定的监控移民的作用，但并未完全制止住（农民没有身份证）。20世纪50年代下半期，自发移民潮越来越高涨，在国家的工业地区被遗弃的村庄占比为35%～63%②。

为了改善集体农庄的情况，20世纪40～50年代国家尝试将农村移民转向劳动力匮乏地区（部分涉及了外乌拉尔山脉地区，但主要的迁入地为西伯利亚和远东），但并未见效（见表2-3）。移民流不大，而这种移民本身费用不菲。这些出现在新地方的新农村面临很多问题，比如缺少住宅、粮食和建筑材料等。

这些有组织迁移运动中规模最大的是垦荒。共有超过150万人参与③。其中发生在1955～1957年的"三万人"运动产生了非常大的社会影响。1955年3月25日苏共中央委员会和苏联部长会议接受请求并做出决定，为了进一步加强集体农庄的干部建设，党和苏维埃计划挑选不少于3万名志愿

---

① Бердинских В. Речи немых... С. 46.

② Бердинских В. Речи немых... С. 194.

③ См.: *Плисецкий Е. Л.* Современные миграционные процессы в России［Электронный ресурс］. URL：http：//geo. 1september. ru/2003/37/4. htm.

者去领导集体农庄的工作[①]。20 世纪 50 年代末国家决定提高农村居民收入，改善社保体系。虽然国家采取了一系列措施，但从农村转出的移民流继续增加，在 20 世纪 60 年代达到巅峰。

表 2 - 3　1953 年乌拉尔地区有组织的迁移

单位：个

移民安置区	移出地	计划（家庭数）	实际（家庭数）
库尔干州	白俄罗斯苏维埃社会主义共和国	总数 625 集体农庄 475 国营农场 150	总数 391 集体农庄 238 国营农场 153
车里雅宾斯克州	白俄罗斯苏维埃社会主义共和国	总数 600 集体农庄 300 国营农场 300	总数 486 集体农庄 135 国营农场 351
马拉多夫斯克州	俄罗斯苏维埃联邦社会主义共和国	总数 1800 集体农庄 122 林场 1678	总数 1898 * 集体农庄 386 林场 217
	白俄罗斯苏维埃社会主义共和国	林场 3500	林场 1295
俄罗斯苏维埃联邦社会主义共和国	—	29085	26101

* 此栏数据应有误，但原书如此，且无其他资料可证，姑且从原书。——译者注

农村居民的显著减少出现在城市化的第三个阶段（按吉布斯的理论）。俄罗斯这一情况发生在 20 世纪 60～70 年代。1963～1967 年俄罗斯苏维埃联邦社会主义共和国从农村地区迁出了 470 万人[②]。整体来看从农村迁出的人是自然增长的 2.5 倍。在乌拉尔地区 15 年间（1960～1974）从农村地区迁出 1764400 人[③]。这个时间可以被看作移民的顶点，这个阶段之后在农村

[①]　Директивы КПСС и Советского правительства по хозяйственным вопросам. Т. 4. М., 1958.

[②]　РГАЭ. Ф. 1562. Оп. 45. Д. 9709. Л. 74.

[③]　См. : Миграции сельского населения Уральского района. Свердловск, 1976. С. 17.

地区形成了新的人口环境,符合工业社会的标准:中年居民数量增加,年轻人所占比重下降。1960~1989 年斯维尔德洛夫斯克州农业人口数量减少了35.2%,而城市人口增加为原来的 1.3 倍。城镇居民比重在 1989 年达到87.1% (见表 2-2),标志着农村城市化粗放阶段的完成和向新阶段进行过渡。

20 世纪 50~70 年代,作为主要动机的社会文化需要开始超过变换居住地和迁往大城市:城市的生活条件越来越吸引人,特别是年轻人,并且城市向他们提供了更多就业机会。农村的低生活质量和不发达的文化娱乐设施更是加深了这一状况。

20 世纪 60~70 年代,除农村移民的社会文化原因外,又增加了政治因素,其由将没有前途的农村迁移、实现一系列工业方案 (水电站建设) 的决定及其引发的技术后果引起。由于这些因素,一些未更换居住区的农村居民被强制引入移民区。

20 世纪 60~70 年代,农村移民的性别年龄特征有了很大变化。在 20世纪 50 年代末,主要离开的是年轻人,特别是年轻男人。在得到身份证的1974 年,移民流中开始增加很多中老年人[1]。除此之外,在 20 世纪 70 年代末从农村移民的原因之一是未婚妻问题。中学毕业后女生会比男生更想去城市学习,留在城里可以嫁人或者得到更有吸引力的工作。畜牧业、蔬菜栽培业以及其他主要为女人从事的行业保留了低机械化水平,国家完善农村的举措是低效的,这迫使更多的女孩去城市寻找未来。在这种情况下移民被看成农村妇女解放的一个标志。

虽然在城市化的特定阶段农村移民是有规律的,但值得强调的是,俄罗斯的城市化具有过大性,由农村地区低水平的社会经济发展以及国家未经充分考虑的政策造成。城乡差距哪怕是在"风调雨顺"的 20 世纪 60 年代也没缩小,反而扩大了,给了市民更多舒适的生活条件和社会特权。

---

① См.: Постановление 28 августа 1974 года № 677 《 Об утверждении Положения о паспортной системе в СССР》[Электронный ресурс]. URL: http://ru.wikisource.org/wiki/ Постановление_ Совета_ Министров_ СССР_ от_ 28.08.1974_ №_ 677.

1959～1989 年俄罗斯农村居民数下降了 1/4，而居民点数量下降了40%～45%。如果谈到乌拉尔的地区属性，那么其特点为，高速度的城市化以及由此带来的高水平的移民积极性。

在 20 世纪 80 年代，这种趋势有所改变：城镇居民区域增长率在1980～1989年为9.1%，农村居民为 -8.2%。在斯维尔德洛夫斯克州分别为7.8% 和 -8.2%（见表2）。城市居民人口增长较上个时期有所放缓，这意味着城市化的一个新阶段即将到来，城市人口资源的再生产是依靠其内部动力——自然增长，而不是移民流。此时人口结构的新形态的特点是子女少的家庭数量占优势，在保持低死亡率的情况下出生率下降。因此，人口的低自然增长率标志着人口过渡阶段业已完成，无法保证扩大再生产。

在 20 世纪 80 年代，农村地区的居民人口数量继续减少，但是速度已经没有以前那么快。农村居民向城市流动减少，但相反自然增长率却下降了，死亡率超过了出生率，这也导致了未来无人村和人口老龄化社会的产生[①]。

第二节　苏联故事影片中的农村移民：神话和现实

统计学为我们提供了社会经济过程的合理的定价估量，其中也包括移民。但为了理解所研究现象的复杂性、相互矛盾性、可变性，很重要的一点是深入人们的命运和历史事件中去，这些事物总是极具个性化和情感化的，可以让我们了解特定的行动模型、典型的反应和关系。

移民的人类学分析并不简单。研究农村移民的个人动机及其往事回顾策略需要扩大传统文献基础。对农村移民原因的正式研究开始于 20 世纪 60 年

---

① См.：*Евграфов Е. М.* Кинофотодокументы как исторический источник. М.，1973；*Баталин В. Н.* О некоторых приемах внешней критики кинодокументов // Сов. архивы. 1986. № 1. С. 23 - 28；*Кабанов В. В.* Источниковедение истории советского общества. М.，1997；*Данилевский И. Н.*，*Кабанов В. В.*，*Медушевская О. М.*，*Румянцева М. Ф.* Источниковедение：Теория. История. Метод. Источники российской истории. М.，1998；и др.

代，那时它变成农村地区发展的最重要的问题之一。主要的收集信息的方法是社会研究和数据分析。对于之前情况的分析就更难找到文献了，因为那时缺少有序的有关内部迁移的记录系统，直到 20 世纪 60 年代才对这一问题有了数据研究，20 世纪 70 年代移民问题才被列入人口调查系统。地区和州的公文可以让我们观察总动态，提出对移民的"官僚式"解释和评价。而个人动机，比如对新地方的适应过程等，一般是不予以重视的。

研究这些问题必须借助一些个人性质的文献，如信件、回忆录、日记等。但是它们不易保存并很难得到，更是加大了研究的难度。另外，回忆录更多的是在反映那些有了社会成就和被社会认可的人的生活事件，所以会出现有关其代表性的问题。

为研究动机，获得信息相对全面的方法是口述历史法：对以前移民者的采访或问卷调查。此外可能会得到影片、照片资料。文艺片在今天更多地吸引着研究者、文化学家、电影学家，还有历史学家和社会学家的注意。有一些著作专门研究文艺作品及其历史诠释①。电影艺术（纪录片和故事片）通过特殊的方式反映了社会现实，其中可以反映政权的意识形态指令、作者的经验和观念、社会期待和神话。这些在很大程度上都影响着材料的传达，但电影还是能让我们分析出一些有普遍意义、对于所研究过程的理解必不可少的事实和形象。

在苏联影片中有很多关于农村移民和移民者的话题。在大量文艺片中讲到了相关的情节线索。它们被用于分析移民的过程、方式和解释，是社会意识的表现。

根据电子版《基里尔和梅福季电影百科全书》（2003 年）的统计，

---

① См.: *Дашкова Т. Ю.* Любовь и быт в кинофильмах 1930 – начала 1950 – х гг. // История страны – История кино / под ред. С. С. Секиринского. М. 2004; *Ее же.* Визуальная интерпретация женского тела в советской массовой культуре 30 – х годов // Логос. 1999. № 11 – 12; *Димони Т. М.* 《Председатель》: судьбы послевоенной деревни в кинокартине первой половины 1960 – х гг. // История страны – История кино...

1920～1991 年苏联共拍摄了 6426 部电影①。其中涉及现实意义标准和关于农村移民不同方面的共有 124 部②。其中有 28 部电影是以农村移民为主要题材的，内容是以移民过程的阶段为主的：接受决定、移民、适应。这些电影可以让我们理解政府的社会指令和官方对此事的态度。

除了上述影片外，在另一些影片中移民问题作为背景，是次要内容。它们主要讲述移民者的命运、适应的方法、集体农庄生活的问题、对移民倾向发展有影响的事件（比如农村的迁移）等。这样的影片对于评价移民现实更重要，因为可以在其他问题（经济、政治、社会等问题）的背景下研究移民问题，并可以在很大程度上反映社会对移民的认知和观念。

根据主题可以将这些电影分成以下几种类别：

——移民重返故乡 48 部（38.7%）；

——移民问题 28 部（22.6%）；

——集体农庄和农村生活的问题（集中迁移、无人村、迁移、外出打短工等）28 部（22.6%）；

——适应问题（移民者的命运）16 部（12.9%）；

——外部移民问题 4 部（3.2%）。

应当指出的是，上述分类是具有条件性的，因为其中有些电影的主题是相互紧密联系的。60 年代的电影《主席》（1964 年，导演萨尔特科夫）反映了当时的文化图景。主人公叶戈尔·特鲁布尼科夫在青年时离开家乡，参加了 20 世纪 30 年代所有的战争，包括卫国战争，回到家乡后成为集体农庄主席（属于"移民重返故乡"主题）。拍摄于解冻期的这一影片非常现实，

① Приведенные данные не являются абсолютно полными. В энциклопедию вошли сведения о подавляющем большинстве снятых кинокартин, однако говорить об исчерпывающей полноте все же не приходится. Коэффициент погрешности не превышает допустимых пределов.

② Под《актуальными》фильмами понимаются те, которые отражают советскую жизнь в режиме реального времени, т. е. повествуют о настоящем. Ретроспективные фильмы (о прошлом) к анализу не привлекались, хотя они также могут выступать в качестве источников информации по образам прошлого.

不加粉饰地反映了战后农村集体农庄的日常生活及集体农庄主席需要解决的问题。这些问题有外出打短工、生活水平低、社员从落后的村庄逃跑、年轻人进城、农村的公用事业问题等。有劳动能力的居民（男人、年轻人）想离开农村，但需要让他们留在农村，否则农业就无法提高。确实，主席采用的方法完全符合时代精神：他自己来决定，放谁去城里，而谁不能，所有问题的解决方法都体现出其高明的领导。但这种移民的方法只在没有身份证件的集体农庄条件下适用。

按主题划分的电影可以让我们首先讨论其社会订购，这也是电影制作中最重要的因素。还有许多电影讲述了移民者回归故乡的情节，这种回归不仅是身体上的，也是精神上的，和他们重新审视人生观价值观和优先考虑的东西有关。这些电影谈论的是"回归自我"。

这种回归的题材首先出现在 20 世纪 20 年代，但成为农村电影题材的主旋律是在 20 世纪 50~80 年代。其中可以看到圣经寓言中有关浪子回头的反映。这是社会订购吗？这是鼓励离开家乡者返回故土的宣传画吗？抑或是电影创作者——创作型知识分子（其大多数或是农村的移民者，或是第二代城市居民，但始终没有割舍和农村世界的联系）——的内省？苏联时期有一部电影叫《浪子》，由格德利斯拍摄于 1984 年。也许这部电影既体现了社会需求，也体现了新市民的内心怀疑，这赋予了电影文本神话的特点。

在 20 世纪 50~80 年代关于"回归"的题材有过几十次的诠释（《故里》，1959，导演古利德扎诺夫；《别尼果夫轶事》，1957，导演罗斯托斯基；《回家》，1960，导演阿布拉莫夫；等等），但电影的结局都是相似的：以前由于自身或其他原因离开故乡的农村移民者，回到家乡，经历了精神上的重生，找到了爱情、事业和生活的定位。需要强调这些电影与众不同的色彩：对农村环境和人的美化；角色之间关系的真实性及其性格的完整性。即使是生活上的不便和问题也被赋予了农村生活的浪漫色彩。与其他农村题材的电影相比，归乡的镜头在很大程度上有助于建立农村的神话形象，将其塑造为特殊的、和谐的、纯净的、自然的世界，这个世界形成于 20 世纪下半叶，替代曾被压迫的、被剥削的、黑暗的农村。

在被研究的电影中有 1/5 涉及移民。其主要通过角色的命运来展现移民的不同形式。可以大体将其分为两组：被谴责的和不被谴责的（首先从农村群体的角度出发）。

在不被谴责的这组里，人们移民是为了上学（大量电影），或是成为演员、科学家、军人等不可能在农村实现自我的原因（个人选择）。这方面的例子有电影《明天来……》（1964，导演塔什科夫），片中女主角弗洛夏布尔拉科娃去城里是为了学习演唱。题材类似的还有电影《大音乐会》（1951，导演斯特罗耶娃）、《牧人歌》（1956，导演弗罗洛夫）、《我想唱歌》（1979，导演热列吉）等。

而另一种移民的原因则表现为追逐"暴利"、"舒适安逸的生活"或是轻率的决定。在电影中这种行为不仅为社会舆论所谴责，有时甚至会遭到流放。在电影《两种人生》（1956，导演弗罗洛夫）中讲述了两姐妹的命运，其中一个在年轻时离开农村去追求舒适安逸的人生，二十年后回家探亲，因为讲述自己平淡而无意义的人生而令大家不快，影片最后她不得不悄悄离开故乡，以免受辱。

研究对象里几乎每五部就有一部展现了农村和集体农庄生活的各种问题，在某种程度上都和移民有关。由于创作时间的问题，影片内容可能会变化。比如，在 20 世纪 30 年代主要是同富农的战斗，而结果是主人公离开了农村；在 20 世纪 50 年代主要讲述集体农庄社员们的物质文化生活条件和大型运动（比如垦荒）；在 20 世纪 60～70 年代出现了农民为了建设国营地方发电站、壮大城市而迁出，以及将无发展前途的农村迁移的题材。历史宏观环境的条件发生改变，使得农村居民面临选择，在一些不得已的情况下，被迫移民是唯一的选择。

从电影中可以划分出一个特别的组，这些电影着重探讨移民者适应城市条件的问题。这些电影大量出现在 20 世纪 60～80 年代，与人们尝试去理解苏联的社会问题（包括酗酒、犯罪等）有关。比如作者将轻佻的卫生技术员阿峰（来自导演达涅利亚的《阿峰》）的问题视为主人公的焦虑不安及其生存的无目的性，这更能凸显影片结尾处主人公的归乡。

在导演舒克申于 1965 年拍摄的电影《你们的儿子和兄弟》中，通过讲述四个农村居民的生活展现了各种不同的适应城市的方法。片中主人公叶尔莫拉雅·沃耶沃吉娜有四个儿子，其中两个生活在城里，一个由于自己性格的原因被关在监狱，还有一个儿子在农村当木匠，不考虑去城里寻找幸福，非常享受内心的和谐与农村的生活环境。大儿子已经在莫斯科生活了很长时间，成为一名马戏团里的职业摔跤运动员，放弃了务农而自我感觉良好（完全适应的典型）。有意思的是影片作者不仅谴责这种形式，甚至还有些讥讽，因此对这一形象有讽刺的意味。最小的儿子也来到城里，到工地上干活，但是住不习惯（不完全适应的典型）。这个角色的未来不得而知：他可能会回到故乡，做回自己，也可能会通过不可避免的妥协而习惯城市的生活。分析适应方式很复杂，因为为了提高观众兴趣，文艺电影倾向于展示边际行为模式。

按照拍摄时间对移民题材的电影进行划分可以让我们明白在苏联社会的不同时期人们对这一问题的看法。1920～1952 年拍摄了 13 部；1953～1964年拍摄了 28 部；1965～1985 年拍摄了 73 部；1986～1991 年拍摄了 10 部[1]。

虽然移民题材电影在 20 世纪 20 年代就已经出现，但其整体数量直到20 世纪 50 年代也为数不多。一般情况下，这些电影的题材都是和著名历史事件相关联的，首先就是农业集体化。移民相当于其背景事件。20 世纪 20年代有两部电影。在电影《镰刀和锤子》（1921，导演加尔金和布多夫金）中讲述了一个在战前搬迁到莫斯科，而在战后受饥饿所迫而返回农村的家庭的故事。这种生活题材的背景是革命、国内战争、和富农的战争等，体现了在工作环境中主人公思想上的成长。20 世纪 20 年代的其他电影也反映了相似的题材。在另一部影片《卡吉卡—纸苹果》（1926，导演尤刚松、埃尔姆列尔）中讲述了一个农村女孩在 20 世纪 20 年代中期去了列宁格勒，为了赚

---

① Подсчитано по: Энциклопедия кино Кирилла и Мефодия [Электронный ресурс]. M., 2003. 1 DVD - ROM.

钱买牛，而最终陷入了城市生活的"底层"的故事。

两部电影都是有关外出打短工的故事。受经济动因驱使主人公决定迁移。城市的形象很有意思，是不同机会的聚集地。电影中的主人公，一是思想上在不断成长，并成为为革命而斗争的思想战士；二是由于自身的无意识而陷入被小资产阶级、刑事和宗教环境吞并的局面。后者反映在导演别尔欣的电影《人在舷上》（1931）中：来自农村的小伙子在工厂找到了工作却陷入了某一党派。

20 世纪 30 年代出现了很多宣传片式的影片，在这些影片中向城市的迁移在某种程度上与农业集体化相关（《萨沙》1930，导演雪赫洛娃；《草原的颜色》1931，导演利亚申科；《沙吉尔》1932，导演埃萨吉亚；《寻找快乐》1939，导演罗沙利、斯特罗耶娃）。这些影片的内容是相同的：在富农的鼓动下或由于与其发生了冲突，来到城里接受了无产阶级思想，成长为社会主义的思想斗士，他们之后回到农村，参加集体农庄建设。

在 20 世纪 30 年代的电影中《老师》（1939，导演格拉西莫夫）占有特别的地位。影片开创了关于移民者回归故乡的新系列，他们在年轻时离开家乡，在取得了学识、掌握了组织技术之后回到故乡，为了能在这里创造美好的未来，实现个人价值。

在缺乏影片的战后只有 3 部电影涉及了移民题材。两部讲述移民命运的电影都拍于 1948 年，并呈现了成功的社会主义之路。农村女孩来到了城市，有了苏联时期成功的事业，由目不识丁的女工变为生产先进分子（《光荣之路》，导演布涅耶夫；《生活之页》，导演巴尔涅特、马切列特）。

在研究移民题材电影动态的时候需要指出，直到 20 世纪 50 年代这个题材仍未得到社会广泛关注。在 20 世纪 50 年代才在电影中涉及移民带来的不良后果和解决方案，那时人们才首次对此问题做出严肃思考，并寻找解决之道，这都反映在电影中。对此话题的兴趣在 1965～1985 年达到高潮，也正是在此期间农村居民向城市的移民潮达到顶峰，产生了各种各样的素材线索，角色性格及其动机更加复杂化，影片题材呈现方式更多样，对移民话题的解释多了些批判和分析。题材的呈现不再借助先前的鼓吹、宣传手段，而是努力塑造心理上更可信的主人公形象。电影不再是宣传工具，增加了认识及反映现实生活的功能。

在"赫鲁晓夫时期"共有 12 部电影（《两种人生》①，1956，导演沃伊诺夫；《春汛》，1962，导演巴维奇；《来自科哈诺夫卡的演员》，1961，导演利普奇茨；等等）讲述移民题材，占总数的 42.8%。拍摄于 1953 年的电影《玛丽娜的命运》（导演什马鲁克、伊芙琴科）开创了严肃讨论移民问题的先河。电影主人公去基辅学习农艺，回到家后责怪没有受过教育的妻子并与其离婚，然后返回了城里。主人公——这一无足轻重的人物的行为构成了双重背叛，既是对家庭的背叛，也是对故乡的背叛。电影《玛丽娜的命运》是第一部对向城市迁移行为持批判态度的影片。它指出，农村移民已经成为严重的社会问题，应该研究并解决。20 世纪 50 年代人民认为逃离村庄的原因很简单，这是由人们的个性所导致的，这些人离开农村去城市寻找更富足的生活。由此当时很多电影的特点是说教、严苛的道德评价、教益。

电影《来自科哈诺夫卡的演员》是说明农民离开集体农庄动机和同村人对此态度的典型范例。喜剧内容的发展按照主人公的决定开展——一个复员的官兵为追随未婚妻而去了城里。他的女朋友本来被集体农庄派去农业大学学习，她的离开对集体农庄来讲是个大事件。主人公受到了批判，因为他觉得在城里做什么工作都可以，只要能和自己的女朋友在一起就行。他先后当过建筑工人、马戏团的清洁工，但始终没有找到自己的位置。影片最后他回到了农村，明白了"每个人都有自己的科哈诺夫卡，有属于自己的角落，只有在那里才能得到幸福"，而对于他而言，这个地方就是他的故乡。

作为主人公的复员官兵的选择很有代表性。在军队服役后可以去任何地方工作，士兵不需要国营农庄开的证明。而其他人若没有此证明，在城里找到工作是很困难的。由此在积极的移民者中青年男人占大多数，20 世纪 40 年代下半期至 50 年代大量农村移民潮可以在电影中找到间接反映。在 20 世纪 50 年代拍摄了好几部讲述复员士兵的电影（《士兵伊万·布罗夫金》，

---

① 这部电影和第 77 页介绍的《两种人生》是两部不同的电影，导演也不同。——译者注

1955；《垦荒的伊万·布罗夫金》，1958，导演卢津斯基；《马克西姆·别列别利察》，1955，导演格拉尼克），这些电影因演员精湛的表演，快活、充满激情的表达方式而变得家喻户晓。影片旨在说服士兵们回到需要农村劳力的地方去，比如去垦荒。

这期间的故事片大多为农村移民问题提出了自己的解决方案，这些电影反映了人们对移民问题的简单理解。比如在电影《美好的一天》（1955，导演斯卢茨基）中，集体农庄主席告诉人们，必须组建管弦乐队，这样才能使村里的文化生活变得丰富多彩，和城里一样。按照城里的形式组建管弦乐队，建设电影院、音乐厅、图书馆的想法受到了极大欢迎，这也体现出文化生活的缺失才是年轻人离开农村的主要原因。

在赫鲁晓夫时期作为对农村移民号召的回应拍摄了更多的关于移民回归题材的电影（12 部）。其中阐述了新的题材。如果说 20 世纪 50 年代的电影中主人公的回归是他自己有意识的选择，那么 20 世纪 60 年代出现的电影开始加入圣经题材，影射忏悔和宽恕。在 20 世纪 60 年代，导演阿布拉莫夫拍摄了电影《回家》。主人公（夫妻俩）在离开家乡很久后返回家乡度假，结果受到了冷遇。过了一段时间，假期快结束时，他们明白了，他们并不想离开，在得到宽恕的同时留在了集体农庄。在 20 世纪 70 ~ 80 年代，这种题材成为数十部有关"回归"题材电影的主旋律[①]。这类电影的中心思想是圣经中的"回归"主题，此类电影的大量流行可以视为社会对童话需求的表现，这些童话告诫村民，城市并非幸福的保障，也可能给人带来厄运。材料呈现的情节性塑造了富有情感色彩的形象，旨在使形象富有神话色彩，并对村民进行反城市化的设定，激发了观众欣赏此类题材的兴趣。

在赫鲁晓夫时期还有一些电影对"回归"主题进行了补充，这些影片的主人公是城市居民，他们因为工作原因搬到了农村并永远留在了那里。古利德扎诺夫的影片《故里》（1959）讲述了女主人公的命运，她从莫斯科回到家

---

① См.，например，《Крутые горки》，1956，реж. Н. Розанцев，продолжающий эту же традицию фильм《Председатель》，1964，реж. А. Салтыков；и др.

乡看望母亲，但她已经不认得自己的家乡了。在农村塔尼亚遇到了很多有意思的人并决定在学业结束后回到这里工作和生活。对其他人物（集体农庄主席、老师）的平行叙述补充了主题线，这些人来自列宁格勒和莫斯科，为的是支持农村，建立新生活。相类似的情节在当时很多电影中非常常见①。

反向移民（从城市到农村）是现实过程的反映，但不是"自然的"，而是有政治内幕的。就像之前提过的"三万人"计划。用城里的专业人员去加强集体农庄建设，包括用分配毕业生的方式，被看作农业政策的重要任务。而电影业必须对这种做法进行宣传和支持，为其塑造正面美好的形象，但这些不太真实可信。那些从城市去农村的人生活水平变得很低，而他们的学识和热情也不能完全弥补他们对集体农庄管理的实际经验的缺失。日常生活条件成为摆在城里来的人面前一个严肃的问题，他们无法适应另一种生活方式。

在城市居民心里树立移民农村的正面形象需要用特殊的方法：美化农村生活，赋予其特殊的精神和道德品质。而营造农村世界的吸引力就是 20 世纪下半叶农村题材电影的主要任务，大量展现农村的美景、抒情的情节线索、音乐，塑造了电影中农村的特殊形象。整体上来讲就是要在观众心里将农村变成一个特殊的世界：自然而和谐，在精神上纯净，和繁忙的城市相对。

随着农村移民流的增加，尽管在农村集体农庄建设和物质福利都在增长，但人们还是开始发现移民问题的严重性和复杂性。在赫鲁晓夫时代末期，出现了一些讨论主人公面临的与迁移有关的道德选择的严肃影片。在电影《春汛》（1962，导演巴维奇）中，女主人公出嫁后和想要去城里的丈夫之间产生了矛盾，影片的结局是她抱着怀里的孩子留在村里等待已经离去的丈夫。这种结局是将移民视为精神上的背叛。

同样地，在 20 世纪 50~60 年代，一些电影成为研究移民原因及其方向的一种方法。同时电影也在完成其教育功能和尝试通过塑造神话形象的方式

---

① 见.《Дело было в Пенькове》，1957，реж. С. Ростоцкий；《Простая история》，1960，реж. Ю. Егоров》и др.

来影响农村居民的移民倾向。其中的主要形象是"浪子"。

近年来人们开始把移民作为一种社会现象进行更深入的思考，分析其复杂性和丰富多彩性。在 1965～1985 年的很多电影中人们尝试去理解农村移民对城市和农村的影响。对这一现象的新理解体现在所研究问题被更多人知晓。在这些电影中占据主导地位的主题仍然是"回归"。在 20 年中拍摄了 31 部相关题材电影（《我们的义务》，1976，导演亚申；《遇见过去》，1966，导演多利杰；《感觉归来》，1979，导演奥西皮杨；《回家的路》，1969，导演苏林；《故乡》，1979，导演叶夫列莫夫；等等）。从片名就可以看出影片讲述的主题，基本是说在年轻时代错误选择了人生道路，后来进行忏悔。

在这个时期有 17 部影片（占所分析影片总数的 23.3%）直接和移民有关。其中最有名的一部是导演梅达利尼科夫在 1967 年拍摄的严格现实手法的电影《房子和主人》。影片作者试着解释农村两极分化的原因，以及与土地之间变弱的关系。在主要原因中他们提出了斯大林时期的反农民政策。影片的主要内容是前线战士的命运，主人公从前线返回后希望能在土地上工作，和家人住在一起。但集体农庄也不能养活他的家人。为了增加收入他首先参加了铁路建设，随后从事伐木工作、参加渔船队等。努力通过奶牛赚钱，最后变为了追逐钱财，他与土地和农村的关系变得越来越弱。20 年后他清醒过来，回到家乡，但没有找到一个亲属。孩子们长大了，组建了家庭并离开了。房子已被钉死。这就是农民生活的不幸结局，倘若他能早些留下来，并思考自己人生的意义，那么他本可以过另一种人生。影片明确告诉我们，应该为自己的行为负责，而且我们今后的偿还也是不可避免的。

在影片《你好，再见》（1972，导演梅达利尼科夫）中可以找到另外一种完全不同的移民动机。女主角的丈夫是三个孩子的父亲，他觉得自己"有权"选择如何舒适地生活。他独自去了城市，在工厂工作而不想回家，他没有意识到，他的家庭已不需要他了。这部影片真实反映了 20 世纪 70 年代的实况，那时离开农村的现象已经非常普遍了。哪怕是对城里人丈夫幸福生活的描写也是讽刺基调，却并不是完全负面的评价。影片在很大程度上通过主人公与内心想法不符的生活来表现悲剧题材。移民题材的电影获得了哲学、世界观意义，变得更平静和忧伤，带有明显的不可逆的色彩。

农村在变化，而已经离开农村的农民内心的感受对于农村题材作家和电影作者来讲成为主要的精神痛苦。在这个时期，电影有一个特殊的分类，它们聚焦一些城市发展中令人心痛的趋势——无人村、村庄的消失及移民（13 部）。与官方设定不同的是，这些电影反映了对农村中所发生事件的另一种看法：人性的角度，以及对当时决策的隐晦批判，这些决策迫使人们离开故土和祖先的土地（《险地》，导演萨科夫，1979；《请原谅，再见》，导演库兹涅佐夫，1979；《别离》，导演学比奇卡、克利莫夫，1979；等等）。电影越现实、越无情地呈现内容，越能收到更大的情感影响。影片的主人公主要是老头，对于他们而言，被迫离开故土与死亡无异。应该注意这些影片的社会意义：这些影片与阿布拉莫夫、拉斯普京等其他反映农村的文学作品一道，对制止 20 世纪 80 年代对小村庄的无意义的迁移起到了作用。

与早期电影不同的是，20 世纪 60～80 年代的电影没有给出农村危机的成熟解决方案。这个时期的电影更多的是在提出问题，而非回答。只在 3 部电影里提出了对抗移民的方案，都是拍摄于 1985 年。其中有一部电影《这就是我的村庄》（导演特列古波维奇），片中的年轻主席试图在工业化来临的背景下寻找拯救农村的机会。他认为，他们必须拒绝已习惯的生存方式。农村必须和新的工业化环境保持和谐一致——这才是这部电影的主题。另一个玩笑似的解决方案反映在格拉西莫夫的影片《姑娘们，别出嫁》中，这一影片成为 1985 年被出租次数最多的影片。为了在农村中留住姑娘们，主席把她们组成了交响乐乐团，并利用所有可能的大众传媒方式——比如电视——来吸引求婚者。

有趣的是，在挑选的 10 部农村改革题材的电影中，没有任何一部将移民问题作为主要内容。农村的出路已结束了，开始了苏联社会新阶段，在此阶段，农村移民的作用已不如以前，早期城乡之间的文化差距也不存在了，也就意味着，居住地变更的原因、动机也发生了变化。在城市化社会移民已不被认为是生活方式的变化，而仅是物理变化的过程，移民的原因可能是好奇心、无聊或者只是想展示自己。

这种新局势反映在卡坡贝卡芙的电影《恋爱的鱼》（1989）中。电影采用了重建时期特有的旁观者手段，描述了从农村来到城市的主人公对周围世界的懒散态度。在这里他并不觉得生疏，他是现代人，有组织，不是土包子，而俨然是城里人。显然，农村移民无须再去形成严苛、复杂的新价值观，这种适应给之前的电影带来了紧张感和悲剧性。

文艺电影的特点是触及移民的不同方面，应该注意其巨大的信息潜能，这种潜能在人类学背景下对于深入、全面了解城市化进程是必要的，可将其视为改变人类生活的事件，而非全球现象。这些电影可以被用来研究社会意识中的神话观、固定思维、作者的观点和评价。电影中反映了所有大事件，如农村移民的不同方式及其动态和结果。

第三节　乌拉尔乡村和农村移民

对农村居民的人口历史的研究为农村移民对农村历史沿革产生的作用和影响提供了补充信息。每一个居民点都因为其发展动态的不同而各具特色。其中一些村庄在整个我们所研究的历史时期里在各方面都取得了发展——人口、经济、社会。而另外一些则正好相反，在20世纪上半叶就开始失去功能、人口和发展的前景。对有前景和无前景农村划分的观点在很长时间成为国家政策的基石，是对农村居民点区分对待的基础。而现实要比此更复杂。有很多因素会对居民点的进化产生影响，而它们之间的相互作用决定其在系统中的位置和发展方案。

20世纪初在斯维尔德洛夫斯克州共有3164个常住居民点。这是在很长一段时间内——最少几十年——固定在登记名单上的村落。大多数居民点产生于16～19世纪，也就是说它们产生于传统社会条件下。在20世纪它们的命运有了不同的变化：一部分村落发展得非常好，其他村落的地位和农业功能有所转变。到1989年州内常住居民点总数为1925个[①]。

---

① *Мазур Л. Н. , Бродская Л. И. Эволюция сельских поселений Среднего Урала в ХХ веке：опыт динамического анализа.* Екатеринбург, 2006. C. 285 – 303.

对 20 世纪常住居民点人口数量动态的分析可以体现出以下人口发展的形态[①]：

1. 线性递减——居民点的 60.12%；

2. 线性增长——居民点的 9.41%；

3. 系数为 -2 的二元方程（抛物线向下）——居民点的 18.68%；

4. 系数为 2 的二元方程（抛物线向上）——居民点的 2.65%；

5. 系数分别为 -3，3 和 -3 的多元方程（S 形逻辑曲线）——居民点的 4.62%；

6. 系数分别为 3，-3 和 3 的多元方程（S 形逻辑曲线）——居民点的 2.97%。

除此之外有一些（1.55%）居民点和上述标准都不相同，它们被划分为一个单独的分组——"其他"[②]。

第一类分组有正增长的动态（第二、四、六种形态），占总数的 15.03%，以大中型居民点为主，履行行政和生产功能。这是农村迁移的最稳定的成分。第二类分组（第一、三、五种形态，占 83.42%）主要是州周边和中小型居民点，远离行政和市中心，已经失去或正在丧失人口、社会和经济再生产与发展的可能。从整体上来讲，这些有负面发展动态的居民点可以被看作城市化条件下农村居民点发展进程中最典型和标准的一类（这里特别涉及第一、三种形态居民点，数量最多）。

建立于 17 世纪的古老农村克拉斯诺波利耶郊区可以作为第一形态（线

[①] Методика построения динамических моделей поселений разработана Л. И. Бродской. См. подробнее: *Бродская Л. И. , Мазур Л. Н.* Развитие сельских поселений Среднего Урала в XX в. : методологические аспекты построения динамических моделей // Документ. Архив. История. Современность : сб. науч. тр. Вып. 4. Екатеринбург, 2004. С. 227 – 250; *Мазур Л. Н. , Бродская Л. И.* Эволюция сельских поселений Среднего Урала в XX веке... С. 192 – 201.

[②] Здесь и далее, если нет дополнительных ссылок, показатели рассчитаны на основе информационно – справочной системы 《Города и села Свердловской области в XX в. 》 (см. подробнее: *Мазур Л. Н. , Бродская Л. И.* Эволюция сельских поселений Среднего Урала в XX веке... С. 168 – 182).

性递减曲线）村庄的典型范例。20 世纪初在村里出现了教堂、二级制学校、乡公所、7 家商店、1 家酒店、地方医士站。在 1909~1989 年的 80 年里，居民人口数量从 1047 人下降到 522 人。人口的流失主要和离下塔吉尔市这样的大城市太近有关，19 世纪开始就已经有克拉斯诺波利耶的村民在农忙之余去下塔吉尔市的矿上和工厂里打工。20 世纪 70 年代村里建立的国营农场分部在此起了作用，因为所有的流动资金都提供给了中央庄园，而本地的社会环境走向了衰落。

建立于 19 世纪下半叶的瑟谢尔季区的阿伟林斯卡雅村展现了相同的发展历程。这里高产的土地很少，因此起初对于村民来说额外的工资变成了重要的收入来源：农民用私家车从事货运或客运，制炭、制战靴工业。靠近叶卡捷琳堡在 20 世纪初便成为居民外流的原因。20 世纪村落按照城市化线性发展，村民减少了 71.28%，从 1909 年的 1292 人变为 1989 年的 371 人。集体化、镇压、卫国战争也起了作用。数十个家庭被没收土地和生产资料，1937 年由于受到反苏指控 50 个阿伟林斯卡雅村民被射杀，20 个人被投入集中营。战争时期 62 人失踪。此后阿伟林斯卡雅村已不能从这些损失中痊愈。20 世纪 50 年代村庄的行政、经济地位发生了变化。受吞并影响，村委和经济中心迁至希尔滚村。所有这些因素最终导致在 20 世纪末人口众多的村落变成了一个小村庄，而且大部分居民是因为在此拥有别墅而留下。上述例子说明了这样一点：在大城市影响下的村落早于其他地方进入城市化阶段，并开始失去人口。

第三种形态的居民人口动态的特点是，直到 20 世纪 30~40 年代还有人口数量的增加，而在战后却开始了暴跌。这种发展的结果也可以被称为"自然的"，也许最符合过渡阶段的特点，微观反映了农村地区发展进程的总特点。这种人口过渡阶段和战后再生产模式的改变有关。在此期间，另外一种因素的影响也日益加深，确定了农村局势，即农村居民向城市迁移。结果村民数量在宏观和微观上都开始下降，性别年龄的失调也日益严重。农村开始衰老并有无人村出现。

第一种和第三种农村人口发展形态的区别在于，城市化非同一时间覆盖了农村地区。远离交通线和城市中心，或离积极发展的城市居民点过近的中小村落首先失去人口，随后这一过程被纳入大的居民点。这一类型的典型例子是建立于 18 世纪 40 年代、位于郊区的巴拉基诺村。除种地外，巴拉基诺村村民很早就开始从事采金业和烧炭业，主要从事矿业生产。20 世纪初村里共有 150 个农舍，建立了医院、教堂和超市。1929 年村里探索和农业劳动组合的"新路"。虽然集体化有些冒进，但这里的经济发展很成功，集体农庄庄员在畜牧业获得了不俗的成绩。巴拉基诺村居民人数的增长一直持续到 20 世纪 50 年代。1961 年离村庄 3000 米远的地方开了"恰达尔"矿井，那时需要将集体农庄的人口移至国营农庄，后者的中央庄园坐落在拉亚村，在这种情况下，村落开始逐渐失去人口。有人进城了，有人搬去了中央庄园。1989 年人口缩减为 326 人，也就是说与 1959 年相比减少了 67%。

因此第三种形态的人口动态是受 20 世纪下半叶农业生产集中和加强、农村人口移民等进程所影响的。

应该特别注意第二、四、六种形态（15.03%）的人口动态，它们的趋势总体而言是正增长的。属于此类型的主要是大的、有许多部门的居民点，负责履行行政和商业中心的职责。

线性积极动态首先出现于大的多功能村落，或是工业、林业村落。其中阿尔乔莫夫斯基区的莫斯托夫斯克耶村可以作为这类居民点的一个典型，1909 年该村人口 365 人，到 1989 年达到了 1065 人。人口增长的最主要原因是在该村建立了国营中心农场。和其在同一地区的萨斯诺威波尔村展示出了相同的动态，该村在 1970 年成立了国营中心农场后，人口从 1970 年的 799 人增加到了 1989 年的 1748 人，增加了一倍多。数据库资料显示，依据积极线性功能进化的村庄在斯维尔德洛夫斯克州共有 89 个。

在分析这些居民点的动态时必须考虑到有居民点分布的设施状况。经济强势的国营和集体农庄拥有发展中心和外围村落的机会。瑟谢尔季区的五一村便是一个例子。这个村子建于 20 世纪 30 年代，起初只有 2 户。但在建立了博罗都灵斯基国营农场后，五一村成了第二分部，在 20 世纪 70 年代之前还是村落，共有 2 条街。当国营农庄拥有了百万财产后，它的建设不但覆盖到了中央园区，还波及了分部。五一村出现了设施完善的有两所住宅的别墅，这些房子首先分给了年轻人。20世纪70~80年代村民数量增加了近一倍。

第四种形态（抛物线向上）的形成是由于某些事件在某一段时间对农村发展的矢量产生了一定的影响。比如，一个人口正在下降的村庄由于成为行政或商业中心，其人口开始增长。这种事情经常发生在20世纪30~50年代，当时进行了很多行政区域改革，这种改革与村委会的扩大或缩小的交替进行有关。农村地区行政区划结构的变革促进履行职能的行政中心居民点的范围扩大。这直接反映在居民点基础设施的发展上：里面建设了学校，开设了俱乐部、图书馆、医疗点等，提高了吸引力，改善了发展前景。

这种情况的例子是塔夫达区的戈罗季谢村和格拉西莫夫卡村，在20世纪上半叶村民人数减少，即这两个村由于处在城市化过渡阶段，所以人口在逐渐下降，但在20世纪50年代这两个村成为扩大的集体农庄的中心，并在之后发展为经济的中心农庄。除经济中心的职能外，在这两个村里还出现了村委会，赋予其附加潜力。结果在20世纪60~80年代两个村的人口一直在增加。对于格拉西莫夫卡村而言，帕夫利克·莫洛佐夫博物馆的建立起到了积极作用，后者是苏联时期特殊的文化中心。

应特别强调最后两种——第五种和第六种——形态的特点，它们展示了人口发展的周期性特点，这反映了经济基础发展过程中大居民点的重要性和优先权。人口潮对这些形态的影响非常明显，比如，所有的人口数摆动的峰值都和20世纪的人口灾难有关——战争、革命、农业集体化。举个例子，根据伊尔比特区吉尔金斯克村居民的回忆，有两个历史事件对这个村子的人口数量产生了巨大影响——农业集体化和卫国战争。在没收富农生产资料和土地的时期有47户农民搬离该村，而在卫国战争时期该村失去了232人[1]。正是在这些时期农村地区的人口数下降，随后变为正增长。从整体上来说吉尔金斯克村的人口发展模式属于第六种形态。

---

[1] *Герштейн Я. Л.* Ирбит и его окрестности. Екатеринбург, 1995. С. 168-169.

正如上述例子所述，在特定动态类型形成中农村居民点的人口密度起到了重要作用。居民点越大，则受外部影响越小，且通常显示出正动态。当时这一因素被考虑在苏联农村重建政策框架内：居民点地位及其发展前景取决于其人口数。但人口数通常是经济基础条件——自然地理、经济因素等，其中包括农村与行政中心的距离、交通通达性、设施完善程度和文化生活保障水平——总影响的结果（后果）。

在影响居民点进化及其移民史的众多内部因素中，居民的民族构成也很重要。依据民族特性（见表 2-4）对居民点的划分可以按数量和影响分出斯维尔德洛夫斯克州更重要的居民点民族组别。除了俄罗斯族外，还有鞑靼族、巴什基尔族、马里族和曼西族[1]。他们建立了联系紧密的生活区，保护和发扬本民族的文化。其他民族——乌德穆尔特、楚瓦什、科米、乌克兰族、白俄罗斯族、日耳曼族等，没有在斯维尔德洛夫斯克州建立属于自己民族的生活区[2]。

人口动态在很大程度上取决于民族传统。在马里族和鞑靼族的村子里，在 20 世纪 50~70 年代移民过程并不像俄罗斯族那么活跃[3]。这里很晚才开始人口过渡阶段，而直到现在他们还保留着多子女的传统。这影响着人口自然运动过程和居民点的规模。有意思的是，鞑靼族和马里族的人口密度要远大于俄罗斯族。依据 1989 年的人口普查，人口占绝对优势的俄罗斯族农村平均人口为 3463 人，而马里族农村平均人口为 4800 人，鞑靼族农村平均人口为 3769 人。20 世纪 80 年代末俄罗斯村庄继续占据大多数（83.3%），但在绝对形式上它们有了实质性的减少（减少了 58%）。鞑靼族、马里族和曼

---

① Летопись уральских деревень. Сысертский район. Вып. 2. Свердловская область, 1995. С. 59 – 60.

② См., подробнее: *Мазур Л. Н.* Села и деревни Среднего Урала в XX веке : стат. – этногр. описание. Екатеринбург, 2003.

③ См., в частности: *Смирнов И. Н.* Этнодемографическая характеристика структуры марийской сельской семьи // Археология и этнография Марийского края. Вып. 18 : Современные этнокультурные процессы в марийском селе. Йошкар – Ола, 1991. С. 39, 42.

西族村落的人口数量在整个 20 世纪是没有太大变化的。这也说明在乌拉尔中部地区农村地区居民网络的缩减主要是由俄罗斯族居民点引起的。

表 2 - 4　20 世纪乌拉尔中部地区按动态类型和主要民族划分的农村居民点

单位：个，%

动态类型	俄罗斯族		马里族		鞑靼族		其他	
	数量	占比	数量	占比	数量	占比	数量	占比
1	1587	63.08	9	40.91	6	16.67	11	91.67
2	216	8.59	3	13.64	4	11.11	0	0.00
3	433	17.21	3	13.64	9	25.0	1	8.33
4	70	2.78	1	4.55	1	2.78	0	0.00
5	120	4.77	2	9.09	0	0.00	0	0.00
6	53	2.11	4	18.18	15	41.67	0	0.00
其他	37	1.47	0	0.00	1	2.78	0	0.00
总数	2516	100.00	22	100.00	36	100.00	12	100.00

民族特点对居民点发展动态也产生了影响（见表 2 - 4）。只有 11.37% 的俄罗斯族村庄实现了增长（第二种和第四种）。在马里族中这个数字是 18.19%，鞑靼族中是 13.89%。特别要指出的是，在第六种动态中，马里族和鞑靼族也占据了重要地位，所占比重分别为 18.18% 和 41.67%，这主要是负责履行行政、商业、文化职能的大居民点。

俄罗斯族出现了最不好的情况，有 85.06% 属于第一、三、五种动态，这些类型整体上的趋势是负的。在马里族村庄这个数字低一些，有 63.64%，在鞑靼族有 41.67%。传统和民族特性对人口进程的影响不言而喻。

在研究所有影响人口动态因素的过程中，需要强调的是，只有在一些有利条件叠加的情况下才可以为居民点人口增长创造有利的前提条件。主要是地区城市化水平，距离城市中心的远近及通达性，经济的多部门结构、多功能性和足够的人口资源。这些都可以增加农村居民点的稳定性。只有一或两个因素无法确定局势：居民点会损失人口，同时失去发展的可能。

　　所以关于农村居民点消失的途径分析和因果关系规律的研究就得到了很大关注。在白宫文件《20世纪乌拉尔中部地区城市和农村》中写道，在20世纪30~80年代有45.1%的常住居民点由于各种原因消失了。其中超过一半（67.3%）消失于20世纪70~80年代——这是在迁移过程中行政干预最严重的时期。从名单中除名有各种原因。比如25%~30%的村庄被删除是因为其地位发生变化或者是被合并，也就是说，它们依旧存在，只是以另外一种形式。大部分村庄消失是因为人越来越少，这与人口数不断减少和村庄的不断无人化趋势有关的客观因素相关，包括居民离开、迁徙或死亡。首先感受到农村移民带来的后果的是那些不大的、非中心的村庄。移民一般不涉及大村庄，如果它们作为村庄的职责不被政治所干涉的话，那么它们不太受移民产生的后果的影响。如果一个村庄被划入没有希望的村庄名单，那么它就很有可能在1~2代人的时间里消失，因为在这种情况下学校、俱乐部、商场等会相继关门，居民会逐渐离开农村，而搬去最近的城市。

　　综上所述，城市化条件下的移民对居民网络动态有影响，影响其改变的方向——扩大或缩小、增加或减少。移民不仅是一个宏观因素，它也真切地影响着具体居民点的命运。

第三章

国家及其在农村改革中的作用

尽管城市与农村的对立是非流血性的，但它仍是 20 世纪俄罗斯社会所经历的所有矛盾和冲突之中最重要、最悲惨的。确实，在 20 世纪初俄罗斯还是一个以农民和农村为主的国家，而到了 20 世纪末则变为一个以城市为主的国家。这一整体上合乎规律的进程带来了一些不良后果，而这些不良后果与不合理的迁移以及部分农村居民点的消失相关，其中国家关于农村的政策发挥了重要的作用。

需要指出的是，从彼得一世时代起，在俄罗斯城市和农村一直被视为相反的：城市是文化和进步的聚集地，而农村则是落后、黑暗和愚昧的集中地。这种关系被当权者维护着，到苏联时期仍以某种隐蔽的形式保留了下来。农业部门是城市工业化和急速发展的物资来源，但对农业掠夺式的剥削体现出城市和农村的对立。建设社会主义新农村的任务始终同打破历史形成的人口分布类型和形式息息相关。

因此，对农村地区进行根本性改革的设想自古以来就成为权力地位的基础，而这一设想要通过系统的政治决策来实现。在对农村居民网改革过程中国家发挥的作用及其产生的影响进行研究时，需要考虑以下两个主要方面。

第一，从 19 世纪下半叶到 20 世纪 50 年代末，国家政策首先指向实现农业现代化的目标。农村地区的社会文化问题、日常公共设施问题以及农村地区的发展问题并未进入国家政策的利益范畴，也就是说，解决这些问题只能依据剩余原则，城市化进程本身是自发和矛盾的。这一时期农村地区城市化最明显的表现是人口分布体系的变化，首先是农村人口数量的积极增长，这种增长既体现在数量上，也体现在质量上。不仅居民点的数量增加了，而且还出现了新的农村居民点类型——农业型、工业型、交通型和林业型等。人口分布结构中的这些变化为农村生活条件——建筑、公共设施、文化和生活保障方面的变革奠定了基础。

第二，20 世纪 50 ~ 80 年代农业政策中还增加了旨在优化居民网并解决公共设施问题的措施体系。因此在 20 世纪下半叶政治因素的影响力逐渐增强并使俄罗斯农村的自然城市化进程发生了显著变化，促进了居民网的迅速收缩和极化。俄罗斯数以千计的农村居民点消失、居民点发生根本性改革，以及农村人口生活方式的变化均与这一时期有关。

第一节　农业改革是农村地区城市化的因素

在分析社会现代化的进程时，你会不由自主地提出以下问题：政治决策的作用是什么？政府采取的措施能够促进（遏制、歪曲）客观的演进变化到何种程度？在传统农业社会这样一个封闭的体系中，内部机制对变革和更新的推进作用有多强？什么是现代化改革的作用物？毫无疑问，就俄罗斯历史的不同阶段而言，这些问题的答案也是各不相同的。作用物的功能可以转入不同的分系统——市场、信息、政治、媒体和科学，并表现出时代特点。特别是在 20 世纪下半叶，科学的作用显著增强，在信息化社会中科学成为社会经济发展的主要因素。

俄国文明的特点在于，在这里国家的作用永远是伟大的，它形成社会发展的趋势。这在农村城市化过程中也能得到反映。农业经济的兴衰、俄国农村的成果和问题不管怎样总是与政权的决心和行动联系在一起。而农村城市化的基本阶段清楚地与那些政府在 19 世纪中叶和整个 20 世纪进行的农业改革相关。改革的基本问题与改造农业环境的目标、与农业的现代化和集约化联系在一起，而这些是从未能得到完全解决的。但改革的影响除了农业经济外还表现在农业社会的其他方面，其中包括社会结构、居民网、生活条件等。

我们来详细分析一下帝国政府和苏维埃政权实施的基本农业措施以及这些措施对农村人口分布系统发展起到的作用。

帝国晚期主要有两项重大的农业改革：一是农奴制的废除及其附带的自由改革，其中一项改革建立了地方自治机关；二是 1906～1913 年的斯托雷平改革。

1861 年的农民改革可以看作迈出了第一大步，为农业过渡打下了基础。尽管这次改革没有彻底完成，但它为新的土地关系奠定了基础。1861 年改革的政治意义远大于其经济层面的意义，它保留了土地的公社所有制等传统经济基础，结果市场关系发展得很慢，同样，新技术的推广也十分缓慢。直到 20 世纪初，由于 19 世纪 60～70 年代的自由改革所引发的这次变革是在传统社会特有的组织形式——村社经济和地主经济的框架内进行的，所以土地市场在形成过程中发生了本质上的变形，并产生了所谓的土地问题——所有俄罗斯革命的基本问题。

显著推进农业环境现代化方案的一步是 1906 年 11 月 9 日通过的《对一些涉及土地所有制和土地使用制现行法规的补充规定》，1910 年它成为法案，使农民享有自由退出村社的权利，并能够将村社份地划归个人私有。法案成为消灭村社的起点，为逐渐以土地私有制代替土地公有制提供了方法，并加快了市场基础上的农业经济改造。另外需要强调的是改革设计者们解决土地问题时的周密、慎重的态度，他们经常为此受到指责。虽然斯托雷平明白村社是农业经济发展的障碍，但他仍然没有禁止村社，而是对农民提出了能让他们在最大程度上满意的自愿选择所有制形式的方案，这在某种程度上降低了社会的紧张程度。禁止和行政施压可能引发农民阶级出于集体意识的暴动和行动。打破陈规思想总是需要时间的，想实行到农民阶级中则需要数十年。实际上，这一点斯托雷平也早有预料，并强调在俄国要想达到明显的效果至少需要二十年。

在这项法案中特别关注了独立农庄和单独田庄的组织问题及其土地规划问题，正是这一观点对区域农村人口分布体系产生了最大影响。早在改革很久之前农民农庄已为人所共知，俄罗斯帝国西北部科夫诺省境内在18世纪末就按照伊·奥金斯基大公的倡议建立了一个农庄人口移居小区，农民根据村社土地的划分移居到了同村农庄。这些地区的农庄人口迁移直到19世纪仍保留着，但没有得到任何的发展。到19世纪中期在波兰境内波罗的海沿岸的一些省份也出现了农庄，这种土地使用形式被确立了下来并在以后得到了积极的利用。

在俄罗斯中部地区农庄迁移进行得更为缓慢。在莫斯科省，分离农庄的首次尝试出现在18世纪末，兹韦尼哥罗德的一名地主（叶·伊·布兰肯纳格尔）开始让自己的农民"一户一户单独"定居①；1839~1861年皇室领地管理部门开始进行建立庄园农户的尝试；19世纪70年代中期莫斯科农业协会甚至建立了处理农庄问题的专门委员会。但是在俄罗斯中部地区建立农庄的所有尝试都没能达到良好的效果。通常，迁移的农户最终还是返回农村或者消失了。

19世纪末，首先在围绕着国家西部地区的日托米尔、弗拉基米尔—沃伦、科夫诺、韦利日、维捷布斯克、莫吉廖夫、格罗德诺等县的农庄运行积累了一定的力量，到1904年这里共迁移了942个村庄，形成了20205个农庄②。

但是对于俄罗斯帝国大多数省份来说这种居民点类型并不具有代表性，直至斯托雷平改革实行期间它才得到了推广。到1915年全国共形成了30万个农庄和130万个独户田③，基于区段土地使用制的大部分居民点就坐落在西北部、南部和东南部的省份中。

---

① См. : *Кофорд А. А.* Крестьянские хутора на надельной земле : в 2 т. СПб. , 1905. Т. 1. С. 5.

② См. : *Кофорд А. А.* Крестьянские хутора на надельной земле : в 2 т. СПб. , 1905. Т. 2. С. 694.

③ См. : Судьбы российского крестьянства. М. , 1996. С. 36.

在乌拉尔，斯托雷平改革的成果更是微不足道。在四个省份（彼尔姆、维亚特卡、乌法、奥伦堡）仅有10%的农户退出了村社并巩固了自己对土地的所有权，其中彼尔姆省就占了4%。在彼尔姆、维亚特卡和乌法分别有2.3%、0.9%和5.9%[1]的农户分立了农庄。尽管如此，农庄迁移的尝试仍是非常有意思的，到20世纪20年代得到了进一步发展。它可以被看作农民经济核心化过程的反映，理想情况下农民经济私有化和集约化应成为其结果，也就是被马克思主义经典作品称为"美国化"或"农场化"的农业环境发展方案。但需要指出的是，走美国道路首先要以技术和工艺发展作为前提，但在俄罗斯，技术和农业新事物开始深入农民环境中只是依靠地方自治机关[2]的教育工作来进行的，而这也只是缓慢地在非常有限的范围内进行。基于手工劳动的农业生产传统整体上保持到了20世纪初，这成为村社和集体化在20世纪20年代末能够维持下去的原因之一，这两种农业生产的组织方式都是粗放型经营管理体系的典型特征。

移民政策成为影响国家东部边缘地区居民网发展的补充因素。越过乌拉尔的迁移行动早在19世纪上半叶就已开始，并逐渐具备了更加组织化的形式。1889年，通过了调整移民规模并在内务部设立移民局的法规，随着法规的实施，到外乌拉尔、西伯利亚和阿尔泰未开发土地的农民数量开始大量增加，土地规划组织在这里建立了移民区域，在这些地方大量出现了新的居民点。

但移民高峰期正是出现在了斯托雷平改革时期。1906～1914年俄罗斯帝国的移民人口总数为380万人，其中"安置"——安顿到移民区域的人口数量为330万人[3]。移民的目的在于开发阿尔泰、西伯利亚和哈萨克斯坦的土地，乌拉尔虽然不是大部分移民者的目的地，但也深受这一过程的影响。

---

① См.：Борьба за победу Октябрьской социалистической революции на Урале. Свердловск, 1961. С. 29 – 30.

② См. подробнее: Агрикультура Урала в XVIII – начале XX в.：сб. науч. ст. Екатеринбург, 2002.

③ См.：*Тюкавкин В. Г.* Великорусское крестьянство и Столыпинская аграрная реформа. М.，2001. С. 266.

1907～1914 年，将近 7 万人定居到了外乌拉尔地区，他们以优惠的条件得到了一块土地和一次性贷款。在彼尔姆省，移民区域建在了伊尔比特县，到 1908 年大部分人得到了安置。在随后几年中将农民从地少的省份迁移到东部（西伯利亚和乌拉尔）的实践得到了延续，这也促进了边疆地区的开发。

此后的事件——第一次世界大战、"十月革命"和内战破坏了农业发展，国家进入了社会主义时期，陷入了危机状况。布尔什维克能够吸引大部分农民支持自己的口号之一是"土地给农民"，1917 年 10 月 26 日（11 月 8 日）在全俄苏维埃第二次代表大会中通过的《土地法令》、土地国有化和对部分土地进行再分配的法令则是这一口号的现实表现。但这一法令的后果比预期的还要严重，它改变了土地关系制度，确定了国家作为土地资源的根本所有者和管理人的地位，把使用权交给了农民，新的等级制度从而得到了巩固。从这一制度中政府得到了经济和行政控制杠杆，农村地区也得到了发展。在此之后，国家和农村相互关系逻辑性主要是由政府意志来决定的，更确切地说是由领导最高目标（建设社会主义和共产主义）的政党来决定的，而他们并没有专门为俄国农村的利益进行考虑。

早在内战时期就已经确立的侵害农民利益的城乡间不等价交换体系，导致了 1919～1920 年不分红白反对所有一切的农民战争。在改变农民政策中的首要任务后，可能让国家陷入彻底灾难之中的农民起义新浪潮才得以停止。解决办法则是用粮食税代替余粮征集制，并允许市场交易，哪怕这只能在有限的范围内实行。虽然其间有过一些误差，但到 1921 年还是重现了战前时期所特有的生产关系体系，使得能够解决恢复农业生产问题，并转向解决"社会主义改造"问题。

1922[①] 年通过的《土地法大纲》也属于这一时期，大纲巩固了基于承认国家对土地的所有权和国家利益在土地使用者利益之上的土地使用制和经济管理新原则。大纲确定了"劳动"农民土地使用制的基本形式（村社形式、

---

① См.: Земельный кодекс РСФСР 1922 г. // Сб. док. по земельному законодательству СССР и РСФСР, 1917 – 1954. М., 1954. С. 156 – 179.

区域形式、集体形式）是平等的，但实际上集体形式享有相当多的特权。

根据《土地法大纲》，苏联政府制定了在 20 世纪 20 年代积极实施的新土地政策。其典型特点为：组织村庄间的土地规划工作；优先照顾建立合作社经济和国营经济；依靠迁移过剩人口到尚未充分开发的东部地区的方法体系来克服国家中部地区农业人口过剩问题。

由于 20 世纪 20 年代进行的土地规划工作，土地管理部门开始迁移多户村庄，形成新居民点和农庄，建立新区（农业联合工厂、公社、劳动合作社等）。所有这些措施一并引起了农村居民点数量的增长，1922～1927年在俄罗斯苏维埃联邦社会主义共和国总共形成了 4000 多个新居民点，将近 13.2 万农户[1]迁移到此。

20 世纪 20 年代上半期农庄和新居民点的土地分配工作最为活跃。1919～1920 年划分农庄的土地规划工作量所占比例为 0.03%，到了 1922 年则增长到 7.3%，1923 年增至9.8%[2]。但是从 1924 年起，俄罗斯苏维埃联邦社会主义共和国农业委员会通过了一系列决议，这些决议旨在优先发展土地使用制的集体形式，并对农庄体系进行了限制。1924 年 10 月 24 日《关于停止农庄土地分配的通报》中提出将农庄附近不适合建立村镇的地段划拨出来。在随后几年内新农庄的数量急剧减少。1924 年划分农庄的土地规划工作量为 6%，1925 年为 5.3%，1926 年为 3.6%，1927 年为 2.2%[3]。

这种情况在乌拉尔也很明显，根据《乌拉尔地区居民点目录》手册中的数据，20 世纪 20 年代形成的大部分农庄和新村是 1922～1925 年[4]出现

---

① См.：*Данилов В. П.* Советская доколхозная деревня: население, землепользование, хозяйство. М., 1977. С. 160.

② См.：*Данилов В. П.* Советская доколхозная деревня: население, землепользование, хозяйство. М., 1977. С. 160.

③ См.：*Данилов В. П.* Советская доколхозная деревня: население, землепользование, хозяйство. М., 1977. С. 160.

④ Подсчитано по: Список населенных пунктов Уральской области. Т. 1－16. Свердловск, 1928.

的，1928 年分出的农庄数量开始减少，也随之开始了被称为"消灭农庄经济"的迁移过程，当时由于集体农庄土地使用权的加强，促使了计划性迁移到集体农庄庄园现象的发生，到 20 世纪 30 年代末农庄最终被取消，此后农庄不再作为有关土地使用制区域形式的居民点存在。虽然"хутор"一词作为居民点的名称直到 20 世纪 60 年代末还在被提到，但这时它指的主要是农户少的意思。

20 世纪 20 年代进行的土地规划工作首先提出了整顿农民土地使用权的目标，土地规划工作也经常涉及村与村之间的内容。当时专家们在分析土地规划情况时注意到，村与村之间的耕地分散、土地太远等村社土地规划的缺点到革命前是不可能根除的。在乌拉尔这些缺点表现得尤为突出，特别是在乌拉尔西部和中部地区，有很多不可能合并成大块土地的零散可耕土地。多林地区[①]的情况更加复杂，在昆古尔、彼尔姆、萨拉托夫、斯维尔德洛夫斯克、沙德林斯克等地区只有 10.9% 的村庄土地集中在一个地方，39.4% 的农民阶层大片土地分散在 2 ~ 10 个地方，41.6% 分散在 11 ~ 50 个地方，8.1% 则超过 50 个地方。乌拉尔中部五个区内平均有 13.7% 的村庄耕地距居住区有三公里远，而 35.9%[②] 的村庄耕地离居住区超过十公里。

为了在最大程度上缓和耕地分散问题和消除土地太远问题，土地规划者们在进行村间土地规划时考虑到了自然条件，并试图依此来划分土地给各个阶层，但这也不是常有的。在这种情况下为解决问题提出了迁移多户村社并把它们分成部分来建立小型和中型居民点的建议。结果乌拉尔各区的居民点数量出现了增加，居民点平均人口数量则减少了，甚至在一些地方出现了居民网类型的变化，中型村庄变成了小型村庄。

在乌拉尔，原本预计 1935 年前就能完成村与村之间的土地规划工作，但无论采取什么样的措施都没能完全克服其缺点——耕地分散、土地太远、可耕地带的土地零散等，这些缺点保留了下来，遗留到了集体农庄制度中。

---

① См.: Землепользование и перспективы землеустройства на Урале. Свердловск, 1926. С. 9.

② См.: Землепользование и перспективы землеустройства на Урале. Свердловск, 1926. С. 126, 132.

20 世纪 20 年代土地政策最主要的特点是采取农业社会主义改造措施，这需要以发展土地使用权集体形式、建立国营经济体系为方针。劳动组合、公社和其他集体经济类型早在 1918 年就已开始建立，但到了内战结束并通过 1922 年《土地法大纲》之后才引起了人们的关注。

初期，集体农庄经常建立在农民阶层的土地上，在这种情况下土地规划工作后就把公共资源中最好的土地分给了他们，集体农庄庄员本身就留在农村生活，并未与本地其他居民分离开来。叶卡捷林堡省 1923 年手册中记载，这类生产单位经常以"劳动组合村庄"的形式表现出来。

很少有集体农庄建立在闲置土地上：国有土地资产中的土地划给了劳动组合，这可能是荒地或者是被抛弃的、荒无人烟的土地或者是生荒地。这些土地的生产开发通常与登记为劳动组合或村社的新居民点的建立联系在一起。1923 年叶卡捷林堡省区域内就登记有 41 个此类居民点，但很难对他们的生命力进行准确的评价，因为其中大部分解散了，其余部分随后进行了更名并以新名称记录到了统计数据中。有意思的是这些居民点的空间结构，1923 年手册中的数据显示，居民点中没有单独农庄，可见住宅建筑也只适合做临时住房①。

国有农场居民点成为这一时期的新现象，其建设与国有农业企业体系的建立联系在一起。1917 年的土地法令成为建设国营农场的开端，规定在原先庄园的基础上建立社会主义农业企业。1918 年末在俄罗斯苏维埃联邦社会主义共和国共有 3101 个国营农场，其中有 80 个②在乌拉尔。大约在这一时期，又出现了一个新的农业生产组织形式——企业附属农场，并且这种形式一直延续到了 20 世纪 90 年代。人民委员会在 1919 年 2 月 15 日颁布了《关于通过工业无产阶级的机构和联合企业组织苏维埃农场的决议》，根据这一决议企业可以在闲置土地上建立附属农场，附属农场的功能是为那些已

---

① См. ： Список населенных пунктов Екатеринбургской губернии с важнейшими статистическими данными и алфавитным указателем. Екатеринбург, 1923.

② См. ： *Зеленин И. Е.* Совхозы в первое десятилетие советской власти, 1917 – 1927. М. , 1978. С. 81.

登记注册的工业企业和苏维埃机构的员工提供粮食保障。到了 1920 年，乌拉尔地区国家农场的数量达到 139 个，其中附属农场有 37 个[①]。

国营农场被视为最有前途且最符合社会主义原则的农业生产组织形式，在这里曾经还试图实现劳动分配、机械化、专业化等工业化原则，因此国营农场经常被称为"生产粮食和肉的工厂"，并且它们的工作也很像工业生产。

到了 20 世纪 20 年代，国营农场发展得极不均衡。1921～1926 年国营农场的数量持续减少，这主要是因为引入了经济核算制、国营农场管理体系改革以及托拉斯化，而从 1927 年开始国营农场的数量又重新开始增长。

国营农场的建立与新型居民点——国营农场居民区的建立联系在一起，一开始它就被理解为具有相应的规划、建设、组织元素的工业居民点类型之一。正是此时第一次形成了"农业城"概念，它是与一般的农村没有一点共同点的未来农村居民点，就像一座花园城市。

随着全俄中央执行委员会和苏联人民委员会 1928 年 8 月 1 日颁布的《关于建设大型苏维埃粮食产业》的法令，这一概念试图体现在 1929～1930 年的生活中。1930～1932 年苏联国营农场数量从 800 个增加到了 1971 个[②]，这一时期粮食产业的平均土地面积达到了将近 8 万公顷，畜牧业则达到了 10 万公顷。

大型产业形成了自己的农场内部居民点体系，由国营农场内的居民区（一般为 4～5 个）组成，他们被称为"分区"。尽管已有自己的标准规划，但绝大多数国营农场居民区是自发建立起来的。首先建立起来的是生产厂房和经济用房，之后根据剩余原则建立了窑洞和简易住房等住宅。久而久之，临时的住宅变成了长期住宅，这些房子通常适合 2～4 个家庭相邻而居，从而农村居民点内个人盖房的传统消失了。

---

① См.：*Зеленин И. Е.* Совхозы в первое десятилетие советской власти，1917 – 1927. М.，1978. С. 83.

② См.：*Зеленин И. Е.* Совхозы СССР в годы довоенных пятилеток，1928 – 1941. М.，1982. С. 22.

20 世纪 30 年代，国内开始了农业发展的新阶段，这与集体农庄—国营农场体系的形成有关。如果说在 20 世纪 20 年代集体农庄和国营农场还是农民小商品经济的补充成分，那么到了 30 年代在集体化的影响下农民经济被大型农业生产所吸收并逐步转型为个体农副经济，保障家庭农产品需求为其主要功能。宅旁园地经济作为集体农庄—国营农场体系土地使用制的必要因素依然存在于整个研究时期，影响着农村居民的生活方式和农业生产发展进程。

对于 20 世纪 30 年代来说，具有代表性的是能够相互补充并促进农村居民网扩大的一些特点。

第一，这一时期俄罗斯主要还处于农业社会，农业依然在经济中占据主要地位。在粗放型工艺占主导地位的环境中存在吸收所有新用地投入农业用途的长期需求，这种趋势在农业迁移的发展中表现得最为明显，而这种迁移方式一直到 20 世纪 50 年代为止都起到了重新分配人口稠密的中部地区和人口较少的边远地区间劳动资源的主要渠道作用。这一时期农业迁移还没有完全结束，特别是在乌拉尔，大部分土地还处于未开发的状态。

第二，农业部门所经历的组织调整的结果是农业迁移体系的扩大。大规模集体化、组织国营农场、建立机械技术委员会和建立工业企业附属农场等所有这些因素客观上促进了符合农业生产扩大条件的新农业居民点的出现[①]。

需要指出的是，20 世纪 30 年代初在集体化过程中形成的集体农庄体系与国营农场不同，是依靠传统迁移体系的。不仅如此，集体农庄的形成考虑到了已形成的居民网，在很大程度上重现了自我组织的公共原则，其中也包括耕地分散和土地太远等土地使用制的缺点。20 世纪 30 ~ 40 年代，绝大多数集体农庄加入居民点中，这促进了已形成居民网的维持和发展。

同时集体农庄生产对自己农场内部领地布局进行了修改，出现了临时居

---

① См. подробнее: *Мазур Л. Н.* Аграрная политика 1930 – х гг. как фактор эволюции российской деревни (по материалам Урала) // Урал. ист. вестн. № 9 : Проблемы экономической истории России: региональное измерение. Екатеринбург, 2003. С. 227 – 239.

民点的新类型，比如田间宿营站、夏季农场、营地等，这些新类型对于组织生产过程来说是非常必要的。

1932 年秋，在中伏尔加边疆区乌里扬诺夫斯克区的"佩尔文斯特沃"集体农庄最先提出了关于建立工作队田间宿营站的设想。在这里大部分耕地分布在距居民点 7 ~ 10 公里处，因此在播种农忙期和收获期每天往返工作地点就要花费 3 小时之久。集体农庄全体会议通过了决议，每个工作队要在工作地点建造住房、打场棚、仓库和食堂。到 1933 年夏天很多集体农庄都已采用了这一办法，开始在田间宿营站建设粮仓、仓库和澡堂，还出现了幼儿园、托儿所和红角文娱室①。但实际上田间宿营站的配套建筑工程是按照简化方案进行的：供 12 ~ 20 人休息的车厢式活动室、设在棚下的公用饭桌、打场棚等。这种田间宿营站可以在伊·佩里耶夫 1939 年拍摄的电影《拖拉机手》中见到。虽然电影具有宣传性质，但还是为我们保存了早已消失的集体农庄时期临时农村居民点的面貌。田间宿营站更晚期的类型可以在 20 世纪 60 年代的纪录片《阿霞·克里亚契娜的故事，她爱过，但没出嫁》（导演阿·康恰洛夫斯基）中看到，其实在这部影片中就呈现出了完整的情节。

类似的居民点是那些拥有大面积远离村庄土地的分散性集体农庄所特有的，且经常能在乌拉尔地区见到。1939 年仅在斯维尔德洛夫斯克州的佩什马、白亚尔和其他地区就有数十个 3 ~ 14 人组成的居民点②。

除了田间宿营站外还出现了从事畜牧业的临时居民点和固定居民点，如牧场区和夏令营。这基本上是新现象，因为对村社来说大型畜牧业并不具有代表性。役畜和肉畜的集体化成为牧场出现的原因，但它并没有马上就形成组织化。最初由于缺少必要场地，母牛和马一直饲养在农民庄园里。1931 年 10 月，11000 个乌拉尔集体农庄中共有 1748 个养牛场，到 1932 年底数量增加到了 3257 个③。饲养牲畜需要坚固的牲畜棚和辅助建筑——畜牧业综

① См. : История советского крестьянства : в 4 т. Т. 2. М. , 1986. С. 301.

② См. : ГАСО. Ф. 88. Оп. 1. Д. 4811.

③ См. : Урал в панораме XX века. Екатеринбург, 2000. С. 219.

合体，而其经常因卫生保健的需要越过了村庄的范围到接近牧场和泉水的地方，不难看出畜牧业在很长一段时间内都是问题最多的领域。为了使它至少能有些盈利，就需要投入大量的资金、新的工艺和组织形式。到 1939 年，在乌拉尔属于集体农庄牧场和工作队范畴的居民点共有 1485 个，比重达 3.2%[①]。

农村地区居民点发展的重要因素是形成机器拖拉机站网，随后将它扩大到一些农村地区中。拖拉机是第一个五年计划和集体农庄建设的基本象征之一，政府尤其关注这一问题。1927 年第一个拖拉机队成立于敖德萨区以舍甫琴科·别列佐夫斯基命名的国营农场基地中，1928 年 11 月拖拉机队改建成机器拖拉机站，同时在其他 73 个国营农场中也建立了拖拉机队[②]。1929 年 6 月 5 日，苏联劳动与国防委员会通过了《关于组织机器拖拉机站的决议》，这成为农村农业生产机械化的开始。到 1932 年末苏联的机器拖拉机站数量达到了 2446 个[③]，它们成为农业领域现代化的核心，给农村社会的社会结构、劳动条件和生活方式带来了影响。机器拖拉机站的拖拉机手被看作工业化和城市化的先锋，因为他们促进了农业领域的职业化进程。机器拖拉机站对居民网的变化带来了一定的影响（见图 3 - 1）。

1940 年全苏联共有 7069 个机器拖拉机站在工作，而在俄罗斯苏维埃联邦社会主义共和国则有 4532 个。建立机器拖拉机站体系时考虑到了行政区划，开始仅在具有区域中心地位的大型村庄建立，后来分散到了独立的居民点中。例如，根据谢·阿·科瓦廖夫的统计，到 1940 年苏联形成的将近 7000 个新居民点以机器拖拉机站为基础[④]，也就是说实际上是根据建成的机器拖拉机

---

① См.：РГАЭ. Ф. 1562. Оп. 336. Д. 133. Л. 21；Д. 132. Л. 2.

② См. подробнее：*Томилин В. Н.* Наша крепость：машинно - тракторные станции Черноземного центра России в послевоенный период, 1946 - 1958 гг. М.，2009. С. 46 - 47.

③ См. подробнее：*Томилин В. Н.* Наша крепость：машинно - тракторные станции Черноземного центра России в послевоенный период, 1946 - 1958 гг. М.，2009. С. 48.

④ См.：*Ковалев С. А.* Сельское расселение：географическое исследование. М.，1963. С. 124.

图 3 - 1　斯维尔德洛夫斯克州伊尔比特区的青年共产国际公社，1932～1933 年

资料来源：См.：*Ковалев С. А.* Сельское расселение: географическое исследование. М., 1963. С. 124.

站数量建立新居民点。值得注意的是，随着机器拖拉机站居民点的出现，新的经济中心和周边地区形成，这也经常成为改变行政区界的理由。

根据 1939 年的调查数据，人口分布结构中国营农场和机器拖拉机站居民点数量在俄罗斯苏维埃联邦社会主义共和国有 8858 个（占全部居民点的 2.2%），乌拉尔则有 1050 个（占 2.3%），斯维尔德洛夫斯克州有 65 个（占 1.3%）。由于积极进行国营农场建设，分布最多的是契卡洛夫斯克和车里雅宾斯克地区，分别为 442 个（占 9.3%）和 338 个（占 5.2%）[①]。

集体农庄—国营农场体系的建立成为居民点数量增加的显著推动力，但同时也为其根据大规模生产需要进行进一步改革奠定了基础。早在 1935～1937 年就开始进行了合并集体农庄的初次尝试，但是大部分生产单位还是

---

① *Мазур Л. Н.*, *Бродская Л. И.* Эволюция сельских поселений Среднего Урала в XX веке: опыт динамического анализа. Екатеринбург, 2006. С. 253.

维持着相对较小的规模。

1935 年 12 月 19 日，苏联人民委员会和苏联共产党中央委员会通过的《关于加强集体农庄组织经济活动和发展位于非黑土地带的州、边疆区、共和国农业生产的决议》成为实行这类实践的推动力，决议中流露出将小型集体农庄（少于 10 户）[1] 合并起来的想法。1935～1938 年，由于实行了合并，苏联集体农庄数量减少了 6400 个[2]，在随后的两年内苏联农业劳动组合数量又减少了 4800 个[3]。

从这时起合并农业生产成了苏联农业政策的基本原则之一，这不仅加强了对农业部门的操纵性，制造了在向前发展的错觉，而且使集体农庄资本有可能实现重新分配。在雅罗斯拉夫尔州、加里宁州和科斯特罗马州，集体农庄的合并进行得最为积极。这几个州的特点是人口少，这就意味着在这些地方规模不大的集体农庄占据多数，集体农庄数量减少规模从 25% 增加到了50% [4]。战前在斯维尔德洛夫斯克州的阿奇特地区通过合并建立了土地面积达 7135 公顷的集体农庄 "黎明"。政府视经济为示范榜样，在集体农庄领地中心建立了一个大型居民区，这里有图书馆、俱乐部、诊所，并建设了住宅[5]。

战前时期，集体农庄合并所带来的最重要的后果就是，不同的农村居民点由于其在生产系统中地位的不同而产生了分化，出现了一些中心居住区，也出现了一些地位更低的小队居民区和分部居民区。行政机关、社会机构、教育机构、医疗机构和文化生活机构都集中在中心居住区，这也为中心居住区的发展创造了先决条件。

20 世纪 30 年代末开始，人口集中到集体农庄和国营农场中最大居民点的趋势越来越明显。早在 1938 年就有 18131 个农户迁移到了列宁格勒州、

---

① См. : РГАЭ. Ф. 7486. Оп. 7. Д. 1057. Л. 11.

② См. : РГАЭ. Ф. 7486. Оп. 7. Д. 1057. Л. 10, 12.

③ См. : История советского крестьянства. Т. 3. С. 28.

④ См. : РГАЭ. Ф. 7486. Оп. 7. Д. 891. Л. 234.

⑤ См. : РГАЭ. Ф. 7486. Оп. 7. Д. 1051. Л. 44.

斯摩棱斯克州和加里宁州①。苏联共产党在 1939 年 5 月中央委员会全体会议上提出，要在各地取消农庄，并将住在那里的集体农庄庄员迁移至农村，按照规定标准给他们分配宅旁园地。苏联共产党中央委员会全体会议和苏联人民委员会在 1939 年 5 月 21 ~ 24 日做出了《关于保护集体农庄公共土地杜绝浪费的办法》的决议，要求各地方政府在 1940 年 9 月 1 日②之前实现农庄的搬迁。这一时期全国范围内共有 801489 户家庭住在农庄和农户很少的聚居点，而在整个俄罗斯苏维埃联邦社会主义共和国境内则有 35.1 万户③。按照 1939 年的计划在俄罗斯苏维埃联邦社会主义共和国境内共有 2.3 万个农庄必须搬迁，其中有 8000 个农庄搬到新的居住区，另外的 1.5 万个农庄搬到已有的居住区。共划拨了 4511 万卢布④用于新居住区的建设和公共设施完善。全苏联境内到 1941 年之前规划了约 5500 个新的集体农庄居住区⑤。到 1941 年以前全国实际迁移了 282100 户⑥。斯维尔德洛夫斯克州 1940 年的数据显示应迁移 2599 个农庄，其中包括 1957 个集体农庄和 363 个个体农庄。到该年年底共迁移了 2148 个农庄，即达到了应迁移数的 82.6% ⑦。

对战前时期进行分析时免不了关注农业政策的另外一个方面，即游牧和半游牧农户转为定居的情况，这涉及包括哈萨克斯坦、西伯利亚和乌拉尔在内的国家广阔的区域。这一政策与大规模集体化同时进行，特别是在中伏尔加边疆区⑧的阿达莫夫卡地区，1931 年就建立了 8 个集体农庄，其中共有 874 个农户为哈萨克人。1938 年契卡洛夫斯克地区建立了 36 个哈萨克人集

① См. : РГАЭ. Ф. 5675. Оп. 1. Д. 211. Л. 60.
② См. : КПСС в резолюциях и решениях съездов, конференций и пленумов ЦК. 8 - е изд. Т. 5. М. , 1985. С. 402.
③ См. : История советского крестьянства. Т. 3. С. 28.
④ См. : РГАЭ. Ф. 5675. Оп. 1. Д. 211. Л. 24, 71.
⑤ См. : История советского крестьянства. Т. 3. С. 28.
⑥ См. : История советского крестьянства. Т. 3. С. 28.
⑦ См. : ГАСО. Ф. 88. Оп. 1. Д. 5238. Л. 151 – 152.
⑧ В 1934 г. в результате административно - территориальной реорганизации из территории Средне - Волжского края была выделена Оренбургская область.

体农庄①，共有 2718 个家庭生活在 106 个居民点②。为给半游牧人民建设新居住区，花费了大笔资金和物资，但要马上改变他们的传统习惯是很难的，迁居到新居住区的哈萨克家庭一到春天就迁移到远处③。

除了哈萨克人以外，还有茨冈人④成了定居政策的对象。在档案文件中不止一次地提到了吸引游牧的茨冈人从事农业生产的尝试。例如，1933 年乌拉尔州的克拉斯诺乌菲姆斯克地区就建立了茨冈人集体农庄"红沃斯托克"⑤；在车里雅宾斯克州库纳沙克区，1936 年出现了由 18 个茨冈家庭组成的集体农庄"新生活"。还详细制订了组织更多茨冈集体农庄的计划⑥，然而不管政府怎么努力，茨冈人还是没有长久地停留在一个地方，而是继续他们的游牧生活。

乌拉尔的曼西人也被纳入定居政策范围内。总的来说，根据 1939 年的计划俄罗斯苏维埃联邦社会主义共和国总共安置了 2855 个半游牧农户，这些人都分别安顿在刚刚建立起来的居住区里⑦。

可见，20 世纪 30 年代在俄罗斯农村发展中具有特殊地位：集体化和工业化明显地改变了苏联社会的经济结构和社会结构，这些变化直接影响到了居民网和农村居民的生活条件。此外还出现了农村的新类型，像国营农场居住区、机器拖拉机站、企业附属农场等，本着对农业城半神话的概念，开始迈出建设新型农村的步伐⑧。

农业迁移在此之前并没有耗尽自己的内部资源，还处于增长阶段。但农

---

① B 1938 г. Оренбургская область была переименована в Чкаловскую и сохраняла это название до 1959 г.

② См. : ГАОО. Ф. 846. Оп. 2. Д. 77. Л. 2.

③ См. : ГАОО. Ф. 2443. Оп. 1. Д. 1. Л. 19.

④ См. , подробнее: *Килин А. П.* Политика перевода цыган на оседлый образ жизни: проблемы реализации (1926 – 1937) // Документ. Архив. История. Современность : сб. науч. тр. Вып. 5. Екатеринбург, 2005. С. 187 – 227.

⑤ РГАЭ. Ф. 5675. Оп. 1. Д. 154. Л. 2.

⑥ РГАЭ. Ф. 5675. Оп. 1. Д. 156. Л. 2 ; Д. 157. Л. 92.

⑦ РГАЭ. Ф. 5675. Оп. 1. Д. 211. Л. 24, 71.

⑧ См. далее в разд. 4.

村地区自然发展过程深受政治决策强有力的影响：一方面他们过早地加快了居民网的集中和合并过程，另一方面，由于农村是工业化进程的基本资源来源，从而放慢了农村社会生活环境和基础结构的发展。这一时期确定了农业政策的充公原则和对农村的狭隘实用主义观点，这就决定了政治决策对农业环境和农村地区的长期不平等性质。总的来说可以将集体化视为中断俄罗斯农村自然进化过程的因素，破坏性的农村改革方式开始占主要地位：为了建设新（"社会主义"）农村，破坏了老农村。

卫国战争加强了这些趋势，并在本质上对农村人口分布体系产生了影响。数千个农村被破坏和烧毁，尤其是那些位于战略重要地点（车站、桥梁、运输枢纽、交叉点、码头）的居民点、安顿军事行动游击队[①]的村子饱受痛苦。事实上很多离车站、机场、军事企业不远的大型居民点被完全破坏，作为防御要塞使用。对于俄罗斯来说，战争的影响总体上会破坏农村人口分布。

战争不仅影响到靠近前线的地区，而且还影响到了后方地区，后方地区居民网改革是根据战争需求来进行的。战争首先影响到的是城市居民点：战争时期其数量和规模开始猛增，后方地区的农村人口分布受到的影响较小，在很多地区随着新的工业、林业和交通居民点的出现，人口规模甚至出现了增长趋势，同时也加快了集中过程，人口聚集到了相邻地区之间行使中心作用的大型居民点中。另外，战争时期由于进行迁移动员和迁移人口数量增加，开始出现了农村无人区。居民网结构改革通过破坏社会环境得到了补充：文化生活服务机关降低了农村居民的公共设施和物质保障水平。

1943 年，解放地区被战争破坏的农村在收复失地之后开始重建。修复一般在传统基础上进行，但也具有现代化要素，这些要素反映了农村发展进程中的新观念。

---

① См. подробнее: *Мазур Л. Н.* Уральская деревня в годы войны（1941 – 1945 гг.）: поселенческий аспект // Великая Отечественная война в контексте истории XX века : материалы Междунар. конф. , г. Адлер, 27 – 31 мая 2005. Краснодар, 2005. С. 133 – 137.

1946～1950年农业政策转向恢复战前生产水平问题，提高劳动生产能力被看作达到既定目标的基本方法，即突出了与集约化相关的口号。但实际上这些措施多半具有组织化性质且反映了粗放型发展方针。

在第四个五年计划中农业部门面临以下几项任务：扩大集体生产的播种面积，增加牲畜数量和机器拖拉机站机器数量，推行劳动的组织和报酬新形式，电气化，扩大生产。最后一项可以看作这一时期农业政策的主导方向，对农村地区居民结构改革产生了最明显的影响。

1950年5月30日苏联共产党中央委员会通过《关于合并小型集体农庄并建立党组织的决议》和1951年7月17日苏联部长会议通过《关于合并小型集体农庄措施的决议》[①] 后开始大规模合并集体农庄。可以看出合并是发展集体农庄生产的必要条件，通过合并能够最有效地利用农业技术、劳动力资源和土地。

在乌拉尔地区总共合并了60%的集体农庄，另外在斯维尔德洛夫斯克州合并进行的范围最大，1950年农业劳动组合数量从2124个减少到957个，到1953年则减少到721个[②]。主观因素即包括州党委在内的地方政府的态度在加快合并的过程中发挥了很大的作用。位于斯维尔德洛夫斯克州北部地区的将近200个集体农庄并没有进行合并，对这些共享森林和沼泽的生产单位来说，合并是根本无法实现的。

集体农庄的合并是通过行政方式，即根据将一些较弱集体农庄并入强大农庄的原则来实现的。加入进来的集体农庄的债务由合并后的生产单位负责，事实上，这是试图依靠其中富裕的邻居来振兴数量庞大且在经济方面弱势的生产单位经济的方法。结果，出现了一些由10个以上劳动组合组成的庞大生产单位，例如，图古雷姆地区有一个以列宁命名的集体农庄由12个生产单位合并而成且拥有超过2.5万公顷[③]的公共土地面积。发展新生产单

---

① См.：Директивы КПСС и советского правительства по хозяйственным вопросам：в 4 т. Т. 3. М.，1959. С. 500，534-536.

② См.：ЦДООСО. Ф. 4. Оп. 47. Д. 131. Л. 195；Оп. 50. Д. 211. Л. 4.

③ РГАЭ. Ф. 7486. Оп. 7. Д. 1040. Л. 46.

位的计划中最重要的任务是，在未来 4~5 年内，将所有少于 50 户的小型居民点集中迁到中心居住区。

显然，经济上加强"新"集体农庄的问题与小型村庄的搬迁问题之间有密不可分的联系。关于这一点可以从 1950 年①由地方农业机构人员就组织和经济上加强集体农庄的问题而举行的会议材料中得到证实。全体领导一致指出建设和发展中心居住区的必要性；根据规划，集体农庄内的绝大部分村庄都需要搬迁。并且还明确提出了观点："不搬迁就不能消除城乡之间的对立。自来水、下水道、幼儿园，难道小型集体农庄能做这些么？……"②

整个俄罗斯苏维埃联邦社会主义共和国预计迁移 365 万个农户（占 18.2%）③，甚至还形成了一个初步决议草案，但是这件事情并没有往下进行，财政困难是暂停这一计划的主要原因。粗略计算搬运一个用主墙隔成两间的平房和院内建筑到 7 公里外的地点就需要花费 14933 卢布④，谁会拨款给昂贵的迁移和新住户的设备安装工程？政府曾试图把所有的开支转嫁给集体农庄，但集体农庄陷入了危机之中。1951 年 5 月，面临加快合并集体农庄所积累的问题，农业部开始以命令的方式抑制离心力："合并集体农庄并不是指一定要在每个集体农庄以并村的方式建立唯一的居民点。"⑤

由于需要投入大量的资金和物资，迁移的问题被推迟了一段时间，而集体农庄开始适应新的条件并将组织生产的传统分队形式变为新的形式——综合作业队，这些综合作业队就建在被合并的集体农庄里，实际上是作业队级的一些常见劳动组织形式的再现。因此，不止一次地在文件中被提到的合并，事实上仅限于机械性地合并领地、物资资源和劳动力资源。结果，农村

① РГАЭ. Ф. 7486. Оп. 7. Д. 902. Л. 87.
② ГАРФ. Ф. 311. Оп. 1. Д. 369. Л. 27.
③ ГАРФ. Ф. 311. Оп. 1. Д. 284. Л. 61.
④ РГАЭ. Ф. 7486. Оп. 7. Д. 1051. Л. 53（расчет составлен по колхозу им. Кирова Красноуфимского района Свердловской области）.
⑤ РГАЭ. Ф. 7486. Оп. 7. Д. 1040. Л. 4.

地区形成了新的农场内部迁移，几个居民点加入一个集体农庄中，有时加入的居民点数量甚至达到了几十个。例如，位于彼尔姆州伊利因斯基村苏维埃的捷尔任斯基集体农庄 1962 年就合并了 76 个居民点[①]。到 1979 年，在全苏联平均每个集体农庄或国营农场就加入了 7.5 个居民点[②]。

20 世纪 50 年代初期，虽然迁移观念还具有吸引力，但仍然没能成为大众化现象，仅仅出现在一些计划性迁移中，而这也被认为是一种独特的尝试。

实际上，集体农庄的合并从经济角度来说是不合理的：大规模建立大型专门农场的先决条件尚且不足，而强行加快这一进程则使经济陷入困境，加重了危机。可以说，20 世纪 50 年代初期的集体农庄合并运动就其本身的目的（从集体农庄获得补充资金以及收入再分配）、方法（以行政手段和形式主义手段实现自愿原则）和结果而言是在新的条件下手段更为柔和的集体化政策。从农业获得补偿资金的必要性是大规模合并的主要原因，因而对农村地区的控制不断增强，集中化也愈加严重。比起 20 世纪 30 年代，合并的后果是更为悲惨的：现有的土地使用体系被破坏，对农民劳动的剥削加剧，经济生产的粗放形式被固定下来，农业生产停滞愈加严重，传统人口分布体系被破坏，周边农村变成无人区并逐渐消失。

需要强调的是，在评价 20 世纪 50 年代初期的运动时应把合并看作农业生产合作和专门化客观过程的反映，这是工业化社会所特有的。合并是农业过渡和农业工业化的特征之一，但以战后时期的条件来说这个过程发生得过早，有些变形，速度过快且并没有经过仔细考虑，也没有考虑到经济前提。建设大型专门农场或具有不同部门的生产单位对技术基础和人员保障方面有特殊要求，在 20 世纪 50 年代初期的危机情况下什么事情都是不可能实现的。

---

① ГАПК. Ф. 564. Оп. 3. Д. 1170. Л. 161.

② *Алексеев А. И.* Многоликая деревня（население, территория）. М., 1990. С. 91.

随后几年合并过程一直持续着，合并的新浪潮出现在 20 世纪 50 年代和 60 年代分界点上，加快了迁移的离心倾向。合并生产单位不可避免地导致了重新划分农村地区、改变居民点地位、重新分配功能和建立农村居民区新等级等后果。在这里中心居住区得到了发展机会，其他村庄、生产分队居民区以及农场和作业区旁的居民点直到 20 世纪 80 年代都被认为是没有发展前途的。

20 世纪 50 年代，在改革集体农庄系统的同时国营农场也在持续发展，其发展主要包括两个方面：一是 1954～1965 年在生荒地和熟荒地建设新国营农场；二是把"经济上弱势的"集体农庄改造成国营农场。尼·谢·赫鲁晓夫政府为克服危机所制订的计划中就包括这些提高国家农业生产的措施。

尼·谢·赫鲁晓夫掌握政权为苏联社会开启了被称为"解冻"的新阶段。农业政策成为新领导人的优选方向之一，生产和农村人口生活水平都得到了提高。但同时这也成为新危机的原因，导致俄罗斯苏维埃联邦社会主义共和国从粮食出口国变成了进口国。尼·谢·赫鲁晓夫指望用各种"奇迹般的"方法来达到经济指标的瞬间增长，这对农村起到的作用并非只有好的方面。

新政府走出的第一步，可能也是最有效的一步就是苏联共产党在 1953 年 9 月中央委员会全体会议上做出的决议，这些决议不仅指出在农业中存在严重的问题，并且规划了解决这些问题的路径，以利用经济刺激为主要方向：提高采购价格，整顿采购体系，降低税收。全国范围内农业税额总体下降了 43%，1954 年的税额是 1952 年的 2/5[①]。宅旁农场的征购定额显著下降，而从 1958 年起这些征购被彻底废除了。

效果很快就显现出来：1954～1955 年全国集体农庄现金收入增加了 900 亿卢布，投资额的增长在很大程度上提高了农村经济水平，也改变了农业物资技术基础。到 1958 年底，乌拉尔集体农庄固定资产总额比 1950 年增加了

---

① См.: *Толмачева Р. П.* Колхозы Урала в 50 – е годы. Томск, 1981. С. 23.

2 倍[1]。

开垦生荒地是赫鲁晓夫当政的十年中最强有力的措施。有意思的是这不仅是农业中最大规模的一场试验，还促使超过 4200 万公顷的土地投入农业轮作中。开荒运动影响到了哈萨克斯坦、乌拉尔、西伯利亚和阿尔泰地区的居民网数量及其本质特点，而且还推动人们迁居到空置土地上（见图 3-2）。

最初开荒运动计划吸收未开发的土地到农业轮作中来，以此来扩大谷物播种面积。西伯利亚、哈萨克斯坦、乌拉尔、伏尔加河流域等地区的特点是有很多闲置土地，共有不少于 870 万公顷。在集体农庄体系占优势的条件下，希望寄托到了集体农庄身上。1954～1955 年开垦将近 470 万公顷土地的任务摆在集体农庄面前，其中包括车里雅宾斯克州 15.9 万公顷、巴什基尔苏维埃社会主义自治共和国 10 万公顷、斯维尔德洛夫斯克州 9000 公顷、契卡洛夫斯克 100 公顷、库尔干州 20 万公顷[2]。

同时还确定了另外一个工作方向——成立新国营农场。1954 年，预计在契卡洛夫斯克地区 37.9 万公顷土地上成立 8 个国营农场，在车里雅宾斯克州成立 2 个，整个俄罗斯苏维埃联邦社会主义共和国总共建立 28 个国营农场，面积达到 91.86 万公顷[3]。

1954 年，苏联共产党中央委员会全体会议上通过《关于进一步巩固国内粮食生产并开发生荒地、熟荒地的决议》[4]，决定 1954～1955 年开垦不少于 1300 万公顷新土地。开垦乌拉尔生荒地在这一文件中占据重要地位，从全国各地来到奥伦堡、库尔干州、车里雅宾斯克州和巴什基尔苏维埃社会主义自治共和国等地区的新居民开始积极适应这里。

新土地主要依靠集体农庄劳动力来进行耕作，而在最遥远的土地上则建设了新国营农场。在车里雅宾斯克州成立了以高尔基命名的国营谷物农场，

---

① См. : История Урала. Т. 2. Пермь, 1963. С. 358.

② См. : РГАЭ. Ф. 7486. Оп. 10. Д. 4170. Л. 143, 188, 197.

③ См. : РГАЭ. Ф. 7486. Оп. 10. Д. 4170. Л. 205.

④ КПСС в резолюциях и решениях съездов, конференций и пленумов ЦК. Т. 8 : 1946 – 1955. М. , 1985. С. 359 – 391.

图 3 - 2　画家帕·阿·斯莫林《在生荒地的最初的日子》

在巴什基尔苏维埃社会主义自治共和国成立了"乌拉尔"，在奥伦堡成立了"阿达莫夫卡""东方"和其他几个国营谷物农场，这些地区总开垦面积超过 100 万公顷。1954～1955 年俄罗斯苏维埃联邦社会主义共和国农业部系统中 89 个国营谷物农场建立在生荒地上，其中 1954 年建立了 38 个，1955 年建立了 51 个。奥伦堡州共有 11 个国营农场建立在生荒地和熟荒地上，车里雅宾斯克州则有 9 个，在巴什基尔苏维埃社会主义自治共和国建立了 4 个。新国营农场建设成为大型机械化谷物生产单位，平均每个国营农场就有 2.3 万公顷播种面积[①]。

　　开发生荒地需要大量基本建设投资，1954～1955 年总共拨款 14.8 亿卢布用于新国营农场建设，可以说平均每个生产单位得到了 1600 万卢布拨款。利用这些资金成功地在中心居住区建设了最低居住面积（平均每人将近 3 平方米）住房、粮仓、商店、食堂、面包房、学校和托儿所。特别是 1957 年，总共拨款 20.44 亿卢布用于国营农场的基础建设，1958 年则拨款 19.92

---

① 见：ГАРФ. Ф. 259. Оп. 42. Д. 1307. Л. 39.

亿卢布①。但是到了 1958 年住房和公共设施状况并没有得到好转，反而持续处于危机中。

由此可见，通过开垦生荒地扩大播种面积是这一时期农业政策的主要组成部分，但对这一现象的评价褒贬不一。一方面，开垦生荒地利用的是俄罗斯传统的粗放型方式，即利用一望无际的土地资源来提高农产品生产的方式；另一方面，开垦生荒地被认为是人民劳动功勋模范行为，这无疑是不应被赞扬的。开垦生荒地花费了巨资，导致了另外一个问题的出现：为增加几百吨粮食付出的这一代价是否过大？物资资源和资金短缺、道路不足、生荒地国营农场劳动力保障程度不足、缺少熟练干部等，所有这些问题在很大程度上是用共青团员和共产党员的热情和信念来弥补的。起初，开荒者们不得不住在土窖、教学楼和生产用房里，甚至偶尔也住在窝棚里。生活服务和医疗救护情况也很糟糕，很多新移民没有经受住苦难选择离开。1954 年共有 5200 名机械师来到奥伦堡州，其中离开了 3000 多名，1956 年已经有 65.9% 离开了生荒地②。

复杂的自然气候条件、缺乏知识和不善于正确运用农业技术等问题是开发生荒地过程中面临的最大问题。1955 年由于干旱的严重影响，收获的庄稼比上一年减少了将近一半。尽管如此，到 1956 年新开垦生荒地的粮食销售额（90 亿卢布）完全抵消了所有用于建设新国营农场和技术装备的支出③，因此开垦运动被鉴定为一场成功的、正确的运动。

根据人口迁移的前后背景可知，生荒地的开垦促进了早期无人区内局域系统的建立。而且这里的居民网是遵循农业—工业环境的规律而形成的，生荒地居民区也随着对集体农庄的规划被填充了起来，这些集体农庄所在的地点虽符合生产的要求，但远远没有达到卫生环保标准。这些地区的缺陷被忽

---

① ГАРФ. Ф. 259. Оп. 42. Д. 1307. Л. 39.

② См.: *Мотревич В. П.* Освоение уральской целины // Проблемы истории регионального развития: население, экономика, культура Урала и сопредельных территорий в советский период. Екатеринбург, 1992. С. 54.

③ См.: РГАЭ. Ф. 486. Оп. 21. Д. 378. Л. 31.

视，比如缺少饮用水，不防风，雪水融化后造成水淹，等等。解决居民区公共设施的问题需要追加资金投入。

生荒地居民区具有独特的城市化建设方案。早在 1954 年设计机构就为生荒地国营农场设计出中心居住区标准结构，其中两层封闭式楼房居多[1]，这种设计方式使每个国营农场节省了将近 80 万卢布。根据建于 1954 年的契卡洛夫斯克州栋巴罗夫斯基区国营农场中心居住区的总体建筑图纸，又规划建立了 5 个四室和 10 个两室预制板式房屋、17 个两室和仅 10 个一室砖房，但没有考虑建设独院住宅[2]。居民区中心地段分出一些面积用来建设行政建筑、公用建筑和俱乐部，种植绿色植物来隔离生产区和居住区，结果到了 20 世纪 60 年代初期生荒地居民区具备了城市化外形。目击者称："国营农场中心居住区总体上建设得很好，里面还开发了公园，绿化了街道，看上去像设施完善的工人居民区。"[3]

1954～1960 年乌拉尔地区总共开垦了 292.5 万公顷的熟荒地，粮食产量增长了五成：从年均 810 万吨到 1200 万吨[4]。但是这场运动过程中所犯的一些错误——高昂的粮食价格以及过早展开的大规模积极行动并没能解决粮食问题。生荒地的开垦在很大程度上预先确定了在最近十年内农业粗放发展的方向，而解决非黑土区域已经恶化问题的必要性则退至次要地位。

建设国营农场的同时，从 1954 年开始逐渐加快另一种组织化过程，在文学中被称为"国营农场化"，这与大规模改造集体农庄为国营农场的活动有关。1954～1980 年，俄罗斯苏维埃联邦社会主义共和国总共改造了 1.7 万个集体农庄，瓦·亚·罗曼琴科认为最紧张的改造阶段出现在

---

① См.: РГАЭ. Ф. 8216. Оп. 1. Д. 73. Л. 24.

② ГАОО. Ф. 1081. Оп. 4. Д. 2401. Л. 1－5.

③ ГАОО. Ф. 1014. Оп. 7. Д. 546. Л. 12.

④ *Мотревич В. П.* Освоение уральской целины... С. 56.

1954～1965年①。第一阶段中经济动机是首要的，即弱势集体农庄以扩大国家投资为目的改造成国营农场。之后，集体农庄的国营农场化改造在很大程度上获得了概念意义，国营经营管理形式被视为最适合进行共产主义建设：比起集体化，它是更先进、更进步的形式，因此认为国营经济未来应取代合作社经济。20 世纪 50 年代下半期国营农场在农业部门的作用越来越明显，在乌拉尔地区，国营农场比重最高的地方是车里雅宾斯克州和斯维尔德洛夫斯克州，比重最低的地方则是彼尔姆州和乌德穆尔特苏维埃社会主义自治共和国，在这些地区集体经济仍然是生产组织的主要形式。

早在 1954 年车里雅宾斯克州就有首批 19 个集体农庄改造成了国营农场，在乌拉尔中部地区这一过程始于 1957 年，在西乌拉尔地区则从 1964 年开始。仅在 1960 年内在奥伦堡、斯维尔德洛夫斯克和车里雅宾斯克州原有集体农庄基地上就建立了将近 200 个国营生产单位，4 年时间里乌拉尔地区的 967 个集体农庄改造为 120 个国营农场。对于一些弱势生产单位来说，这具有积极意义，劳动人民得到了更高更稳定的报酬，新生产单位的物资技术基础也更加稳固了。但经常有一些改造后的国营农场经济上依赖于集体农庄，例如，斯维尔德洛夫斯克州阿奇特地区的集体农庄"黎明"，对于它们来说改造没有带来积极影响，尤其在 20 世纪 30～50 年代，相较于集体农庄，国营农场总体上是亏损的，总是需要国家进行补贴。

集体农庄的国营农场化改造伴随着扩大土地生产面积、强化集中人口和生产过程等特点。另外一个大型运动也在此过程中起到了作用。1958 年苏联共产党中央委员会 2 月全体会议中通过了将机器拖拉机站改造成技术修理

---

① См.：*Романченко В. Я.* 《Совхозизация》 сельского хозяйства в России：исторические сроки и социально - экономические результаты （1950 - 1980 гг.） // Особенности российского земледелия и проблемы расселения. Тамбов, 2000. С. 269 - 273.

站①并在一定条件下把技术传授给集体农庄的决议。为了减轻集体农庄购买技术的负担，还注销了它们之前的债务并发放了贷款。私人机器拖拉机站的建立影响到了集体农庄的经济：本质上增加了经济支出，此外过于匆忙地进行机器拖拉机站改造引发了一系列财政、技术和组织问题，这些负面问题胜过技术带来的优点。与此同时，改革还促进了集中生产过程和生产单位到大型组织的合并过程。

20 世纪 50 年代至 60 年代上半期农业政策的结果和内容是相当矛盾的，在政策框架内可分成两个阶段：一是 1953～1956 年——这一时期为保障农业发展不断尝试利用经济杠杆和物质刺激，这带来了明显效果；二是1957～1964 年——这一时期开始逐渐重新确定主要组织方向，摆在农业面前的是不能实现的问题，为确保快速向前突进，还进行了各种"科学"试验。所有这些措施对农业情况产生了影响，20 世纪 60 年代上半期农业环境中的新危机已经迫在眉睫。

未经充分考虑就限制农民私人宅旁园地经济的政策也对加深农业危机产生了影响，这导致了宅旁份地规模和结构的变化，影响到了农业居民点规划②。总的来说，20 世纪 50 年代下半期至 60 年代初期的农业政策使农业生产状况进一步恶化，并在一定程度上加深了其粗放化趋势。宅旁园地经济的出现客观上提高了农民迁移倾向。20 世纪 50 年代末到 60 年代初农业人口获得的养老金、补助金、劳动货币报酬和降税等社会保障并没能缩小城市和农村生活水平差距，农村的兴起引发的生产问题和社会问题都没能得到解决。但在整个苏维埃掌权时期，赫鲁晓夫十年执政在提高农业人口生活水平方面带来的变化最为实际。

改变农业状况的新尝试与 1965 年的改革相关，此次改革通过利用经济操纵杆管理经济来实现农业生产集约化。1965 年 3 月召开的苏联共产党中央委员会全体会议成为转折点，会中提出了实现下列几项措施的必要性：向

---

① См.：КПСС в резолюциях и решениях съездов, конференций и пленумов ЦК. Т. 9：1956 – 1960. М.，1986. С. 229 – 235.

② См. подробнее в разд. 6.

长期稳定性收购农产品的计划过渡，提高收购价格，改变集体农庄和国营农场的征税原则①。建议以效益水平来评价企业活动，宣布了农业生产集约化和专业化方针、土壤改良方针和新土地开发方针。政府对个体宅旁园地经济的态度也发生了改变，认定 20 世纪 50 年代末实行的限制政策是错误的，地方政府开始奉命向居民提供购买牲畜、保障饲料、耕作方面的帮助。

一年前举行的 1964 年 2 月全体会议上就已经规定了农业集约化的基本方向：农业畜牧业的化学、综合机械化、发展灌溉农业、生产专业化。20世纪 60~80 年代根据这一方向确定了农业政策，并进行了拨款②。

提高农业部门效率的综合措施中包括基于生产单位之间协作和农工一体化的生产专业化措施和集中措施。根据当时经济学家计算，具有高机械化、自动化劳动水平的工业类大型专业企业能够保证更高的经济效率，尤其是协作企业的单位产品收益比非专业化生产单位多出 1.5 倍，而成本减少了1/3~1/2③。这个发展方向被寄予厚望。

我们不会对集约化政策的结果做过多评价，但这项政策最终也没有实现既定目标（农业也没有克服粗放生产这一特点）。接下来我们将详细探讨这项政策中直接影响农村地区城市化的几个方面，即农业生产集中化以及农业生产和工业生产的一体化。就整体而言，它们促进了农村人口迁移的进一步集中以及农村人口迁移向农工人口迁移的转变，其中还影响到农村居民的生活方式和农民分化的进程。

在第八个和第九个五年计划期间采取了一些将农作、畜牧和家禽饲养各

---

① См.: Постановление пленума ЦК КПСС от 24 – 26 марта 1965 г. 《О неотложных мерах по дальнейшему развитию сельского хозяйства СССР》// КПСС в резолюциях и решениях съездов, конференций и пленумов ЦК. Т. 10 : 1961 – 1965. М., 1986. С. 426 – 431.

② См.: Постановление пленума ЦК КПСС от 10 – 15 февраля 1964 г. 《Об интенсификации сельскохозяйственного производства на основе широкого применения удобрений, развития орошения, комплексной механизации и внедрения достижений науки и передового опыта для быстрейшего увеличения производства сельскохозяйственной продукции》// Там же. С. 398 – 414.

③ См.: *Нестерова К. С.* Повышение эффективности сельскохозяйственного производства в Нечерноземной зоне РСФСР. М., 1977. С. 35.

个领域集中在一起的措施。其中，家禽饲养主要集中在托拉斯"养禽业管理局"管理的企业中。根据发展合作社的设想，建立了一些跨生产单位的联合公司和奶肉专营公司。到了 20 世纪 60 年代，在斯维尔德洛夫斯克州已建有 96 个肉乳农场、67 个乳肉农场、10 个养猪农场和 4 个家禽饲养农场①。

20 世纪 70~80 年代农工综合体的建立意味着达到了跨生产单位协作、专业化和农工一体化政策的顶峰。1976 年 3 月 28 日苏联共产党中央委员会的决议推动了这一进程②。决议的实施引发专业化国营农场、畜牧业综合体、禽产品工厂和其他企业数量的增长，在这些生产单位中工业技术得到了巩固。乌拉尔地区跨生产单位企业的总数在第十个五年计划内从 35 个涨到了 141 个，987 个集体农庄和 566 个国营农场加入其中。畜牧业的跨生产单位协作进行得最为顺利，1980 年乌拉尔地区就有 19 个跨生产单位协作企业从事畜牧产品生产，其中 17 个是养猪企业，另外 2 个是畜牛补充培育和幼畜育肥企业③。

生产组织新形式的传播进一步促进了人口集中。肉乳兼营企业或养猪业综合体的生产工作需要大量人手，每一个刚刚建立起来的企业旁都出现了具备必要基础结构和公共设施的住宅区，这一过程就成为农村环境城市化最为明显的表现之一。

因此，从 1964 年起集约化的口号已成为农业政策的一面旗帜，而这也是合乎规律的。集约化的实现是不可避免的，并且若要实现工业化社会，避开这条道路也是不可能的。到了 20 世纪 60 年代，向经济集约化形式转变的必要先决条件也已形成，首次出现了实现这些形式的客观机遇。而结果如何呢？当然，做了很多事情，但由于农业遵循计划领导、产业管理和剩余拨款等原则，而且集体农庄和国营农场的劳动者们没有获得物质利益机制，而以

---

① См.: Развитие сельского хозяйства в Свердловской области за годы советской власти (1917 – 1987 гг.). Свердловск, 1987. С. 46.

② См.: Постановление ЦК КПСС от 28 мая 1976 г. 《О дальнейшем развитии специализации и концентрации сельскохозяйственного производства на базе межхозяйственной кооперации и агропромышленной интеграции》 // КПСС в резолюциях и решениях съездов, конференций и пленумов ЦК. Т. 13 : 1976 – 1980. М., 1987. С. 96 – 109.

③ См.: История народного хозяйства Урала (1946 – 1985). Ч. 2. Свердловск, 1990. С. 186.

此为基础建立起来的社会制度也具有一定的遗传特点，因而使农业生产总体上保留了自身粗放性特征。集约化政策没有引起农业的变革，农业依旧收益很少且毫无效率。

1982 年通过的《粮食纲要》被视为公开承认食品生产领域中已形成的危机。纲要证实了农业领域发展的不足，提出了一系列旨在克服危机状况的措施，其中包括农村地区基础设施和住宅建设措施①。对农工综合体的形成和发展予以了特别注意，制定了农业生产机械化和化学化措施、强化畜牧业饲料基地措施、使用新集约化技术措施，还包括刺激农业劳动者物质利益等方面的相关措施。

前段时间所特有的农业生产下滑趋势 1985～1990 年也仍然在持续，国家经济中内部矛盾越来越严重，行政命令管理体制资源耗尽，石油美元已经无法弥补生产消耗，进行根本性改革的必要性越来越明显了。在苏联共产党第 26 届代表大会上提出了《加快社会主义经济发展》的纲领，其中制定了一系列经济集约化措施。大会开创了一个蓬勃发展又充满矛盾的时期，这一时期在社会上被称为改革时期，而接下来的各项改革改变了国家的国体和政体，标志着向市场经济模式的转变。

农业处于社会主义经济改革中心，在最大程度上经历了过渡时期的错误、误解和难处。20 世纪的后十五年可分为两个时期：1986～1990 年，20世纪 90 年代。二者之间的分界就是 1990 年颁布的《俄罗斯苏维埃联邦社会主义共和国所有权法》《农民（农场）法》《土地改革法》②。这些立法条令

---

① См.：*Шарыгин М. Д.*, *Макарова Г. Т.*, *Свисткова А. М.* Агропромышленный комплекс Уральского Нечерноземья. Пермь，1986. С. 12.

② Закон СССР от 6 марта 1990 № 1305－1《О собственности в СССР》［Электронный ресурс］. URL：http：//russia. bestpravo. ru/fed1991/data02/tex12668. htm；Закон РСФСР от 24 декабря 1990 г.《О собственности в РСФСР》// Ведомости съезда народных депутатов РСФСР. 1990. № 30，27 дек. Ст. 416；Закон РСФСР от 27 декабря 1990 г. № 461－1《О крестьянском (фермерском хозяйстве). ［Электронный ресурс］. URL：http：//base. consultant. ru/cons/ cgi/online. cgi？req＝doc；base＝LAW；n＝34764；Закон РСФСР от 23. 11. 1990 г. № 374－ 1（ред. от 28. 04. 1993）《О земельной реформе》［Электронный ресурс］. URL：http：// base. consultant. ru/cons/cgi/online. cgi？req＝doc；base＝LAW；n＝1947.

为农业环境中多层结构发展奠定了基础，不仅涉及了生产组织形式，还涉及了对生产过程的管理方式。

到 1990 年以前，农业经济的组织基础为集体农庄、国营农场和以农业公司为形式的各种联合企业，实现了农工综合体的设想。1987 年，整个俄罗斯共有 12400 个集体农庄和 12800 个国营农场。到了 1990 年，集体农庄和国营农场的数量增加了一些，分别增加到 12900 个和 13000 个，统计显示这时共有 67 个农业公司[①]。

整体经济衰退对农业环境产生了影响。比起 1981 ~ 1985 年乌拉尔地区年均生产 1567. 7 万吨粮食和 491. 7 万吨土豆，1986 ~ 1990 年粮食和土豆产量相应下降到了 1465. 7 万吨和 490 万吨[②]。实际上所有州和共和国地区都出现了农作物产量减少，斯维尔德洛夫斯克州和库尔干州最为严重。衰退趋势对畜牧业来说也是很严重的，只不过衰退速度比农业慢了一些[③]。

这一时期最突出的问题是有关集体农庄和国营农场的机械化和物资技术基础完善问题。从 1985 年起开始积极宣传集体和家庭租赁承包设想，1989 年在斯维尔德洛夫斯克州已有 25% 耕地、15% ~ 17% 牲畜归租赁集体使用，他们则生产出了总产量的 20% 。虽然已经为国内农场运动发展打下了基础，但是个别租赁集体的成功不能对农业事态起到根本影响，在乌拉尔地区从 1989 年开始展开这一过程。

农场经济建立在荒芜的独立土地上。在斯维尔德洛夫斯克州最初的农场经济出现在阿拉帕耶夫斯克地区的"托尔马乔夫"国营农场和卡缅斯基地区的"卡缅斯基"国营农场等地。通过产权法和土地法制订了对农场提供帮助的计划后，其数量开始快速增长。1990 年 7 月 1 日俄罗斯共有 890 个此类生产单位，而到了 1991 年末就已超过了 2 万个。乌拉尔地区 1991 年 5 月 1 日的记录中显示这里的农场数已经超过了 2800 个[④]。

---

① Народное хозяйство РСФСР в 1990 г. : стат. ежегодн. М. , 1991. С. 392.

② Народное хозяйство РСФСР в 1990 г. : стат. ежегодн. М. , 1991. С. 426, 436.

③ Народное хозяйство РСФСР в 1990 г. : стат. ежегодн. М. , 1991. С. 460.

④ *Морозов А.* , *Подгорбунских П.* Проблемы фермеров Урала // Урал. нивы. 1991. № 12. С. 8 – 9.

农场经济的建立有多种途径，其中之一就是扩大个体宅旁园地经济，而这主要依靠积累下的存款和经验。尽管这种家庭方案有各种好处，还能够通过自给来组织商品生产，但实际上这种形式还是非常少见的。

农场化最普遍的方案是利用贷款和企业的帮助。例如，1989年秋天在库尔干州佩图霍沃地区安纳托利耶夫卡村旧址上建立了尼·格·乌沙科夫农场，农场得到了200公顷土地和4.5万卢布贷款，农场主决定培育粮食和颗粒作物。20世纪90年代初期，乌拉尔地区平均每个农场拥有42公顷土地，另外乌拉尔南部农场的土地要比非黑土地区大五成到一倍[1]。农场通常专门从事家畜育种、草种种植和蜜蜂养殖。

农场活动最初的实践经验清楚地反映了一系列问题——技术基础和金融经济基础薄弱，缺乏来自政府的法律支持和组织支持，以及地方官员的阻挠，农场未来的命运则取决于这些问题能否得到解决。此外，心理因素的作用也是非常重要的，因为在农场主周围经常弥漫一种不信任的、不怀好意的沉重氛围，其中还包括来自周围邻居的嫉妒。

从1992年开始的价格开放以及高通货膨胀率为农场化的进程带来了沉重的打击。要建设住宅项目和生产项目并获取技术都需要大量的资金，但农场主和国家都没有资金。从根本上来讲，要在短时间内解决所有这些问题是不可能的，而这又影响了农场发展的前景，导致一些不良现象发生，并且这些不良现象同土地投机和已有农场的破产有关。根据弗·列·别尔斯涅夫的统计数据，1993年夏天俄罗斯境内共有258100个农场，平均占地面积为42公顷。这些农场虽拥有3.9%的耕地，但只产出农业生产总值的0.9%[2]，也就是说，这些农场谈不上有什么实质性的贡献。

1990年的法案为农业部门组织机构的深化改革奠定了基础。与农场同时出现的还有国营农场和集体农庄在权利组织方面的变革，集体农庄和国营农场的体制实际上被破坏了，但目前没有找到能够替代它的相应体制。自出

①　*Морозов А.*, *Подгорбунских П.* Проблемы фермеров Урала // Урал. нивы. 1991. № 12. С. 8 – 9.

②　*Берсенев В. Л.* Исторические особенности реформирования аграрных отношений в России. Екатеринбург, 1995. С. 128.

现以来，无论是集体农庄还是国营农场都未能保证国内农业生产所必需的发展水平，但这并不是它们的错。集体农庄和国营农场是在一定经济体系的框架下发挥作用的，而这个经济体系要承受来自意识形态和政治主张的压力，这些压力并没有考虑到经济规律。在这一框架下，任何生产组织形式——集体农庄、国营农场、农场和个体经济——都是毫无效率的，它们只能发挥出系统允许范围内的潜力。

集体农庄和国营农场体制的传统形式遭到破坏，20世纪90年代席卷全国的经济危机以及惊人的通货膨胀率一次又一次地加剧了农业生产的衰退，使农民阶级和农村地区陷入极度的困境，实际上已经处于灾难的边缘了。

在对20世纪俄罗斯和乌拉尔地区农业发展进行分析总结时，需要强调的是，尽管政府宣布革命前的俄罗斯和苏联时期的俄罗斯具有意识形态的差异（这些差异确实存在），但经济发展的主要方向是由其他更普遍的因素所决定的，即由工业化以及城市化社会的形成而定，而这一点也体现在由传统小商品经济向建立在农业生产机械化、专门化和合作化基础上的大规模农业生产过渡的过程中。这也直接影响到了受新组织形式调整的农村人口分布，使其根据工业化社会的要求不断变化。其主要特点是在减少农业居民点总数的基础上进行集中和合并，以及逐渐将均匀的居民网变为中心式居民网。

需要指出的是，这种变革是在相当短的时间内——20世纪后半叶进行的。20世纪50年代之前，农业领域发生的那些变化没有涉及俄罗斯农村已有的居民网和传统结构，更确切地说，是借助新型居民点的出现促进了俄罗斯农村的扩张。从20世纪50年代开始，农业生产的集中化、专门化和合作化的任务被提到首位，情况就发生了变化。大型集体农庄和国营农场的出现促进了居民点新的内部系统的形成，并加快了居民网的改革，与之相关的还有经济中心的发展以及外围居民点逐渐走向无人化。我们可以观察到1950～1980年人口分布由相对平均转为中心式分布，这种变化是农业领域工业化和大商品生产替代小商品生产的必然结果。

第二节　政治决议视角下的农村人口分布体系

20 世纪 60 ~ 70 年代国家推行了一项苏维埃农村改造计划，历史文献中称之为"消除（迁移）无发展前途村庄的政策"[①]，而这也通常被认为是导致农村发生惨剧的原因之一。在历史研究中这一计划被予以一致的负面评价，并主要指责政府在做出管理决议时过于匆忙且考虑不周[②]。在这种情况下将政府妖魔化是可以理解的，但并不是完全有理由的。

国家政策对农村人口分布体系的变化产生了何种影响？这一问题的答案与过去一百年间居民网的变化方向和特点评价有密切的关系，而这些变化方向和特点评价本身在俄罗斯社会所经历的城市化过渡时期是合乎规律的。

在分析俄罗斯农村城市化进程的特点时，必须指出的是，20 世纪 60 年代之前居民网的改革并没有列入国家政策的任务之中，只能通过农业生产领域的一些措施得以实现。对农村居民网的数量和质量参数产生最大影响的是以下几项政府计划：1939 年消除农庄，20 世纪 50 年代合并集体农庄，20 世纪 50 年代和 60 年代之交将集体农庄变为国营农场，20 世纪 70 年代建立农工综合体，等等。人口分布领域内的措施体系在 20 世纪 50 年代末开始形成，它被视为俄罗斯农村城市化的独立阶段。

这一时期居民网变革的主要思想是在迁移无发展前途的小村庄的同时有计划地扩大现有农村居民点系统。人口分布领域内所有管理决议的特点是这些决议同农村经济集约化任务、农村地区的大规模建设和公共设施的完善密切相关。因此，管理的对象通常是生产领域，而不是居民网本身。

[①]　См., например: Судьбы российского крестьянства. М., 1996. С. 436 – 437；*Денисова Л. Н.* Исчезающая деревня России：Нечерноземье в 1960 – 1980 - е гг. М., 1996.

[②]　См.：*Сенявский А. С.* Российский город, 1960 – 1980 – е гг. М., 1995；*Денисова Л. Н.* Российская нечерноземная деревня 1960 – 1980 – х гг. // Россия в XX веке. Реформы и революции. Т. 1. М., 2002. С. 618 – 632.

在苏联的管理实践中，农村地区主要被视为农业生产的组成部分，然而战后时期并不是农业生产的最佳时期。政府在 20 世纪 50～60 年代颁布了一些命令和决议用以克服农业生产领域内的危机，然而所采取的措施——垦荒、农业技术领域的新措施、投资的增长、改变征税的范围、扩大投资等——都没有带来预期的结果，这使得人们不得不去寻找新的方案。除 20 世纪 50 年代对农业生产集约化的要求之外，劳动力资源的问题也迅速凸显出来，其原因是非常客观且合乎规律的，并且同人口革命（出生率降低，向少子女小家庭过渡）和 20 世纪初期和中期世界大战的严重后果密切相关。在农村地区这一问题随着大量人口向城市流入而变得日益尖锐。

对减少农村人口迁移方法的探讨引发了人们对人口分布问题的兴趣。如何稳定农村的干部？如何保证他们得到最合理的利用？最显而易见的出路就是在农村地区建立移居者们所追求的生活条件，这个任务与苏联社会为缩小城乡差距、克服城乡差异而制定的纲领性方针是一致的。

因此，20 世纪 60～70 年代苏联农村改造政策的主要目标是建立一种既能够满足扩大农业生产的要求又能够保障以后农业生产集约化所需资源的农村人口分布模式。

所研究问题的复杂之处在于，在对某一领域内的政策进行分析研究时我们常常忘记这项政策是以管理决议为基础的。通过决议是一个复杂的过程，其实质是在备选方案中做出选择以解决实际问题。选择的结果取决于备选方案是否是最适宜、最有效的。管理对象越复杂，周围环境因素越不确定，犯错误的可能性就越大。

管理决议的效力取决于下列因素：第一，有关管理对象的全面、可靠的信息，能够弄清问题的实质以及问题产生的原因；第二，影响从各种备选方案中做出选择的管理主体的价值体系；第三，体现出解决问题的角度和方法的管理“思想”（例如苏维埃的管理实践具有偏好极端手段的特点）；第四，预测管理对象发展状况的能力，这与对管理对象的研究程度有直接关系，其中既包括理论研究，也包括经验研究。

通过对上述因素进行分析，我们试着对 20 世纪 60～70 年代农村人口分布领域内决策的效力进行评价。

缩小城乡差距是人口分布领域内措施体系的思想基础，它可以被视作苏联社会意识和社会思想的基础神话成分，而俄罗斯农村改造的总体政策也是与它相一致的。农村地区改革的社会意义在于生活条件的统一化和建立起在最大限度上满足劳动者需求的人口迁移形式。

这些思想在"农业城"概念中得以体现，而这一概念最早是在 20 世纪 20 年代末随着集体农庄和国营农场建设的开展为人所知的。国营农场的居住区成了建设新农村的实验场，但是到了 20 世纪 30 年代在工业化加速发展的情况下，大规模的建设既缺乏力量，又缺乏资金。

社会主义农村究竟是什么样的？1939 年的全苏农业展览会上开设了一个名为"农村新景"的展区，它实际上就是一个社会主义农村的理想模型（见图 3－3）。

在展区中共包含 20 多项展品——俱乐部、托儿所、马厩、饲养场和汽车库等，所有展品都是按照标准设计建成的。在展区的入口处立有两幅巨大的透影画，其中一幅画上展示的是旧农村的景象——约·斯大林在十七大上发言的图解："最显眼的地方立着教堂，警察、神甫和富农最好的房子立在前排，而农民们几乎倒塌的小木屋藏在后面——这样的旧农村开始消失。在它的位置上出现了新农村——社会经济建筑，有俱乐部、无线电、电影院、学校、图书馆和托儿所，有拖拉机、联合机、脱粒机和汽车。富农剥削者、高利贷吸血鬼、投机商人和神甫、警察这些显贵人物都消失了。现在，集体农庄和国营农场的活动家、学校和俱乐部的活动家、老拖拉机手和联合机手、大田生产队和畜牧队的队长、集体农庄田地里最好的生产突击手才是显贵人物。"[1] 这一段引言非常受欢迎，不止一次出现在各种文献、报纸文章和口号当中。在第二幅透影画上展示的是地界纠纷，描述了革命以前农民为土地所进行的抗争以及他们无权的地位。

---

[1] *Сталин И. В.* Вопросы ленинизма. 10-е изд. М., 1939. С. 571.

图 3 - 3   社会主义农村模型

图片来源：План участка《Новое в деревне》на Всесоюзной сельскохозяйственной выставке, открытой в 1939 г. ［Электронный ресурс］. URL：http：//bcxb. ru/pavils/ pavils39. htm.

透影画的后面有一片广场，上面矗立着村苏维埃的大楼，大楼的右侧是文化生活建筑——俱乐部、学校、托儿所和产科医院；村苏维埃的左侧是机器拖拉机站的建筑物——修理厂、机器拖拉机站管理处、汽车库和农机仓库；后面是集体农庄农户的建筑物——集体农庄办事处、羊圈、猪圈、鸡舍、机械化饲养场、两个马厩、农机的遮棚和种子仓库。"农村新景"展区内大部分展品都是当时使用的最先进的设备①。令人好奇的是，在展区中没有集体农庄庄员的住房。显然，农村集体农庄的日常生活条件还不能在展览会上展示，但可以参观拖拉机大队的宿营地，在那里参观者可以看到一间舒适的、有 12 张床位的车厢式活动房屋，在另一间活动房屋里有一处挂圣像的角落和食堂，在第三间活动房屋里的是理发室和浴室。

---

① Участок《Новое в деревне》. Всесоюзная сельскохозяйственная выставка в Москве ［Электронный ресурс］. URL：http：//bcxb. ru/pavils/pavils39. htm.

现实和展出的社会主义天堂之间有天壤之别。俄罗斯农村仍保留着自身的主要特点，并成为带有基础设施新元素（如俱乐部、小木屋阅览室、小商铺和其他设施）的传统居民点，未能从根本上改变农村地区的建筑外观，因为在实际中要满足这些需求还需要迁就那些几乎倒塌的教堂和被没收了生产资料和土地的富农的小木屋等。

俄罗斯苏维埃联邦社会主义共和国政府于 1945 年颁布的命令，又重新掀起了依照城市模式建设农村居民点的热潮。随着 20 世纪 50 年代初集体农庄的合并，建设农业城的计划也积极开展起来。由于主客观原因，在这一时期这些计划并没有实现，却促使城市标准在农村住宅建筑和日常生活建筑中确定下来。

20 世纪 30 年代和战后时期农村居民点的建筑出现了全新的变化，个人住房逐渐被可容纳多户家庭的临时搭成的简易住房所替代，之后又出现了多层楼房。这种建筑最先被引入国营农场和机器拖拉机站的居民点。在接下来的时间里，这项实践延伸到带有传统规划特点的集体农庄中，并在 1966 年成为修建农村居民点的最合理的方案①。

因此，20 世纪 60～70 年代人口分布体系现代化领域内政策的主要原则是居民网组织的简化"生产"途径，并附有对占社会主流的理想化农村居民点的神话观念。

对农村人口分布领域内政策科学依据是否充足的问题评价不一，大多数学者都认为，所通过的政治决议没有足够依据，未经过充分考虑，并且对管理对象（农村地区）的客观规律知之甚少②。此外，对政治决策科学理据性的要求也是苏联管理的基本原则之一。到了 20 世纪下半叶，科技革命不断发展，科学成为最重要的生产要素，于是人们也开始特别关注科

---

① Обобщение опыта и рекомендации по наиболее рациональной планировке и застройке сельских населенных пунктов совхозов и колхозов РСФСР. М., 1966. С. 1 – 6.

② См.: *Алексеев А. И.* Проблемы управления сельской местностью // География и хозяйство. Роль географической науки в обеспечении ускорения социально-экономического развития страны. Л., 1987. С. 76.

学预测。此外，科技时代也将万能的科学和科学预见的神话延续了下去。因此，在对人口分布领域内采取的主要措施进行分析研究时，忽略学者们的建议是不正确的。

学者们（地理学家、人口学家）的结论对农村现代化的基本概念产生了实质性的影响，并且在苏联人口分布总体规划的主旨中得以体现，而该项总体规划则完全建立在专家们对农村居民网的发展速度和方向预测的基础之上。

另一个问题是：在 20 世纪 60 年代初期以前，科学究竟有多少把握能够对人口分布体系这种复杂研究对象的特点和发展规律给出完整而详尽的答案？

到了 20 世纪 60 年代，对农村地区的研究成为学者们的关注热点。实际需求推动了科学的发展，尽管这种发展直到这一时期才开始形成[1]，但它已成为各个时期在科学层面上成果最为丰硕的发展阶段之一。从 20 世纪 50 年代末期起，地理科学就开始深入研究"人口分布组合形式"的概念，这一概念丰富了人口稠密老区的发展经验（费·米·里斯坚古尔特、德·格·霍贾耶夫），形成了人口分布的基本法则，其实质在于让人口分布同生产方式和生产方式占主导地位时的上层建筑相适应[2]。在很长一段时间里，这种方法决定了农村居民网的研究方向，例如，高城市化地区的典型趋势开始向整个国家蔓延。

接下来的几年（1970～1980）可以被视为人口分布科学的繁荣时期，产生了许多概念和学说——格·米·拉波和彼·米·波良诺姆的人口迁移

---

[1] Изучение расселения и происхождения сельских населенных пунктов имеет достаточно обширную историографическую традицию. Первый опыт анализа сельского расселения относится к концу XIX в. В частности, этим вопросам посвящены работы П. А. Соколовского и В. П. Семенова-Тян-Шанского. Разработка соответствующих тем велась в 1920-е гг. Однако этап активного изученияпроцессов расселения приходится на более поздний пера... рь – е – 22.

[2] *Давидович В. Г.* Об основах теории и практики расселения // Динамика систем расселения. М. , 1977. С. 9.

的构架理论，人口迁移统一体系的概念（鲍·谢·霍列夫），还出现了一批有关数学模拟的著作①。在这一时期内，城市建筑师建设者们在人口分布进程中发挥了十分积极的作用，他们研究出的概念为人口分布的总体规划奠定了基础。

这一时期关于人口分布的研究状况具有以下几个特点。

第一，对农村人口分布的研究刚刚起步，经验资料逐渐积累，对概念构建进行研究，形成了最初的有关居民网发展规律的假说。

第二，马列主义方法论对科学预测的促进作用是毫无疑问的，在这一方法论的框架下形成了人口分布基本规律，证实了人口迁移过程对生产方式的依赖性以及人口迁移从自然发展向计划发展过渡的必要性。

第三，这一时期科学方法论的特点是人口分布动态评价的直线性。随着居民网的日渐缩小以及农村人口的集中化，产生了一些不可逆的变化，需要将其彻底解决。在进化方法的框架下逐渐展现出人口分布体系发展的循环性，但在当时这种进化方法还没有普及开来。

第四，研究对象本身对问题研究程度的影响也是非常巨大的。在战后时期，不仅在苏联社会，而且在其他国家都存在人口分布集中化。看起来，农村和农村生活方式已经被科技进步和城市化扫清，一去不返了。农村居民网经历了一个"收缩"阶段，科学界可以证明这一点。在 20 世纪 60 年代，美国开始了人口分布分散化的进程，而在西欧国家，这个进程则集中于 20 世纪 70 年代。

正如进一步的研究所证实的那样，农村地区的发展，尤其是人口分布体系的发展是以某些内部规律为基础的。从历史层面来说，人口分布的进化具有循环性。在城市化的最初阶段，农村人口分布经历了一个扩大期，这一时期在俄罗斯境内延续至 20 世纪 30 年代。从 20 世纪 30 年代末期开始，农村城市化进入一个全新的阶段，其特点为农村居民网的"收

---

① См. , например: *Гусейн-Заде С. М. Модели размещения населения и населенных пунктов.* М. , 1988.

缩"——农村居民点，尤其是小居民点数量减少，大型村庄的数量增加，人口向大城市辐射地带聚集并形成了集聚点，收缩阶段年代范围取决于人口分布具体的区域特点。例如，在乌拉尔区，尤其是在其中部非黑土地区，这些进程在战后时期逐渐开展起来并一直延续到 20 世纪 80 年代。后来，随着通信的发展以及城乡地区之间功能的重新分配，新的趋势——亚城市化逐渐凸显出来。要弄清楚人口分布发展的循环性还需要一些时间。

另外一个能对人口分布领域内假说的科学性产生影响的因素就是计算和统计系统的情况。从 20 世纪 30 年代开始，与城市不同，农村居民点不纳入统计。包括教育、医疗、商贸、文化生活服务和人口进程等方面的绝大部分统计信息均在行政土地单位范围上进行收集。居民网的一时性统计同人口调查是关联在一起的，而计算的结果完全受到统计整理的限制。

从原则上讲，在很长一段时间里（1939 ~ 1959）统计中所使用的关于居民网状况的信息并不是真实可信的。尽管每年统计机关都会对各个州、边疆区和共和国行政土地区划方面的变化进行总结，但这些总结的准确性在很大程度上取决于村苏维埃、小区、城市和市级村镇数量的准确性。直到 20 世纪 70 年代后半期，农村居民点的信息才开始出现在统计手册之中①。

关于这一问题，准确信息的缺失也必然反映在农村人口分布的研究程度和人口分布发展的预测之中。

研究员们试图广泛进行社会问卷调查来弥补对居民网统计观察的不足，而这些调查问卷也已成为研究农村人口生活方式、思想和情绪等问题的非常宝贵的资源。在对居民网展开的一系列大规模社会研究中还特别包括1967 ~ 1977 年由达·伊·扎斯拉夫斯基领导并由苏联科学院新西伯利亚分院实施完成的农村居民点研究②。但这些信息仅反映出当时的进程，也就是说，人

---

① См. , например: Сельские населенные пункты РСФСР（по данным Всесоюзной переписи населения 1979 г.）: стат. сб. М. , 1980; Сельские населенные пункты РСФСР（по данным Всесоюзной переписи населения 1989 г.）: стат. сб. М. , 1991.

② Результаты исследования получили отражение в следующей работе: Развитие сельских поселений：（Лингвистический метод типологического анализа социальных объектов）. М. , 1977.

口分布集中化的阶段以及组合体系的形成。因此，学者们的结论确切地证实了建筑师和经济学家建设者们的计算结果。

毫无疑问，科学的状态对人口分布问题方面策略的制定有十分显著的影响，但所提出的假说并不能准确预测出这些问题的进一步发展。将人口分布领域内的早期科学概念和对"理想居民结构"的社会主流认识叠加在一起是卓有成效的，实际上提供了可供选择的实现政策的方向——对扩大居民网以及居民网集中化的进程进行整顿和调整。

在制定居民政策时还有一个非常重要的方面——选择实现既定目标的工具和方法。在苏联社会和管理层中有一条对实际情况进行"革命式"改革的方针，指的是用最彻底的方式粉碎旧事物。同时，与这种果断的行为相类似的备选方案也是存在的，并且这种方案在其他一些国家中得到了发展，对这些国家而言，革命的经验并没有多大意义，重要的是更加谨慎、更加深思熟虑地评价当前形势，并且制定更为温和的管理方法。例如，实际上匈牙利也在这一时间（1972）通过了发展居民网的国家纲领，并且预测到这一纲领能得到小型农村的支持。当时全匈牙利境内共有 82 个城市和 3180 个农村居民点，而这些农村居民点中很大一部分都是农庄（1/6 的人口居住在农户很少的居民点）。为了将它们保留下来，匈牙利按计划积极建设了住房，修建了道路，改善了供水设施和日常生活条件[1]。欧洲其他许多国家也是这样走过来的，但其中并不包括苏联。

农村的人口分布被视为改革的对象，最主要的是需要革命式改革。而为了执行人口分布领域内所做出的决议，最主要的方法就是制订指令性的计划，制定所有机关和机构在执行决议时所必需的规范文件，以及根据不同居民点之间的差别对资金投入进行强制性的调整。

我们再来分析一下制定和实现苏维埃农村改造政策的几个主要阶段，这一问题直至今日依然是常被讨论的课题。一般认为，这项实践始于 20 世纪 60 年代末期，属于同期的还有包括"有发展前途的"村庄和"无发

---

① Вопросы развития сельских населенных мест за рубежом. М. , 1975. C. 10.

展前途的"村庄等概念在内的术语的制定①。通常，改造政策只与旨在废弃和迁移那些无发展前途的居民点的措施体系相关，所关注的也只是这些最具争议、最具悲剧性的政治决议。此外，关于迁移无发展前途村庄的项目计划只是对苏维埃农村进行改造的众多措施中的一个组成部分，这些措施可分为以下几个方向：

——对农村人口分布体系进行优化；

——为有发展前途的居民点建设和公共设施完善进行拨款；

——完善居民点的规划结构，引进公共设施的基本要素（自来水供水设施、安装燃气设备和修路等）。

因此，应将苏维埃农村的改造政策视为根据新要求所进行的一系列措施的综合体，旨在对传统农村生活方式进行根本改革和改造。

影响农村居民网改造的政府措施的综合体系可以按其目标和对人口分布作用特点的不同划分为几个阶段。对下列不同阶段时期进行的划分，体现出人们认识上发生的进化，即对农村人口分布现代化的可能方案和有效方案以及解决问题的方法等方面的认识上的进化。

农村地区改造政策的初始阶段（20世纪50年代末至1968）。这一时期的特点是确立了农村改造的构想，并在对"缩小城乡差距"的进程进行简单理解的基础上研究出达成上述构想的方式方法，而这一进程从技术上将城市建设的原则转移到了农村地区。

政府于1957年推行的大规模建设纲领（苏联共产党中央委员会和苏联部长会议1957年7月31日做出的关于在苏联开展住房建设的决定）积极推动了这一时期苏联农村的现代化②。尼·谢·赫鲁晓夫在1958年苏联共产党中央委员会12月全体会议上所做的报告指出了农村改造领域内的主

---

① См.: Судьбы российского крестьянства. М., 1996. С. 441; *Горбачев О. В.* На пути к городу. Сельская миграция в Центральной России（1946 – 1985 гг.）и советская модель урбанизации. М., 2002. С. 65.

② КПСС в резолюциях и решениях съездов, конференций и пленумов ЦК. Т. 9: 1956 – 19 60. С. 193 – 210.

要纲领性目标："优良的生产建筑、设施完备的住房和俱乐部、学校和寄宿学校、图书馆和日常生活服务企业、通畅的道路、电灯、广播、电视——在不远的未来这些就是苏维埃农村的真实景象。随着农业生产中技术的广泛使用以及干部数量的增长，集体农庄庄员的劳动越来越接近于独立工人的劳动，而随着文化的发展，农村的生活条件与社会主义城市生活条件之间的差距将越来越小。"[①]

稍晚些时候，在 1959 年 12 月全体会议上做出了一项关于制定区域规划纲要和农场内部规划纲要必要性的决议，用以明确农业生产的发展前景以及住房建设和文化生活建设的合理布局[②]。这些规划纲要还尝试调整农村地区的建设，而在此之前农村地区的建设基本上是自发进行的：没有设计方案，想怎么建就怎么建。贯彻区域规划时应将投入资金的分配以及农村地区的建设过程置于国家的严厉监督之下。

1960 年在莫斯科召开了关于城市建设的会议，根据会议材料，全会做出的决议有了进一步的发展，材料中指出："只有在大型农村中才能修建道路，铺设自来水管道和排水管道，建造设施完备的房屋、俱乐部和学校，等等。农村的合并使得建筑的总成本降低，并能够建造出设施完备的城市型农村居民点。这从根本上改变了农村的外貌，改变了生活条件。"[③] 在会议上首次正式提出，必须将农村居民点分为两类：有发展前途的和无发展前途的。划分居民点类别的标准考虑到了以下因素：居民点在农业生产系统中的地位，居民人数，是否存在道路网、供水和供电以及有利于继续发展的条件[④]。对于无发展前途的居民点将不再进行建设。地方执行委员会应建立居民点清单用于进一步的建设和发展。

---

① Цит. по: Типы жилых домов и культурно - бытовых зданий для строительства в сельской местности. М., 1960. С. 2.

② См.: КПСС в резолюциях и решениях съездов, конференций и пленумов ЦК. Т. 9: 1956 – 1960. С. 487.

③ Некоторые современные требования к проектированию сельских населенных мест. М., 1960. С. 5.

④ Практика планировки и застройки сельских населенных мест РСФСР. М., 1960. С. 46.

在关于建筑规章的建议中指出，开展建设时应考虑到地区组织的紧密性和合理性。因此，多层建筑和多单元建筑往往受到更大的关注，而认为庄园建筑既不与新的环境相匹配，也不能解决居民点公共设施的问题。对于有发展前途的居民区而言，最小规模居民人数应在 1000 ~ 1500 人，而最经济、最适宜的居民点规模人数应在 3000 ~ 5000 人[①]。同时建议中还指出，应制定俄罗斯苏维埃联邦社会主义共和国农村居民点建设规定并提请部里批准，也就是说将整个规划过程统一化、标准化。

俄罗斯苏维埃联邦社会主义共和国苏共中央政治局和部长会议于 1960 年 6 月 18 日通过了第 917 号《关于改善农村建设措施的决议》，对农村改造的具体方向进行了说明：以区域规划科学合理的设计方案为基础，对人口迁移体系进行调整，使之符合扩大化的农业生产的要求；将现有的居民点逐渐改造为设施完备的农村；使用典型设计方案，引入紧密、合理的农村建设。同年，俄罗斯苏维埃联邦社会主义共和国国家建设委员会研究出一项关于制定区域规划方案的特别指示[②]。

对农村改造的最初构想就这样形成了，它完全以实现大规模工业化生产为指向，而没有考虑到农村地区的特点。

规范农村地区现代化进程的主要指示性文件是区域规划——它是一种设计方案，主要任务是提议并制定最为合理的地区制度和区域经济制度。区域规划可分为两类：方案和设计。

方案的有效期限不超过二十年，通常用于州、边疆区和共和国，也可用于那些优先建设的大型区域生产综合体。由此可见，方案完成了战略规划的任务，主要针对的是发掘人口和居民点发展的资源和前景，论证经济规划的区域划分。

区域规划设计主要用于基层的行政区域单位，主要任务是从整体上对区域发展提出综合性规划，其中包括对工业、农业、居民点、环境保护等

---

① Практика планировки и застройки сельских населенных мест РСФСР. М. , 1960. С. 47.
② См. : ГАРФ. Ф. 311. Оп. 1. Д. 719. Л. 26.

不同客体进行配置的具体解决办法。而规划工作的主要原则是在对自然条件、经济结构和人口分布结构进行分析以及科学预测的基础上对农场和居民点进行合并，计划中的生产力结构变化完全转移到人口分布体系。一切都按照规定进行调整：高度机械化的农业生产应当同高度集中的人口分布形式相适应。

根据这一原则在居民网中划分出了一些据点——按计划将小型农村的居民迁至有发展前途的村庄。例如：受自然气候条件影响，一个农场的土地利用面积预计应达到 5000~30000 公顷，农场中应有一到两个人口数为1000~10000 的居民点。

为了推行设计的统一规则，1960 年俄罗斯苏维埃联邦社会主义共和国国家建设委员会研究并通过了一项关于制定区域规划方案的特别指示，1968年这项特别指示得到更新，将关于制定州规划方案的指示纳入其中。

区域规划方案以及城市、居民区和农村居民点的总体规划都是由各个州和边疆区的劳动者代表苏维埃执行委员会的建设建筑部门制定的。农村居民苏维埃、集体农庄和国营农场的管理处以及区劳动者代表苏维埃共同规划设计并制定建筑方案，再由州劳动者代表苏维埃执行委员会核实批准。

总的来说，这一时期区域规划的特点是，设计人口分布的理想模型并使其与现实条件相适应。格·瓦·约费认为："抽象的设计对有发展前途农村的人口分布方案具有普遍的吸引力。"[1] 但这种设计没有考虑到农村地区的总体发展特点，特别是农村生活方式的特点。而这种抽象性是这一时期人口分布领域内每一个标准文件所共有的特点。

20 世纪 60 年代初有一个有趣的特点就是非常热衷于多层建筑，并且在设计集体农庄和国营农场的庄园时采用 2~4 层的建筑。下面我们来认识几个这一时期的区域规划方案，这些方案大概就是当时社会上某些倾向和定型模式最鲜明的体现。例如：卡卢加州"俄罗斯"集体农庄农场

---

① *Иоффе Г. В.* Управление расселением: возможности и ограничения // Методы изучения расселения. М. , 1987. С. 183.

内人口分布的改造设计规定，原有的 13 个农村中仅有 2 个被保留下来，在逐渐"死亡"的村庄罗日杰斯特韦诺和库罗夫斯科耶的原址上将建设一个畜牧场，包括值班队的值班室和 2 个田间作业站①。萨拉托夫州克里科夫斯克国营农场的设计则更令人印象深刻，按照这一设计，将建造 6 个生产区块用以取代国营农场的分部。整个建筑工程的核心在于中心居住区的建设，在那里将建起设施完备的 2～3 层楼房，而国营农场内的所有居民也将被分别安置在那里。在生产区块内计划建设 5 个大队作业站，其中还包括值班大队的公共宿舍、仓库和修理厂。700 名主要工人每天用汽车运送至工作地点②。

从 20 世纪 50 年代末期开始，规划工作的覆盖范围逐渐扩大，但到了 20 世纪 60 年代初期，在苏联 3760 个农村行政区中只有 40 个（约 1%）区拥有区域规划方案，而按计划 1960 年在俄罗斯苏维埃联邦社会主义共和国境内应制定的区域规划方案数量就有约 60 个③。在设计农场内部建筑和居民点建筑时也出现了同样的情况，到 1960 年，在俄罗斯苏维埃联邦社会主义共和国境内 30000 个农业劳动组合中只有不超过 6% 拥有规划方案，而 11800 个国营农场居民点中只有 2780 个制定了建筑设计方案④。区域规划的制定遭遇了许多阻碍，从资金不足、缺少能够胜任岗位的干部到必须对这些规划进行不断的修正，而所有这些都与行政区域界线的灵活多变以及不断的改组息息相关。

1964 年随着工业区和农村区的建设，行政区域界线发生了变化。1966 年又重新将区进行细分，而这也必然在规划方案制定的准备阶段有所反映。由于缺少现场专家的经验，工作被交付给专门规划城市建筑的设计院。制订

---

① См.: Некоторые современные требования к проектированию сельских населенных мест. М., 1960. С. 5.

② См.: Некоторые современные требования к проектированию сельских населенных мест. М., 1960. С. 9.

③ См.: Основные принципы разработки схем районной планировки сельскохозяйственных районов. М., 1960. С. 2.

④ См.: Практика планирования и застройки сельских населенных мест РСФСР. С. 2.

区域规划计划的期限被改了又改，开始是截至 1967 年，之后又变为到 1971 年。而直到 1973 年，俄罗斯苏维埃联邦社会主义共和国境内所有的区以及大部分的共和国、州和边疆区才得到计划文件的保障。然而，很快就得出了必须对这一计划文件进行修改的结论。

1959～1975 年在全国范围内计划将居民网缩小几成，初期将居民点的数量定为 115000 万个以下。国家建设委员会的综合数据显示，1973 年俄罗斯苏维埃联邦社会主义共和国境内的 216800 个居民点中，只有 56600 个（26.1%）可能有进一步发展[1]。

有发展前途的村庄必须具有建设总体规划，禁止没有规划就开始建设。首先，集体农庄和国营农场的中心居住区被认为是有发展前途的，其他居民点（国营农场和集体农庄的分部、大队）未被列入建设计划并逐渐失去非常重要的功能，流失大量居民。有时，不足 1000 人的村庄被认为是没有发展前途的[2]，这里的学校、俱乐部和商店都逐渐关闭，这是农村走向灭亡之路的第一步，居民逐渐迁移到中心居住区，最后根据"经济"原因将生产迁往别处——通常是迁往中心居住区，这一决定导致农村失去其经济功能。通常在这种情况下，将剩余居民迁往其他农村的问题会被列入议程中。

20 世纪 50 年代末期，迁移小型农村的运动成为现实，而到 20 世纪 60 年代后半期这项运动广泛地开展起来[3]。农村改造政策的基本原则（"大经济——大农村"）反映出的特点有两个：一方面，由于居民网缩小，农村居民不断流出；另一方面，这也是工业化建设的要求。

在对有发展前途的居民网进行定义时，需要注意到生产特点，因为农场内部构造的设计正是取决于这一点。农场内部人口分布的最佳方案有以下三个。

第一，有一个大居民点从事经济活动。推荐定位于谷物经济和驱赶放牧

<hr/>

[1] См.: ГАРФ. Ф. 259. Оп. 45. Д. 7251. Л. 21.

[2] См.: *Кирсанов Д. Ф.* Сельское расселение: социально-экономический аспект. Киев, 1988. С. 23.

[3] См.: ЦДООСО. Ф. 4. Оп. 47. Д. 245. Л. 115.

式的畜牧经济。

第二，一个中心居住区和若干居住单位。

第三，中心居住区、生产单位中心以及农场居住区。

第二个方案和第三个方案适用于专营乳用畜牧业、蔬菜栽培业和园艺业的农场。评价一个居民点是否"具有发展前途"的标准也被制定出来（见表 3 – 1）。

根据已有的条件和所具备的必要因素，可将所有的居民点分为三组：一是有发展前途（条件优越）的居民点；二是处于转型时期（所有基本因素方面的条件良好，但在不多于两个的次要因素方面条件不佳）的居民点；三是无发展前途（所有总体条件不佳）的居民点。通过对分组工作进行总结，初步整理出有发展前途的居民点清单。全国范围内有 57 万 ~ 58 万个居民点属于无发展前途的居民点[①]。

表 3 – 1　居民点基本因素方面的评价标准

因素	条件		
	有利条件	中等条件	不利条件
经济因素			
人口数量	超过 500 名	200 ~ 500 名	少于 200 名
居民区完成的生产量	超过 30%	10% ~ 30%	少于 10%
区域规划因素			
耕地规模和外形	紧凑型地带	分散型地带	零碎型地带,遥远
到工作地点的平均距离	30 分钟	30 ~ 45 分钟	超过 45 分钟
交通因素	位于铁路车站、公路旁	位于主要农场内部道路之一	远离主干道
文化生活服务因素	拥有所有必要设施	具有不完整的一套设施	缺少必要的社会文化设施

资料来源：《选择有发展前途的集体农庄和国营农场居民点的研究方法》，莫斯科，1966，第 23 页。

---

① Проблемы расселения в СССР（социально-демографический анализ сети поселений и задачи управления）. M. , 1980. C. 220.

根据区域规划方案、集体农庄和国营农场发展计划及其专业化所制定的居民点发展总规划成为建设有发展前途农村的基础。总规划根据建设原则制定了居民点规划，其基础则是住宅分配的紧凑性，不允许将耕地用于建设，并且"正确"利用宅旁资源。

首先建议采用三个方案用于建设有发展前途的农村居民点。

第一，建设不带牲畜用房和生产用房的 2～5 层住宅。这个方案被看作用于最大型居民区的建筑前景，包括了完整的公共设施综合体。

第二，住宅建筑中采用 2 层带有牲畜用房和生产用房的单元式住宅。这一方案建议作为第一方案中有发展前途居民点的过渡用优先建筑。

第三，住宅被设计成附带宅旁园地和生产厂房的单层建筑物。这一方案只是给集体农庄居民点设计的。

菜园用地在第一方案和第二方案中被建议统一规划到住宅区的外面，这样能够保证建筑的紧凑性。

20 世纪 60～70 年代住宅建设方案中被认为最好的是适用于多个家庭的公寓住宅，在传统基础上允许"在院子里"建设公共设施（也就是说没有内部给水管线、排水系统、集中供热的公共设施）。总的来说，在俄罗斯苏维埃联邦社会主义共和国为实现国营农场住宅建设所做的规划中有 54% 建筑是 2 层建筑，14% 是 3～5 层楼房，32% 是单层组合式类型住宅。同时随着区域位置的变化，设计途径也发生了改变。例如，斯维尔德洛夫斯克州就建议把市郊国营农场的多层建筑比率提高至 80%，而将单层建筑比率减少到 10%。在离城市中心更加偏远的生产单位多层住宅建筑比率提高至 65%，2 层建筑比率降到了 30%，单层建筑比率则降到了 5%。在集体农庄则建议保持单层建筑类型（100%）[①]。

减少农村居民点个数的第一波浪潮发生在 20 世纪 60 年代初期，这与统计方法的变化有密切联系。根据 1962 年 5 月 28 日俄罗斯苏维埃联邦社会主义共和国最高苏维埃主席团颁布的《对俄罗斯苏维埃联邦社会主义共和国

---

① См. : Методика выбора перспективных поселков колхозов и совхозов. М. , 1966. С. 34.

居民点的登记、名称和统计进行整顿的法令》①，在统计数据中删除了个体农户和少量农户的居民点（它们被归入邻近的村庄），也删除了那些具有临时任命性质的居民点和居民构成不稳定（森林居民点、贵金属矿区、少先队夏令营等）的居民点。另外，那些在产业部门系统中作为公务用途的居民点（铁路值班房、营房、检查站、码头等）也不在登记范围内。所有这些原则上影响到了 20 世纪 60～80 年代资料与更早期资料的可比性，整体上很难对国家在人口分布领域政策的结果进行评价。

根据新要求对农村居民点进行了重新登记检查，结果实行法令后几个月的时间内在俄罗斯苏维埃联邦社会主义共和国范围内共登记了将近 500 个居民点，超过 2000 个居民点被认为是实际上不存在的，并从统计数据中予以删除②。根据估算，由于登记方法的变化，统计数据中将近 20% 的居民点被取消③。

大量居民点开始更名，在一些地区开始对地名地图进行更新，还曾试图整顿居民点代号，但这些没能最终确定到规范性文件中。居民点也曾被建议引入如下划分方式：居民点——国营农场居民点、工业居民点、建筑居民点和其他居民点；村庄——坐落着集体农庄的大型农业居民点；农村——居民从事农业劳动的不大的村庄。

原则上对我们来说重要的是，由于法令的实行，大部分小型居民点不再纳入统计中，实际上这促使了隐蔽型居民网的形成：从统计中进行删除并不总是意味着相应居民点的消失。作为歪曲现实的例子，阿·伊·阿列克谢耶夫引用了乌克兰西部的数据，20 世纪 80 年代那里有将近 20000 个实际存在的农庄没有被纳入任何统计文件中④。这种情况在其他地区也很突出，特别是在非黑土地区，小家庭仍然是农村地区典型特征。

如表 3-2 中所示，最明显的居民网缩小发生在 1959～1970 年和随后的

---

① Ведомости Верховного Совета РСФСР. 1962. № 22.

② См.：ГАРФ. Ф. 7523. Оп. 83. Д. 547. Л. 2.

③ Подсчитано на основе распределения населенных мест по типам по данным 1939 г.：РГАЭ. Ф. 1562. Оп. 336. Д. 133. Л. 21；Д. 132. Л. 2.

④ См.：Алексеев А. И. Проблемы управления сельской местностью … С. 71.

调查时间间隔中。1939~1959 年，俄罗斯苏维埃联邦社会主义共和国的农村居民点数量减少了 27.7%，在很大程度上这与战争过程中的破坏有关。在乌拉尔居民网缩小了 20.9%，按照统计分析，这一时间间隔是 20 年。1959~1970 年，俄罗斯苏维埃联邦社会主义共和国范围内居民网缩小了 26.3%，乌拉尔地区缩小 32.8%。在随后几年里下降速度有所减缓，整体上 1959~1979 年统计数据将近减少了一半（俄罗斯苏维埃联邦社会主义共和国减少 40%，乌拉尔减少 46%）。毫无疑问，计算方式的改变对这里的变化程度造成了很大的影响。

表 3－2　俄罗斯苏维埃联邦社会主义共和国和乌拉尔农村居民点数量
根据 1939~1989 年普查材料数据进行统计

单位：个

地区,州	农村居民点数量				
	1939 年	1959 年	1970 年	1979 年	1989 年
俄罗斯苏维埃联邦社会主义共和国	406958	294100 *	216845	177047	152922
乌拉尔经济区	46037	36424	24493	19675	16706
巴什基尔苏维埃社会主义自治共和国	9147	8710	5769	5098	4656
乌德穆尔特苏维埃社会主义自治共和国	5161	4849	3130	2546	2032
库尔干	—	2270	1609	1339	1253
奥伦堡	4783	4576	2595	2042	1768
彼尔姆	15160	9351	6500	4984	3953
斯维尔德洛夫斯克	5282	3549	2928	2051	1782
车里雅宾斯克	6504	3119	1962	1615	1262

﹡数据已化成整数。

资料来源：俄罗斯国家经济档案馆 Ф.1562. Оп. 336. Д. 133. Л. 2, 17；Д. 3996, Л. 50, 64 - 70；Д. 6121. Л. 68 - 114；Оп. 27. Д. 95. Л. 85 - 87。（源自领土范围内相应年份数据）；俄罗斯苏维埃联邦社会主义共和国农村居民点数据源自《1989 年全苏联人口普查》，莫斯科，1991，第 2、76 ~ 78 页。

从实际情况出发能划分出以下几种居民网缩小模式方案。

第一，人口离开或迁移导致的居民点消失。

第二，与附近更大的居民点进行合并。

第三，由于居民点地位评定的变化从统计数据中予以删除。

第二个方案和第三个方案并不意味着居民点的消失，这些居民点以另一种性质继续存在。例如，20 世纪 30～60 年代俄罗斯苏维埃联邦社会主义共和国共有超过 2000 个大型村庄改造成了城市类型居民区。[1] 60 年代初期第二个方案即临近居民点的合并在人口分布体系发展进程中占相当大的比重。只有 1960 年上半年巴什基尔苏维埃社会主义自治共和国的统计数据中删除了 311 个农村居民点，其中 220 个是因为合并，只有 71 个是由于人口离开。[2] 这种情况在国家其他地区也很突出，1968 年在沃罗涅日州统计数据中删除的 444 个居民点中有 355 个是由于合并[3]，合并的理由通常是为了获得用于基础建设和居民点发展所需拨款的可能性。

20 世纪 60 年代，大部分耗尽自己生产资源（贵金属资源、森林资源）的居民区不得不迁移。农业居民点在这一过程中所遭受影响最小，由于迁移原因从统计中删除的农业居民点比重不超过总减少量的 30%[4]。例如，在车里雅宾斯克州 1959～1970 年被除名的 1157 个居民点中，只有 410 个是因为迁移；在乌德穆尔特苏维埃社会主义自治共和国这一数量占 1719 个中的 284 个。由此可见，尽管全国展开了迁移小型村庄的措施，但在这一时期原则上并没有起到重要作用，只是加强了居民网的自然收缩过程，并没有对这一过程起到加快作用。

改造农村政策的第二阶段（1968～1970）的特点是扩大措施体系，目标直接指向废除那些没有发展前途的居民点。

1968 年 7 月在明斯克举行的经验交流会上对上一阶段农村改革进行了总结，证明将计划性合并和居民点设备完善作为农村地区改革体系的首要任

---

① См. : Переустройство сельских населенных мест : материалы совещаниясеминара. Минск, 1968. М. , 1969. С. 244.

② См : РГАЭ. Ф. 1562. Оп. 18. Д. 982.

③ РГАЭ. Ф. 1562. Оп. 45. Д. 9693. Л. 131.

④ См. : ГАРФ. Ф. 259. Оп. 45. Д. 7251. Л. 71.

务是无误的。

由于规划工作的截止期限推迟到了 1971 年，到 1968 年年初只有 80% 行政区域有规划方案[1]。根据农村建设中所获得的经验总结和围绕农村建筑楼层问题与发展村民私人副业的必要性等问题所进行的讨论，提出了新的（妥协性的）建设方案。多户和多层住宅建设规划方案被指出考虑不周，因为这些方案没有预先考虑到进行自我生产的可能性。经过短期"新居民区"时期后开始自发地在周围扩建自制棚和建筑，这虽然不太美观，但对主人来说是很方便的，最终居民区呈现出农村地区所固有的不舒适、不美观、不和谐等特征。

到 20 世纪 70 年代初期，许多事情变得清晰起来，庄园住宅最符合农村生活方式条件，但它所需的费用高，对仍然只在统一方案中被想象的公共设施来说也是没有发展前途的。因此开始认为供 2~4 个家庭共同使用并附带宅旁园地的封闭式住宅是最佳建筑方案，它结合了多户住宅和庄园的优点。

20 世纪 60 年代末期共有 557 个住房标准设计和 554 个公共建筑设计用于农村建设中，因为当时已具备了广泛采用标准建筑的前提条件。这导致了什么后果呢？其结果随处都能看见，但这一景象并不是赏心悦目的。就像在考察资料《乌拉尔农村编年史》中描述不久前刚成立的国营农场分场现代化农村居民区"新列江卡"（斯维尔德洛夫斯克州）："5栋双层房屋和 2 栋两户小住宅形成了一条街，房子是用砖砌成的，脏兮兮的，从来都没进行过修理，彼此外观相似就像一个个营房。房子用火炉供暖，有些地方种了些树，院子里有公共厕所和日常生活建筑，大量小板房贴在一起。整个居民区总共有 2 个区警察局，院子外有公共浴池。"[2] 农村居住区新列江卡见图 3-4。

将小村庄看成没有发展前途的地方是这一时期迁移地区政策的基本特

---

① См.: Переустройство сельских населенных мест... С. 27.

② Летопись уральских деревень. Ревдинский район. Ревда, 1997. С. 164 - 165.

图3-4 村庄列江卡（新列江卡）斯维尔德洛夫斯克州列夫达地区。照片 2003 年

图片来源：Летопись уральских деревень. Ревдинский район. Ревда, 1997. С. 164 – 165.

点。由于客观环境（越来越多的年轻人进行迁移、人口衰老、人口再生产类型的收缩）和主观环境（停止拨款和社会环境的发展）的原因，数以千计的村庄注定消亡。根据当时专家统计数据，需要进行合并或迁移等紧急措施的居民点数量在农村居民点总数中占将近 80%[①]。1968 年在俄罗斯苏维埃联邦社会主义共和国的 245100 个居民点中共迁移了 63600 个到有发展前途的居民点，所占比例为 26%[②]。在斯摩棱斯克州已有的 8178 个居民点中仅计划建设 2000 个，在普斯科夫州只计划建设 11000 个中的 127 个[③]。

居民点类型中需要优先建设的是集体农庄和国营农场的中心居住区，生产分队的建设规定在最小范围内进行，因此它们实际上也归类到了没有前途

[①] См.：Методика выбора перспективных поселков колхозов и совхозов. С. 6.

[②] См.：Переустройство сельских населенных мест... С. 75.

[③] Переустройство сельских населенных мест... С. 75.

的类型中。社会环境的投资和建设费用规模直接取决于居民点人口数量。

农村改造进程的预计时限被缩短，受此影响，有关方面通过了一系列决议。苏联共产党中央委员会和苏联部长会议于 1968 年 9 月 12 日做出了第728 号《关于调整农村建设的决定》，并指出，为了将国营农场和集体农庄的中心居住区改造为居住条件好、日常生活条件好、公共设施完备的居民点，要在五年时间内制定出国营农场和集体农庄中心居住区的区域规划大纲和建设总体规划。预计到 1969 年之前，将核准农村居民点建设规定，该项规定是农业企业、机构以及个体建设者必须执行的。负责正确规划和建设居民点的建筑师、工程师和检验员的职务被重新纳入区苏维埃执行委员会的编制。1969～1975 年，在俄罗斯各边疆区、州和共和国境内又重新开展了 130处集体农庄和国营农场现代化居民点的实验示范建设，而这应该成为对其他地区居民点进行改造的典范①。

在 20 世纪 70 年代中期发布了一份文件，这份文件反映出概念上实现农村现代化的方法，明确了到 2000 年人口分布领域内政策的方向。以上所说的文件就是苏联人口分布总体规划，它预计形成有利于完成生产任务和提高居民生活条件的最佳居民网。由于这份总体规划属于机密文件，我们无法对其进行细致研究，但其中有关前景规划的基本原则是公开的，并且一直被学界热烈讨论着②。人口迁移体系发展的概念为总体规划奠定了基础，而这一概念是由苏联国家建设委员会中央城市建设科学研究设计所提出的，它从整体上反映出对人口分布前景进行评价的密集方法。规划还特别预测农村人口分布将会以令人不可思议的速度集中起来。

20 世纪 70 年代中期非黑土地区的发展引起了很大的关注，在国家地区间农业关系中这一地区是问题最多的地方。这里的农村人口迁移到城市的流量很高，还出现了居民网的高度集中。为振兴非黑土地区，通过了在苏联共产党中央委员会和苏联部长会议决议中所提到的《俄罗斯苏维埃联邦社会

① ГАРФ. Ф. 259. Оп. 45. Д. 7250. Л. 3 – 4.

② См. , в частности: Генеральная схема расселения на территории СССР : доклад к выставке 《Градостроительство в СССР》. М. , 1977.

主义共和国非黑土地区农业发展相关措施》（1974）①。政府文件中再次包括了指向农村人口布局改革和扩大的口号，并第一次在决议中提到了有关迁移的具体数字，1976～1980 年计划迁移将近 17 万户家庭到俄罗斯苏维埃联邦社会主义共和国非黑土地区集体农庄和国营农场中央居住区公共设施完备的居民点中，他们可享受高额贷款和优待条件。作为振兴农业和稳定农村干部的基本路线之一，计划对村庄和农村实行进一步住宅建设和公共设施建设。

实行农村改革政策的结果是相当矛盾的。按照方案在个别地区多达 80% 的农村居民点需要进行迁移。例如，在乌拉尔，特别是非黑土省份，"前景不好"的居民点，即人口不到 200 人的居民点占很大比重。乌拉尔区 1979 年计划取消 60.6% 的农村，而这个数据在 1970 年的彼尔姆州高达 81%，斯维尔德洛夫斯克州则是 59.9%，车里雅宾斯克州达到 49.2%（见表 3－3）。

计划规模一开始就是难以达到的，为了保障迁移目的地居民点规模宏大的建设需求，需要投入大量资金。解决农村居民迁移问题并不容易，对于迁移目的地来说这个问题成为现实。首先离开的是能够积极劳动且有子女的年轻家庭，对他们来说更换居住地不像老一代那么痛苦。另外，新地方有吸引力的生活条件和劳动条件对他们做出决定起到了重要的刺激作用。最后离开农村的是老人，为劝他们迁移付出了相当大的努力。

20 世纪 70 年代农村迁移成为很多艺术电影的题材（《告别》，1982，导演伊·克里莫夫；《暗红色夜晚》，1984，导演维·科布泽夫；《专一的人们》，1982，导演格·库兹涅佐夫；《原谅我，永别了》，1979，导演格·库兹涅佐夫；等等），别无选择只能选择迁移的老人形象在情感上给观众们留下了最强烈的印象。告别故土农村被认为是不正确和无意义的牺牲，但是这一点并没能很快被理解。20 世纪 60～70 年代，政府中多数人抱有必须离开旧农村世界的观点，而有关人和人的感受以及所关心的事情并没有被考虑，确切地说是从经济合理性的角度去理解的。

---

① См.：КПСС в резолюциях и решениях съездов, конференций и пленумов ЦК. Т. 12：1971－1975. М., 1986. С. 394－409.

根据 1970 年人口调查数据，苏联共有 46.9 万个居民点，而到了 1979 年只剩下 38.3 万个[①]，也就是说农村居民点数量减少了 18.3%。其中包括：

——居民人数超过 5000 名的居民点增加了 15%；

——居民人数在 3001~5000 名的居民点增加了 7%；

——居民人数在 1000~3000 名的居民点增加了 3%；

——居民人数少于 100 名的居民点数量减少了 22%[②]。

乌拉尔地区的统计数据分析表明，1989 年农村居民点平均人口数量比 1939 年增加了 47.6%，在彼尔姆州则增加了 1 倍多（见表 3-3），居民人数超过 500 名的居民点比重也出现了增长。

表 3-3　1939~1989 年乌拉尔农村居民点数量和分布指数统计

地区，州，共和国	年份	农村居民点数量（个）	单个居民点平均人口数量（人）	农村居民点人口数量分布情况（%）*		
				200 以内	201~500	超过 500
乌拉尔地区	1939	46037	208			
	1956	36424	213	不详	不详	不详
	1970	24493	253			
	1979	19675	287	60.6	23.6	15.8
	1989	16706	307	60.1	23.3	16.6
库尔干	1939	—	—	—	—	—
	1956	2270	311	不详	不详	不详
	1970	1609	386	38.4	39.3	22.3
	1979	1339	401	39.0	37.3	23.6
	1989	1253	400	20.9	31.4	24.0
奥伦堡	1939	4783	270	66.5	19.4	14.1
	1956	4576	231	不详	不详	不详
	1970	2595	371	47.6	29.9	22.5
	1979	2042	406	43.8	31.7	24.5
	1989	1768	432	44.3	29.4	26.3

① См.: Ковалев С. А., Мигачева Л. В., Степанова Л. В. Региональные различия современного сельского расселения в СССР // Динамика расселения в СССР. Вопросы географии. [Сб.] 129. М., 1986. С. 157.

② См.: Региональные проблемы развития городских и сельских поселений СССР. М., 1988. С. 137.

续表

地区, 州,共和国	年份	农村居民点 数量(个)	单个居民点平均 人口数量(人)	农村居民点人口数量分布情况(%)*		
				200 以内	201～500	超过 500
彼尔姆	1939	15160	83	91.1	6.8	2.1
	1956	9351	140	不详	不详	不详
	1970	6500	153	81.0	12.6	6.4
	1979	4984	158	81.1	11.9	7.0
	1989	3953	177	78.7	12.5	8.8
斯维尔德洛夫斯克	1939	5282	200	74.9	15.4	9.7
	1956*	3549	276	64.5	16.5	10.4
	1970	2928	285	59.9	23.7	16.4
	1979	2051	326	54.4	21.7	19.9
	1989	1782	342	58.3	20.9	20.8
车里雅宾斯克	1939	6504	101	62.5	19.4	18.1
	1956	3119	233	不详	不详	不详
	1970	1962	370	49.2	29.7	21.1
	1979	1615	399	46.2	31.6	22.2
	1989	1262	501	37.6	35.9	26.5
巴什基尔苏维埃社会 主义自治共和国	1939	9147	286	59.4	24.3	16.3
	1956	8710	242	不详	不详	不详
	1970	5769	343	48.8	30.8	20.4
	1979	5098	326	52.1	29.5	18.4
	1989	4656	306	55.9	28.5	15.6
乌德穆尔特苏维埃社 会主义自治共和国	1939	5161	175	70.4	23.3	6.3
	1956	4849	161	不详	不详	不详
	1970	3130	191	72.3	21.0	6.7
	1979	2546	203	73.9	17.8	8.3
	1989	2032	239	72.2	16.4	11.4

* 根据人数对居民点进行的分类是基于 1956 年《斯维尔德洛夫斯克州居民点》（斯维尔德洛夫斯克州国家档案馆 Ф. 1813. Оп. 11. Д. 88.）的数据进行的。因没有准确的人口数量数据，上述年份中 8.6% 的居民点在表格中没有得到反映。

资料来源：《乌拉尔人口，20 世纪叶卡捷琳堡》，1996，第 137～138 页；俄罗斯苏维埃联邦社会主义共和国农村居民点数据来自《1989 年全苏联人口普查》，项目汇编，莫斯科，1991，第 22～23、90～91 页；俄罗斯国家经济档案馆 Ф. 1562. Оп. 336. Д. 133. Л. 17；Д. 3996. Л. 50,64－70；Д. 6121. Л. 68－114；Оп. 27. Д. 195. Л. 85－87；斯维尔德洛夫斯克州国家档案馆 Ф. 1813. Оп. 11. Д. 88. 此数据源自领土范围内相应年份数据。

乍看起来农村地区改革政策的目标达到了，居民网缩小了，网内居民点具有更高的数量特征，特别是中型和大型居民点比重得到提高。但要是注意到这一时期统计计算具有直接忽略大部分现存小型居民点的特点，那么事情就没这么简单了。居民网的实际减少量和平均人口密度要比统计数据中显示的少很多，失真程度非常高，粗略估计将近 30%。

由于缺乏投资，20 世纪 70 年代下半期有关迁移无发展前途村庄的计划实际上只完成了 25% ~ 40%[1]。在雅罗斯拉夫尔州计划迁移的 6000 个居民点中 1965 ~ 1975 年只进行了 533 个[2]。档案文件证明，1979 年共有 42% 的计划迁移居民点迁移到了非黑土地区[3]。整体上来说不管宣布的居民网改造规模有多大，迁移村庄地区和公共设施领域的现实效果并没有那么明显。

把干部们稳定到农村的问题也没能得到解决，移居到城市的人群数量也持续增加。专家评价，根据计划方式从无发展前途的村庄迁移出的人数只占农村迁移总数的 2% ~ 3%[4]，负面的社会心理目标所导致的损失要比农村迁移带来的损失（其中很多是随着人口的消失"死亡"的）多得多。毫无疑问，把居民点列入无发展前途类型的事实本身就加强了迁移趋势的蔓延，这种方法让人们失去了信心并引发了不稳定的情绪，这种情绪促使很多人做出迁移到城市的决定，离早前迁移的子女们更近一些。农村的无人化在 20 世纪 70 ~ 80 年代也仍在持续，甚至在对有关农村迁移的政策方向进行修改之后也是如此，这说明农村无人化本身反映着这一过程的客观性。

到了 20 世纪 70 年代末期，对用经济方法决定农村居民点命运的质疑之

---

① См.: *Иоффе Г. В.* Управление расселением: возможности и ограничения // Методы изучения расселения. М., 1987. С. 185.

② См.: *Гохберг М. Я.*, *Соловьева Н. А.* Проблемы развития и размещения производительных сил Центрального района. М., 1975. С. 56.

③ ГАРФ. Ф. 259. Оп. 46. Д. 3957. Л. 31.

④ См.: Проблемы расселения в СССР (социально-демографический анализ сети поселений и задачи управления). М., 1980. С. 209.

声愈发响亮，要解决农村的问题必须另寻其他道路①。1980 年苏联俄罗斯民用建筑委员会决定取消将村庄分为有发展前途的村庄和无发展前途的村庄。几年后，人们开始认识到，"与历史形成相吻合的农村人口分布体系与农艺景观的地区结构是相一致的，它不需要单一化的改革"②。

到了第三阶段（20 世纪 80 年代），考虑到以往农村居民点改革领域的经验，形成了新的目标：一是在维持和发展已有农村居民点的基础上完善农村人口分布体系；二是农村居民点的综合发展；三是完善布局结构；四是提高外部公共设施的工程设备水平；五是优先保护已有居民网中缺少具有劳动能力人口的地区。

20 世纪 80 年代初通过的标准法令中有关合理建设农村居民点的观念出现了变化。根据新要求，农村居民点的规划中应当建立便利的条件以便于管理拥有划分出的足够规模庄园旁土地的私人经济。例如，根据 1981 年 7 月 20 日举行的俄罗斯苏维埃联邦社会主义共和国部长会议决议中批准的 11 - 60 - 75 号建筑规范《城市、居民区和农村居民点的规划和建设》③ 和俄罗斯苏维埃联邦社会主义共和国农业居民点建设规程，建设单层和双层的庄园式公寓住宅成为优先方案。

1982 年通过的粮食纲要中也包含了进一步改善农村地区的一系列相关措施，其中包括发展附带院内建筑物的庄园住宅、学校、俱乐部等建筑和改善医疗、商业和日常生活服务等内容。但所有这些解决方法都没能阻止日益严重的农村无人化现象。1979 年和 1989 年的统计材料中就不断记录着无人口居民点。农村居民点数量也进一步减少，例如，俄罗斯苏维埃联邦社会主义共和国农村居民点数量在 10 年内（1979～1989）共减少了 13.6%，而在

---

① См.: Проблемы расселения в СССР（социально-демографический анализ сети поселений и задачи управления）. М., 1980. С. 220.

② *Иванов К. П.* Эколого-географическое исследование сельской местности Нечерноземной зоны РСФСР // География и хозяйство. Роль географической науки в обеспечении ускорения социально-экономического развития страны. Л., 1987. С. 82.

③ Сборник нормативных документов по планировке и застройке сельских населенных пунктов РСФСР. М., 1982. С. 4 - 16.

乌拉尔则减少了 15.1%（见表 3 - 2）。

拒绝执行取消小型村庄的政策并没有带来能够解决农村人口分布发展问题的研究方案。不仅如此，在 20 世纪 80 年代下半期和随后几年苏联社会所遭受的经济危机和政治危机的条件下，农业部门情况持续恶化，从而导致了农村地区的整体衰落。针对这一问题缺乏完整政策的现状取代了 20 世纪 70 年代实施的积极改革工作，农村被迫经历无任何实质性政府帮助和参与的日子。在对这一情况进行分析时不得不承认，政府的无作为对农村命运产生的悲剧性影响不亚于政府对迁移过程过于积极的干预。

因此，国家政策对农村地区的影响具有复杂性和多层性特点，既涉及数量参数，也涉及质量参数。20 世纪 60 ~ 70 年代现代化的主要成果为——它是人口分布的密度变化，是从居民点均匀布局到中心布局的过渡，也是农村新城市化面貌的形成过程。改革首先涉及的是属于有发展前途类型且进行了基本建设的居民点，而那些属于第二类型且计划要成为有发展前途的居民点而进行迁移的小村庄在很大程度上都保留了自己传统的面貌。

改革农村人口分布的措施导致了农村居民网的加速收缩，也引发了越来越多的人口迁移到城市，加剧了劳动资源缺乏问题，恶化了生产活动的经济情况。很难全面评价那些被迫离开故乡并努力在这世界上重新发挥自己才能的移民者们所起到的道德作用和精神作用。迁移带来的后果之一是对习惯性世界图景的破坏所导致的缺陷感，作为结果形成了农村生活方式社会道德问题的完整综合体。

第三节　关于苏联农村问题的艺术电影

在研究国家政策、苏联农村的日常生活、农民的日常劳动日和休息日等方面时不能忽略的资料就是电影，因为电影通过艺术形象来表现农村正在发生的那些变化。电影显得越发重要，因为它所包含的不仅是单纯的形象，而且还有农村生活和农村问题的相关视觉信息，这些信息在文献资料中一般是找不到的。与此同时，在胶片上刻画出的形象化的农村直观世界——建筑物、住房、陈设、穿着和其他有时间特征的东西，在当今具有特殊价值。苏联时期席卷农村并让农村彻底改变的那些变化是非常有意义的，它们否定了旧的物质世界。不仅如此，现代社会的特殊性在于事物的生命周期在逐渐缩短，很少有人会想到它们的完整性，家电、汽车和仪器样式的交替速度最能清楚地说明这一点，更不用说什么时髦——现今的时尚趋势每个季度都可能变化。过时速度随着社会现代化逐渐加快，以至于历史学家们发现一个新现象，18～19 世纪的日常物品收藏在博物馆、民族学家和古物收藏家们手中，而 20 世纪中期到后期的陈设品、技术设备和服装等则被认为没有珍藏价值。就此而言，用胶片记录陈设品和日常用品的电影能够更加真实地重现农民的日常生活方式和心理活动。

艺术电影是一种不可替代的资料，有助于我们研究国家在农村地区的政策，因为电影主要反映了国家意志，并对其做出反应。通过电影，我们能看到当局对农村、农民以及二者之间相互关系的态度，指出那些被认为最有意义的问题。

政府清楚地认识到了电影所具有的宣传潜力和影响力，并在最大程度上利用电影（回忆一下弗·伊·列宁著名的一句话"在所有艺术当中对我们最为重要的是电影"），将当前国家政治课题按大小排列，通过塑造出的形象特征来开启实现课题的观念机制。另外，电影创作人通过艺术电影的体裁特点（作为反映现实的方式）来展现对政府决定的社会不同反应，没有体裁就不可能有故事情节和描述。在这方面电影不仅转播了政府所需的形象和思想，而且还起到了反向交流渠道的作用，间接表现出了舆论倾向。总的来说，所有这些电影资料能够对包含在正式文件和统计资料中的信息起到本质上的补充和修正作用。

在分析苏联时期有关农村的电影时需要注意电影在不同历史时期所行使的角色功能。

第一，20 世纪 20～40 年代，电影主要用来塑造新社会主义神话，发挥鼓动和宣传作用。这一时期电影作品的体裁经常由电影创作者自行决定为宣传片，为了在社会意识中塑造并巩固神话形象则需要采取一些特殊的提供资料方式来展示"坏的"和"好的"主人公以及他们之间的对抗（二元对立），并广泛使用童话、圣经（向意识原型呼吁）中的情节等。这一时期的电影与其说是在反映现实，不如说是在塑造解决社会主义建设问题过程中所需的形象和概念。

第二，20世纪50年代电影功能不断扩大，同时也变得更加复杂，老师和教育者的作用被推到了首要地位。这一时期的电影稍微脱离了斯大林时期的刻板，变得更深刻、更能揭示人心，追求所塑造形象的真实性。但是电影的情节结构和对白，即整个话语具有教育意义，指向提出已准备好的解决社会问题方案，最主要是那些符合国家意志的方案。

第三，20世纪60～80年代的电影掌握了认识功能：电影不仅能给出问题的答案，同时还能提高自己的民用地位。这一时期的电影不仅具有能反映现代生活中所出现的问题和趋势的最高可信性，还能利用艺术的直觉潜力来预感和预测政府和社会都没能弄清的现象。电影的这一新功能在改革时期表现得尤为明显。

介绍农村题材电影时应提到的是，直到20世纪50年代农村题材在社会上并没有被看作有意义和主要的，其他问题（工业化、社会主义建设、战争）显得更为重要。1920～1991年苏联电影业发展进程见表3-4。

表3-4　1920～1991年苏联电影业发展进程

单位：部，%

时期	电影总数	其中农村题材电影数量	其中具有现实意义的农村题材电影数量	具有现实意义的农村题材电影在电影总数中所占比重	具有现实意义的农村题材电影平均每年发行量
1920～1928	228	26	12	5.3	1.3
1929～1940	412	78	64	15.5	5.3
1941～1945	159	11	9	5.7	1.8
1946～1952	110	14	10	9.1	1.4
1953～1964	809	113	87	10.8	7.3
1965～1985	3214	360	220	6.8	10.5
1986～1991	1494	128	64	4.3	10.7
合计	6426	730	466	7.3	6.5

资料来源：《基里尔和梅福季电影百科全书》（电子资料）第2版，莫斯科，2003，1DVD-ROM制定。

20 世纪 50 年代农村题材才获得了社会反响和社会意义，这对于电影所面临的问题和体裁的多样性来说都是明显的。随后这一趋势得到了加强，20 世纪 60 ~ 70 年代，形成了被称为"农村题材电影"的独立流派用来叙述农村问题，这不仅是为城市居民而设的，还是为农村居民而设的。到了 20 世纪 90 年代这一流派就消失了，出现了新一代制片人和导演，他们完全丧失了与农村的联系，也不知道农村的问题和遭遇，俄罗斯农村就这样被抛弃到政治和经济的边缘，到现在过得也并不怎么好。城市和政府都对农村问题不感兴趣，俄罗斯农村的悲剧随着新资本主义的确立可能会反映到俄罗斯电影中，但多半只是作为反省过去走过的道路并回顾过去制度的尝试而已。农村题材电影现象和苏维埃农村一样，可能只是被看成过去的历史要素而已。

在分析 1920 ~ 1991 年具有现实意义的艺术电影的基础上，我们可以更详细地研究俄罗斯农村的基本问题及其在电影中的展示。

通过表格 3 - 4 中的数据能明显看出，尽管 20 世纪 50 年代之前苏联是农业国家，但农村题材在所有研究时期里都处在电影界的利益关系之外。电影作为城市文化的产物，首先记录的是城市生活，由城里人来拍摄，供城市居民观看。苏联时期有关农村题材的电影在电影总数中所占的比重在 4% ~ 16%，只有在 20 世纪 30 年代和赫鲁晓夫十年执政时期才具有最大意义，因为当时农业改革问题是政府和社会关注的焦点。

早在新经济政策时期就已经开始对居民意识形态进行加工，并将农村加强阶级斗争的意识注入观念中。这一时期农村题材电影的数量在整个苏联时期来说是最少的，电影中主要讲述反富农斗争及其破坏活动，并灌输非常残忍和狡猾的内部敌人形象，宣传只有在工人阶级、红军、党和共青团的领导下才能战胜敌人。当时农村题材电影的主要体裁是戏剧，这一体裁应强调银幕上所发生事情的深刻性和严肃性。这一体裁在电影中所占比例为 67% （2 部作品体裁为宣传片，还有 2 部作品则是喜剧体裁）。

这一时期的 12 部电影作品中有 7 部影片的基本情节是反富农斗争，3 部影片宣传工人阶级和农民阶级联盟的必要性，1 部专门讲述合作社问题，且 3 部中出现了农村迁移问题和"城乡间"相互作用问题。另外在最后一种情况中还突出表现有关农民阶级政治不成熟和觉悟性不高等问题，这些问题能使他们卷入刑事犯罪中，例如，爱·约翰逊和弗·埃尔姆列尔的电影《卡奇卡—纸皇后苹果》（1926）中就出现了这一内容。

20 世纪 20 年代农村电影的体裁和题材特点能够证明，拍摄这些电影的目的在于在城市居民（因为在农村地区上述时期实际上没有发行影片）意识中形成农村分化观念和富农不断进行破坏活动的观念，以便为日后进行的限制政策和消灭富农阶级政策进行辩护。这些年的电影中反映的第二种思想是农民在政治和阶级方面的不成熟，以至于他们不能看清自己的敌人，没有劳动阶级和党（共青团）的帮助是无法战胜敌人的。

20 世纪 30 年代电影的宣传功能得到了进一步发展。由于在农村地区形成了固定的电影发行网作为流动电影放映设备的补充，所以出现了扩大观众规模的可能性。农村成为电影需求，特别是游艺表演需求最多的地方之一，这对电影题材和信息展示方式造成了影响。对农村居民意识进行神话化需要采用一些特殊的艺术形象，即对他们来说更为习惯的，与传统民间演出、交易会、通俗读物等有联系的艺术形象。

虽然有一部分电影被禁没能够上映，但 20 世纪 30 年代农村题材电影的创作与过去相比增加了 4 倍多，这首先能够证明政府和社会对集体农庄题材的关注度提高了，其次还证明了电影中所涉及问题的社会尖锐性和政治检查的强化。在整个 1929～1940 年苏联电影界创作出了 64 部农村题材的电影（占总电影创作量的 15.5%），其中约有一半（45.3%）拍摄于大规模集体化时期（1929～1931），电影中讲述了集体农庄制度的形成以及激烈又时常悲惨的农民反富农斗争，这一斗争是由具备政治素养的工人阶级、红军、共青团员、少先队员以及农村知识分子来领导的。

除了集体化内容外，在一些作品中还提到了现行的政策问题：消除文盲（《准备好》，导演加·马卡洛娃）和建设国营农场。电影《炸毁的日子》（导演阿·索洛维约夫，1930）中就试图将未来农村的形象塑造成农业城市，这时具备戏剧要素的宣传片体裁占多数。

从 1932 年开始，电影中与反富农斗争题材同时出现的还有与形成对劳动和集体农庄所有制的新社会主义态度相关的主题。从 20 世纪 30 年代中期开始社会主义劳动竞赛和集体农庄的巩固成为首要问题，电影的基本情调也发生了变化。与宣传片和戏剧体裁同时出现的还有喜剧，其中包括音乐喜剧，这些构成了当时苏联电影的黄金时代（《手风琴》，导演伊·萨夫琴科；《富有的新娘》《拖拉机手》，导演伊·佩里耶夫；《远处的集镇》，导演叶·切尔维亚科夫）。1941 年发行的伊·佩里耶夫导演的著名电影《养猪女与牧羊郎》也属于此类，这部电影最明显地反映了战前时期农村电影的特点——看待农村就像看待守旧落后的，相对民族化的，在生活条件、服装、居民行为等方面都不同于城市的现象，而且这些区别被过分夸大。但农村观念本身则再现了通俗读物、狂欢节、交易会的美学，使其接近民间传统景象。所有这些对电影的历史真实性产生了影响，所以不值得从中寻找真实的集体农庄生活的场面。

号召反映集体农庄实际情况中新现象的信息层面最具真实性，例如电影《拖拉机手》中就描绘了拖拉机队在田间宿营站的生活。从整体上来说，20 世纪 30 年代的电影与新经济政策时期的电影一样，首先是神话创造者，肩负为集体化政策进行论证和辩护以及促使人们形成对集体农庄制度积极态度的使命。

这样一来，20 世纪 30 年代国产电影中就把俄罗斯农村形象塑造成一种过去黑暗的世界、没有觉悟的世界，而这个世界必须要被炸毁和推翻。集体化和集体农庄则是一种与传统农村相对立的新形象，将它英雄化并为它进行辩护是电影最主要的课题。

卫国战争时期包括农村电影在内的电影拍摄数量急剧减少，整整 5 年内只出现 9 部这一题材电影，其中 7 部出现在 1941～1942 年，属于战争前就已开始的计划范围内，所以这些电影反映的主题是和平的战前时期问题——农村妇女解放运动（《青春岁月》，导演格·格里切尔·切里科韦尔、伊·萨夫琴科），乌克兰西部和白俄罗斯西部集体农庄建设中再次出现的与反富农和反民族主义破坏分子斗争相关的主题（《亚努什家族》，导演谢·纳夫罗茨基，1941），爱国主义教育和战争准备内容（《母亲》，导演列·卢科夫）等。到 1944 年战争结束时导演鲍·巴博奇金和安·博苏拉耶夫才拍摄了有关集体农庄庄员劳动功绩的叙述性戏剧《家乡的田野》。

战后时期宣传片创作中的一贯传统不仅被保留了下来，还得到了加强，这符合当时的社会政治情况以及反对创作知识分子在内的戏剧检查和镇压的新浪潮。1946～1952 年，全国总共拍摄了 10 部农村题材电影，比重仅占 9.1%。在电影创作总体规模缩小以及缺乏电影题材的背景下，历史英雄主义电影和传记电影开始占优势，这表明政府开始关注农村环境和农村重建问题。

这一时期电影的基本课题是在居民意识中塑造正面形象，唤起很快就能克服困难并解决战争时期遗留问题的希望。这一目标是通过各种电影和心理方法来达到的：广泛运用喜剧体裁（10 部电影中有 6 部是喜剧），在摄影棚内制作美好的农村生活模型后进行拍摄的优势，广泛使用音乐效果，等等。例如，1952 年拍摄的唯一一部有关农村题材的电影（《大音乐会》，导演薇·斯特罗耶娃）是完全在音乐室进行拍摄的，而且电影内容完全不需要深思。集体农庄庄员来到莫斯科大剧院看戏剧，之后他们邀请演员们到集体农庄去庆祝集体农庄创建二十周年，年轻的集体农庄庄员的歌声使演员们赞叹不已，后来他们很快被音乐学院录取。

在那个年代电影中最著名的是伊·佩里耶夫导演的喜剧《库班河的哥萨克人》，这部电影非常愉快、明亮且富有音乐感，像一个集市，而就在这里发生了电影的主要故事。在电影里面寻找不到真实农村风景的镜头，因为导演在电影中并没有这么做，这也不符合电影的一般问题——说服观众一切都会好起来的，从这里就能看出那一时期电影的基本课题。

战后时期的电影中虽然存在一定的社会心理意旨，但仍然能够找到战后经济恢复过程中党在解决问题时所遇到的一些历史情节的反映——整顿集体农庄土地使用制的措施、农业电气化措施、城市居民帮助收获庄稼和农村建设的措施等。但是电影对白和人物形象都特别标语化且不真实，电影中用来划分正面和反面主人公的材料极其简单，反面主人公经常是一些目光短浅、无远见的集体农庄主席，人们必须要推翻他们的管理地位。

有趣的是，作为当时最大型的运动，即 1950 年开始并在各方面让农村地区发生变化的扩大集体农庄运动并没有反映在当年的电影中，只是在 20 世纪 60 年代的几部影片中提及了这一事件，但描述得非常模糊。因此形成了这样一种印象，即当代人和后来人都没有认识到这场运动在俄罗斯农村命运中所起到的现实作用。例如，在电影《简单的历史》（导演尤·叶戈罗夫，1960）中就有关于两个集体农庄合并的情节——一个是由电影女主人公萨沙·波塔波娃领导的繁荣的集体农庄，另一个则是所有男人都跑掉后只剩下村妇的落后集体农庄。在这种情况下讨论合并的问题主要是在富裕集体农庄庄员"想或不想"让落后的集体农庄进入的层面上讨论的，电影中并没有展现出这一行为将对安顿另一个集体农庄后的基斯洛夫卡村的未来命运产生什么样的现实影响。

20 世纪下半叶农村题材电影开始繁荣发展，很多著名苏联导演开始拍摄这一题材：米·卡拉托佐夫、斯·罗斯托茨基、瓦·舒克申、谢·帕拉杰诺夫、列·库利贾诺夫、约·海菲茨、格·申格拉亚、拉·舍皮特科、伊·克里莫夫、基·穆拉托娃等，他们拍摄出了有关苏联农村生活和农村问题的深入且高度艺术的画面。这一阶段的特点是农村题材电影带着自身的问题、美学、意识形态和自己的观众群体分离了出来，成为一个独立的艺术流派。其典型特点是具有自己鲜明的特色：渴望对农村生活进行实际改造，同时把农村美化成充满真挚感情、智慧和真正道德的特殊世界。在这种意图上城市被描述成不自然、忙碌、失去道德方向的世界，农村则成为其对映体。这一思想鲜明地体现在很多"还乡人"题材的电影中，"浪子回归"的寓言故事是这些电影的基本情节。

一个产生于 20 世纪 20～30 年代的神话被取代了，另一个神话被确立起来，从很大程度上来说，它其实是苏维埃城市化的产物。把农村想象为一个与城市不同的理想世界，一个因为自然所以真实的世界，从总体上来说，这种想象本身就是远离现实的，但已经是带有不同标志的了。即便如此，20 世纪 50～80 年代拍摄的农村题材电影从其历史真实性角度来说仍然可以看作农村现代化历史的珍贵史料。在电影中能够找到农村历史中所有最重要的事件，突出了农村生活最主要的问题，提出了基于当时政府和创造知识分子观念的解决方法。有趣的是，在 20 世纪 50～60 年代这些观念是一致的，至少相互之间并没有发生冲突。更晚期的电影中有社会意识分裂的感觉，因为政府观念和评价已经不能满足创作知识分子，他们开始在另一种范畴内更加独立地进行思考，建立了反对一系列问题上官方看法的秘密反对派。

重要的是，在 20 世纪下半叶农村题材电影中能找到农村居民生活条件和生活方式的变化，这些变化是在局部范围内不知不觉地发生的，但这对于了解城市化过程的深刻性和农村居民对城市化的态度来说是最为典型的。正因为如此，那些被电影创作者们发现并用于创造电影人物形象的琐事就非常重要了。例如，装饰电视屏幕的传统，就像用花朵装饰圣像的传统一样（《告别》，导演伊·克里莫夫，1982）。细节，无须言语就能够说明电视在当代世界中的作用和意义。

但是赫鲁晓夫时期，这一苏联历史阶段对苏联农村来说是一个最为动荡不安但也最有意思的时代之一。这一时期的电影无疑具有特殊性，整体上传播着对农村问题的乐观主义观点，为解决这些问题需要的"只是想要"。这一解冻时期的政治乐观主义是很典型的，从中展示了 20 世纪 50 年代社会对世界的认识特点——谴责严酷的斯大林时期，但还并未失望于社会主义思想。对力量的感觉、人类能将世界改变得更美好的可能性、人类追求幸福的权利等内容渗透到了当时的很多艺术创作中，电影也包括在内。

赫鲁晓夫十年执政时期的所有矛盾现象都在艺术电影中得到了反映，就像电影本身分裂成了两部分。这一时期将近一半（44.8%）的电影是喜剧和情节剧，在这些电影中集体农庄庄员幸福的生活通过克服那些仅存的小缺点变得更加幸福。建立新俱乐部和集体农庄剧院（《宾科夫事件》，导演斯·罗斯托茨基，1957）成为克服这些不幸的办法，对那些没有觉悟的集体农庄庄员进行改造也是方法之一。

这一时期第二类型的电影是戏剧和中篇小说等更为严肃的作品。20 世纪 50 年代首先出现的农村体裁的中故事片作为电影的标志性体裁来使用，电影中对生产、道德等严肃的问题进行了观察，但并不具有悲剧色彩，而是具有乐观的结局。1950 年开始出现有关人生故事哲学意义的短篇小说，其中包括帕·阿尔谢诺夫和帕·柳比莫夫根据维·扎克鲁特金的同名短篇小说改编的电影《向日葵》（1963），电影中生命、死亡、记忆等问题在自然循环的简单自然方式中找到了答案。

最重要的是农村电影的选题发生了变化。阶级斗争问题被留在了过去，只有在已确立新集体农庄制度的波罗的海沿岸地区电影中偶尔会提起。农村题材电影的主题不再是"历史过程"，而是个人：可能是一个轻浮的小伙子，部队让他真正得到成长（《士兵伊万·布罗夫金》，导演伊·卢津斯基，1955），或者是成为集体农庄主席的普通女农民（《简单的历史》，导演尤·叶戈罗夫，1960），或者是梦想拥有自己家庭的女孤儿（《当树长大的时候》，导演列·库利贾诺夫，1961）。电影创造了一系列农村居民形象，形成了在任何农村家庭中都能找到的某种图集，他们是一群惹人怜爱和让人尊敬的单纯、诚实、淳朴甚至偶尔还有些古怪的人们。

在分析1953～1964年的电影题材时能够建立有关农村最迫切需要解决问题的排行榜。每5部电影中就有1部（87部电影中有18部）提出了有关领导者及其地位、其在集体农庄生活中的作用、其对自己行为的责任心等问题。这种问题的提出是完全能让人理解的：1955年尼·谢·赫鲁晓夫做出了一系列举措，挑选有文化、受过教育的人和专家组成集体农庄和国营农场的新干部队伍，在科学技术革命的条件下只有这些人能够管理庞大的生产单位。就像20世纪20年代那样，全国又开展了一场号召领导者和专家们去农村工作的运动，历史上这次运动被称为"三万人下乡"。

自然，这些内容在电影中引起了广泛的反响（《姑娘们种下亚麻》，导演弗·科尔什-萨布林，1955；《陡峭的山》，导演尼·罗赞采夫，1956；《我们共同的朋友》，导演伊·佩里耶夫，1961；等等）。需要塑造有魅力的电影主人公形象来巩固党的政策，这完全获得了成功。这一时期的电影特别渴望脱离早期固有的单纯领导者艺术形象：他们被表现成要么是正面类型，要么是负面类型。领导人个性的意义被提到首位，追求展现其复杂的命运和性格，有时甚至不能容忍党的陈规。其中最生动且最让人难忘的形象之一是叶戈尔·特鲁勃尼科夫（《主席》，导演阿·萨尔蒂科夫，1964），他是一名能够振兴被破坏生产的集体农庄主席，但他吸引人的地方并不是自己生产上的成功，而是对人热心、严格和公正的态度。他首先想到的是自己的集体农庄庄员以及他们的问题和遭遇，有意识地准备好随时冒着失去党证甚至自由的危险，只要这件事情是工作和个人信仰需要他做的。电影中所展现的这种领导者形象是只有在解冻浪潮中才能得以出现的。

有关领导者的情节在其他电影作品中得到了补充，在一些电影中出现了用专家们来保障集体农庄生产问题，以及他们在农村现代生活中的地位和作用。电影中经常作为主人公出现的群体是年轻的男女毕业生，他们被分配到了农村并成为非常重要的人，这在谢·卡扎科夫导演的电影《草原的平静》（1959）、阿·涅列特尼叶采和马·卢吉提斯在 1961 年拍摄的反宗教戏剧《被欺骗的人》、白俄罗斯电影制片厂的《克里尼茨》（导演约·舒里曼，1964）等电影中均有体现。

有关生荒地的长篇巨著在 20 世纪 50 年代下半期到 60 年代初期的电影（87 部电影中的 10 部）中得到了充分的反映。对选题、深刻性、垦荒者崇高功勋的理解程度随着时间在变化，电影体裁连续交替，从情节剧和喜剧（《第一梯队》，导演米·卡拉托佐夫，1955；《是这样开始的》，导演雅·谢杰里、列·库利贾诺夫，1956；《垦荒的伊万．布罗夫金》，导演伊·卢津斯基，1958）到深刻的戏剧作品都专门用来分析首批处女地开垦者们复杂的道德美学问题以及他们的功绩（《阿廖卡》，导演鲍·巴尔涅特，1961；《炎热》，导演拉·舍皮特科，1962）。

20 世纪 50 年代上半期，仍然有符合社会需求的与生产相关的电影题材：社会主义劳动竞赛、关于劳动纪律的斗争等（《带嫁妆的婚礼》，导演塔·卢卡舍维奇、鲍·拉文斯基，1953；《当夜莺歌唱时》，导演叶·布伦楚金，1956。总共 10 部电影）。

应挑选首次出现在 20 世纪 50 年代电影中并在之后成为农村电影核心主题且能形成平台用于探讨问题的新电影题材：农村迁移（13 部电影）、家庭道德关系（12 部电影）、城市文明和农村文明间矛盾（4 部电影）。这些电影在最大程度上反映了农村地区城市化进程，牵涉到了每个农村居民——他们的家庭和村庄、破坏了的熟悉的世界，让人不得不思考眼前所发生事情的意义。

作为 20 世纪 60 年代重要艺术现象的"新浪潮"电影对农村电影业的形成和电影中的问题产生了很大影响。对人类、性格、愿望、行为的关注，细节的真实性，传递感受的准确性，情绪的细节，所有这些都使得农村题材电影能够具有突出的抒情特点和怀乡特点，除此之外，此类电影题材尖锐大胆，日益引起人们的关注。

"停滞"时期（1965 ~ 1985 年）电影创作总量明显增加，农村题材电影数量也多了起来（达到 220 部），平均每年拍摄电影数量也创下了纪录（10.5 部）。这一时代与农村题材电影的结合形成了特殊的电影流派。电影预告片中也开始标出电影体裁，例如农村中篇小说、农村喜剧、农村长篇小说、农村情节剧、农村侦探小说等。电影新流派依靠这一严肃的文学传统得到了 60 年代知识分子一代人的支持，这些人在苏联文化发展中起到了重要作用，他们不仅是他们一代人的利益代表者，而且还是那些在伟大建设过程中被埋没的人民阶层的代表者。

农村电影成为一种独立的文化现象并囊括了包括儿童电影、童话、叙事诗、寓言故事和短篇小说在内的所有电影体裁。这一时期讲述集体化年代、内战时期、新经济政策时期、战争时期和战后时期农村历史的回顾性电影数量多了起来，此外，还开始尝试进行苏联农村历史全景照明的系列片拍摄，其中包括多集影片《影子在正午消失》（导演弗·克拉斯诺波利斯基、瓦·乌斯科，1971 ~ 1973）、《永恒的呼唤》（导演弗·克拉斯诺波利斯基、瓦·乌斯科，1973 ~ 1983）、《斯特罗科夫一家》（导演弗·温格罗夫，1975 ~ 1976）等。

然而农村电影中最为典型的体裁仍然是情节剧（27.2%）、戏剧（20.1%）、喜剧（20.1%）和中故事片（历史片）（17.8%）。情节剧和喜剧在电影创作结构中的优势可以视为农村传统演出在屏幕上的反映，这早在 20 世纪 30 年代就已出现，因为农村色彩在很多观众和电影工作者（主要是城市居民）的潜意识层面上能让人联想到多愁善感的情绪。对农村的这种态度在喜剧体裁电影中为人所关注，电影中主要描写爱情经历和家庭故事，还有城市学生假期在农村发生的故事或实习生的奇遇等。

此外，如果要考虑计划观众数，而这部电影在拍摄时还指望着农村的老百姓，那么显然电影需要从正向的角度展示农村生活，让观众们相信，一切问题都会被妥善解决。但不应忘记的是，电影创作本身就带有计划特点，电影的发展要同控制数字相匹配，而这些数字预示着严肃电影和轻松电影之间的某种平衡，很显然，后者占先。

戏剧和中故事片在勃列日涅夫时期占农村题材电影总数的37.9%，肩负着通过更严肃的解答来揭示农村生产问题和道德问题的使命。当时最受欢迎的农村电影的情节则是讲述回到农村（39部电影，占农村题材电影总数的17.7%）、农村迁移问题和迁移者们在城市的命运（12部电影，占5.5%）。

说到提供电影拍摄的素材，与这些电影相关的通常是一些关注农村社会中家庭问题和道德问题的影片，这些影片有的是在传统和普通人的性格中寻找道德根本和道德标准（45部电影），有的是关于真诚的、善良的、富有同情心的、智慧的、道德上极为纯洁的"农村怪人"（11部电影），还有的是有关女性——她们的性格和命运（13部电影）。

由电影工作者们创造出来的女性形象——艰难却按照最严格的道德标准来说高尚的女农民的命运出现在俄罗斯电影宝库中。其中就包括电影《母亲的田野》（导演根·巴扎罗夫，1967）、《鹤》和《俄罗斯田野》（导演尼·莫斯卡连科，1968，1971）、《寡妇》（导演谢·米卡埃良、米·尼基京，1976）的女主人公。拍摄于60年代的美学电影作品不仅非常仔细地描写了女主人公的心理特征，而且还描写了她们的生活条件、劳动和生活习惯、休息日和工作日情况，完整地重现了20世纪60年代的农村日常生活。

领导者题材的电影依旧非常受欢迎，这一题材常常出现在世代交替的关键时期，并且提出了领导者对集体农庄庄员、土地和社会的责任心问题，指出领导者应该将实地工作中所必需的业务素养和道德品质结合起来（《这就是我的村庄》，导演维·特列古波维奇，1985；《主席的儿子》，导演维·尼基福罗夫，1976；《爱的权利》，导演弗·纳扎罗夫，1985）。这一时期领导者的一般工作与其说是在配合生产，不如说是协调解决某些重要的社会问题——农村的改革和文化发展、农村迁移、试图将年轻人稳定到农村等。

这一时期的电影创作者最感兴趣的内容是记录那些无人化、消失和迁移的农村最不正常的发展趋势（13 部电影）。它们之所以有意思，是因为电影中能找到与官方方针相反的、有关农村地区合并和改革的、对农村地区正在发生事件的另一种看法的反映——出于人道暗中谴责那些迫使人们离开自己的故乡和祖传土地的决议。这与农村地区的合并和改革的官方方针是相反的（《急剧的田野》，导演列·萨科夫，1979；《原谅我，永别了》，导演格·库兹涅佐夫，1979；《告别》，导演拉·舍皮特科、伊·克里莫夫，1979；等等）。电影中提出了有关技术进步价值的问题和有没有必要破坏那个曾是文明文化基础的世界等问题。这没有答案，村庄的辩解或是农村的沉没都进行得不声不响。然而，问题的出现本身对于这一时期就是非常重要的，它制动并随后暂停了这个对农民的世界轻率、强制的破坏进程。

如果说 20 世纪 60～70 年代曾是对农村的第二次神话化和美化时期，那么，到了改革年代，在公开化的浪潮中，很多虚构的东西消失了，其中也包括一个观念，即农村比城市更为和谐。电影业积极地加入这一自我认识的过程中，它赋予了知识界能够自由地对自己所感兴趣的话题发表意见的可能性。1986～1991 年，全国电影拍摄数量创造了新纪录，共1494 部电影中有 64 部是有关农村题材的电影，其比重降到了 4.3%。尽管土地改革被广泛热议并开展得如火如荼，但在席卷全国的社会经济和政治进程的背景下，农村课题还是退到了次要地位。很多电影转向拍摄历史题材，这并不偶然：这一时期，更让知识界感兴趣的是历史而不是现代化生活。

但是农村题材电影仍然存在，就像在勃列日涅夫时期，每年平均拍摄10.7 部电影。关于农村世界是道德保护区的神话被揭露，人们逐渐深入农村的诸多问题并认识到那些已经占领农村，甚至蔓延至整个苏联社会的消极进程是毫无出路的。在有关"还乡人"题材的电影中这一点尤为明显，虽然因循拍摄着这类电影，但已经是另外一种结局了。

　　农村电影的体裁划分相当鲜明：24 部电影是戏剧体裁，9 部是短篇小说、寓言故事和传说，8 部是喜剧，7 部是情节剧，5 部是悲喜剧，5 部是中篇小说，4 部是侦探故事片，甚至还有原创电影。所有这些都证明了对农村题材理解的戏剧化。喜剧和情节剧主要拍摄于 1986～1988 年，当时人们还没有完全意识到已经陷入了危机的泥潭中。后来短篇小说、寓言故事和侦探故事片开始占主导，甚至还拍摄了荒诞电影，这并不是农村电影的特点，它证明价值趋向正在发生变化。那些对现代农村生活和农村地区进行哲学思考的电影的出现具有典型意义。就像在马·尤苏波夫导演的电影《黄草季节》（1991）中，陌生人的死亡对于山村居民来说是理解农村居民间关系、风俗和命运的线索。值得注意的是，寓言故事和短篇故事体裁对非俄罗斯的电影艺术来说是非常需要的。

　　考虑到电影体裁，这一时期电影工作者的关注焦点主要是农村家庭问题和道德问题，还包括酗酒、嗜毒、夫妻关系和世代间相互关系等问题。其中，在电影《一窝蜜蜂》（导演弗·霍京年科，1990）中就探究了西伯利亚出身且以养蜂和捕鱼为生的扎瓦尔津家族的分裂历史。

　　将近 1/3 是有关家庭道德问题的电影。农村改革和领导者个性相关主题仅仅在改革初期拍摄的 8 部电影里面得到了反映。年轻人问题、农村女性形象、农村特点等内容也退居次要地位（每个提到的主题分别有 2 部电影）①。

　　很少有人关注农村迁移和农村荒废问题。3 部电影是为这些问题所创作的，这些电影被看作"庄稼人"为保护俄罗斯农村而进行斗争的独特结果。要是改革初期还抱有可能恢复过去农村的幻想（1986 年导演阿·尼托奇金拍摄的电影《我童年的土地》中主人公试图重建 20 年前开垦的荒废的农村），那么在伊·杜勃罗留波夫的电影《秋梦》（1987）中就提出了完全相反的倾向，讲述了在荒芜的农村孤独生活的老人们的故事。

---

① См., например:《Луковое поле》（реж. В. Шабатаев, 1990）;《Зеленинский погост》（реж. Б. Лизнев, 1989）;《Лешкин луг》（реж. А Погребной, 1990–1996）; и др.

从农村城市化角度来看，一部抒情喜剧体裁电影——《小牛年》（导演弗·波普科夫，1986）最为典型。其情节非常有趣：年轻的女挤奶员厌倦了挤奶，于是卖光了所有家畜，在一家农村家具商店当上了经理，她从城里请来一名音乐老师教自己的儿子，同时还决定结束农村生活方式。童话虽是虚构的，对人却有启发。到了20世纪80年代农村发生了变化，农村居民也同样开始改变。生活方式的城市化现象要比农村和农村生活方式拥护者们想看到的要明显得多。这些趋势反映了社会全面改革，反对它是不合理的。重要的是要明白并尝试进行从传统生活方式到现代生活方式的过渡，只可惜苏联的经验在这方面是存在问题的，苏联电影就证明了这一点。

对农村电影进行研究总结时应着重指出，农村电影首先包含的是有关俄罗斯农村的认识和形象信息，这些是苏联社会所特有但并非仅有的。20世纪下半叶的电影可以看作最宝贵的史料，展现了农村环境中所发生的变化，让人们更好地了解集体农庄庄员们的日常劳动和生活习惯，认识到政府对所进行的改革和农业措施的态度。

需要注意另外一个方面：苏联电影业向来都行使着党和政府的宣传平台功能，电影业有义务响应和支持所有政府重要措施，为政府的决定塑造正面的认识，让人觉得这是理由充分且必要的决定。尽管存在检查制度，但还是不能说电影业对政府是绝对忠诚的。电影既是政府意图的表达方式，也是社会观念的表达方式，甚至在最艰难的时期也是如此。其依赖程度是由社会政治状况来决定的，但艺术永远都具有自我表现性，国家不可能完全对它进行控制。作品中重要的不仅有原文，还有潜台词；不仅有情节，还有通过艺术手段塑造出的形象。这些使艺术能够摆脱检查的束缚将电影创造者的思想传给同代人，而现在传到了我们这里。

第四章
农村居民生活条件的现代化

建筑外观的变化是俄罗斯农村城市化改造的组成部分，这种变化是渐进式的，甚至是不明显的，却表现出了农村居民点的新面貌，而这种新面貌的形成受到一些相关因素的影响，例如关于未来农村的建筑理念和观点、建筑领域内的变化、建筑领域向工业化生产的转变、农村居民生活方式的改变和生活条件的发展等。

从世界农村地区的发展来看，农村地区城市化有三种基本模式：一是欧洲模式；二是美国模式；三是苏联模式。

欧洲模式常见于人口高度密集地区，同农村地区的演化发展息息相关，与这些地区新的生活条件相互联系、相互补充：交通网络和通信的发展、商业系统的发展、文化生活服务内容的丰富，以及居住条件质量的改善。农村地区变革的重点在于农村基础设施建设，这使教育、卫生医疗和文化生活服务发挥了重大作用。欧洲模式的基础是传统的人口迁移体系，并在迁移时保留了原有庄园建筑的特点。

美国模式常见于人口分散地区，以独立的私人农场为基础，以发达的交通网络和可靠的通信保障为先决条件。在当地农场人口分布体系结构中设有一个中心，聚集了所有必要生产生活设施（行政机关、医疗机构、教育机构、商业机构、日常生活机构及其他机构）。在此情况下，城市作为农业的周边服务中心而发展起来。美国模式与其他模式的不同之处在于，美国模式的变化主要发生在个人居住环境方面。

苏联模式在农村城市化模式中最为复杂。19世纪下半叶，苏联农村地区效仿欧洲模式，不断完善公共基础设施（出现了农村教育体系、医疗卫生体系、自治体系、商务体系等）。苏联的农村改革以建设新世界为口号，具有意识形态色彩。这种集中规划的意识形态使农业建设乃至整个农村社会发展更具曲折性。传统模式向来被认为是没有发展前途的，注定会被取代。最初的目标是在20世纪20~70年代实现农业城模式。而后1990~2000年建成由单独小住宅组成的居民区。但是，无论是前一个方案还是后一个方案都对历史形成的传统农村地区居民点产生了消极影响①。

第一节　俄罗斯农村建筑外观的变化

俄罗斯农村建筑外观的转变在最大程度上与以下这些因素有关：意识形态、城市建设、建筑概念、建设（技术和材料）领域状况、农村建设（部）领域政策等。它们相互作用而形成不同特征，影响因素的改变使建筑外观在各个不同的历史进程中呈现不同特征。农村居民点建筑外观变化的影响因素和相互作用（见图4-1）。

每个子系统（意识形态、建设、建筑、政策）都有自己的进程，并不总是完全一致的。19世纪发展最为迅速的当代建筑学，经历了工艺学革命，引进了机械化工艺学、标准方案、新的建筑材料。

19世纪末20世纪初，建筑学理念对促进建筑领域发展起到了主要作用，并间接地影响了意识形态和政治。20世纪30~50年代，政治意识形态因素控制了建筑领域。60年代，经济发展开始占首要地位，建筑领域自身成为重要影响因素。建筑技术成为经济效益的指标和建筑设计制定的基本准则，在整个后苏联时期，在质量加固方面有了明确的意识形态和政

---

① См. об этом: Жилище в России, XX век. Архитектура и социальная история. М.,
2002. С. 77.

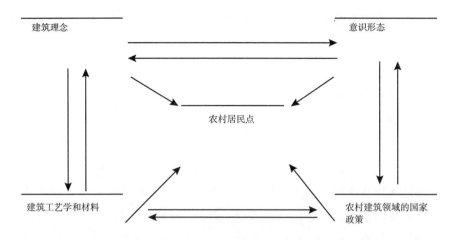

图 4 - 1　农村居民点建筑外观变化的影响因素和相互作用

治标准。

让我们研究一下有关农村地区和农村改造的建筑理念对社会观念形成的影响。

19 世纪末 20 世纪初出现了两种新的房屋设计理念，对俄罗斯之后的城市建设起了巨大作用：理念一是"花园城市"（卡瓦尔特），理念二是"房屋公社"。它们反映了世界范围内城市化发展的趋势。

20 世纪初，卡瓦尔特的理念颇受欢迎。他认为，由于工业革命，城市变得反人道并且陈旧。作为参考，他去看了一些不太大的城市（人口约 3 万人），这些城市兼有城市和农村的特征。这些城市在设计中包括一些集中区域：将公园安置在中心；环绕有人居住的区域，建有层数不多的建筑物；保留自留地区域，自留地半径不超过 1 公里。居住区内有工业和农业用地①。

俄国"十月革命"前，这些理念广泛用于有休养取向的农村居民点建

---

①　*Говард Э.* Города будущего. СПб. ，1911；*Гутнов А.* ，*Глазычев В.* Мир архитектуры：лицо города. М，1990. С. 85 - 95；*Меерович М. Г.* Рождение и смерть советского города - сада // Вест. Евразии. СПб. ，2007.

设中，典型的是为巴尔瑙尔、比亚和其他城市设计的方案①。

"十月革命"之后"花园城市"的理念得到重视。1920 年，在与乌埃尔斯的交谈中，列宁支持这一理念并表示城市的数量在逐渐减少。对于年轻的苏联政权来说，花园城市成为无阶级社会观念的具体表现。

卡瓦尔特的建筑原理来源于萨拉托夫的农业机械厂、斯摩棱斯克近郊的纺织厂与莫斯科郊区的伊斯托明纺织厂的工厂宿舍（这些宿舍均于 1919 年完工）。1920 年成立的俄罗斯国家电气化委员会采用了花园城市的理念，规定设计并建造 30 个内附工人宿舍的发电厂。根据周围环境，居民点的房屋建造分独栋式与可居住 2～4 户的复合式两种。每栋房屋有 2～3 间小卧室，一间公用房间与一间厨房兼餐厅。房屋构造简单，由当地工人采用当地建筑材料完成，并且布置舒适，周围绿化良好。合作社"雄鹰"（建成于 1923 年）和"红色勇士"工厂的附属公寓（建成于 1924 年）② 都是这类建筑的典型代表。那时建造的诸多居民点之后发展成涵盖绿洲的大城市，因叶戈尔申水力发电厂兴起并发展起来的中乌拉尔的阿尔乔莫夫斯基市就属于该类城市。

19 世纪末 20 世纪初，另一个房屋概念和房屋设计理念——房屋公社有关，它来自傅立叶的和谐社会思想。傅立叶认为，居民应以 1800 人为一个法郎吉③，共同居住在一个法伦斯泰尔④中——"无宽阔街道的小城市"。房屋以实用为主，公共活动区域位于建筑的中央，旁边是学校，侧楼是工厂和作坊，卧室位于两旁，所有房间彼此之间用有篷的玻璃长廊连在一起。

在车尔尼雪夫斯基的长篇小说《怎么办》中有关于法郎吉的描述。19 世纪中叶，这一类型的法郎吉被布塔舍维奇·彼得拉舍夫斯基建造出来。1904 年，康德拉季耶夫在圣彼得堡创建的房屋公社，是一个 16 层的建筑，

---

① См.：Город - сад（Барнаул）［Электронный ресурс］. URL：http：//ru. wikipedia. org/wiki/ Город - сад_ （Барнаул）.

② См.：Жилище в России，XX век. Архитектура и социальная история. С. 56 - 57.

③ 法国傅立叶空想社会的基层组织。——译者注

④ 傅立叶空想社会的基层组织，法郎吉的大厦。——译者注

用于居住，可容纳超过 1000 个工人家庭。除了独立的工人住宅，还有幼儿园、学校、浴池、洗衣店和会议室。

房屋公社理念在 20 世纪 20 年代的建筑设计方案中得到了进一步的吸收和利用。在方案中，这些房屋不仅是居住的地方，更是自给自足的独立村社，可提供所有必要的服务。房屋公社的形式十分适合苏联政权，因为它符合共产主义理想。这一理念不仅应用于城市规划中，还应用于 20 世纪 20 ~ 30 年代集体农庄和国营农场的设计中。

1920 年建筑学界就城市道路问题进行激烈辩论，分为两大阵营：大都市主义阵营和否定大都市主义阵营。有趣的是，两者都在不同程度上利用了花园城市和房屋公社的理念，但侧重点有所不同。

否定大都市主义阵营把移民方式的发展远景和应当代替城市及农村的这一类型村庄的创造结合在一起。否定大都市主义阵营的主要依据是思想家奥赫托维奇的理论，即"城市应当消失，交通变革、国家的汽车化正推翻大量楼房和寓所"[①]。奥赫托维奇提议用可拆卸的居民住所来代替固定的住所，这样，根据公路网运输，居民住所便可以搭建在任意空场。

大都市主义阵营则持另一种观点。他们认为在共产主义时期苏联将成为拥有交通网和各种交通线的小城市的联邦。这一阵营的代表是理论家、国家计划委员会成员 Л. 萨普索维奇。他认为，所有现存的城市和村庄应当重建成新的社会主义城市并建起房屋公社，建议将房屋的区域用公园和花园分开，即用花草树木将工业区和住宅区分开，按照线形原则平等分配居民区。

后来，这些观念形成了"工人村"思想，并在为斯大林格勒市和库兹涅茨克市制定方案时实现——使每 2000 ~ 3000 人分散居住在所谓的生活联合工厂。两个这样的生活联合工厂形成一个完整的区，在区中心有儿童福利机构。为了安置好库兹涅茨克市所有居民，共需要 12 个生活联合工厂，斯大林格勒市则需要 20 个[②]。

---

① *Охитович М.* К проблеме города // Сов. архитектура. 1929. № 4. С. 130 – 134.

② См. : Жилище в России, XX век... С. 78.

20 世纪 30 年代在许多城市建立了名为"工人村"的居住区，工业在这些城市中得到发展，其中包括位于卡缅斯克－乌拉尔市的锡纳腊钢管厂。1928 年开始为乌拉尔机器制造厂的工人村制定方案。居住区的建设依照三个步骤进行。第一，建起石制建筑，这与发展国民经济五年计划面积有直接的内在联系。第二，建造木制的、原木造的和骨架房屋。第三，在镇的外围建造个人房屋。街道以广场为中心向四面分散，从伏尔加河中下游流域运来了白鲜、椴树、枫树、橡树和装饰用的灌木丛等用于绿化街道。1930 年 11 月，在伊里奇大街上随处可见一栋栋 4 层砖房，集中供暖，可以洗浴。房屋里住着工厂领导、地区政要、工程师、外国专家（大多数来自德国）①，被看作享有特权的象征。

第一个五年计划的实行有希望使童话变成事实：未来的每个城市都有望成为工厂旁的工人村。而工厂和工业综合体将不集中在一个地方，比如现在：它们将根据合理的计划分布在国家的各个区域……为此我们需要新的房屋和城市，而我们的生活需要改变直到最后一口锅为止……我们的居住地将不再是村庄……在城市和农村之间波动……②

尽管喜爱城市生活的人和非都市主义者对城市发展的前景进行了各不相同的评价，但他们有一点是一致的：农村作为村落的确定类型应当消失，给乡村地区空间机构的其他形式让位。如何看待未来的农村？喜爱城市生活的人的观点是与非都市主义者相吻合的，但需要一些改变：需要的不是房屋公社，而是那些以功能主义原则为基础的农村公社。

在农村地区，第一批公社出现于 1918 年。公社是社员生产、生活的基本组织，其土地来自国有化的地主庄园。20 世纪 20 年代出现了新类型的居民点——农业公社，这些居民点在 1928 年之前乌拉尔地区居民点清单中可见到，比如红色普梯洛夫、红色庄稼人（沙德林斯克地区，建立于 1920 年和 1921 年），以及一个生产单位在波格丹诺维奇地区划分出 48 名居民建成

---

① История Соцгорода Уралмаш ［Электронный ресурс］. URL: http: //ougk. ru/uslugi/domami/dogovora/socgoroda/.

② См.: *Ильин М.* Рассказы о пятилетнем плане. М., 1932. С. 137 – 156.

的集体农庄"红色灯塔"（建于 1921 年）①。

调查时发现每个地区都有类似的居民点。1917 年 7 月 17 日，白亚尔地区出现了自由居住区（利比亚平原）。这一天，切尔诺乌索沃村、切列姆霍沃村、波扎里哈村、白水国村的农民共产党员组成了"自由"公社。40 个家庭在草原上共同搭建了房屋，成立了农业部门，创建了学校。自 1932 年起，公社成为集体村庄，直到 1960 年被改为国营农场的组成部分②。

由于现存资料零散，加之第一批公社组织庞大，很难对其进行客观的评价。但应该认识到，公社模式联合的不仅是劳动，还有日常生活，反对个人主义是其主要特点。

谢格洛夫在阿尔泰村庄为农民所写的回忆录证明了这一点③。按照惯例，公社向新的地区学习，拆开的房子要从公社运往新地区。回答者回忆道："当我们来到这里时，这里是公社……房子是我们自己从老家带来的。公社非常大，牲畜很多。山丘上有瓜园和公共食堂。公社里什么都提供，还有小的菜园。"④ 根据其他提供资料的人的回忆："孩子们在教育者的指导下单独生活，成年人们单独生活，住在公共简式住房里，根据铃声起床和就寝。孩子们也必须劳动。所有的一切都是公共的：食物和服装……"⑤ 在农民的回忆录中，食堂占据了重要的位置，公社社员不仅在那里吃早饭、午饭和晚饭，还在那里召开集体会议，从大人到小孩都要参加。

俄罗斯有许多公社主题的电影（如《父与子》，导演克拉斯诺波利斯基，1979；《白色舞者》，导演维诺格拉多夫，1981）。米卡拉伊丘卡导演的电影《20 世纪的巴比伦》讲述 20 世纪 20 年代后半期的乌克兰农村生活，

---

① См. : Список населенных пунктов Уральской области. Т. 16 ： Шадринский округ. Екатеринбург，1928. С. 4，6，14.

② См. : *Коровин А. Ф.* Энциклопедия Каменского района. Каменск – Уральский，1993. С. 16.

③ См.，подробнее: *Щеглова Т. К.* Деревня и крестьянство Алтайского края в XX в. Устная история. Барнаул，2008. С. 144 – 159.

④ подробнее: *Щеглова Т. К.* Деревня и крестьянство Алтайского края в XX в. Устная история. Барнаул，2008. С. 147.

⑤ подробнее: *Щеглова Т. К.* Деревня и крестьянство Алтайского края в XX в. Устная история. Барнаул，2008. С. 152.

展现了与正在发生革命的世界相反的农村情形。革命水兵、公社社员、贫农和富农是那时历史戏剧的主要主人公，通过他们可以展现新村社建设的复杂性和多样性。电影充满了时代特征，新"公正"村社是有秩序的公社，在这里诗人和幻想家联合，人们甘愿为了理想而牺牲。有趣的是，这个村社否定爱情，认为爱情是两个人单独的感情，这破坏了集体主义。在公社里爱情是干扰公共和谐的存在，主人公面临爱情和公社的抉择，最终放弃了爱情。

公共生活的观点在近几年的集体农庄调研中得到体现。农村规划的主要特点是拒绝个人庄园建设，提倡公社成员日常生活集体化。

斯维尔德洛夫斯克州的档案馆保存了大量成立于 1928 年的集体农庄建筑物的相册[①]。在那里陈列着集体农庄居民点规划的三种方案：带有公共花园和俱乐部的行政中心，环绕在四周的公共建筑，居住用的和生产用的扇形地段。在居住区（平均 60～75 人）中，应用下面这种结构：3～4 栋简易住房用于托儿所—寄宿学校、公共幼儿园、年轻人（青年）宿舍、老人宿舍、能洗衣服的澡堂、能读书的食堂、俱乐部、15 匹马的马厩、牲畜的院子、羊圈、猪圈、谷仓等。有趣的是，在方案中没有规划社会基础设施，比如商店、学校、医疗点、行政楼、邮局——这些显然是大型、人烟稠密地点，甚至是履行行政中心作用的城市所固有的设施。在设计方案中没有见到行政楼。方案为公社提供了充分的自治权，体现在居民点的生活和生产全部问题的集体解决，因此，食堂作为全部社员开会的地方，坐落在居住区的中心。

这种形式的"公用事业"居住区，一切设施、物品全部公用，没有私人的东西和个人财产，其在 20 世纪 30 年代建立国营农场居民点、MTC 居民点的情况下开始在局部地区实现。在将来有关居民点—公社的设想中，农村居民点的择优方案稍微有些变化，然而和必须消灭作为个人主义后盾的农民庄园有关的中心思想被保留下来，并随后在 60 年代的多层农村方案中得到反映。

总之，建筑学理念对城市化初期的农村的影响十分深远：建筑学理念在

---

① ГАСО. Ф. 239. Оп. 2. Д. 193.

农村积极推广新的制造工艺与新材料，其发展为一种思想体系并对政治产生了一定影响，之后发展为一种政治观念。这在 20 世纪 30 年代表现得尤为明显，甚至能够左右农村社会经济进程态势，自然，这与农村的科学与建筑理念息息相关。

城市化建设如火如荼，大量空地被开发，城市被认为是社会主义日常生活的发展中心，农村在这一意义上不符合新的需求，因此应当消失。1931 年 6 月，联共（布）的中央委员会召开了专门的全体会议，会议将城市计划奉若神明，之后开始实践城市长远发展计划，城市计划拥有指令性的特点并一直保存到 90 年代初期。在计划中表达了建设农业城的观点，并将其作为消除城市和农村之间差别的主要形式[①]。1932 年成立了全苏联建筑学研究院和苏维埃建筑师协会，它们全面主持城市建设，并提供这一领域内国家政策的科学依据。所有的讨论和争吵一去不复返，都市主义开始占统治地位。

20 世纪 30~80 年代，城市成为农村改革仿效的对象。1940 年举办了有关国营农场和集体农庄的建设问题的会议，会议材料表现出未来农村的建设者与建筑师持有浓重的都市主义观念[②]。在他们看来，苏联农村是大型的、设备完善的居民点，而且区划清晰：生产区、生活区与公共区域，配有行政中心、俱乐部、浴室、食堂、学校、日常生活企业、公园、体育场及文明社会的其他福利。

要想确立经济基础（乡村地区）和上层建筑（意识形态、政策）之间的相互关系，就必须有一定的前提条件，而这些前提条件在战后才得以完善。20 世纪中期被当作传统农村和当代农村的界限。20 世纪 50~80 年代，乡村地区开展了大量居住、生产和日常生活文化的改造，改变了俄罗斯农村的建筑形式，给它们带来了城市特点。这种进展在不同程度上触及了农村移民，波及绝大多数大规模村落，属于"长远"范畴。

---

① Концепция 《агрогородов》 была сформулирована несколько раньше, в конце 1920 – х гг., в связи с развертыванием совхозного и колхозного строительства.

② См.: Планировка и строительство колхозов, совхозов и МТС: материалы совещания. М., 1940.

　　早在战争时期，政府已经提出了加快推进农村重建集体农庄进程的任务。М. И. 加里宁在《伟大的全民任务》一书中阐明了该问题的必要性："我们理应在农村建设过程中体现出其中的经济态势变化。事实上，对于农村经济中的农业集体化，农村建设体现不足，社会经济发展中落成的建筑，其外观体现更为不足。"① 因此，最终问题归结于农村建设中建筑外观的独特性，提出了集体农庄与乡村建设的任务是"生活更为便利，更为文明"，同时要建造设备完善的居民区②。

　　作为对当权者号召的回应，1946 年建立了规划农村人烟稠密地区的国立研究所（国家农村民房建筑设计院）③，而在一些地方（州、边疆区、俄罗斯苏维埃联邦社会主义共和国）建立了 24 个设计委员会：1946 年有 17 个，1947 年又增加 2 个，其中包括斯维尔德洛夫斯克州和车里雅宾斯克州。过了两年，设计机构实现了建立 140 个乡村区中心和 400 个居民点的计划④。实施规划工作的主要目的是统筹农村建设并对农村建设实施监督，农村建设在那一时期以前整体上是自发地、混乱地进行的。研究所颁布了关于农村规划和重建的小册子，小册子中预言集体农庄庄员反对按照城市的形式重建农村，并同时积极宣传两层房子的设计方案⑤。

　　按照那一时期建筑家的理念，为了凸显集体农庄村落生活"共有特性"，必须建立经济生产和公共行政中心、休息公园、日常生活文化机构。对美化设施要予以特别注意，因为美化设施解决了这一时期的供水和绿化问题。1949 年创办了附属于建筑学科学院的农村和集体农庄建设科学研究院。农村居民区重建的通用方案的制定和农村建设方案的科学制定包含在科学研究院的任务中。城市建设的设计师——指有城市设计经验的设计师，而不是有农村地区设计经验的设计师——是它的主要成员。

---

① ГАРФ. Ф. 311. Оп. 1. Д. 111. Л. 332 – 333.

② ГАРФ. Ф. 311. Оп. 1. Д. 111. Л. 332.

③ ГАРФ. Ф. 311. Оп. 1. Д. 284. Л. 22.

④ ГАРФ. Ф. 311. Оп. 1. Д. 176. Л. 1.

⑤ ГАРФ. Ф. 311. Оп. 1. Д. 7. Л. 145.

1949 年 1 月，在莫斯科举行了农村和集体农庄建设工人共和政体会议。会议把展览归入工作中，并展出了一些设计方案：新集体农庄村落、房屋、公共建筑、建筑技术，以及布良斯克州、斯摩棱斯克州、沃罗涅日州等其他地区因战争而被破坏的村落和农村重建的摄影资料。斯维尔德洛夫斯克州展出了规划方案和阿奇特地区"黎明"集体农庄——地区的先进集体农庄之一的砖厂建筑的摄影资料。车里雅宾斯克州展出了在村落建设中利用新建筑材料的资料①。

在这些方案中，农业城作为农民平安幸福生活的理想形式重新得到重视，这基于农业城与扩大集体农庄和内部经济重新规划有很强的联系：农业城被认为是农村规划的理想形式，亦可保障经济与社会发展成果。

较之 20 世纪 30 年代，战后时期的农业城方案更加具体。农业城指生活着全部的农村居民的大型居住点，具有两层的建筑物、完备的设施、行政建筑、综合的公共中心、宾馆、商店、日常生活文化机构。方案中文化和休息公园、池塘、体育场、医院、托儿所、赛马场应有尽有。这一方案获得了赫鲁晓夫的赞许，这一类城市的建设从赫尔松州开始，但是由于资金不足，方案只实现了一部分②。

应当强调垦荒在 20 世纪 60～80 年代俄罗斯农村新模式研究中的作用。生荒地和熟荒地的开垦引起了上千新居民点的建设。早在 1954 年就开始对生荒地国营农场的中心居住区方案进行深入研究。为了缩减建设开支，提出了不同的解决方案：两层建筑物、多居室住宅、居住区和行政楼③。典型的例子是契卡洛夫斯克州栋巴罗夫斯基区的"田间"国营农场中央居住区。居住区是标准四居室拼合板房子，之后建设两居室拼合板砖盖房子，再之后为领导和国营农场专家建设了 10 居室和 17 居室的房子，没有计划个人建筑④。居住区中心建有行政楼、公共楼和俱乐部广场，用树木把生产区和居

---

① ГАРФ. Ф. 311. Оп. 1. Д. 265. Л. 22 – 24.
② ГАРФ. Ф. 311. Оп. 1. Д. 369. Л. 39 – 46.
③ РГАЭ. Ф. 8216. Оп. 1. Д. 73. Л. 24.
④ ГАОО. Ф. 1081. Оп. 4. Д. 2401. Л. 1 – 5.

住区隔开。街区中有 0.1～0.5 公顷土地。为工人和国营农场的服务人员开辟的集体菜园安置在居住区外①。农村居民点扩大多层建筑这一方案始于 20 世纪 60～70 年代。

1960 年俄罗斯苏维埃联邦社会主义共和国部长会议批准了普斯科夫州集体农庄的倡议：俄罗斯、红扎利亚、红十月城镇、切尔斯基决定尽力建造 10 个四层设备完善的居住用房、2 个文化房、学校和医院②。集体农庄的倡议在 1960 年举办的城市建设方面的全苏联会议上获得了经济论证。会议资料指出："创建设备完善的居民点，必须加强经济建设，通过提高层数和房间数的途径实现。单人房随着院旁经济的发展，在修建和开发上对经济没有好处。"③ 拥有完善设备的居民点的人口数量是经过精确计算的：一般为一个居民点 3000～5000 人，不少于 1000 人。会议资料指出，要把居民网的长远发展作为基础。

从这一时期起，经济需求成为判断农村居民点现代化进程的主导因素。在农村居民点用于居住的建筑物被建议建成两层的连锁房子，但是四层的分段房子是最经济的，在个人建造的情况下，1、2 层两个房间的屋子带有不太大的宅院旁块地。宅院旁的块地应当尤为注意，建议缩减到 0.06～0.1 公顷，而在建造多房间屋子时，则在居民区边缘附近的菜园划分土地。

这时期的住宅建设问题只有在使用多房间房子（2 层或者 4 层）的标准方案的条件下才能得到解决。如果建筑机构违反这一规则，那么要追究其刑事责任。比如 1962 年克梁维诺和大切尔尼戈夫卡村镇用古比雪夫建筑托拉斯建造了 6 座一层两间房的住房，村镇领导因为这一过错遭受了行政处分④。根据俄罗斯苏维埃联邦社会主义共和国部长会议的决议，自 1963 年 6 月 21 日起，允许在远离城市和工业中心的农村国营农场和集体农庄的畜牧

① ГАОО. Ф. 1081. Оп. 4. Д. 2401. Л. 1 – 24.

② ГАРФ. Ф. 533. Оп. 1. Д. 664. Л. 43.

③ См.: Типы жилых домов и культурно – бытовых зданий для строительства в сельской местности. М., 1960. С. 5.

④ ГАРФ. Ф. 533. Оп. 1. Д. 1274. Л. 34.

场建立一层的 2~4 个房间的房子[①]。

　　农村居民区规划的新城市建设的方法在 60 年代实验居民区规划的制定上得到体现，它成为农村建设的样板。加里宁州的国营农场"伊里奇传统"即这类实验居民点的代表，其中规划建设了中央商业区、学校、产科医士站点以及由单间公寓组成的分单、双号的四层大型楼房。[②] 实验居民点的另一个例子是 1962 年为俄罗斯中央黑土地带设计的、规定建造四层的居住用房，以及设备完善并供给所有必需日常生活文化的机构。直到 60 年代末期，这种房间设计理念既应用在组合式房屋中，也用在别墅类型的房子中[③]。

　　在新居民区规划时，务必规定生产区域，区域内有畜牧场、养禽场、仓库、车库、马厩和养猪场。不仅如此，修建畜牧业和生产业综合体也被视为农村发展的必要条件。

　　有关农村建设的问题被多次讨论，俄罗斯苏维埃联邦社会主义共和国的科学技术大会就曾屡次探讨这个急切的议题。其中最主要的要求是拒绝兴建多楼层住房，重新开始庄园建设，强烈反对二等公寓建设，因为农民不愿迁入。1965 年，抛开原有居民点与农村而在新开发地区大肆兴建集体农庄中央庄园的做法受到非议。[④] 对迁移到一处的问题产生了激烈的争论，其中包括批判一系列领导人在国营农场中只保留中心居住区，而废除剩余居住点的意图。

　　然而，农村基本改革的提议得到了当地领导人的肯定，领导人试图以最快的速度缩小城乡差距。设计研究所制订多种计划方案，地方政府挑选并批准最合适的方案。比如根据莫斯科郊外国营农场计划方案，经过修正而产生了沃洛科拉姆斯克区的亚罗巴列茨。20 世纪 60 年代中期在这片土地上驻扎了 22 个居民点。根据第一方案，国营农场的全部居民分散到四个居民点，这四个居民点都有住宅和日常生活建筑。根据第二个方案，所有居民集中居

---

①　ГАРФ. Ф. 533. Оп. 1. Д. 1276. Л. 122.

②　ГАРФ. Ф. 533. Оп. 1. Д. 762. Л. 259.

③　ГАРФ. Ф. 533. Оп. 1. Д. 763. Л. 221.

④　ГАРФ. Ф. 533. Оп. 1. Д. 3458. Л. 143.

住在中心区域，这个区域也集中了所有生活服务设施，并且计划建设 5 层房子的居民区。之前一些居民区只是作为生产用地被保留下来。国营农场和沃洛科拉姆斯克区执行委员会均倾向第二种方案，因为所需费用更低①。

农村居民区设计不足的原因是农村建设领域的设计机构工作经验不足，设计师机械地模仿城市的样子，没有考虑乡村地区自身的特点。当局清醒地认识到了这一点，并用传统方法解决了问题，即农村建设部门举办建筑房屋和完善乡村居民区设备大赛②，并为研究合理的建设方案而创建科学研究院③。

20 世纪 60 年代末期，设计方法发生改变，可参考 1968 年 7 月莫斯科农村居民地方重建经验交流讨论会的资料④。在现场讨论的报告中，着重指出了多层建筑不适合乡村，以及对私人副业生产作用的估计不足。莫斯科在新居民区附近毫无秩序地筑起了棚子、鸡笼和其他经营家业用的建筑。设备完善的问题仍然没有解决，因为供水、供暖和排水系统的集中建设过于昂贵，限于设备不完善而无法实现。

20 世纪 70 年代末期，农村居民点建设最可以接受的方案是每 2～4 家建一层连锁的房子，带有一些不大用于生产的屋子和不大的块地。依据卫生标准与规程 11－60－75《城市、农村和乡村居民点的计划和建设》⑤ 和俄罗斯苏维埃联邦社会主义共和国农村居民点建设规则，1981 年 7 月 20 日，俄罗斯苏维埃联邦社会主义共和国部长会议通过决议，建设庄园类型的一层和

---

① ГАРФ. Ф. 533. Оп. 1. Д. 2731. Л. 102.

② В 1965 г. в конкурсе участвовало 187 населенных пунктов, в т. ч. пос. центральной усадьбы совхоза 《 Красная Звезда 》 Курганской области: он получил диплом III степени, пос. Мартюш Свердловской области (диплом II степени), пос. центральной усадьбы совхоза 《 Свердловский 》 (диплом I степени), поселки Кременкуль и Лазурный в Челябинской области (оба получили дипломы II степени) (см. : РГАЭ. Ф. 131. Оп. 2. Д. 58. Л. 2 － 5).

③ В 1968 г. приказом Министерства сельского строительства был создан Центральный научно － исследовательский экспериментальный и проектный институт по сельскому строительству － ЦНИИЭПсельстрой (РГАЭ. Ф. 131. Оп. 2. Д. 191. Л. 1).

④ См. подробнее: Переустройство сельских населенных мест. М. , 1969.

⑤ Сборник нормативных документов по планировке и застройке сельских населенных пунктов РСФСР. М. , 1982. С. 4 － 16.

两层居住用的组装房子成为村落的优先方案。之后建设了四层以上单元式住宅，逐渐恢复到适应管理家庭总务的庄园建设。较之传统的庄园方案，新方案不仅运用了新的建设材料，而且努力提高居住设施水平：设计建造用预制板或砖砌的单层单栋住所，其中配有日常生活必备的水、电、天然气及良好的排水系统。

这时期农村居民点的建设具有正规计划、更为简洁的形式（依靠减少庄园块地和提高建设分布密度）、标准的社会文化中心，有助于居民区的统一规划。它们在设备完善程度方面虽不及城市，但丢掉了传统农村建筑的完整性。较之城市建筑，现代化的农村居民点外观更具有显著特点。

新设计改变了村庄外观，但伴随着乡村地区生态的恶化，包括垃圾利用以及生产边角料的问题，传统的处理方法并不适用于新条件。居民区内被精确计算到几百、几千的家畜和大型农场的建设成了村落建设中难以解决的问题，这种集中畜牧业的反面影响没有被考虑到。

由此可见，20 世纪 70 年代末期，农业城的观点显然过时了，不符合农村生活的特点。但是苏联政府并未摒弃农业城的政策，这就阻碍了农村地区的公共与日常文化基础设施的建设与完善。20 世纪 50～60 年代，农村在农业城方针的道路上几乎一无所获。20 世纪 90 年代，伴随着国家垄断的衰落，农村社会的基础设施也日益倒退，回到了以往无电、暖与商业的岁月。

苏联解体后俄罗斯给出了新的农村居民点方案，被视作农村的选择方案。所有的方案都和 20 世纪 90 年代中期在农村当地单幢住所的建筑物被破坏有关。起初，这一进程进行得悄无声息。当人们可以在大城市周围 50 公里内的农村居住且无须登记时，城市居民开始在农村大量购买带有宅院旁块地的老房子，并建造起非常新式的住宅，这些住宅通常有 2～3 层楼，带有车库、必备的生活设施、游泳池和其他新奇的事物。分布在河边、湖边以及旁边紧挨公路的农村很不走运。这类农村的重建十分积极，在今天它们中的传统建筑实际上被单幢小楼取代。可以拿位于伊谢季河岸边、距离中乌拉尔斯克市（叶卡捷琳堡的邻市之一）不远的上奥地利佩什马区的科普佳基村作为例子。农村居民积极融入富裕的市民生活，并于 20 世纪 90 年代中期开始进行改革。在当前阶段，在保护过去街道的方案中，农村外观基本变了样。如今，农村有不同面积、不同风格的单栋小楼（从传统方案到模仿中世纪城堡），而且围上了两米的围栏。村落的街道早先是被掩映在绿化带中的房屋装饰，现在由于筑起的围墙房子几乎难以看见，因此建起了开阔的大道。

在 50 公里以外的区域，建设进行得不是那么紧张，并采用了更加传统的方案。比如说在黑奥西诺沃村庄——分布在距离塔吉尔河下游 50 公里范围内——可以看见新建起来的单幢小楼，而再远几公里的地方，在彼得卡缅卡村庄，用了新的制造材料的新的庄园已经以传统形式再现出来。距离塔吉尔河下游 90 公里处的穆尔津卡村庄，以它的矿物陈列馆而闻名，馆中藏有传统建筑，没有单幢小楼。

20 世纪 90 年代中期，出现了单幢小楼居民区的方案。在当代建筑学中，单栋小楼层数少，统一规划建设，拥有共同的工程与基础设施保障、出入口检测系统、警卫大队，并且拥有统一的公共用地。

科普佳基村的单幢小楼居民区是此方案的早期代表，由阿托姆建筑综合体公司设计。居民区分布在原先的国营农场上，紧临科普佳基村，在伊谢季河到中乌拉尔斯克路线上。始建于 1995 年，实际上直至今日才完全建成。其划分为 90 块区域进行建设，建筑引领了个人经济。最终，单幢小楼紧临三层别墅，但是二者并未实施统一的建筑规划，基础设施也不同，也就是说，居民区中的单幢小楼成为一种候补的居住方案。

最近一段时间，在乡村当地形成了两种类型的单幢小楼居民区：为了长期居住的和为了周期性居住的。为了长期居住的居民区建立在离学校、诊所、商场很近的地方，并且包含所有必备的社会基础设施。它们基本上修建在大型城市的周边，在很近的市郊。第二种类型，周期性居住的，建设在可以共同度过空闲时间的地方（健身中心、游泳馆、健身馆、设施完备的浴场），同时还有对公用事业问题负责和提供保护服务的行政官员。季节性的居民区，由于临时居住，最重要的是地点和建设材料的生态纯洁度，一定要有水库。

现存的农村居民点结构具有单幢小楼的居民区的特点，比如，位于离叶卡捷琳堡不远的古尔卡诺夫村庄的太阳单幢小楼居民区。居民区占地面积为25.49 公顷，共有 210 座房产，占地面积为 6000 平方米，包括购物娱乐中心、体育综合体、儿童广场、两个供来宾用的停车场和公共休息区。单幢小楼居民区通常拥有独立的区域，如博布尔单幢小楼居民区。博布尔位于博布洛夫克河的弯曲处，紧邻科苏力诺居民区，此类居民区的总体数量之后快速增长。

乌拉尔河中游单幢小楼居民区的建设始于 2007 年。2007 年 11 月 12 日，斯维尔德洛夫斯克州召开了政府扩大会议，会上州长爱德华·罗塞尔建议围绕州内大型城市（叶卡捷琳堡、下塔吉尔）划分块地用于单幢小楼建筑，并说明自己倡议的有关理由："在世上没有任何地方的人们在城市居住，他们是在那里工作。需要在城市周边建立住所。"乌拉尔议院的资料显示，在这一时期之前叶卡捷琳堡周围地区的不动产，在不同阶段的建筑有约 40 个单幢小楼居民区。叶卡捷琳堡建有 10 个、瑟谢尔季地区有 7 个、白亚尔地区有 3 个，波列夫斯科伊城市周边有 3 个、别列佐夫斯基市有 1 个、佩什马河上游有 1 个、第一乌拉尔斯克市有 1 个、波列夫斯科伊市有 1 个。截至2011 年，居民区总数量达到 82 个[①]。

单幢小楼居民区现象比较特殊，和西方市郊的方案较为相似。其特点是拥有庄园和庄园附近块地的完善设备。这和俄罗斯相似的事物存在差别，居民区的基础设施基本采用统一公共事业服务的原理，它与周围居民区的环境隔离开，绝大多数居民是城市人，他们的职业与城市、非农村经济形式活动有关。在当时，单幢小楼居民区在很大程度上按照上层居民创建的惯例发展。联系这些，它们暂时还不能被视为农村当地改造的前景。

除了单幢小楼居民区的建设外，也在市郊的城市建设单幢小楼，那里不

---

① По данным сайта о загородной недвижимости Екатеринбурга poselkiekb. ru! URL: http: //www. poselkiekb. ru/Catalog/Objects/cottage? page = 3（дата обращения: 10. 01. 2012）.

仅有城市人，还有当地的居民开始改变自己的日常生活。由此可见，农村当地的远景改造将往这一方向发展，在那里分布居民区最有利，居民区将成为农村周边发展的中心。

第二节　农村的建设和苏联农村的改造

俄罗斯农村传统外观的改变发生于 19 世纪后半期：地方自治会展开了移民规划方面的工作，给移民们带去更有规律的外观；在地方性的（乡）系统中心出现了行政机关及公共服务机构——乡参议会、学校、医院、邮局等；开始积极发展农村贸易。

同时大规模（哪怕是不大）建造石制建筑。全部这些新措施说明城市化过程的开始给传统移民带来了新的特点，但没有破坏它的根本原则。

农村居民的传统形式（从民族特点中总结）特点是在一个世纪内形成的：农民独自建设，最终形成其宅旁用地（庭院）；利用周围风景进行规划建设；居民点之间分区不明显，但都具备教堂、水源、集市广场等，可以同时供应当地社会中心需求。

19 世纪后半期，新的风向出现：昔日普通且杂乱无序的街道被重新规划，传统民居也得以整修。19 世纪 80~90 年代，彼尔姆省展开了这些工作，首先整顿了商业区。至 20 世纪初，将近 90% 的农村居民点得到整改。①。

在街道规划过程中，考虑到了早期民居的特点：教堂与公共建设的居民点中心得以保存，规划过程中，沿河第一排房屋未变，后一排则改为朝向街道。只有一排沿河或沿街的街道就称为"单街"。因为要考虑经济建设与民居特点，杂乱无章的农村居民点的整改要更为复杂。农村新计划的创建还考虑到自然风景、交通线和创建社会中心的必要性。乌拉尔的临街居民区具有许多特点，它们的房子正对着河流或者街道。如果一些道路汇聚在居民区，

---

① См. : На путях из Земли Пермской в Сибирь : очерки этнографии северноуральского крестьянства XVII - XX вв. М. , 1989. С. 48.

它们就会变为一个整体。在最后一种情况中，道路连同和它一起的街道在教堂附近的中心汇聚。

在规划居民区的同时，居民网的改造也开始了，其中包括村庄的汇合处。比如，出现了新的村庄热尔多夫卡——是奥布瓦河中游、下游、上游和小热尔多夫卡基础上的联合。开始为多个村庄和农村创建社会中心，在这里举办集市，召开会议。它取决于教堂或者小教堂、高级神职人员的房子所在地，还有乡政府、货铺、学校、邮局所在地。社会中心是居民区传统方案改造的第一步。

20 世纪初，在彼尔姆省重建的小村落（10 户以内）有 18%，不大的村落（50 户以内）有 50%，50～99 户的村落有 85.5%，100～500 户的村落有 94%，大型村落（超过 500 户）有 95.5%[①]。

庄园的住宅建设和配套建筑工程发生了巨大改变。传统的庄园通常被分为两部分。前一部分是农舍，在这里分布着住宅和经营用的建筑，如用于圈养牲畜、放置交通工具和食品贮藏的房屋。后一部分被划作菜园。景观、乡村的方案、近庄园地区份地的面积对农户的结构产生了巨大影响。

农舍的传统方案有以下两种：一是和居住部分挨着的有棚农舍；二是在经营性建筑物四周的开放性农舍。在有棚农舍中，板棚被安置在从后面或者侧面紧靠木屋的地方。一排或者几排，取决于经营性建筑物的地理位置及不同联系种类：单行的、双行的、三行的、四行的、闭合的安宁型的。单行式联系反映了居住和经营用的建筑分布是房子和农舍沿着街道一排建起来并盖上双坡屋顶。T 形样式是单排庄园的变种。T 形样式的房屋沿着街道排成长列，挡住了院子。在这一方案中，房屋和院子有独立的双坡屋顶，屋顶的分布是互相垂直的。这种住宅在乌拉尔被称作"同一马下的房屋"[②]。

---

① См.：Свод данных, помещенных в《Сельских населенных мест Пермской губернии》，изд. 1908/9 гг. Пермь，1910. С. 62 – 63.

② Чагин Г. Н. Культура и быт русских крестьян Среднего Урала в середине XIX – начале XX в. (этнические традиции материальной жизни). Пермь，1991. С. 52.

在乌拉尔中心地区，双排庄园十分流行，它在北方是沿着街道而建的，在南方是垂直建造的。住宅占据一列，另一列是经营用的院子。房子和院子的屋顶是共用的，在后期的方案中是四坡屋顶，房子上是"帐篷"，院子上是单坡屋顶。Γ形样式是双排庄园的变种。在这一类型中，院子位于住宅楼的后面，但不在中间，而是在侧边，紧靠一个角落。在彼尔姆省的南部县中，双排庄园变为三列庄园，这是由畜牧业和手艺活发展的特殊性决定的。

从19世纪末开始，农村出现了新类型的庄园——Π类型的庄园。其在俄罗斯的中部地区和西伯利亚十分常见。这类庄园的方案为：房屋占据一个角落，暖和的院子位于房屋的后面，而在从房子到院子的很长距离的侧面，筑起仓库、地窖和各种棚子。Π形庄园由富裕家庭筑起，并证明了农业分化的进程。

木屋是18~19世纪农民住宅的主要形式，由两个或者三个可关闭的室构成（木屋 + 门厅；木屋 + 门厅 + 贮藏室）。农村住宅很少有整块石头的或者砖制的地基。在建造时通常有砍掉的原木（立管、树桩或者石头）在原木建筑的角落下方和第一排横木的中间。为了防寒，用土把这种地基从里到外填平，建起土台。在沼泽地带，在高的柱子即木桩上建造住宅。住宅的高度由北到南越来越低。在高木房中，特别大的房屋出现在俄罗斯北部和东北部的省份中，其中包括彼尔姆省。从底部起1.5米到3米的空间被用于经营。有时整个木房底层被用于居住，这种房屋变成两层。房屋被双坡或者四坡屋顶遮盖住。

双坡屋顶的高木房底层上的木结构房屋垂直于街道，是俄罗斯北部的住宅群的特点，在彼尔姆省得到了推广。居住用的和经营用的房屋组成了一个整体。在彼尔姆省的南部县新增了俄罗斯中部的住宅群的类型，在低或中木房底层上的木结构房屋和有篷的一层农舍是它的核心。房屋平行于街道。俄罗斯中部木屋的总高度比俄罗斯北部的低一些。平面几何图案雕刻的住宅的装饰，在俄罗斯传统中是很有特点的，其中包括窗贴脸和其他装饰。

从19世纪末起，大规模住宅的五壁屋顶在农村环境中得到推广。它的特点主要是令居民点距离工厂、城市、货物线很近。五壁由木架组成，五面墙把木架分为两部分。门厅被木架固定住，穿过门厅是木屋另一半的入口。在富裕的家庭，五壁变为十字形结构，为此木架呈十字状划分，不是用一面，而是用两面墙将房屋划分成四部分。除此之外，出现了六壁——封闭式的房子，由两个木架组成并把它们之间封死。若与传统住宅相比，十字状划分的房屋需要更多投资：它的屋顶是相交的两条椽木，四壁用钉子和薄木板给墙装壁板。

19世纪末，在乌拉尔的不同区域房屋的这些类型占主要地位。在伯朝拉边区是双层的五壁、六壁房屋。在伯朝拉，带有门厅的四壁木屋得到了推广。在塔吉尔河下游的工厂周围的居民区中，带有宽敞门厅的四壁小木屋是主要的住宅类型。在工厂附近的大村庄中，五壁和六壁也得到了推广。

五壁和六壁的出现体现了创建公用住宅空间的趋势，并划分了经营区、居住区和餐饮区，于20世纪得到了长足发展。

住宅内部有炉子，它占据了小木屋的1/4空间。炉子在斜穿体角落的地方，炉子前挂着圣像，摆放着饭桌和长凳。每逢节日，桌子上铺着桌布，摆着面包和盐——象征着平安。神龛的角落经常用绣花毛巾、木版画、手工花、芳香的干草装饰①。

在乌拉尔，以小木屋方案为主的俄罗斯中北部方案占绝大多数。其中，炉子摆放在木屋的前角，大门的左边或右边，炉口位于木屋对着街道的前墙，就符合这一方案。从炉口到前墙的空间是厨房，在这里做饭和存放厨房用具。在前墙上凿出2~3个窗户。在木屋的后部，炉子附近接建带有门的柜子形式的地窖，有楼梯通往室内地窖，台板被固定在顶棚下。

在传统的农村住宅中，嵌入家具占绝大多数。沿着连着前角的墙，把长凳紧紧地固定住，装家什用的柜子在高于窗户的位置。从入口到侧面墙摆放

---

① См.：Традиционное жилище народов России，XIX – начало XX века. М.，1997. C. 40.

着卧箱——大的长凳柜子，可以储存餐具和食物。

和俄罗斯中北部的木屋建设规划类似的不仅有俄罗斯居民区，还有科米–彼尔米亚克人、乌德穆尔特人、莫尔多瓦人、楚瓦什人、鞑靼人所在的地区。俄罗斯建筑传统（木结构技术、内部设计、俄罗斯炉子）在当地的乌拉尔民族中得到了推广。

19世纪末20世纪初传统工具发生了改变，"一分为二"的房屋构造是普遍现象，因为可以用隔板分成二至三层，上方用于做饭，下方可以靠窗排放火炉。[①] 在复杂型的建设中，炉子被搬到木屋中间，提供隔绝厨房的房间，并允许在木板间壁的作用下分割一些房间——正房、卧室、门厅、厨房。卫生情况随着住宅内部设计的改变得到了显著改善，房屋变得更加宽敞和整洁。

19世纪后半期，经济发达地区出现了带有内部刷灰浆和油漆、荷兰式炉子、柜子、餐柜、靠墙桌椅的木屋。富裕的农户家庭粉刷里屋、用壁纸糊在墙上、用镜子和城市家具美化它。绘饰墙壁、室内门和室内间壁成为乌拉尔中部农村住宅的特点。白色或者棕红色背景下的奇特植物的图案，保存在以萨莫伊洛夫命名的农村建筑和民族艺术的文物保护区博物馆。为城市家具展览做补充的屋内绘饰是对发生于19世纪末的农村改造的反映。这一方案（见图4-2）针对的是典型的采矿工业或者靠近大道的大型村庄的富裕农户的房间。穷人的木屋是不可能装饰类似的各种颜色的，他们倾向于较传统的装饰。但就在它们的基础上也出现了新的事物，体现在长凳的几乎完全消失和家具的普及上。在19世纪末，煤油灯代替了火把和蜡烛。

统计学家的数据显示，19世纪后半期，木工和木匠手艺在彼尔姆省得到了很大发展，首先是向农村人口延伸。他们在卡梅什洛夫县、切尔登县、伊尔比特县、上图里耶县、克拉斯诺乌菲姆斯克县迅速发展，为了方便出售，准备的绝大多数是简单的制品。但在工厂出现了更高级家具的生产。比

---

① *Крупянская В. Ю.*，*Полищук Н. С.* Культура и быт рабочих горнозаводского Урала: конец XIX – начало XX в. М.，1971. C. 120.

图 4-2　19 世纪末（改造时期）在农民家庭中白色的（豪华的）房间

资料来源：萨莫伊洛夫农村建筑和民族艺术的文物保护区博物馆，戈尔巴乔娃摄于 2012 年。

如，谢列布良斯克和金诺夫斯克的细木工制作用漆盖住的家具。在他们那里可以以 15 卢布的价格买到一打椅子和芦苇十字绣，抽屉柜 8 卢布、简单的沙发 3 卢布、厨房用桌 1 卢布 50 戈比[1]。工匠们能够保障当地市场，将有新元素的家具、饰品带入农民的生活，使农村的生活方式逐渐现代化。除了木工外，其他与缝衣服、鞋、帽子和编制地毯有关的手艺和手工也得到了发展。在沙德林斯克县的马汉斯克城区，当地的女工匠获得了巨大名声，她们会用羊毛编制令人称奇的五彩缤纷的"战争"地毯[2]。

至于建筑技术，大部分住宅通过传统方法（组织劳动和建筑形式）修

---

[1] Списки населенных мест Российской империи. Т. 31 ： Пермская губерния. СПб. , 1975. Л. CCCXXXII.

[2] Списки населенных мест Российской империи. Т. 31 ： Пермская губерния. СПб. , 1975. Л. XXXCCC.

筑，房屋由农民独立建造或在一群木匠的帮助下修建。建筑材料主要为木头，因为树木是更为经济和生态的建筑材料。20世纪初农村出现了石制建筑（见图4-3）。最初主要是教堂、寺庙、商铺和公共粮仓，19世纪末，出现了砖制的学校和医院。这些工艺逐渐流传到住宅领域。

图4-3　20世纪初的石制建筑　斯维尔德洛夫斯克州彼得卡缅卡村庄　拍摄于2012年

　　制砖手艺的发展可以被看作农村建设变化的标志。早在19世纪中期，各地就有人从事砖制品生产，但是它不具有满足最简单工艺的工厂性（炉子为了烧制、棚子为了未制成的产品）。据统计，1872年前在彼尔姆省就有320座砖制建筑，其中分布在城市的有41个。在沙德林斯克县的一些村庄中（奥谢耶夫村、叶尔绍夫村、巴卡尔村、图马诺夫村等），大部分军民以类似"游牧"的形式从事砖制手工艺。秋天承包者去寻找订单，接到订单后，他们回家分发给工长。春天伊始，工长为了承包的工作离开，详细和包工者谈工作条件和订货（餐桌、棚子和炉子的制作）。一个工人平均每天可生产400~500块砖。砖坯的收缩、烧制和出货要花费将近 14 天①。相类似的人工操作生产砖的工艺在农村当地一直保留到 20 世纪中期，尤其是在最后的时期被运用在集体农庄中。

石头建筑被地方自治机关积极地宣传，并被视作避免火灾的方法。根据统计资料，1850～1972 年彼尔姆省平均每年发生 318 起火灾，共计摧毁了 12140 座农舍（平均每年 934 个农户）②。火灾的主要原因是农村有太多粮食、炉子，却缺乏必备的防火工具③。石头建筑价格更加昂贵，但是降低了火灾的危险并能够避免数以千计的损失。

据统计，1908 年前在彼尔姆省的村庄中共有 51422 座石制建筑和 5325 座半石制建筑④，它们大部分位于南方县——叶卡捷琳堡（12818 座）、沙德林斯克（23820 座）、切尔登（16 座）和索利卡姆斯克（29 座）。直到 30 年代，石制建筑在乌拉尔农村还是特殊现象，并通常为公共服务建筑（寺庙、神职人员住宅、地方学校、乡公所）。富裕的农民尤其是和商业有关的农民对新建筑的形成做出了自己的贡献，他们建设了住宅、商用房和保存自己财富的砖制仓库。

20 世纪 20 年代木制建筑在全国范围内仍占绝大多数，明确了住宅结构的建筑形式和特点。

农村建筑主要是石制建筑和国营农场，这都与集体农庄运动有关。国营农场是新农村居民区的代表。国营农场作为"粮食工厂"，也就是工业企业，按照城市的类型并利用石头和土坯建筑的工艺，预先确定了建设国营农场居民区的方案。但由于缺少充足的资金和建筑材料，建设中广泛采用了更为便宜的木材，尤其是因为所有农民都掌握了木匠技能。最终，国营农场居民区做了折中，兼顾了传统农村居民区特点与工业方法。传统源自主要使用

① Списки населенных мест Российской империи. Т. 31 ： Пермская губерния. СПб. ， 1975. Л. CCCXXXVII.
② Списки населенных мест Российской империи. Т. 31 ： Пермская губерния. СПб. ， 1975. Л. CCXIV.
③ Списки населенных мест Российской империи. Т. 31 ： Пермская губерния. СПб. ， 1975. Л. CCXVI.
④ Свод данных, помещенных в 《Списках населенных мест Пермской губернии》... C. 17.

木制建材的建筑工艺，而在民居的设计规划中采用了工业手段（多公寓式楼房）。

国营农场居民区的设施包括简易住房和宿舍（见图 4 - 4）、食堂、面包房、公共浴池和俱乐部。直到 1933 年国家才允许个人自建住宅，50 年代之前自建住宅在全国的比例都非常小。1940 年，制定了国营农场建造和设备的总方针，其中房屋被改修为一层 2 ~ 4 个房间的住宅，每家分 0.15 公顷土地作为菜园，并在住宅附近建设道路、日常生活文化设施等。

图 4 - 4　宿舍　斯维尔德洛夫斯克州新阿列克谢耶夫斯卡耶村　摄于 2003 年

这些保存了几个世纪的农村建筑是运用传统技术建成的。城市文明的成就——电、收音机也渐渐融入农村环境中，产生了俱乐部、图书馆、乡村学校和医疗机构，但战前农村建筑并未发生本质上的改变。苏联时期，有专门为乡村设计建设方案的设计机构，其对建筑学和建设传统产生了影响。

农村建筑在战后发生改变。20 世纪 40 年代后半期，出台了农村现代化政策，旨在重建俄罗斯农村建筑。权力机构开始关注农村建设问题并制定建设方案。

在农村城市化过程中农村经济领域的建设是如何形成的？

1945 年 6 月 8 日俄罗斯苏维埃联邦社会主义共和国人民委员会颁布了《关于农村和集体农庄的建设和土房废除措施的执行》条例[①]，旨在扩展农村建设工作，包括组建集体农庄建筑工程队、利用当地建设材料等。苏联的加盟共和国也采用类似的条例，这说明：农村建设是内部的事情，而不是全国范围的重大问题。正是当地的资源和地方政权机关的态度决定了农村转换的速度和深度。

战后农村建设最主要的特点是利用各类方案和居民点总计划。它们作为当时农村的标准方案，决定了农村的基本建设。但因基础设施缺乏、设计机构数量不足等，这些方案并未得到落实。集体农庄主席花费了很多年都未找到适当的文献。除此之外，设计费用十分昂贵，并且设计不考虑农村当地的特殊性。

按照在 22 个州、边疆区和俄罗斯苏维埃联邦社会主义共和国的第四个五年计划的提议，共计建造 40.3 万栋楼房。截至 1949 年，建设 40.7 万栋楼房、27 万座农用建筑、9 个澡堂[②]。在每一个执行委员会机构的区域创建了专门的机构——农业和集体农庄建设的部门，这一机构实行总的领导并掌控着建设工作。

在战后时期，俄罗斯村庄重建和改造最严重的问题之一是缺乏建筑材料和业务熟练的建设干部。寻找建筑资源可在当地创建的制砖厂和制瓦厂中找到出路。第四个五年计划的法律条规中特别强调："应当由木制房屋建筑改变到砖制和石制建筑。"尽管木头仍然是主要的建筑材料，尤其是在森林和森林草原地区，但战后时期农村建筑逐渐更换了建筑材料。三年内在俄罗斯苏维埃联邦社会主义共和国集体农庄建造了 2800 间制砖工厂和 200 间制瓦厂[③]。

---

① История крестьянства СССР. Т. 4. М. , 1988. С. 188.
② ГАРФ. Ф. 311. Оп. 1. Д. 265. Л. 31.
③ ГАРФ. Ф. 311. Оп. 1. Д. 265.　Л. 49.

为了解决 30 栋教学楼的建设人员问题，俄罗斯苏维埃联邦社会主义共和国开始培养农村建设的专职干部。在集体农庄创建了建筑工程队。但远不是所有的农庄都敢于这样做，因为用于农活的人手严重不足。通常农庄主席宁愿租用"索要高价干私活的人"——来自各地，一连工作几天的工人。在这种情况下，质量时常有缺陷。1948 年，俄罗斯苏维埃联邦社会主义共和国 27 个州中的集体农庄建设了总计超过两万个建筑，主要为公有建筑①。

近年来，人事干部问题仍旧存在，甚至愈演愈烈，这与新出现的建筑工艺息息相关。每个夏天来到农村并建设牛棚、饲养场、仓库的大学生建设队伍在解决人员问题中起到了很大的作用。直到 70 年代，索高价干私活的行为依旧存在。

因此，20 世纪 40 年代末期，农村建设管理体系的基础业已形成，之后决定了公共事业道路与农村地区的发展，即使不是立竿见影的。在战后几年，在克拉斯诺乌菲姆斯克区的"五一""前进""联盟"和阿奇特区的"黎明"等集体农庄那里，建设了新的房屋，出现了自来水管道、电、收音机、专业日常文化机构。那些年在一个总结中如此说道："在我们眼中，布尔什维克党的历史创作产生，城市和农村之间几个世纪的对立逐渐被废除。"②

但另一种状况更加典型。因为没有足够的人手、材料和建设环境，只是制定了任务，并没有进行实践。1949 年，斯维尔德洛夫斯克州举办了农村建设问题会。会议决定，大部分集体农庄地区可以不进行新建设，主要进行住宅和日常资源的修理。而在农村有时房子甚至没有栅栏或者房屋的窗户上没有窗框。农村的经济状况十分艰难，战后时期的困难影响了总体状况③。

农村建设的高速发展始于赫鲁晓夫时期，并和农村经济问题状况的改

---

① ГАРФ. Ф. 311. Оп. 1. Д. 265.　Л. 56.

② ГАРФ. Ф. 311. Оп. 1. Д. 83. Л. 2 – 2об.

③ ГАРФ. Ф. 311. Оп. 1. Д. 200. Л. 27.

善、集体农庄收入的增长有直接的联系，收入增长是因为实行了降低赋税、提高农业产品采购价格的措施。1953～1957 年，基本建设投资额几乎增长了 1 倍，俄罗斯苏维埃联邦社会主义共和国的集体农庄的建设费用超过 250 亿卢布（见表 4 –1）。

1954～1959 年，俄罗斯的集体农庄中建有 4800 万个畜牧场、5000 万个禽类养殖场，建有 25000 个文化俱乐部、2055 所学校、460 间食堂、680 间面包房、5700 个澡堂、1900 个医院、200 多万座住宅楼[1]。这些事实证明了农村建设的发展规模和俄罗斯农村生活的巨大改变。

表 4 –1　俄罗斯苏维埃联邦社会主义共和国集体农庄建设费用

单位：千卢布

年份	建设费用
1953	13758996
1954	14503635
1955	19802650
1956	23527607
1957	25863160

资料来源：俄罗斯联邦国家档案馆，Ф. 311. Оп. 1. Д. 666. Л. 10。

与此同时，俄罗斯苏维埃联邦社会主义共和国农村建设部门的报告证实："每个集体农庄在建设中投入的大量资金，由于较低的组织技术水平而没能得到应有的效果。"

农村重建时没有设计方案和必备的建筑建设检查，因此设备完善问题没有得到解决。在大部分情况下，集体农庄建设是通过人工操作进行的，没有采用影响工作质量的建筑设备和机构。1955 年支付给"自行组织"干私活的人超过 24 亿卢布，1956 年超过 21 亿卢布[2]。

这加深了权力在农村建设领域和工作整顿中的干涉程度。苏维埃社会主

---

[1]　ГАРФ. Ф. 311. Оп. 1. Д. 719. Л. 46.

[2]　ГАРФ. Ф. 311. Оп. 1. Д. 664. Л. 72 – 73.

义共和国联盟部长会议通过了《关于集体农庄建设改善的提议》[1]，提议中列出了下列措施：第一，自 1959 年起，根据国家预算资金，商定集体农庄居民点建设的基本规划；第二，自 1960 年起，农村地区的建设只遵照规划与公共事业核定的项目进行；第三，根据居民点的规划与公共事业来制定条例；第四，应根据示范项目及规划的简明纲要以最少的费用来组织建设；第五，应因地制宜，详细研究规划的简明纲要；第六，农业与集体农村建设的相关部门应监督农村地区的建设工作。

提议的措施决定了接下来的几年里国家在农村建设地区的方向，并使在这一问题上的决定性政策有可能实现。另外，它有多有效和多适宜，那它对农村重建的影响就有多大。

1957 年，在集体农庄的农村和团体中，基本上为俄罗斯农村城市化的新阶段准备好了必需的先决条件，农村城市化与村落外观和农民生活条件的根本改变息息相关。以工业技术和利用新的建设资料（混凝土、矿渣砖等）为基础的大量农村建设，成为这一阶段的特征，还有农村电气化，农村贸易、交通、社会文化领域，农村劳动者社会保障系统的创建。

1957 年 7 月 31 日苏共中央委员会和苏维埃社会主义共和国联盟部长会议通过苏联居住区建设发展决议和俄罗斯苏维埃联邦社会主义共和国方面的苏共中央委员会的决议，1960 年 6 月 18 日第 917 期俄罗斯苏维埃联邦社会主义共和国部长会议上通过的决议《提高农村建设的措施》将农村建设作为主要任务，并提出了区域规划方案的研究及其在农村建设实践中的运用。尽管对这一问题予以关注和投入了大量经费，但州和区规划的保障供应程度持续滞留在十分低的水平，主要是由于工作范围、人员、规划组织不足和行政领域的不断改革导致研究方案频繁变化。

1958～1963 年，苏联的农业投资额为 272 亿卢布。其间建设了可容纳1940 万头牲畜、3320 万只禽类的畜牧业场，使 4520 万公顷的土地干涸，建

---

[1]　ГАРФ. Ф. 311. Оп. 1. Д. 664. Л. 72 – 73.

设了 240 万住宅、幼儿园、学校、医院等①。生产和居住建筑的各类方案规划不总是符合当地条件，比如，布里亚特农用系列型号 ТП – 202 – 61 可容纳 200 头的牛舍导致牛之间的疾病显著增长，母牛由于冻伤而导致产乳量下降。为了解决问题，布里亚特苏维埃社会主义自治共和国部长会议被迫改变为俄罗斯联邦部长会议，并批准使用其他建设方案②。

建设有发展前途的居民点，解决了一个社会问题，产生了另一个，而总的来说，就是导致传统生活形式和宅院旁农户经济被破坏。在这一时期，由于采用新的宅院旁份地标准，集体农庄农户的农业活动范围急剧减小，需要依靠更加严格的条件饲养牲畜。按照建筑规划建设的农用牲畜棚，经常距离人们居住的地方较远，照顾牲畜很困难，放牧的问题越来越复杂。

尽管按照示范章程每个农户都拥有获得牧场的权力，实际上这并没有被遵守。土地割草期之前，集体农庄和国营农场带走了部分农民，需要支付给他们割草期、牧场（在割草期时常需要在集体农庄或者国营农场的田地做工偿还）等的使用费。对农村居民的个人副业的类似政策不可避免地导致他们经济活动的缩减③。比如，库尔干州"尤尔加梅什"国营农场的农民写道："我们居住的国营农场供给我们母牛，但真的没有地方饲养它们。院子，确实有，但是为了每天提醒我们收拾它，国营农场的农场主不退让自己的决定。他表示——'你们的母牛在村镇里没有地方可养。'我们的院子分布在距离住宅 300 米以外的地方。农场主给我们更远的地用于建设牛棚，比距离我们住宅 1000 米还远的地方……在冬季下雪的天气，根本无法到达那里。如果卖掉母牛，那就不能在村庄里居住，必须搬去城里。没有母牛的一家人在农村里过得很糟糕。"④

由此可见，20 世纪 50 ~ 70 年代，大规模的建设导致传统农村的外观有所改变。重建首先触及的是被列入"有前景的"的居民点，在那里进行基

---

① ГАРФ. Ф. 533. Оп. 1. Д. 1276. Л. 196.

② ГАРФ. Ф. 533. Оп. 1. Д. 1275. Л. 181.

③ ГАРФ. Ф. 259. Оп. 45. Д. 3144. Л. 43，54，57，74.

④ ГАРФ. Ф. 259. Оп. 45. Д. 3144. Л. 73.

本建设。那里出现了石制多房间楼房的区域；新的行政中心、学校、俱乐部和图书馆，从木制建筑变为砖制建筑。不大的村庄在很大程度上保留了自己的传统外观，它们被列为第二等级——在村庄的结算期被保留下来并计划与有前景的居民点搬到一起。这里的建设有局限性。

20 世纪 80 年代，农村的建设方法开始改变：修建住宅的执勤小队依靠集体农庄和国营农场开始为个人建设创造条件。出现了针对农村居民区的设计方案，不是仿效城市建设，而是试图利用农村当地的特点。但是重建和之后市场改革的政策消极地影响到农村建设，建设在 90 年代停止，因为没有可以维持运作的基本资金，还因为畜牧场、家畜栏、仓库被破坏。原先的国营农场和集体农庄建筑的废墟变为农村当地景色的常见部分。

集体农庄村社的破坏过程，在立陶宛人的社会学者们的著作中被研究[1]。他们试图透彻考察当代立陶宛村落居民对待集体农庄建设废墟的态度。他们认为，废墟与人们的日常生活相伴，既然过去存在，那就是已废弃的，破坏的原因可以是自然的也可以是人为的，荒废的畜牧场、俱乐部、行政楼在始于 20 世纪 90 年代的政治经济改革时期出现在农村当地，作为农业主体的国营农场和集体农庄的完全消失实际上成为它的效果。没被利用的建筑各自有不同的命运：一部分被转到新的所有者手中，另一部分被拆毁并用于建筑材料或据为己有，还有一部分渐渐被破坏并到了不能用的境地，谁也用不上。保存最好的是技艺高超的建筑和仓库，差点的是畜牧场和没用的文化日常楼和行政楼。20 世纪 60～80 年代花费在生产和社会文化建筑上的对农村经济的基本建设投资，似乎都随风飘散了。对土地私人财产的推行和近郊住房建设的发展没能缓和已有的问题，而带来了新问题。

由此可见，旧的管理机制被农村建设所毁坏，而新的机制在巨大困难和扭曲下形成。在这种条件下，农村发展和美化设施领域的经过深思熟虑的政策是没有机会的，遗憾的是，它不属于优先的国家规划。

---

① См. : *Мардов Й.*, *Англинскас В.* Руины колхозных построек: некоторые вопросы оценки современной реальности сельскими жителями Литвы // Сибирская деревня: история, современное состояние, перспективы развития : сб. науч. тр. Ч. 1. Омск, 2010. С. 37–43.

第三节 农村地区公共事业的苏联经验

在市场经济条件下，民居的状况与内（民居本身）外（国家）的土地资源使用及其供需机制有关。帝俄时期正是如此，这种模式在最大程度上符合了农村地区的自然演化进程。然而在苏联计划配给制的体系下，农村城市化的资源基础及其机制均发生了改变。国家成为城市化的主要动力，而内部的社会资源则采用了非经济手段。同时，在存在危机的状况下，国家几乎不再涉足社会规划，而是以志愿捐献、社会主义竞赛、强制劳动等其他经济动员的措施来动员经济发展，以此完成社会规划。这些措施也完全用于农村地区。

上述方法最鲜明的例证便是战后直至20世纪50～70年代苏联开展的农村居民区的公共事业运动，其主要目的是通过动员居民主动参与绿化居民区，修复道路、小库，清理垃圾及其他措施进行战后重建。苏联积极推动公共事业运动出于以下几点考虑：第一，在居民区社会规划资金有限的情况下，可以调动国内资源满足居民的最低要求；第二，运动可以展示农村社会主义改革"成功"的可能性；第三，运动可以转移农村居民的注意力，不再关注不能解决的公共事业问题，转而关注更有可能实现的目标。

公共事业运动成为克服战后危机和解决俄罗斯村镇、农村设备完善问题的有效方法之一。它可以被看作以自愿和首创精神原则为基础进行的社会内部资源的动员。

第一次公共事业运动在1948年大规模展开。雅罗斯拉夫尔州呼吁集体农庄尽个人力量在自己村庄中整顿秩序。其中完善设备的首要措施是进行绿化和打扫区域里的垃圾、修建人行道和井。修建自来水管道、排水设备及电气化属于长远的任务。

让我们看一下首创精神所反映出来的内容：一方面，反映了农村居民对日常生活环境积极改变的渴望，另一方面，符合当局区别于传统（"黑暗的和未经开发的"）农村的新农村社会面貌的形成的指示。这一时期，公共事业建设包括电气化、农村无线电化，成立了供水、供暖、排水等机构，并制定了统一的城市标准，但是需要指出的是，并非所有城市都有这样一套完整方便的设施。在战后时期实现它是不可能的。对此，无论是国家，还是集体农庄，都没有能力和资金。相似问题的解决需要巨大的开支、负责规划和安装工程系统的国家机构的义务参加。不过在社会主义村镇重建村庄是有必要的，因此要挑选出这一时期完善设备（电气化、绿化、人行道、供水）的简单方案。电气化的任务是用专门方法解决的[①]。基本的设备完善问题居民可以用个人力量来解决，它需要的只是有人组织一下。

农民居住区的公共事业运动很快席卷了国家的全部区域。在战后的困难条件下，这是装饰农村生活的尝试。主要运动有开辟有栅栏围着的房前小花园、绿化街道、打井。因此，1948 年在斯维尔德洛夫斯克州有 27785 棵树被移植到农村地区，建了 22 个水塘、104 座桥、55179 米人行道、5139 米自来水供水设施。早在同一时期，在车里雅宾斯克州移植了 53083 棵树和 13071 株灌木，修建了 63 座桥、135 口井。完善设备的全部举动都是以无偿为基础，在突击十天的制度下，在田间作业期间进行的[②]。

第二年，运动带着新的力量又重新开始了。1949 年，中央报纸上刊登了高尔基州康斯坦丁诺夫卡区集体农庄的信，高尔基州承担起责任，在 5 年内（1949~1953）使区域内的全部 115 个居民点完善设备。在号召中特别强调指出：苏联村镇设备不够完善，村镇内没有土地、缺乏有栅栏围着的房前小花园、街道的清洁做得不好、缺乏明确的农村规划。根据区级苏维埃和党积极分子的倡议，国家的全部集体农庄开始接受号召。在每个村镇都建立了委员会，委员会应当按照以下方向深入研究五年计划：改善供水（建议每 15 户农户挖一口井），绿化（每户有义务栽种 3~5 棵树，把水果和浆果的树木移栽到宅院里——达到 10~12 株灌木丛和树木，除此之外，建议开辟街心公园），定出道路的断面并铺设道路，修建最简单的（木制的）人行道，解决污水清除问题（在集体农庄的庄园和公共场所修建厕所），建议在

---

① 有关这一问题将在下文进行解释。
② ГАРФ. Ф. 311. Оп. 1. Д. 263. Л. 57, 65.

个人住宅和公共建筑附近开辟有栅栏围着的房前小花园，通过指标和各种建筑零件形成农村进出口贸易，计划在 1953 年之前区域内的所有村庄实现电气化和无线电化[①]。

应当指出首创精神的典型特征——首创精神在全国整个农村地区普及，而没有考虑个别地区的特点。因此，街道绿化任务被看作设备完善的必备因素，无论是对于反对传统的北部农村，还是对于南部村镇。

在整个战后阶段，"为提高公共文化和农村居民点设备完善的战斗"有时重新被提及，有时衰减。每一个新的竞赛浪潮始于任何一种农村委员会用印刷出版的方式大肆宣扬的首创精神。居民提出建议，用自己的双手装饰并使自己的村镇设备完善。通过一段短暂的时间，首创精神依靠行政的推动力得到了"全民"支持。运动总结过程伴随着区域内较好的村镇和农村——那些被授予奖状和证书奖赏，并成为其他居民区榜样的村镇和农村——的分离。

公共事业运动分几个阶段进行，各阶段的共同目标是实现农村的社会主义改革（即城市化），除此之外，各阶段在任务的基本内容、组织形式及实施机制上有所不同。

为了给村庄更加舒适、美好的环境，战后时期（1945～1950）进行的运动是以消除更多农民生活的明显不足——缺乏公路、井、树木——为目的的。

20 世纪 50 年代下半期，以大量建筑在苏联农村的展开为背景，开始对按自愿原则进行的即按照新时期的村庄的社会基础设施标准形成的，在此之前当地政权没有涉及的俱乐部、幼儿园、体育场和其他社会文化生活对象的修建予以特别注意。

20 世纪 60～70 年代，苏联开始追求共产主义生活方式，解决煤气化、供水、排水、街道照明、垃圾清理等问题，以此形成符合城市标准的日常生活条件。农村委员会主持、组织并监督公共事业所有措施的施行工作，确保

---

① ГАРФ. Ф. 311. Оп. 1. Д. 263. Л. 10 – 18.

充分利用内部资源，20 世纪 60 年代至 70 年代的运动便逐渐发展为农村委员会长期努力的事业之一。村民还为其为了"共产主义日常生活"的社会主义竞赛设定了纪念日，用于加深对该活动内涵的认识。与此同时，民居的建筑工艺得到提高，这也被村民当作公共事业运动的良好效果之一。

1964 年，在克拉斯诺亚尔斯克边疆区的捷尔斯基村苏维埃和莫斯科州的帕赫拉－波克罗夫斯克村苏维埃进行的全苏联竞赛，具有首创精神地提出了拥护设备完善和提高农村居民点的文化。每种首创精神都有自己的背景，从中阐述并总结在此领域存在的有益经验。因此，1963 年伊始，捷尔斯基村苏维埃的居民已经负起社会主义的责任两年了，与此同时，在这两年里，用农村改善设备（整理、绿化、修路和人行道）的传统方法规定了住宅建设和改善学校工作、文化日常生活服务事业等的方法。在一年的时间内做成了不少。在公开信中指出位于村苏维埃的全部五个村庄外观的改变：道路上撒了一层砾石，挖通了排水沟，栽种了树木和灌木。除此之外，当地居民修建了村苏维埃大楼、体育场、两个街心小公园，按社会方式修复了学校、医院、俱乐部、图书馆。

捷列克河流域的哥萨克的经验在边区的整个村苏维埃会议上被宣传并信服，到处都在进行会议和公民的村民大会。竞赛包括了所有的村苏维埃地区。在舒沙地区的村镇中，仅一年时间就修建了 15 个幼儿园、5 个初步救护站、3 个商场、3 个浴池、7 个寄宿学校，在街道上栽种了超过 5 万棵果树、观赏植物和灌木，修建了 20 座桥、82 千米道路。边疆区苏维埃深入研究了奖励制度。排在第一位的村苏维埃被授予循环优胜奖旗，奖品是挎斗摩托车；第二、三名会获得证书和相应的奖品（一套音乐工具和价值 300 卢布的丛书）[1]。捷列克河流域的哥萨克的首创精神被赤塔州的村苏维埃、布里亚特苏维埃社会主义自治共和国和东部俄罗斯的其他区域沿袭。普通的村苏维埃这种良好的经验成为榜样，它试图规定印数，但并不总是成功的，因为各个地域的可能性是不同的。

---

① ГАРФ. Ф. 259. Оп. 45. Д. 1463. Л. 2－4，111，131.

战胜奖彰系统被规定了物质标准，却具有非物质特征。比如，莫斯科州的农村居民点公共事业运动席卷了将近 330 个村苏维埃，有自己的竞赛和奖励方案。在社会主义竞赛中包含了全部的居民：他们为获得最好的房屋、街道和村落的称号而战斗；在每个房间都有责任书，责任书上指出了设备完善和它们完成的日期。在房屋的前面——竞赛的胜利者所在位置——专门固定的一块牌子上写道："在共产主义生活方式的社会主义竞赛中最好的房子。"[1]

20 世纪 70 年代，组织水平和人民首创精神的行政支持得到了完整形式，变为当局实施方案的官僚机构之一。1970 年 8 月，全苏工会中央理事会和俄罗斯苏维埃联邦社会主义共和国部长会议的决议提出，"苏联共产党第 24 届全体代表大会上，巴什基尔苏维埃社会主义自治共和国、诺夫哥罗德州、梁赞市和弗拉基米尔市的全体企业和组织就今后城市、工农居住的公共事业问题制定了规划"，决议还建议地方苏维埃充分保障住宅、学校、医院接引处的计划提前完成，同时保障居民点区域和建造新公园的准备就绪[2]。

1972 年斯摩棱斯克州波奇诺克区列宁村苏维埃的居住者发表了公开信，信中向全部村民发出号召："在苏联形成的 50 年期间，提升自己村落的公共文化的设备完善。"[3] 通过 1972 年 3 月 15 日的决议，俄罗斯苏维埃联邦社会主义共和国部长会议赞同这些倡议并感谢苏联机构组织了村苏维埃之间的社会主义竞赛。行动具有覆盖全共和国范围的特点。村民大会在各地召开，而且通过填表、打印的方式确定了个人的社会主义责任[4]。最后，地区和州在上级面前汇报了取得的成绩。

在来自地方的报告中，引用了反映竞赛积极性和群众性的数据。比如，在库尔干州，按照年度报表，1972 年以后的设备完善的会议在 240 个苏维埃

① ГАРФ. Ф. 259. Оп. 45. Д. 1463. Л. 2 – 4，111，131.

② ГАРФ. Ф. 259.　　Оп. 46. Д. 658. Л. 1.

③ ГАРФ. Ф. 259.　　Оп. 46.　　Д. 2075. Л. 1 – 2.

④ ГАПК. Ф. 564. Оп. 3. Д. 4166. Л. 142.

中进行，举行了 590 场国民会议。1971 年，在邱牧良克斯基村苏维埃范围内，修建了 15 千米输电线路、91 千米下水管道和 39 个配水器、1.5 千米热力管道，栽种了 2400 棵树，开辟了 2 个街心公园。关于设备完善实施方法的报告，在第二年得到了新社会主义公约的充实，公约形成得十分公式化："把村苏维埃（区域）变为设备完善的社会主义村镇，铺设道路和人行道，每个房屋都有栅栏围着的房前小花园，消除全部杂草并保持院子里、户外、畜牧场和社会机构的卫生秩序，添置孩子们玩耍和运动的广场。"①

过分的限制是全部这些措施不可避免的特点。比如说，在奥伦堡州，每两个月举行一次居民点设备完善的竞赛。胜利者被授予流动红色奖旗，一等奖奖金 5000 卢布，二等奖奖金 3000 卢布。在彼尔姆州，一个季度举办一次。村胜利者被授予流动红色奖旗，竞赛中的第一名奖励 15000 卢布②。

20 世纪 20~70 年代，所有的社会主义公约在居民会议中确立下来，会议恢复了公社传统，并加强理论和履行保证的人民控制。1970 年，彼尔姆州仅在奥乔尔地区就召开了 379 次居民会议，会议上仔细研究了设备完善问题。奥乔尔地区的库里科夫斯基村苏维埃会议上采纳了社会文化机构建设的远景规划。所有居民同意周六周日参加公共事业运动。因此，在村苏维埃地域内建设了地段医院、学生用的因特网、9 栋楼房、商场、幼儿联合职业学校。1970 年，全部参与的居民在每个区域内修建了 19.5 千米道路、19 座桥，挖了 22 个水池和井③。1972 年，在竞赛的约束下，彼尔姆州修建了 5 万平方米的人行道、55 千米的公路、170 座桥、87 口井，竖立了 68 座方尖碑和纪念碑，栽种了 100 棵树和灌木④。很难确认数字的准确性，因为决算指标的增高是很平常的事情。很难评价建设的质量，更何况农村居民生活条件的实际改变。

70 年代初，根据彼尔姆州卫生防疫站资料统计，大部分居民点都利用

---

① ГАРФ. Ф. 259. Оп. 46. Д. 2075. Л. 68.

② ГАРФ. Ф. 259. Оп. 46. Д. 2075. Л. 12，68.

③ ГАПК. Ф. 564. Оп. 3. Д. 3265. Л. 39.

④ ГАПК. Ф. 564. Оп. 3. Д. 4157. Л. 85.

井水和泉水，其中彼尔姆州 6474 口井中有 1866 口不符合卫生标准，部分农村居民点饮用水来自开放性泉水①，甚至在下水道和供热中取水。食堂、学校、俱乐部不能被清洁车打扫干净，并且清洁车弄脏了居民区。例如，伊利因斯基镇建造了 12 个房间的房屋、门诊部、托儿所，却没有净化池②。大部分居民点缺乏绿色植被，街道设备不完善，且一年中大部分时候处于无法通行、不卫生的状况，没有组织专门清扫居民点的垃圾和堆积在农场附近的粪便③。

总的来看，粪便清理的问题是最复杂的问题之一。在传统村庄中，以无废渣的生产为主要原则，粪便可以被有效利用。但在新条件下，农场和村镇建设了社会主义公共服务基础设施——俱乐部、食堂、浴池、面包房等，无法再有效利用粪便，而又没有组织专门的清洁服务。因此，污垢和灰尘，尤其是在公共场所，成为农村风景的常见要素。

接下来的几年，居民点设备完善的社会主义竞赛在计划的规章中得到了发展。1973 年通过了俄罗斯苏维埃联邦社会主义共和国和全苏工会中央理事会部长委员会的决定，"关于全俄罗斯社会主义竞赛的自治共和国、边疆区、州、城市、民族州和区，更好地进行居民点的设备完善和救护内容的工作的决定"④。共计有 73 个州、边疆区、共和国，132 个城市，2592 个民族州、区和城市参加了竞赛，居民数都达到 1 万人。他们的工作按照如下标准进行评定：居住总面积的煤气化、住房的修理和绿化、道路的修建。类似的决定在 1975 年被采纳。根据这一年竞赛的总数，巴什基尔获得了 4 万卢布的奖金⑤。

由此可见，社会主义竞赛成为解决公共事业问题的方法之一，且费用开支不大，并且允许"修补偏僻的村镇"，但没有保障最终目的的达成。20 世

---

① ГАПК. Ф. 564. Оп. 3. Д. 3223. Л. 53.

② ГАПК. Ф. 564. Оп. 3. Д. 3223. Л. 55.

③ ГАПК. Ф. 564. Оп. 3. Д. 3223. Л. 55.

④ ГАРФ. Ф. 259. Оп. 46. 3623. Л. 1.

⑤ ГАРФ. Ф. 259. Оп. 46. Д. 5505. Л. 3.

纪末的农村大部分地区都只有设备简陋的木制房屋，缺乏最基本的日常生活设施。在俄罗斯的欧洲部分安装了自来水供水设施，占城市居住总面积的79%、农村当地居住总面积的32%。城里提供排水系统的房屋占76%，农村占23%。唯一的国家政权机关所能达到的是农村电气化——在部分地区安装电话和煤气设备①。

在农村当地创造新的生活条件，所需要的不仅仅是"装修"，还需要采用经周密思考的政策，改进农村当地的生活保障技术、建设住宅。但是，社会主义竞赛的形式造成了公共事业蓬勃发展的假象，因此在整个研究时期内，这种形式被广泛运用。

应当指出，社会主义竞赛的威慑作用。在城市化与日益增长的个性需求的背景下，社会公众的生活方式大同小异，个性遭到压制，自我感觉几近消失，只留下集体与个人对社会的责任。这些思想在农民的回忆录中有所体现："现在已经不像从前那样建设带有不同外壳的房屋了，不是每一个都在水井后。而小河和水草紧挨着村庄么？一切都消失了。我们当地十分贫穷。而且要知道的是，这里总是这样！四周都是带有蘑菇、浆果和蜂蜜的森林。每年春天都有鹤飞来。大量灰色的鸟在田野间到处散步，离人很近也不害怕，从远处可以很好地看出它们是如何起飞的。而如今已经不再有人能在我们当地看见它们了。"②

第四节　20世纪20~80年代的农村电气化

电气化的概念像一条红线贯穿于苏联时期农业部门的整个改革。电气化成为农村当地城市化的重要因素之一。当时，列宁提出了一个倡议："共产主义是苏联政权再加上整个国家的电气化。"他着重指出，没有动力工程学家是无法创建未来社会的。目前的生活方式是这一论述的有力佐证，并证实

---

① Город и деревня в Европейской России: сто лет перемен. М., 2001. С. 405.

② *Бердинских В.* Речи немых. Повседневная жизнь русского крестьянства в XX в. М., 2011. С. 46.

了电力曾经和现在都是主要能源，没有电力资源将无法满足日常生活基本需求，也无法促使社会发展。

大规模电气化的开始通常与 1920 年的俄罗斯国家电气化委员会计划的实施有关。第一步俄罗斯早在很久以前就已经做到了。为了用于铸桥照明，1879 年在圣彼得堡建设了第一家热电力站，第二年，电开始逐渐渗入生产和居民日常生活中。1913 年，俄罗斯在电力发电量上排名世界第八[①]。俄罗斯电气化计划的研究与这一时间段有关，后来被布尔什维克实施。

俄罗斯国家电气化委员会的计划是走向共产主义和按照新方式进行社会改革的第一步。其在 20 世纪 20～30 年代取得了显著成效，包括建造了几十个水力发电站和几百个热力发电站，为统一的电力系统奠定了基础。到 50 年代，电气化席卷了城市居民网。

农村电气化的进程可以分为三个主要阶段。

第一阶段（20 世纪初到 1944 年），电开始逐渐渗透农村环境中，没有损害农村经济生产和日常生活的基础。在这一时期，电气化的发展过程是自发的、不平衡的，主要依靠当地机构和当局的首创精神和力量。

第二阶段（1945～1952）——大批量电气化的开始。这一阶段和集体农庄发电站建设方面的运动有紧密的联系，集体农庄发电站是解决农村当地电能供给问题的尝试。

第三阶段（始于 1953 年），取消了对集体农庄限制的规定，生产部门开始接入国家电网。农村的电气化完成于 70 年代，但至今还能找到没有供电的农村居民点。

俄罗斯国家电气化委员会计划的发电站装备建设是俄罗斯电气化的固定阶段，使电成为城市可享用的资源。电使居民的日常生活完全改变了，为房屋革命创造了先决条件，从根本上改变了居民的生活方式。城市的电气化问题在 20～30 年代基本上得到了解决，战后俄罗斯农村电气化才普

---

① Cм.: Первые шаги электрификации России［Электронный ресурс］. URL: http://electrolibrary. info/history/electrofikaciya. htm.

遍得以完成。

尽管第一批"伊里奇灯"早在 20 世纪 20 年代就在农村点亮，但是电气化的节奏非常缓慢。战争前夕，俄罗斯农村电气化水平只有居民总数量的 2%～3%。从农村环境条件看，电是一种妙不可言的东西，在舍比奇克的电影《电的故乡》（1967）——根据普拉托诺夫的短篇小说改编而成——中得到反映。影片讲述了 20 年代初农村电气化的事情，在电影剧本中有一小部分情节是关于如何在农村运转能够给干枯的田地供水的发电机的。电影反映的不仅仅是对电的神奇认知，还有从完全的否定和恐惧到对电的威力的理解，与此同时，还有技术改革的薄弱性。在电影的末尾，发电机坏了，没有创造奇迹，也没有给土地足够的水。但是发电机留下的激动和理解有多少，电的到来就改变了生活多少。

20 世纪 30 年代，随着集体化的展开和集体农庄的建设，电气化受到了极大的重视，没有电气化，农业生产机械化和日常生活重建是不可能实现的。农业机器站、修理厂首先接入国家电网，之后是国营农场。1932 年之前，电能开始用于许多生产部门的生产过程中：畜牧业、养禽业、棉花和蔬菜种植和灌溉等。

20 世纪 30 年代末期，出现了第一批集体农庄发电站。在斯维尔德洛夫斯克州，战前只有一个集体农庄"黎明"（在阿奇特区）拥有功率为 3 万瓦的私人热电站，主要用于日常生活所需。

1940 年，苏联的收割公司有 5000 个电动打谷机器在工作，主要用于准备饲料、供水、给母牛挤奶的机械化，用于畜牧业的电有所增长。为了挤奶所需设备的生产建立了苏姆斯基工厂。卫国战争前夕，苏联的农业拥有超过 1 万个功率为 275000 千瓦的电气装置，被电气化的有 1 万个集体农庄和 2500 个农业机器站[①]。乌克兰的扎波罗热区在这一过程中取得了最大的成绩，那里 1940 年之前共计 80 个集体农庄中有 76 个使用电能。在这一地区有 26000 个灯点和超过 300 个电力发动机。几乎在每一个集体农庄中都有饲

---

① См.：*Смирнов Г. Л. Электрификация колхозов.* М.，1951. C. 5.

料加工机器、粉碎机在工作，有电气化的制砖厂和制瓦厂。

由此可见，在战前农村电气化问题是有成就的，但不显著，因为只有4%的苏联集体农庄能利用电能[①]，斯维尔德洛夫斯克州稍多一些，将近10%。对于大部分农业企业来说，修建私有发电站也不是力所能及的。

战争在很大程度上加快了电气化发展，多少弥补了人手缩减问题[②]。1941年俄罗斯建造了48个农村水力发电站，1942年建造了25个水力发电站和95个火力发电站，1943年建造了44个水力发电站和155个火力发电站，1944年建造了56个水力发电站和182个火力发电站[③]。但是，尽管有一些成绩，截至1945年，电气化整体上的发展主要还是依靠地方主动性和现有资源。

第二阶段（1945～1952）是从个别先进集体农庄的部分电气化到整个农业区甚至州的全面电气化的过渡时期，农村的动力资源的分类，排在第一位的是小河的能量[④]。因此，全面电气化（见图4-5）的问题被提到议事日程上来。对于它的解决，工业区有最多的适宜方法。

1944年，斯维尔德洛夫斯克州发起了实行全面电气化的提议，并保证在1944～1945年近郊地区40个农业机器站和1000个集体农庄的电气化工作的实施，近郊地区有条理地吸引来当地工业企业的帮助。在每一个地区都制定了电气化方案。第一个水力发电站被建于乌特岸边的阿奇特区，造价为200万卢布。俄罗斯巴达姆斯克水力发电站保障了5个集体农庄和农业机器站的电能[⑤]。与此同时，伊尔比特卡河、瑟尔瓦河和拜卡洛沃镇等集体农庄共有的水力发电站建筑开始建造。许多集体农庄建造了热力发电站：在

---

① *Смирнов Г. Л.* Электрификация колхозов. М.，1951. С. 4.

② См.：*Мамяченков В. Н.* Роковые годы. Материальное положение колхозного крестьянства Урала в послевоенные годы（1946 - 1960）. Екатеринбург，2002. С. 258.

③ См.：История советского крестьянства. Т. 3：Крестьянство СССР накануне и в годы Великой Отечественной войны，1938 - 1945 гг. М.，1987. С. 323.

④ *Смирнов Г. Л.* Электрификация колхозов. С. 3.

⑤ См.：*Корнилов Г. Е.* Уральская деревня в период Великой Отечественной войны（1941 - 1945）. С. 26 - 27.

塔博林卡区，1944 年 11 月 7 日前，以"十月革命"14 周年命名的集体农庄热力发电站送电达到 30 千瓦，在村庄点亮了 120 盏灯，开始收听收音机①。

图 4 - 5　宣传画　　1949 年　画家：科科列金

在彼尔姆州和斯维尔德洛夫斯克州，依靠集体农庄和农业拨款的资金实施的电气化经验得到了当局的认可，并成为 1945 年 2 月 8 日苏联人民委员会提出的《农村电气化发展》的基本原理。其中规定的不仅仅是小集体农庄和集体农庄共有发电站的建造，还有部分集体农庄合并到国家电网。

但事实上是指望农村水力发电站的建设，还有使用集体农庄的当地燃料

---

① 　См. ：*Смирнов Г. Л. Электрификация колхозов.* С. 24.

的热力站，吸引当地工业企业以助电气化的实施。当地工业承担起了设备、建设、输电设备布线的部分开支。

1945 年，斯维尔德洛夫斯克州建了 118 座水力发电站和 238 座热力发电站，使上百个农民企业得以供电。据工作报告资料记载，35% 的集体农庄和 63% 的农业机器站开始获得电能。大众电气化在车里雅宾斯克州和彼尔姆州大规模展开，24 个农业机器站和上百个集体农庄实现了电气化。在乌拉尔的农业州——库尔干州、奥伦堡州——农村电气化的规模较小。1940 年末，在奥伦堡州只有 0.8% 的集体农庄有电，在库尔干州 0.1% 的集体农庄有电（见表 4-2）[1]。1945 年，苏联建造了 15000 座农村发电站，2422 个集体农庄和 679 个农业机器站实现了电气化[2]。

表 4-2　乌拉尔集体农庄电气化

单位：%，年

共和国,州	电气化集体农庄数量与总数的百分比							
	1940	1945	1946	1948	1950	1953	1958	1960
巴什基尔苏维埃社会主义自治共和国	1.3	2.3	3.2	6.1	9.0	不详	39.0	62.0
乌德穆尔特苏维埃社会主义自治共和国	1.2	3.6	5.8	16.1	28.6	不详	57.0	84.0
库尔干	0.1	0.5	1.1	3.8	9.0	15.0	50.0	不详
斯维尔德洛夫斯克	9.9	34.7	53.0	80.4	86.8	81.0	81.0	89.0
奥伦堡	0.8	1.2	1.6	5.0	11.1	20.5	49.0	不详
彼尔姆	2.3	5.3	8.7	21.9	29.9	37.0	53.0	77.0
车里雅宾斯克	3.8	6.5	11.9	26.4	27.3	50.0	90.0	不详

资料来源：B. H. 马米亚琴科夫《不幸的年代，战后时期（1946～1960）乌拉尔地区集体农庄农民的物质状况》，叶卡捷琳堡，2002，第 258 页。

这些成就唤醒了摆在集体农庄面前的问题的迫切性和解决问题的信心。的确，在 1950 年之前，在彼尔姆州、车里雅宾斯克州和斯维尔德洛夫斯克

---

[1] См.：*Мотревич В. П.* Колхозы Урала в годы Великой Отечественной войны. Свердловск, 1990. С. 32.

[2] См.：*Смирнов Г. Л.* Электрификация колхозов. С. 25.

州，26% 的集体农庄、87% 的农业机器站和 86% 的国营农场得到了电能。斯维尔德洛夫斯克州取得了显著成效，87% 的集体农庄、98% 的农业机器站和 97% 的国营农场获得了电能①，这超过了全苏联的平均水平，全苏联中落后的是巴什基尔、库尔干州、奥伦堡州。

但是，回忆录中指出电气化没有带来预期的效果。因为建筑质量低，在斯维尔德洛夫斯克州 675 个发电站中有 101 个不能运作。经常利用电能的稍微超过电气化集体农庄的一半。除此之外，小的发电站（功率为 30～40 千瓦）不盈利，早在 1952 年它们就被关闭并修建更大的。在建设中，就算是小的农业发电站也花费将近 12700 万卢布——如此鉴定进行工作的费用②。集体农庄出现的状况还有：一些被支援的工业企业提出力所不及的条件，提高了生产工作和所提供设备的价格。集体农庄发电站（见图 4 - 6）。

图 4 - 6　集体农庄发电站　画家：格里查伊　摄于 1952 年

① *Мотревич В. П.* Развитие сельского хозяйства Урала в первые послевоенные годы（1946 - 1950）. С. 13.

② См.：*Мазур Л. Н.* Некоторые проблемы состояния колхозной демократии в первые послевоенные годы（на материалах Свердловской области）// Соц. активность тружеников урал. сов. деревни. Свердловск, 1990. С. 75.

这一时期和战前一样，电能的利用大体上主要取决于生产领域和行政、公共的照明设备。

电气化的第三阶段始于 1953 年，此时恰逢集体农庄与农业生产部门被拒绝接入国家电网，小型发电厂也面临同样的问题。接入国家电网是有利可图的，但因其密集程度低，因此大大拖后了农村电气化进程。1970 年，斯维尔德洛夫斯克州的所有集体农庄和国营农场都已通电，彼尔姆省通电率高达 95%，而奥伦堡州和乌德穆尔特则稍显落后。

总体来看，1953～1958 年，电能的需要增长了 1.5～2 倍。60 年代，为了从高压输电线路中使用电流，电气化的主要形式是变电所。从不大的私人发电站获得电能的农户数量减少到 40%。到了 1960 年，乌拉尔 85.1% 的集体农庄和 99.3% 的国营农场实现了电气化，电气化促使电的使用在生产和日常生活中更加广泛[1]。

农村电气化专心着手于重体力进程的机械化。1955 年，86% 的国营农场在耕作中使用电能，其中包括 56% 的农户用于制备饲料，62% 的农户用于饲养场的供水，29% 的农户用于挤奶设备[2]。

20 世纪六七十年代，电能在村镇的需求量又增长了 1～1.5 倍。电能不仅是生产领域的必需品，对人们的日常生活也产生了极大影响。电走进千家万户，成为文明社会的巨大财富，生活中的电视等家用电器都为生活提供了便利。

在农民回忆录中，电气化和对美好生活的憧憬紧密联系在一起，在许多方面体现了共产主义的信念。"期待未来会更加美好。"基洛夫州安东诺维茨村的乌拉尔人回忆道。没电时他们挖自己的木头，为了让房间里有光。如今家里出现了留声机、电视，这里的人可以通过它们知道莫斯科发生的事情，这是之前不敢想象的。当人们看见汽车在村子里时，激动地边跑边喊："自动的车在田野里到处跑。没有人，但在跑。"[3]

---

①　История народного хозяйства Урала（1946－1985）. Свердловск，1990. Ч. 2. С. 72.

②　История народного хозяйства Урала（1946－1985）. Свердловск，1990. Ч. 2. С. 72.

③　Цит. по: *Бердинских В.* Речи немых… С. 122.

　　电是机械化的条件和动力。电在日常生活中的使用改变了生活保障技术，形成了新信息，促进了交通领域的发展，并改变了人们的生物钟，将日夜的自然循环联系起来。电灯的出现使明亮的白天界限扩大，并且能够考虑到人们的个别需求来计划劳动和休息的时间。如果要评价电气化对社会生活的整体影响，那么它可以被视作一场革命，革命的结果就是形成了现代文明。

第五章
乌拉尔农村社会文化风貌的转变

城市环境和农村环境的相互影响机制非常复杂，特别是在文化领域体现得尤为明显。农村地区发生的变化在很大程度上受到外来影响，其中也包括社会文化方面。也就是说，在城市环境影响下，农村的经济和社会文化发展受到城市化的巨大冲击。由此，可以说城乡的相互影响机制是在扩散原则基础上建立的。所谓扩散原则，即"在相互作用各因素的影响下，社会中创新的引进和传播，或通过各种方式间接地传递信息"①。

为研究农村城市化进程，20 世纪初格列布聂耳在扩散论基础上提出了文化环境论，并对农村城市化研究进程表现出极大兴趣。他认为：不同民族文化中的类似现象，是由于他们的起源是一个中心，而其又通过不同的社会机制进行转移，如贸易、战争、移民、个人联系、政治等。文化环境论从新的角度解释了工业化阶段文化同源社会的产生。其主要特点是大众文化的传播、种族特征的消失、反对设定地理疆域界线。在城市化条件中城市相当于中心，而农村地区相当于外围。文化成就和标准的转移过程（文化范围的扩大）依靠类似的扩散机制，在研究和实践后，城市利用教育、媒体、贸易和科技等媒介进行传播。

如此，社会文化范围的进步就不仅仅依赖于文化成就从一个民族文化向

---

① См. : *Алексеева Е. В.* Европейская культура в имперской России: проникновение, распространение, синтез. Екатеринбург，2006. С. 9.

另一个民族文化的转移（扩散），也依靠内在转移，这可以被看作由社会内部创新的传播所保障的第二文化环境。

其中文化创新的扩散特点显得非常重要。这种扩散可以通过"适应"的方式进行——逐渐深入新的社会文化环境。第二种则是激进的方案——这是根本性的改革，创新的结果转移使系统被破坏。第一种方式是进化的、更受欢迎的，因为其将传统和新事物结合起来，保留和增强了已有的文化成果。第二种方式是革命的，结果不可预测，常导致文化危机和毁灭。因此，改革的成果在很大程度上都取决于创新改革的原动质，而政府通常起到决定改革原动力的作用。在政治决策和其方案实施中都可以看到由创新引进所带来的影响。

前文已经提到，在现代化条件下，农村地区扮演着从属的分系统角色，受到许多来自国家、政治、意识形态和市场的外部影响。创新的渗透和"扩散"，或是因自身已意识到存在的问题，或是由外部环境影响，使得产生最初的改革创意。在任何情况下，扩散的初始阶段都有纯粹的信息本质：先是进行信息交换，然后是物质的、人力资源的、科技的交换等。

信息交换的强度越大，社会文化的改变就越快越深入①。城市和农村地区所进行的信息交换，既通过个人联系完成，也通过社会信息渠道（教育、媒体、电影、电视、无线电等），进而通过物质、行为、价值观、劳动力、文化和生活等各方面，对整个文化综合体产生影响。

信息传播的强度取决于其传播渠道的数量、信息传播的速度和所处社会阶层。在传统社会中信息传播强度较低，是因为当时城市和农村之间的（贸易的、宗教的、行政的）联系很少，且流于形式，传播形式也比较固定（集市、朝圣、流浪、行政联系），使得城市和农村的信息传播闭塞且传播范围很小。

现代化使信息交换的渠道越来越多，出现了期刊、图书出版业、邮局、

---

① См.: *Клакхон К. К.* Зеркало для человека. Введение в антропологию. СПб., 1998. С. 84 – 85.

无线电、电话、电视等。他们都具有大众性质，交换强度增加了数倍，如此形成了新的社会文化环境，日新月异，新事物得到迅速的传播。

俄国文明的特点是文化分裂，这可以被看作彼得大帝激进改革后在文化范围内留下的后果，信息交流变得困难并降低了其效用。18～19世纪俄国农村和城市实际上在讲不同的语言，这也阻碍了它们之间的联系。十二月党人的命运就证明了这一点，他们在流放的过程中被孤立，他们提出的"到民间去"也以失败告终。克服这种分裂需要很长时间。19世纪建立的教育系统在其中起了至关重要的作用，之后在苏联时期，宣传和鼓动成为对教育系统的补充。

信息交换的强度在19世纪中后期得到显著增加，这得益于（农闲季节农民）外出打短工（做零工）和农村移民。这里需要强调信息联系中的个人特点。在一段时期内这些渠道承担起了创新向农村环境输出的重任。

同时形成了另一种信息交换的强大渠道——普通教育系统，其影响在20世纪显著增强。这种信息渠道的特点是致力于儿童和少年的培养，使其形成独立人格。这样一来教育系统就显示出了其长期的作用，此外，还考虑到对个人道德、意识、行为和不断发展进化思想的影响。教育系统及其他作为补充的社会文化实践和工具（印刷、电影、电视、无线电、电脑网络等），在20世纪成为文化交流的创新媒介，成为城市文化的传播者，形成了城市化改革的内部联系，也催生了新的生活方式。

在20～21世纪交替之时，创新影响或者说创新传播的媒介因素压力有改变的趋势，在信息社会，信息技术和资源对信息传播有了优先权，如通过无线电、电影、电视和全球网络传播。如果教育部门是由当权派组织和监管的大学，也是其影响的工具，那么传播技术的发展会使信息交换变得私人化，使交换回到个人水平。在当代这些可以被看作决定个人信息形成及社会文化环境转变的因素。电脑网络及其对现代生活的影响就是最好的证明。

如此一来，根据农村社会文化环境转变的程度、城市化的发展程度、社会文化发展因素的作用的改变，信息渠道组成和数量及其能力日益扩大，最终不可避免的状况是不仅仅生活条件会改变，农村居民的生活方式也会改变。

在本章中，我们会具体考察学校和俄国农村文化空间中的其他文化教育机构——图书馆、俱乐部的影响，在这种条件下可以看到，它们之间的从属关系是非线性的：农村中学、俱乐部、图书馆的出现不是很快，也不一定会显示出明显的影响，但最终会产生总的协同效应。

第一节　城市化背景中的农村学校

社会是一个复杂的多系统结构组合体，各系统之间紧密联系和相互作用，其中一个发生改变，其他系统也会发生改变。教育，在 18~20 世纪就起到了这样的作用。它始终致力于保留和传播社会文化，但在城市化条件下，教育的任务如同社会的大学一样，上升到新水平。

教育的作用是完善和培养人，使其对当时的社会有作用。除此之外，教育还要解决社会监管问题，引导未成年人形成正确的价值观和政府认同的国家威望，培养社会责任，塑造个人性格，从而保障社会秩序。就像曼海姆所说，"教育不是培养全面的人，而是在培养当世之人并为该社会所用"[①]。

在社会发展的每个阶段，教育系统的运行都如同制度一样有其自身特点。在传统阶段，知识是上流社会的特权，社会中绝大多数人则用口头交流。在这一阶段，教育系统的完善和发展可以被看作社会上流阶层的独有文化，逐渐转变为城市环境的现象，而学校教育的作用也注定在未来成为城市文化规范和价值观的转换器。教育的发展，包括学校教育，是在大的文化环境下由首都到各省区，再到农村逐渐加强其对新社会群体和空间的影响的。

工业社会的特点是居民总的文化水平显著提高，这是因为知识的传播和教育普遍性和通俗性原则的引入。这一阶段，不论是在城市还是农村，都形成了这样的教育系统，并包含了所有社会等级。在农村地区学校教育完成了比在城市中更多的功能，成为文化、社会政治、社会自调的中心，并逐步拓宽创新影响。

---

① *Мангейм К.* Диагноз нашего времени. М., 1995. С. 479.

但在这一阶段，教育中保留了社会经济的区别，文化成果的通俗性（包括城市农村之间）对社会分化产生影响。媒体、无线电、电视、电影和其他交际方式促进了大众文化现象的形成，在社会生活中起巨大作用。

在后工业化阶段，交际系统得到长足发展的条件下，建立了新的信息环境，使得社会全体成员都可以接触到文化信息和成果。文化发展进程的全球化最终消除了文化的民族特点和地域特性，这也反映在教育制度中，那就是教育进程的标准化和规格化得到了发展。波伦亚系统就是最显著的证明。

如此一来，教育就成为社会城市化中最重要的信息渠道之一。一方面，它向年青一代传达文化价值和知识，使其形成行为规范和价值定位；另一方面，它在各相互作用的地区和子系统之间起到转换的作用。这在对农村地区学校教育的地位和作用的分析及其对农村的影响评定中可以清晰地观察到。甚至可以说，农村教育系统的建立可以被认为是农村环境城市化开端的标志之一，并且可以用以确定城市化的节奏和特点。

直到 19 世纪，农村地区的教育方式还是家庭形式的。比如，在乌拉尔地区的农村，有集体雇佣老师的风俗①。而这些老师通常由神职人员、村里的文书和有知识的农民担任。这些农村学校的教育活动主要集中在农村的实际需求上，比如，在他们的课程中，有字母表、日课经和圣经。后来，农村孩子所接受的这种教育形式被称为"基本常识教育"。这种方式一直持续到 1917 年，被认为向农村传授了大量农村所需的知识和技能，对农村地区大有裨益，但是并没有得到发展。

俄罗斯教育系统建立，始于 1786 年法令的实施。根据该法令，在省城成立了四年制国民学校，在县里成立了两年制国民学校，允许所有有意愿的孩子去上学，其中也包括农村孩子。

1786 年在彼尔姆成立了国民学校，1789 年在彼尔姆省的一些县城也成立了国民学校，其中包括叶卡捷琳堡、上图里耶、伊尔比特和沙德林斯克。

---

① См.: *Сафронова А. М.* Сельская школа на Урале в XVIII – XIX вв. и распространение грамотности среди крестьян. Екатеринбург, 2002. C. 9.

与此同时，随着国民学校在城市中的出现，斯特罗加诺夫伯爵于1794年在伊林斯基村开设了国民学校①。学校中教授阅读、写作、算数、教理问答和创世纪。但因当时经济和人员问题还没有解决，这种方式并没有得到广泛普及②。

19世纪初，根据1804年法令在农村地区利用教会资助建立了教区学校，用于教育本堂教民的孩子。在彼尔姆省，第一家教区学校成立于1815年，而其后的1837~1839年，拜卡洛沃学校、布特金学校、佩先斯科耶学校的教区学校纷纷成立。

1836年在俄国农村，隶属国民教育部管辖的学校有60所③。除此之外，还成立了一些私立学校，同时皇室领地学校和宗教机关的学校也得到了发展。但总体而言在19世纪中期学校的数量还很少。1857年的《居民地统计表》显示，在彼尔姆省共有178所国民学校④和72所教区学校，其中有一半位于农村。在彼尔姆省的鞑靼人和巴什基尔人聚居地，有清真寺的地方，出现了"穆罕默德学校"，1859年时其数量达到了51所⑤。

19世纪下半叶情况发生了根本变化，初等学校网络开始形成。1864年7月14日初等国民学校的法令被批准通过。允许社会机构和个人开办小学，同时规定了其必须开办的课程："神学（教理问答和创世纪）；阅读非宗教的和宗教书籍；写作；最基本的四种算数运算；有条件的地方要教授教会歌曲。"⑥ 所有的学校，包括国民教育部的、教会的、由其他部门和机构管辖的（如矿业部门）、个人和社会成立的，都开始使用统一的名称——初等国民学校。

---

① См.: Списки населенных мест Российской империи. Т. 31 : Пермская губерния. СПб., 1875. Л. CCLXXI.

② См.: *Смягликова Е. М.* Образовательная политика Российской империи во второй половине XVIII века // Научное обозрение. 2005. № 4. С. 118 – 120.

③ См.: *Сафронова А. М.* Сельская школа на Урале в XVIII – XIX вв. . . . С. 35.

④ Списки населенных мест Российской империи. Т. 31. Л. CCLXXI.

⑤ *Сафронова А. М.* Сельская школа на Урале в XVIII – XIX вв. . . . С. 38, 47, 67.

⑥ Полное собрание законов Российской империи. СПб., 1876. Т. 3. С. 1342 – 1350.

19 世纪后半期，初等国民学校的主要形式是地方自治局所属的学校，一般有 2~3 个年级，孩子们虽然年级不同，但都在同一个教室里听同一位老师讲课。20 世纪初，出现了双师复式制学校，四年制教学，有两个年级。

在学校里教学的有人民教师和由神甫担任的神学课教师。教学日上课六小时，还有两小时的午餐时间。除了阅读、写作和算数外，学生还要学习本国历史、地理、自然和俄语语法。

现有统计资料显示，彼尔姆省地方自治机关共开办了 238 所非宗教学校。起初地方自治机关开办了 84 所新学校，其后一年 44 所，第三年 33 所，然后是 46 所，直至 1876 年学校总数达 481 所，平均每年开办 49 所学校。经过 10 年，到 1886 年时，学校总数已达到了 693 所。紧接着经历了“黑暗”的五年，在这段时间只开办了 22 所新学校。从 19 世纪 90 年代中期开始才重新积极开办学校：从 1896 年开始平均每年新开办学校 44 所，到了 1902 年初，在彼尔姆省共计有初等学校 1011 所[1]。

地方自治机关开办学校的办学理念引人注目，学校引进了许多在当时非常先进的教育理念。科尔夫和布纳科夫是当时非常著名的地方自治教育活动家，他们的主要功绩是组织了教师代表大会，这就像是一个经验分享论坛，提高了国民学校教师的业务水平。地方自治学校教学的最重要原则是通俗性、大众化、启蒙运动、追求孩子能力的整体发展。地方自治学校成为农村环境中司空见惯的部分，可以被看作俄国改革后的最重要成就之一。

难得的是，虽然农村社会面临资金不足和物质资源匮乏等问题，但他们还是努力为地方自治教育建造了相匹配的校舍。于是在农村出现了用石头和木头建成的带学生宿舍、教室和教工住房的学校建筑（见图 5-1）。

在地方自治学校开办的同时，19 世纪下半叶教会学校也得到了很大的发展。在废除农奴制后曾经就是否要将教会学校转交给国民教育部进行过广泛讨论，但是教会的地位非常稳固而且在亚历山大三世时期还得到了加强。

---

[1] См.: Историко - статистические таблицы по Пермской губернии. Пермь，1904. C. 140 - 141.

Рис. 11. Школа в с. Мурзинка Пригородного района Свердловской
области. Фото автора. 2012 г.[14]

图 5 – 1   斯维尔德洛夫斯克州普里戈罗德内区穆尔津卡的学校   作者摄于 2012 年 *

* Основанное в 1633 г. село Мурзинка известно своими самоцветными копями. До земской реформы здесь была церковно – приходская школа, преобразованная в 1882 г. в земское училище. В нем обучались дети из 16 деревень, в основном мальчики. Здание для школыбылопостроенов1896г. исохранилосьдонастоящеговремени (см.: *БардинаН.* Еще хранит сокровища 《Мокруша》 // История Нижнего Тагила от основания до наших дней [Электронный ресурс]. URL: http: //history. ntagil. ru/5_ 3_ 15. htm) .

1884 年通过了教会学校规章①，该规章要求开办一个年级（两学年）和两
个年级（四学年）的学校。到 19 世纪 90 年代中期，在俄国共计有超过
31000 所教会学校②。除此之外，圣主教工会从 1881 年起开始管辖小学，这

---

① См.: Полное собрание законов Российской империи. Собр. 3. Т. 4. СПб., 1887. С. 372 – 374.

② См.: *Сидоров С. В.* Инновации в развитии сельской школы в России второй половины XVⅢ – начала XX века [Электронный ресурс] // Информационный гуманитарный портал 《Знание. Понимание. Умение》. 2012. URL: http: //www. zpu – journal. ru/e – zpu/2010/2/ Sidorov_ Innovations/.

也进一步提高了教会在农村教育系统中的地位。教会学校中的主要课程是神学，也教授教会歌曲、教会斯拉夫语和俄语阅读、写作与初级算数。除上述提到的课程外，还教授创世纪和本国历史、语法和数学。教孩子的都是教会的工作人员，他们没有受过专业的教师培训，还在使用低效而传统的教学方法。直到 19 世纪末教会学校的教学大纲才有所扩展，有了更多非宗教的特点。

在居民教育问题中保留的教会地位，也证明了国有化进程的不彻底。就这个意义来说，教会学校和识字学校一样，可以被看作传统教育系统的一部分。对于它们而言，创新中心的功能不是特别重要的，相反，教会学校和识字学校的主要任务是培养臣民，而不是公民。然而恰是在这种系统中农村学校的构想得以完成，其很多原则直到今天依然有现实意义。或许因为在当时的情况下，这种理论以农村地区实际特点为出发点，又对农村地区的教育过程和教育结果产生了深远影响。

莫斯科大学教授、科学院通信院士拉恰斯基对此有自己的看法。根据对塔捷沃村教会学校的研究工作，他尝试证明综合的农村教育原理，包括宗教的、道德的、劳动的、职业的教育和教学，并将其与农民家庭和农村社会联系起来[①]。

拉恰斯基可以看作农村教育的思想家，他不仅区分出农村教育的特点，并且提出了更适合农村学生的教育模式。在农村教育的众多特点中他注意到，国家和教会在初等教育发展中参与度很低，而且农村学校的自然—宗教（传统）特点对教学程序产生了影响。拉恰斯基还强调："我们农村学校90% 的学生不是上学，而是住在学校。我们的农村分布非常零散，学生很少而且穿得不好，仅有一两个村子的孩子们可以每天往返学校。所有住在偏远村子的孩子们一周只能回一次家，他们要带上一周所需的食物，待在学校里或者在附近闲逛，在教室或者教堂的更房里过夜，稍富有的孩子们向教堂小

---

① См. : *Василькова Ю. В.* , *Василькова Т. А.* Социальная педагогика : курс лекций. М. , 2000. C. 240.

教士租房子住。"① 以农村教育特点为出发点，拉恰斯基提出了一种学校模式，学校全天全年工作，不仅教授农民子女主要的知识、劳动技能、宗教文化，还要在农民家庭传统中对他们进行培养。他非常重视课外活动——参观游览神圣而有历史纪念意义的地方，在这个过程中，孩子们可以学习和了解自己的家乡，收集口头文学素材，讨论、记录甚至画下所见到的一切；在学校里孩子们可以编排戏剧，庆祝各种各样的节日等。

这样的尝试可以证明在 19 世纪末学校已经在农村社会有特殊而稳固的地位。它不仅是一个机构，而且是一种特殊的体制，是既面向孩子也对成人开放的新境界，可以开阔人们的眼界，并树立新的行为准则、世界观和价值观。

19 世纪下半叶到 20 世纪初的农村学校成为俄国农村社会文化领域的核心。加里宁纳认为，新条件下的教育机构开始对个性形成产生一定的影响②。随着这些机构的出现，建立了前所未有的双级教育空间——有组织的（正式的）和无组织的（非正式的）。

有组织的（正式的）教育与社会中实施教学过程的特殊机构和组织相关，有一定的规章制度，用以建立"标准"、规范知识和技能的内容。在个性培养方面"标准"中也加入了一些国家所需的准则。无组织的（非正式的）教育的基础是本能地、非系统地掌握知识和技能，多半是通过经验和实践，在和周边社会环境的交流过程中独立了解文化意义。从教育上来讲，组织教育在很大程度上取决于家庭环境，以及该地区社会的作用，其中包括农民社会。

教育空间中这两种模式的结合非常重要，因为这样就可以更加完整地掌

---

① *Рачинский С. А.* Сельская школа（1881 г.）［Электронный ресурс］// Хрестоматия по истории педагогики / под ред. С. А. Каменева； сост. Н. А. Желваков. М.，1936. URL：http：//www. detskiysad. ru/raznlit/istped017. html.

② *Калинина Е. А.* Образовательная среда в контексте локальной истории（из опыта изучения начальных школ одной карельской волости）［Электронный ресурс］//《История города и села：теория и исследовательские практики》：интернет - конференция / Межвуз. науч. - образоват. центр《Новая локальная история》Ставропол. гос. ун - та，Рос. гос. аграр. ун - та - МСХА им. К. А. Тимирязева. URL：http：//www. newlocalhhi.

握必要的信息。如果只有其一的话，会产生消极后果。例如在封闭式学校中，孩子们和家庭及周边社会的沟通有限，这样的教育会妨碍孩子个性中社会性的形成以及未来适应社会的能力。而无组织教育则不能让孩子受到必要的系统知识和技能教育，而这些对于个人能力的完整开发和实现都非常重要。在教育的两级系统中起到认知和文化信息来源作用的主要是有组织的环境，也就是学校的课上和课外以及教育活动。

在改革后的俄国农村，国民学校不仅是教育机构，同时也是文化发展中心。学校出现之后，随之成立了很多文化机构——图书馆、农村图书阅览室、民众馆。在每所学校都成立了人民图书馆。新的教育方式得到广泛传播，比如全民阅读：农民和老师集体读圣经，唱祈祷文，倾听俄国历史故事和圣徒传，认识俄国画家的作品，大声诵念普希金、克雷洛夫的著作，学习蔬菜栽培、果木栽培和养蜂，了解国内外最新事件。

需要指出的是，当时的一些社会变化也是学校系统发展的结果——在农村环境中出现了一些有文化的人，他们中的一部分人后来进入了师范学校，立志成为人民教师。这些人可以和农民用农民的语言交流沟通，利用他们的信任让自己成为创新思想的传播者。但他们转入城市文化的过程并非无迹可寻。在师范学校学习三年后，他们已经足够了解城市文化和其各组成部分，但并非完全掌握。正如拉恰斯基所说："无法了解农村的青年们……这些青年人就像是来自其他阶层，德国的裙子、法国的舞蹈，他们很快学会了学问的所有外部特征，对于敏感和在艺术上有很强模仿力的俄国人来说，必然要将他们归类为有支配权力的人。他们完全脱离了农村环境，远离故土，直接进入了农村社会的中等阶层，这个阶层由神职人员、不富有的地主、小酒馆老板和农村的富农组成。"[1] 由于人民教师的薪金微薄，所以他们在农村的学校里无法保持新的生活方式，而指望进入师范学校以提高自身社会地位和收入的做法也是毫无意义的。这些都促使有学问的农村青年远离农村地区去寻找其他生活方式。

---

[1]　*Рачинский С. А. Сельская школа . . . .*

农村学校的这种情况迫使有能力的青年离开农村——这让人回忆起 20 世纪下半叶。农村地区中学的普及使人们有机会考大学，这也激发了迁移倾向的加剧。这种情况对农村社会产生了相互矛盾的影响：受教育水平越高，人们的机动性越强，迁移过程越频繁，农村渐渐变为空城。

20 世纪初在农村地区确立了初等教育系统，包括教育部直属的和地方自治机构管理的学校、教会学校和文法学校。在彼尔姆省 1894 年各类学校共计 1385 所，其中有 851 所是"官方组织的"，534 所是"非官方组织的"[①]。一所学校对应 9 个村，可见，教育机构足以覆盖农村地区。新接受教育者的识字率也证实了农村教育的发展。1875 年彼尔姆省新生中有 87.1% 并不识字，而到 1902 年这一数字下降到 48.5%，也就是几乎减半。而小学毕业者从 1874 年的 0.25% 上升到 18.7%，增加了 70 多倍[②]。

在农村教育发展过程中，也有许多阻碍因素。其中包括农村学校非常微薄的资金问题、人民教师穷苦的物质条件，这些导致了教师的极度缺乏。甚至在 1908 年之后，当政府下令规定工资标准不得低于每年 360 卢布时，人民教师家庭的贫困线都要比这个数字高出 3 倍以上[③]。贫困的财政状况在学校的物质基础上也得到反映，教学设备和教具都很缺乏。由于物质条件不足，学校经常位于在农村租来的不适宜的场所。一个很大的问题是，农村孩子的到课率很低，只有 1/3 的孩子可以完整地上完学[④]。而如果结合乌拉尔地区人口密度很低这一特点来统计，那么由于学校的缺乏而导致 60% 的学龄儿童无学可上，这也影响到了居民受教育程度的整体水平[⑤]。

总体而言，20 世纪初农村社会文化空间的特点可以用以下几个指标来总结：彼尔姆省农村中共有 1151 座教堂和清真寺，以及 2027 所学校。每 100 个村庄平均有 14 所学校（见表 5 - 1）。而其中学校机构保障程度的不

---

① См. : *Сафронова А. М.* Сельская школа на Урале в XVIII – XIX вв. . . . С. 88.

② Списки населенных мест Российской империи. Т. 31. Л. CCLXXI.

③ См. : *Сидоров С. В.* Инновации в развитии сельской школы в России второй половины XVIII – начала XX века.

④ См. : История развития системы образования на Урале. Екатеринбург，2004. С. 36.

⑤ История развития системы образования на Урале. Екатеринбург，2004. С. 35.

同取决于各个县。该指标最高的地区是叶卡捷琳堡县（每 100 个村庄平均有 69 所学校），实际上在每个村社都有学校。而该指标相对较低的地区是普列杜拉利耶县和奥汉斯克县（每 100 个村庄平均有 4.9 所学校）、索利卡姆斯克县（每 100 个村庄平均有 5.1 所学校），这些地区的特点是村子结构较小和人口密度低。

表 5 - 1　1908 年彼尔姆省的农村地区教会和学校机构一览

地区	村社（个）	村庄（个）	居民数（人）	教堂（座）	清真寺（座）	学校		
						部署和地方学校（所）	教会学校（所）	文法学校（所）
全省	3348	14137	3109178	940	211	1279	366	382
上图里耶县	184	625	264527	102	—	138	42	28
叶卡捷琳堡县	244	340	417017	124	18	149	43	42
伊尔比特县	197	313	157376	49	1	73	33	27
卡梅什洛夫县	303	395	270348	94	—	118	35	34
克拉斯诺乌菲姆斯克县	297	582	283747	86	47	117	35	25
昆古尔县	225	1269	132672	37	2	72	9	39
奥萨县	447	934	347318	91	85	124	32	20
奥汉斯克县	383	3277	280893	68	—	102	35	23
彼尔姆县	240	2506	228636	71	10	105	38	17
索利卡姆斯克县	257	2577	255360	74	—	71	23	38
切尔登县	265	890	117244	52	—	90	17	39
沙德林斯克县	306	429	353950	92	48	122	24	50

资料来源：《彼尔姆省居民点清单的资料汇编》，出版于 1908~1909 年，《其他关于彼尔姆省的短的统计资料》，1910，第 14 页。

20 世纪初在教育结构中教会学校占 18.1%，而文法学校占 18.8%，也就是说占比基本相同。在这种情况下可以说农村教育系统已经形成，可以有效解决广大农民的教育问题。

帝国后期的最重要成就是为农村学校规定了"3 公里可到达学校"的原则，还有一点就是革命前对农村教育采取了相适应的战略。农村学校依靠已经形成的习惯，需要考虑农村生活方式的特点，融入既有的社会文化环境并逐渐改变这种环境。

依靠自治的农村机构，办学模式、教学特点和教学过程组织的多样化，是农村教育中特有适应模式的特点。关于农村学校的特殊作用，拉恰斯基写道："农村学校的特殊状况对于我们学校事业有巨大影响。父母可以对教学要求非常严格，赋予学校各种各样的责任，而在西欧和南俄地区对学校都没有这么多要求。它可以说是将农村学校从教学机构变为培养人的机构。学校涵盖了孩子的一生并成为给他们带来不可磨灭痕迹的伟大力量。怎样不可磨灭呢？这取决于学校的办学精神、教学组织、管理者。"①

学校在农村环境中的出现，从一方面来说，是农村地区现代化进程的表现，从另一方面来说，与城市化社会机制的建立有直接关系。因此，城市和农村的社会文化越来越相近，文化价值发生转移，并在此基础上形成了更相近的社会共性。

农村的城市化进程在苏联时期得到了更长足的发展，这得益于革命前对教育系统完成了改革，建立了统一的中央等级结构——按国家统一形式，并处于国家的严格监管之下。1917 年所有学校都转到教育人民委员部的管辖之下，1918 年秋批准了关于统一俄罗斯苏维埃联邦社会主义共和国学校的规定，正式批准建立统一的中等教育的两级系统，学制 9 年：第一级为 1～5 年教育（8～12 岁的儿童）；第二级为 4 年教育（12～17 岁的儿童）。教育的最主要原则是普遍教育原则。定下了消除文盲的任务，这一任务的解决一直延续到 1920～1930 年。在卫国战争前夕，俄罗斯苏维埃联邦社会主义共和国农村 9 岁以上的人口中有超过 25% 的人是文盲②。

从这一时期开始，与其说学校网络像过去一样成为国民社会的一部分，

---

① *Рачинский С. А.* Сельская школа . . . .

② См.：История развития системы образования на Урале. С. 50.

不如说是国家的教育工具和对社会意识的模拟。对于年轻的苏联政权来讲，教育的功能在一段时期内成为首要任务：学校并不是要培养受教育程度很高而又有教养的人，而是要培养能够"正确地"思考的人、坚定的社会主义革命支持者。这一时期不断探索新的教育方式，拒绝传统的授课系统、评价和课程设置等。

20世纪20年代学校系统结构得以确立：一级初等学校为四年制；基础教育学校为七年制，其中分为两级（四年和三年）。初等学校成为低等专业教育的基础，包括工会学校和工厂技校。

基础教育学校的一级课程为中等和职业教育学校（工业的、农业的、师范的和其他中等技术学校）奠定基础。高级普通教育学校（二级课程）可以教授更高级的学科。为解决教育领域的个别任务，还成立了额外的"特别"机构，比如普及教育部，其主要任务是消除文盲。

这段时期农村的教育组织是一级和二级学校（青年农民学校）。1920年乌拉尔州共计有学校6052所，学生445349人，这说明学校网络与20世纪初相比有所增长，其中也包括农村地区。其间正值国内战争，很多学校关门或者损毁，教师也四散而去[1]。学校数量在饥荒年份（1921～1922）有所减少，之后开始逐渐增长。当时很多学校是自发成立的，由村社发起，将农村木屋租给学校使用，为其购置办公用品，请来教师。有时农民和教师达成协议之后，在未经教育人民委员部同意的情况下就开办了学校。1927～1928年，乌拉尔州有60%～65%的学龄儿童上学。

除初等学校外，农村地区还出现了更高级的学校，被称为青年农民学校，学校为七年制教育，可以让农村孩子们进入中等技术学校。第一批青年农民学校开设于1922～1923年。第一年在乌拉尔地区成立了11所青年农民学校，并计划在每个区都开设一所这样的学校。1927～1928年共计办66所学校，有学生6600人。但青年农民学校的数量仍然不够，1928年不得不拒

---

[1]　История развития системы образования на Урале. С. 52.

绝了 26% 希望入学的人①。

除了普通科目之外，青年农民学校还开设了农艺学课程。在集体化时期这些学校被改造为青年集体农庄学校。它们在 1934 年之前是农村地区主要的普通教育学校。

最初苏联学校在有限的国家资金支持的条件下运行，缺少统一的教学大纲和教科书，尤其是人事问题很复杂，因为教师待遇非常不好，而师范学院和职业技术学校的新教师储备又供不应求。

教育人民委员部最初没有规定教学大纲和计划，而是采取推荐的形式。直到 1921 年才出版了针对七年制学校的教科书，但并不适用于初等学校。而到 1927 年才出现了针对所有学校的国家学术委员会教学大纲。

推行普及教育的进程推进了统一大纲的制定工作，普及教育是一个非常复杂的任务，起初政府并没有马上参与进来。1925 年俄罗斯苏维埃联邦社会主义共和国全俄中央执行委员会和人民委员会通过了《关于在俄罗斯苏维埃联邦社会主义共和国普及初等教育和建设学校网络》的法令，该法令要求，1930～1931 学年开始对 8～11 岁儿童普及初等教育。为此需要建设新的学校，增加了资金需求。为了实现这一目标，1931 年开始在农村地区征收特别税——住房与文化生活建设税，其中一部分作为建设新学校的资金。除此之外，农民们还要为校舍修葺和其他学校所需资金进行"自愿捐献"。1934 年每个集体农庄的农户自愿捐献 5～20 卢布不等②。

集体化的开始也成为学校网络发展的补充刺激因素。学校被看作农村地区社会主义思想体系的基层组织。尽管普及教育的任务面临重重困难，1930 年 7 月 25 日联共（布）中央委员会仍然颁布了《关于实行全面初等义务教育的命令》，其中规定了孩子接受义务教育的年限：1930～1931 年开始对所

---

① См.：*Бахтина И. Л.* Сельские школы повышенного типа на Урале в 1920 – е годы [Электронный ресурс] // Проект Ахей. URL：http：//mmj. ru/ural_ history. html? &article = 276&cHash = 9f10960be2.

② См.：*Кочаненков С. С.* Деревня в 30 – е годы [Электронный ресурс] // Очерки по истории родных мест. Жизнь смоленской деревни. URL：http：//sites. google. com/site/rodnyemesta/derevna – v – 30 – e – gody.

有8～10 岁的适龄儿童提供教育，1931～1932 年年龄放宽至 11 岁①。作为该法令的补充，俄罗斯苏维埃联邦社会主义共和国的全俄中央执行委员会和人民委员会在 1930 年 8 月 10～14 日颁布法令，要求俄罗斯苏维埃联邦社会主义共和国和自治州的教育人民委员部采取措施补充既有小学网络，具体要求是，师生比至少为 1∶42。在人口稀少地区，不具备开办标准学校条件的，由当地教育机构采用临时措施开办短期移动学校②。

1930～1931 年，俄罗斯苏维埃联邦社会主义共和国的初等学校数量增加到 10700 所，主要开在农村地区。学生人数也相应增加到约 250 万人。1932 年建成 984 所初等学校③。一些新学校开在办学设施并不完善的场所中——富农迁出后的房屋、祠堂。1934 年 5 月 15 日颁布了《关于苏联初等和中等学校结构的命令》，中等普通教育学校统一为 10 年制，分为初等学校（4 年）、不完全中学（7 年）和中学（10 年）。

由此，20 世纪 20～30 年代国家政权在教育领域的最主要成果就是制定了普及初等义务教育的纲领。但同时也发生了重大的变化。如果说 30 年代中期前农村地区学校的财政主要依靠从农民那里收来的税，那么村民们就对学校教育的发展有监管的权利，但从 30 年代后半期开始，学校的财政来源被纳入地方财政，使村社对办学过程失去了直接参与权。从这时期开始，关于学校开设和关闭的问题，以及其发展问题，决定权只在政府和村苏维埃手里，无须再考虑农村居民的想法。统一了教学大纲的实施，恢复了班级课堂教学制，因为不再需要考虑农村学校的办学特点。虽然教学进程的综合技术教育化在 30 年代火热进行，为区分于革命前的学校，农村学校还是取消了传统的农业劳动。

学校工作的主要方向变为从思想上培养青年一代，包括少先队活动、共

---

① Народное образование в СССР : сб. норматив. актов. М. , 1987. C. 110.

② Народное образование в СССР : сб. норматив. актов. М. , 1987. C. 477.

③ См. : *Колыхалов Д. В.* Введение всеобщего обязательного начального обучения в Советской России в 1923 – 1941 гг. ［Электронный ресурс］ // Палладиум. 2010. URL：http：// pspa. ucoz. ru/load/0 – 0 – 0 – 10 – 20.

青团活动、小组工作。在大部分学校都有政治、农艺学、反宗教、象棋、物理小组以及用于教育新型社会主义人才的无线电小组。

直到 30 年代末期，学校仍然是农村的主要文化中心，不仅有教学功能，还有启蒙、宣传组织文化和政治思想功能。在农民的印象中："……从 1917 年开始，克拉斯诺亚尔学校成为文化中心（那时还没有俱乐部）。在集体化时期这里经常召开会议。维索科夫斯克的代表达契亚娜·安菲莫夫娜·德里亚金娜（村苏维埃看守者）和阿列克山德拉·伊凡诺夫娜在学校里组织家庭晚会。想去的人都去了。带去了两个茶炊，妇女们做了很多奶油鸡蛋面包，喝了约两次茶，一直跳舞到鸡鸣。这些年间一直宣传城乡结合，学校里有戏剧小组。导演是农村阅览室的管理员西蒙·西蒙诺维奇·米沙林，而亚历山大·尼古拉耶维奇·别里科夫在台上演出……学校拆除了一年级和二年级的隔断，课桌也搬走了，俨然成为教员休息室。晚上，当剧目上演的时候，这里就成为化妆间。"①

在农村社会主义改造过程中农村教师被赋予了重要作用，他们不仅要教孩子们知识，还被认为是在农村进行宣传工作的重要人物。20 世纪 30 年代拍摄了许多讲述和富农斗争、集体农庄制度形成的电影，农村教师还在其中一部电影中担任了主人公。20 世纪 30 年代至 40 年代末期拍摄的标志性电影有《教师》（导演格拉西莫夫，1939）和《农村女教师》（导演顿斯科伊，1947）。电影中有趣的是介绍了学校在新农村形成过程中的特殊作用，展示了农村教师的两种主要思想方式。第一部电影的女主角是维拉·马列茨卡亚·瓦林卡，民粹主义思想的继承者，在革命前来到农村，有崇高的理想，要将知识的"光明"带给农村的孩子们，经受和克服了一切困难，包括富农的威胁，一切为了自己的理想。虽然影片是为迎合意识形态要求而拍摄的，但其中可以找到两个社会——城市和农村之间对话问题的反映。年轻的女教师并没有马上就找到和农民之间的共同语言，也没有立刻赢得他们的

---

① *Юркова Н.* Перемены в жизни села : рассказала А. Е. Флягина // Летопись уральских деревень. Ревдинский район. Ревда, 1997. С. 47 – 49.

信任，理解和接受农民的价值体系。

影片中另一个苏联农村教师形象是由契尔科夫扮演的斯捷潘·拉乌金。他在学成之后返回故乡，成为一名教师，开始新的生活，成为村中主要人物之一，受人爱戴，所有人都听他的。他没有经历瓦林卡遇到的问题。他很熟悉农村社会，明白如何与农民沟通（却不懂得如何和心仪的姑娘说话！）。作为政治上的领导者，他教的是成年集体农庄庄员，而不是孩子们。后者被放到了次要地位，电影情节也没有过多表述。教导成年人相对更复杂，也更重要。电影中的学校不仅是农村的文化中心，也是政治中心，人们带着自己的怀疑和问题来到这里，得到自己需要的答案。30 年代学校的新作用是成为宣传场所并且确立自己在农村社会中的地位。

但是在战后时期，文化和思想中心的功能从学校转向俱乐部，其任务与其说是组织农民在闲暇时间进行文化活动，不如说是对他们进行思想教育。相应地，学校的功能有所减少，仅限于教育正在成长的一代。其在意识形态领域有自己的地位，更多的工作和孩子们有关。这种变化有一部分和消除文盲运动的结束有关，在这场运动中学校的参与是极其重要的，还有一部分和农村文化教育组织系统的发展有关，其中包括俱乐部的大量出现。

战后亟待完成的任务转为普及七年制教育，而这要以学校网络的最优化为前提。七年制和中等学校的数量增加，同时初等学校数量减少。50年代前初等学校的数量实际上没有变化。而在乌拉尔州的一些地区甚至可以看到这些学校的数量有增长的趋势，比如库尔干、彼尔姆。1946～1947年在俄罗斯苏维埃联邦社会主义共和国范围内的农村地区，初等学校占所有学校机构的 79.4%，1951～1952 年这一比率降为 70.2%，1960～1961年为 67.9%（见表 5-2）。与此同时，中等学校的数量增加了约一倍。初等学校减少，转为七年制学校，但是通常是直接关闭了。50 年代集体农庄的扩大化更是加速了这一过程①。

---

① См.：РГАЭ. Ф. 1562. Оп. 17. Д. 2777. Л. 2.

表 5 - 2　1946~1961 年俄罗斯苏维埃联邦社会主义共和国
乌拉尔区农村学校网络发展动态

单位：所，人

州（学年）	学校总数	包括			学生	教师
		初等学校	七年制学校	中等学校		
俄罗斯苏维埃联邦社会主义共和国						
1946~1947 年	104754	83166	18301	3226	10382028	438894
1951~1952 年	105749	74265	27266	4083	10567860	533506
1960~1961 年	98726	67071	25052	6339	8863407	556145
古尔干斯克						
1946~1947 年	1523	1298	200	24	116412	5169
1951~1952 年	3114	2077	925	109	402721	19447
1960~1961 年	1392	1012	314	60	113101	6906
莫洛托夫（彼尔姆）						
1946~1947 年	2204	1885	273	45	170852	7532
1951~1952 年	2273	1769	449	52	184026	9415
1960~1961 年	2448	1880	460	93	207122	11533
斯维尔德洛夫斯克						
1946~1947 年	1786	1525	239	22	149405	6136
1951~1952 年	1765	1359	371	34	147018	7025
1960~1961 年	1606	1156	380	65	156716	8455
车里雅宾斯克						
1946~1947 年	1251	1085	143	23	98821	3705
1951~1952 年	1233	931	272	29	108092	5006
1960~1961 年	1241	889	285	66	124884	6678
契卡洛夫斯克						
1946~1947 年	2300	1743	450	104	198710	9334
1951~1952 年	2323	1491	709	119	222272	11491
1960~1961 年	2281	1442	668	164	171862	12014
乌德穆尔特苏维埃社会主义自治共和国						
1946~1947 年	1293	1055	202	35	138890	5617
1951~1952 年	1282	946	300	34	136271	6701
1960~1961 年	1246	866	292	81	128534	7936
巴什基尔苏维埃社会主义自治共和国						
1946~1947 年	4906	3809	929	160	448790	19864
1951~1952 年	4863	3476	1202	178	447257	23506
1960~1961 年	4546	3123	1150	265	354537	24164

资料来源：俄罗斯国家经济档案馆。

50 年代农村发展中的首要问题是经济问题。1930 年为保障农村地区的文化、卫生和贸易机构，开始使用统计标准。标准以每 1000 人为计算单位。1950 年补充要求：每个村苏维埃管辖范围内应设有一所学校。战后时期开始了长期的行政改革，村苏维埃管辖范围也不断扩大，这一规定的实施常被阻碍。如在契卡洛夫斯克州萨克马拉区的迈奥尔斯克村苏维埃，每 8 个居民点有 3 所七年制学校（分别在迈奥尔斯克村、扬吉兹村和彼得罗巴甫洛夫斯克村）和 3 所初等学校（分别在马里耶夫卡村、苏姆金村和萨尔梅什斯克村）[①]。这便是关闭初等学校的理由。而对于有孩子的家庭而言，举家迁往靠近学校的中心农庄则成为乡村移民的第一信号。

20 世纪 50 年代出现了两种互相矛盾的趋势：一方面，积极兴建新的、有很好的办公室和体育馆的学校，学校的物质基础得到提高，教师数量增加，教学水平提高；另一方面，学校网络整体减少，集中化和统一化趋势增强。但是农村和城市地区的资源是不平等的。在考大学的过程中，无论是初等学校还是中等学校的教育质量，都无法让农村学校的毕业生和城市学校的毕业生去竞争。这也降低了农村学校的地位，它无法让自己的毕业生适应农村的工作和城市的学习。

1966 年，苏联共产党中央委员会和苏联部长会议通过了《关于进一步改善普通教育学校工作的措施》的决议，其主要任务是向 10 年制教育转变。1973 年又通过了《关于进一步改善农村地区普通教育学校工作的措施》的决议，提出采取一系列措施完善农村地区学校网络并加强其物质技术基础。每个集体农庄和国营农场都计划组建自己的中等学校，使学校网络结构进一步改变：中小村庄的初等学校数量持续减少。孩子们被转移到附近 5 ~ 10 公里距离内的学校上学。比如，在彼尔姆省，1970 年关闭了 6 所初等学校。在列斯纳亚村，因为学校关闭，使学校的 9 名学生转到 7 公里之外的穆特那亚村上学。而上卢科夫斯克学校的 6 名学生被转到 12 公里外的下卢科

---

① См. : ГАОО. Ф. 1014. Оп. 8. Д. 146. Л. 33.

夫斯克的八年制学校学习①。中等学校恢复了建立学生宿舍的传统。如果说
早些时候，在 50 年代住宿舍的一般是高年级学生的话，那么现在脱离了家
庭和农村劳动的低年级学生也必须要住校了。这也造成了学生宿舍不足。
1975 年，在斯维尔德洛夫斯克州只有 46.7% 的学生得以住进宿舍，在车里
雅宾斯克只有 54%，库尔干只有 59.9%②。

　　所有这些措施不断影响农村的发展动态。如果说 60 年代中期在乌拉尔
的农村地区初等学校占比较大（在斯维尔德洛夫斯克州占比 67.7%）③，那
么 70 年代初等学校的数量急剧减少。1965 ~ 1985 年，乌拉尔地区农村学校
的数量降到 1113 所（也就是说有 1/3 的学校关闭）。学校的关闭使有孩子
并有工作能力的家庭移民数量增加，很多村庄完全消失了。比如，尼瓦尼科
洛村巴甫洛夫斯克国营农场的学校关闭之后，所有有劳动能力的居民都迁走
了④。但是小型农村学校的问题并没有得到解决。农村移民和农村地区无人
化的结果，使 80 年代八年制和中等学校中小型学校的数量有所增加。

　　到 20 世纪 80 年代初期，整体上完成了中等教育的普及，农村学校的大
部分毕业生都来到城里求学，但是更多地参与中等教育的是技术并不熟练的
工人。在宣传了城市的生活方式后，农村学校实际上是在暗地培养毕业生，
让他们离开农村。

　　20 世纪 30 ~ 80 年代确立的农村教育系统，一直按自身规律发展，很少
考虑到农村地区功能的规律性。19 世纪末到 20 世纪初的农村学校特点是自
适应策略已经不复存在了。农村学校作为教育中心系统的一部分，更多地从
农村社会文化环境中脱离出来，向城市文化的追随者转化。

　　帝国晚期农村教育分散的、多变的模式被统一的、集中的苏联学校所替
代，在苏联学校中，城市和农村之间的不同被缩小到最低限度。学校施行统

---

① См.：ГАПК. Ф. 564. Оп. 3. Д. 3818. Л. 5.

② См.：История развития системы образования на Урале. С. 95.

③ История развития системы образования на Урале. С. 94.

④ См.：*Вьюкова О. П.* Сельские общеобразовательные школы Урала в 1970 – 1980 гг. //
Развитие культуры уральской советской деревни, 1917 – 1987 гг. Свердловск, 1990. С. 137.

一的教学大纲、相近的课内外工作形式，而不考虑农村地区的特点。结果苏联时期的农村学校无法使正在成长的一代去适应农村或者城市的环境。

抛开农村社会发展问题，农村学校的组建也没有自己选择的权利，不考虑地方特点，这一切都对农村教育系统的发展产生了不良影响。国家和社会的需求产生了集体农庄和国营农场，它们成为学校的管理者，在物质上对其进行帮助。但这一机制并不总是起作用，因为在苏维埃执政的那些年，集体农庄和国营农场中的多数是亏损的。这些都加重了教育系统和农村社会的分裂。当然，在农村学校中可以找到很多例子，说明学校和孩子的创造性的关系很有效，但是更重要的是，在 20 世纪下半叶，农村学校逐渐同农村生活疏远，而转为解决内部问题。

到 90 年代初期，中等教育不再是普及和义务教育了，出现了一些私立学校，人们也可以选择留学等方式。但这实际上是对于大城市和中心城市的居民而言的。而在地方和农村地区，学校的处境非常困难，没有资金，没有必要的教具保障，还经常没有教师。国家对教育的监管水平下降，对农村学校的支持也不够，这都使得学校无奈关闭。令人惊讶的是，在如此困难的情境下，学校还是坚持教学并寻找新的工作方向，以使农村学校得以保留。

在对苏联解体之后的农村学校的工作进行分析之后，戈尔布绍夫总结出两种不同的倾向："破坏"和"建设"①。"破坏"指的是农村学校损失了一些主要功能（教学和培养），只是形式上的工作，在戈尔布绍夫看来，这样的学校无法保证在农村建设积极的和发展的社会文化环境。他认为加拉尼纳村和穆尔金卡村的普及教育机构就属于这种比较萧条的学校，他们没有人力，物质基础薄弱，学生数量很少。对于这样的学校而言，最现实的结果就是关门大吉，穆尔金卡村的学校就是这样的下场。农村学校没落的主要原因是居民人数的减少、失业、农村文化历史传统被破坏。虽然这所学校建于19 世纪，历史非常悠久，但时至今日，它已经无法对农村日益衰弱的社会

---

① См.: *Горбушов А. А.* Инновационные процессы в сельской школе как феномен ее генезиса // Изв. Урал. ун - та. 2007. № 50. Сер. 1, Проблемы образования, науки и культуры. Вып. 21. С. 41 – 46.

文化环境产生本质影响。遗憾的是，这样的例子还有很多。

其他一些为数不多的农村教育机构，被戈尔布绍夫称为"建设"——
这些学校在新条件下找到了自己的位置。在这些机构里采用了各种有创意的
教学大纲，发展了课外活动（学校—俱乐部；幼儿园—学校—俱乐部；学
校—合作社和私人的农场，全日制学校，儿童的庄园）①。它们致力于在农
村社会的支持下激发学生的求知欲。阿亚季村、巴什卡尔卡村、大拉亚
村、洛布瓦镇、拉巴耶瓦村、新潘希诺村、彼得罗卡缅斯科耶村、萨马茨
维特镇、乌斯季乌特卡村、尤扎科沃村、切列米斯科耶村的学校就属于这
种。

阿拉马舍沃和马赫尼奥沃的中等学校采用的教育模式引起高度关注。这
种模式被称为"学校—社会文化中心"，使农村所有文化组织（学校、图书
馆、农村俱乐部、博物馆）和所有教育过程的客体（孩子们、父母们、教
育者、行政机构）之间紧密联系。学校有自己的博物馆和办学特色，给邻
村没有课上的孩子们上课，还是很多教育计划的发起者。2006 年，阿拉马
舍沃村的父母们自筹资金给学校修建了体育馆，所有愿意锻炼身体的人都可
以来这里。

通过这些努力和创新，学校再次成为农村社会文化领域的中心，继承传
统并努力成为教育和启蒙的重要场所。在戈尔布绍夫看来，学校这种作为社
会文化中心的模式可以担当起农村社会文化建设的功能。

类似的农村学校的发展经验，可以说是农村学校重新成为农村创新文化
中心，这曾是地方自治时期农村学校的特点，其后又因历史发展而消失。其
先决条件是农村地区自治的发展，能够在新的、更复杂的条件下承担起农村
的命运。我们要强调的是，关于农村地区的生存和保留其社会文化同一性的
问题。因为电视和网络的竞争，没有一个俱乐部和图书馆能解决这一问题。
还没有什么可以取代学校，没有任何现代技术可以取代老师，所以要提高学

---

① См.：*Горбушов А. А.* Развитие сельской школы на Урале（XVIII – начало XXI в.）：
автореф. дис... канд. пед. наук. Екатеринбург，2007. С. 18 – 20.

校在文化空间的竞争能力，促使其将创新转为现实。在当今信息化社会逐渐形成，城市化阶段和亚城市化形成的条件下，农村学校拥有了新的功能和作用。

第二节　20世纪农村图书馆和俱乐部在农村文化空间现代化中的作用

除了学校之外，19世纪的俄国农村生活中出现了其他一些新的文化教育组织，这些组织不是传统社会原有的：农村图书馆、俱乐部，医疗、贸易和生活服务机构。同时形成了新的交流环境，打破了农村社会的孤立——首先是交通，然后是信息（邮局、电报、无线电、电话等）和文化（书籍和报纸、电影、电视等）。

图书馆、俱乐部和学校一样，都是最重要的信息渠道，并且有利于新的（城市的）行为、标准和价值观模式的传播。这些模式——特别是介于积极的、建设性的文化行为模式和消极的、狭隘的模式之间的模式——向农村生活和文化的传播，不只是在物质财富层面，也在精神层面，有利于农民生活方式的改变。

农村俱乐部和农村图书阅览室（图书馆）对于集体农庄来讲是必要的组成部分，它们的存在保障了文化生活的某种最低标准，也使得20世纪下半叶的农村得以存活下来。但是它们在农村的出现要比集体农庄和公社早得多。

早在19世纪上半叶时，在中乌拉尔的农村地区就出现了第一批图书馆。比如，伊利因斯科耶（彼尔姆省的伊利因斯科耶村）的公共图书馆成立于1826年。在《彼尔姆省地理和统计辞典》中丘比纳写道："……1830年伊利因斯科耶的大图书馆里的书籍主要以小说为主，而彼尔姆城的居民到官员都会来借阅……后来在彼尔姆城经常可以看到不成套的带着伊利因斯科耶图书馆标签的书籍。"[1]

---

[1] Чупин Н. К. Географический и статистический словарь Пермской губернии. Т. 2. Пермь, 1878. С. 497.

在希雄科编纂的《彼尔姆省国民教育发展描述材料》中指出，几乎在所有的学校中都有图书馆，并且分为主要的和流动的[①]。官方学校的图书馆依靠国库拨款，其他的则依靠那些向学校提供办学经费的人的慈善捐款。1860 年，也就是废除农奴制之前，在省内如下学校有图书馆在运营：彼尔姆中学和彼尔姆县、昆古尔县、叶卡捷琳堡县、沙德林斯克县、卡梅什洛夫县、伊尔比特县、上图里耶县、索利卡姆斯克县、切尔登县、下塔吉尔县的县级学校。除此之外，在县城由城市财政拨款的全部 12 所教区学校中都有图书馆。

在彼尔姆省的农村（上姆林斯克、伊林斯克、多布良卡、雷西瓦、库德姆卡尔）有 9 所图书馆，工厂（奥乔尔、内特瓦、伊尔金斯克、上伊谢茨基、沙伊坦斯科耶、瑟谢尔季、涅维扬斯克、卡斯利、波列夫斯科伊、下谢尔吉等）有 29 所图书馆。它们由个人资金资助。这些图书馆共有藏书6253 本、14802 卷[②]。除此之外，在修道院和宗教学校也有图书馆，在昆古尔、库什瓦和下塔吉尔也有一些社会图书馆。

这样一来，图书馆就成为"教育的辅助措施"，同学校一起成立，用于保障教学过程。类似的实践在改革后期有了自己的地位，成为地方自治活动的方向之一。

第一批地方自治图书馆也是在学校（师范学校）成立的，之后出现了服务于医生、农业、民众的图书馆，最后，出现了公共图书馆。但是图书馆的制度还不是很明确，所有的图书馆都被称为地方自治图书馆（由地方自治机构拨款建立）。

地方自治图书馆分为两种。

第一，地方自治公共图书馆。有两种形式：一是图书馆由地方自治局管

[①] См.: *Шишонко В.* Материалы для описания развития народного образования в Пермской губернии с указанием времени открытия учебных заведений с приложением карты. Екатеринбург，1879. C. 264.

[②] *Шишонко В.* Материалы для описания развития народного образования в Пермской губернии с указанием времени открытия учебных заведений с приложением карты. Екатеринбург，1879. C. 265.

理，地方自治机关的职员可以免费使用，其他居民需要缴费使用（地方自治公共图书馆属内务部管辖，遵从 1884 年发布的关于公共图书馆总章程）；二是地方自治学校管辖的公共图书馆，其免费向所有居民开放。

第二，地方自治人民图书馆。主要服务于农民、工人、手工业者，也就是老百姓们。而且人们去图书馆借书不需要交任何押金和费用（由内务部管辖的地方自治人民图书馆有独立的场所、借阅证和阅览室——这种被称为设有阅览室的群众性图书馆；由教育人民委员部管辖的属于地方自治学校的人民图书馆只有借阅证）。

除了地方自治机关外，村社、城市杜马、教育机构和个人也可以开办人民图书馆，科学和文艺事业的资助人也可以参与人民图书馆的建设。例如，1900 年去世的著名图书出版者帕夫连科夫在其遗嘱中要求用其财富在俄国开办 2000 家人民图书馆，因此这些图书馆在民众中得名为"帕夫连科夫图书馆"。在他去世后的 4 年内开办了 705 家图书馆，其中也包括彼尔姆省。例如，马丁诺夫卡（彼尔姆边疆区马丁诺夫卡村）农村图书馆建于 1904年。1909 年在德米特里耶夫斯克村建了图书馆，其属于帕夫连科夫的遗嘱证人所资助的其他 12 所设有阅览室的群众性图书馆[①]。

到 20 世纪初时，地方自治图书馆网络有以下结构：一是中央（公共）地方自治图书馆；二是在县的最大的居民点设立的区级公共图书馆；三是各区的人民图书馆和学校图书馆；四是流动图书馆。

地方自治机关希望将图书馆服务半径（3 俄里）扩大到学校。乌法、莫斯科、彼尔姆和奥洛涅茨地方自治机关做得最为接近。

人民图书馆网络得到了积极的发展。1902 年在彼尔姆省各村共计有 320所图书馆，每年读者 5 万人次，藏书达到 5 万本[②]。到 1909 年农村地区的图书馆总数共计 551 所，其中上图里耶县 73 所（平均每 100 个村庄有 11.7

---

① См.: История библиотек ЦБС［Электронный ресурс］. URL: http://ilbi.perm.ru/zbs/zbs.html.

② *Кривощеков И.* Материалы для изучения Пермского края // Сб. Перм. земства. Пермь. 1904. № 2. С. 70.

所)、叶卡捷琳堡县 36 所（平均每 100 个村庄有 10.6 所）、卡梅什洛夫县
55 所（平均每 100 个村庄有 14 所）、克拉斯诺乌菲姆斯克 30 所（平均每
100 个村庄有 5.2 所)[①]。

图书馆馆员通常由教师担任，有时是文书官（如果图书馆位于乡公所
的话）或者受过教育的村民（人民图书馆），神职人员或者地方自治局派任
的图书馆馆员则非常少见。只有很少的地方自治机关可以出得起足够的工资
雇专人担此职务。

政治因素在图书馆网络发展过程中发挥了重要作用，因为图书馆首先被
看作思想和道德教育的工具。比如，有这样的官方命令，要求图书馆在两种
情况下一定要向大众开放：战争时期（或是自然灾害）和民众启蒙运动时。
的确，在俄日战争时期和第一次俄国革命时期人民图书馆的建设最为积极。

图书馆的藏书量也处于国家严格的监管之下。国民教育部的学术委员会
在 1888~1905 年和 1912~1915 年确定了图书馆藏书清单。这份清单在 19
世纪 90 年代还不超过 3000 本。除了俄国文学经典之外，图书馆里还有便宜
的科普出版物：《关于法律和秩序的讨论》、《幸福和工作》、《天气预报》、
《德比耶尔的原始人》（恩格尔哈特翻译）等。小说、历史、地理、自然科
学等书籍比较畅销。期刊也很受欢迎，如《当代词汇》《农民事务》《人与
自然》《环球》《萌芽》和其他出版物。

1888 年统计学家斯卡罗祖博夫发表了名为《人民校外教育方式：书籍
和图画》的文章，以克拉斯诺乌菲姆斯克县的农民阅读圈为主进行了抽样
调查。比如，他研究了两家工厂（沙伊坦斯科和萨拉宁斯科）、三个大村庄
（亚历山德罗夫斯克、克列诺夫斯科和贝科沃）和七个“偏僻”的村庄（别
廖佐夫卡、波塔什卡、博戈罗茨克、奇斯佳科夫、尤瓦、萨维诺沃、阿尔特
诺夫斯克）。可以看到，不同级别居民点的阅读强度实际上是一样的。总
之，在各图书馆里共有 2515 本出版书籍，其中 45% 是精神—道德（宗教）

① Свод данных, помещенных в《Списках населенных мест Пермской губернии》, изд. 1908 – 09
г. и другие краткие статистические сведения о Пермской губернии. Пермь, 1910. С. 14.

246

方面的，55%是世俗的①。

可以看出，受教育农民的阅读圈有自己的特点（见表5-3）：在工厂工作的人们主要看世俗文学；在小村庄生活的农民更喜欢宗教书籍，有43.6%的人会选择世俗文学；大村庄（市郊的和大路旁的村庄）的居民对世俗文学感兴趣程度最低，但这一比例也达到了约38.7%。有意思的是，大村庄的居民受教育水平最高，并有更大的读者圈，女性也是如此。在这里书籍已经成为日常生活中的一部分，读者越多，兴趣越分散。在小村庄里受教育的人少些，阅读的强度比大村庄的人更大，他们更多地选择阅读世俗书籍。

综上所述，可以说在农民中宗教书籍更受欢迎，而这和传统意识有关。而世俗文学也是完全传统的：长篇小说和中篇小说（如托尔斯泰的《高加索俘虏》《巴拉基列夫的奇闻、笑话和故事》《特瓦尔多夫斯基老爷，波兰的魔法师》等）占31.5%，童话占27.3%，历史长篇小说和中篇小说占13.6%，手册占5.7%，农业、医学、地理和自然科学书籍约占1%②。通过研究克拉斯诺乌菲姆斯克县农民家庭的装饰画可以得出结论——传统价值观依然处于主导地位：44.6%的画和精神道德有关；40%的画是皇室成员和历史事件；只有15.5%是各国童话、歌曲和生活自然题材的插画③。这些画比较廉价，农民选择在家里挂它们可以看作新生活习惯的形成，但也在整体上反映了传统的价值和利益体系。

1900~1910年，为了使不同形式的校外教育模式统一在"同一屋檐下"，地方自治机关开始建立被称为"民众馆"的部门，其中包括人民图书馆（见图5-2）、流动博物馆、幻灯机、舞台、观众大厅、教室、画画和雕塑的工具。在每个民众馆都设有给主任的套间和给工作人员的房间。在某些情况下地方自治机关会成立图书博物馆，也是一种简化版的民众馆。20世纪10年代出现了农村图书阅览室。和普通人民图书馆的不同之处在于它们的藏书主要是期刊。

---

① Сборник материалов для ознакомления с Пермской губернией. Вып. 5. Пермь, 1893. С. 23.
② Сборник материалов для ознакомления с Пермской губернией. Вып. 5. Пермь, 1893. С. 25.
③ Сборник материалов для ознакомления с Пермской губернией. Вып. 5. Пермь, 1893. С. 28-29.

表 5 – 3　克拉斯诺乌菲姆斯克县农民读书情况

单位：本，%

居民点类型	书籍总数	精神类图书占比	世俗类图书占比
工厂	860	20.3	79.7
市郊的和大路旁的村庄	774	61.3	38.7
偏僻的农村	881	56.4	43.6

资料来源：《彼尔姆省介绍材料汇编》第五卷，彼尔姆，1893，第 23 页。

图 5 – 2　斯维尔德洛夫斯克州普里戈罗德内区穆尔津卡村 1900 年开办
的人民图书馆。作者摄于 2012 年

　　国内战争时期，农村地区的文化教育机构的发展被中止，和学校一样，大量的图书馆和民众馆被关闭。这些文化生活形式在 20 世纪 20 年代得以恢复，但已经是在新的组织和思想基础之上进行重建。

　　革命后对学校和图书馆事业进行了改造，形成了新的文化教育机构中的新系统，并与学校教育系统相统一地形成了中央集权的图书馆网络。1920年 11 月 3 日人民委员会通过了《关于对俄罗斯苏维埃联邦社会主义共和国内图书馆事务进行中央集权》的决议。所有图书馆，不论其属性，都成为人人可以享用的图书馆，并统一到俄罗斯苏维埃联邦社会主义共和国的图书馆网中，并归教育人民委员部管辖[①]。决议中包括图书馆书籍配套顺序，在国家出版社和图书收集分发处下属成立中央分配委员会，但是没有规定国家在图书馆事务中的责任，包括对图书馆的物质支持，这也使得图书馆的中央化原则逐渐被图书馆的属性原则替换。

总之，在革命和国内战争时期图书馆的数量减少，任务改变。如果说在地方自治存在的时期图书馆主要负责文化教育功能，那么在苏联时期它承担了政治思想任务并成为"教育"和"再教育"农民的工具。

图书馆的布局主要按照行政区域原则：在农村地区成立乡图书馆和农村图书阅览室；在一些县，除了县和乡图书馆外还成立了区图书馆（一个图书馆对应几个乡）；在一些不大的和偏远的农村居民点设立流动图书馆（车厢流动图书馆、流动的文化教育机构、图书交付点）。

革命后农村图书阅览室成为农村图书馆最常见的形式。1920 年在乌拉尔地区有 3640 个农村图书阅览室（平均每个农村图书阅览室有 39 本书）[②]。其中有马克思、恩格斯、列宁的著作，宣传鼓动文学，农业文学和期刊。人们在这里大声朗读，开报告会、讲座和读书会。农村图书阅览室主任的职务通常由党员担任。在农村图书阅览室管辖下开设扫盲学校、各种各样的小组，安排音乐会和戏剧演出。

20 世纪 20 年代初期，图书馆网络出现了减少的趋势。1922 年俄罗斯苏维埃联邦社会主义共和国的图书馆网络比 1920 年减少了 60% ~ 70%。为了克服这种消极的趋势，1923 年 8 月人民委员会发布命令，要求发展政治教育机关，到 1925 年 9 月农村图书馆的数量从 7000 所增加到 9000 所。在俄

---

① Декрет СНК 《О централизации библиотечного дела в РСФСР》 от 3 ноября 1920 г. ［Электронный ресурс］. URL：http：//www.opentextnn.ru/censorship/russia/ sov/law/snk/1917/? id = 2836.

② См.：*Третьяков В. В.* Повышение культурного уровня уральского крестьянства в первые годы советской власти （1917 - 1920 гг.） // Развитие культуры уральской советской деревни，1917 - 1987 гг. С. 16.

共（布）中央委员会《关于改善政治教育机关状况的通令》（1923 年 9 月）中写道："……没有农村图书阅览室、乡图书馆网络和大众扫盲班的话，或许就无法对农村产生系统性的影响。"① 通过这一系列法令的颁布，图书馆系统开始恢复。俄罗斯苏维埃联邦社会主义共和国的农村图书馆从 1925 年的 9800 所增加到 1929 年的 12100 所，藏书量也从 1540 万册增加到 1950 万册②。和学校一样，图书馆也积极参与到扫盲运动中，对党和政府的各项措施进行宣传上的支持，促进了农民新社会价值观的形成。

除图书馆外，20 世纪 20 年代农村文化生活的另一个特点是以剧院舞台活动为主的俱乐部的出现。俱乐部最开始出现在城市，在 20 世纪 20 年代末期开始在农村出现。20 世纪 20 年代末期在乌拉尔地区出现了 718 家类似俱乐部的文化机构。

在农村地区俱乐部的建立经常以农村学校为基础：白天孩子们在学校上课，晚上学校就变成了上演剧本、乐队和跳舞的俱乐部③。俱乐部也可以开在农村图书阅览室。这取决于谁有让年轻人度过闲暇时光的功能，但最常见的还是学校。

在 20 世纪 30 年代俱乐部成为独立的机构。前提是出现了一些空置的建筑（来自被没收了生产资料和土地的富农分子和教会），这些建筑后来归俱乐部所有（见图 5-3）。在战后时期才开始建设专门供俱乐部使用的建筑，带有观众大厅、舞台及供小组和图书馆使用的房间。

虽然学校和俱乐部、图书馆网络有集中化和意识形态化的趋势，但在 20 世纪 20 年代农村社会文化环境的发展仍符合之前地方自治机关开创的系统，这种系统保留了农民社会的首创精神，支持文化教育机构的组织考虑到了农民的需求和利益。

---

① Библиотечное дело в СССР в первые годы советской власти（1917 – 1920 гг.）［Электронный ресурс］. URL：http：//www. univer. omsk. su/pages/hbwork/.
② Библиотечное дело в СССР в первые годы советской власти（1917 – 1920 гг.）［Электронный ресурс］. URL：http：//www. univer. omsk. su/pages/hbwork/.
③ См.：Летопись уральских деревень. Ревдинский район. Ревда, 1997. С. 45.

图 5 - 3 以前的俱乐部的建筑。克拉斯诺亚尔村。作者摄于 2003 年

20 世纪 30 年代,在大众集体化条件下,行政机构对农村社会生活所有方面的压力开始增加,对文化教育机构活动的集中化和行政监管进一步加强。农村社会的基础设施组织原则发生改变:引入了农村地区服务标准,通过确定该地区人口数量来决定开设多少图书馆、学校和贸易点。文化及生活服务机构主要集中在那些有村苏维埃的村庄,即那些所谓的地方中心。

20 世纪 30 年代初期在苏联施行了新的行政区域划分,并对农村地区学校和图书馆的整个服务系统进行改造。如在以前的县和乡图书馆的基础上成立了区和村图书馆,为了集体化的需要建立了"集体农庄图书"特别基金,并下令在十月革命 13 周年之际在区集体化地区和大集体农庄开办 400 所大型图书馆。1932 年苏联公用事业人民委员部、供应人民委员部和工会共同下令,在每个国营农场成立完全合乎图书储量和设备要求的标准图书馆。

在集体化前夕,乌拉尔地区一所农村图书阅览室平均服务 4700 人,1930~1931 年这一数字为 300 人。在乌拉尔地区共有超过 2000 家各种形式的图书馆，但不是每个村苏维埃所在地都有。根据丘法罗夫的统计，37%的村苏维埃所在地完全没有图书馆。1932年在乌拉尔地区每个农村居民有0.3本书，全国平均值为0.75本[1]。

在集体化年代出现了新形式的文化及生活服务机构——集体农庄图书馆和俱乐部，由集体农庄庄员提议成立并依靠集体农庄资金建立。到1937年底在斯维尔德洛夫斯克州和车里雅宾斯克州共有超过2500所农村图书阅览室和915家集体农庄俱乐部[2]。它们的政治作用也在加强。

文化及生活服务机构的主要任务是对集体农庄庄员进行思想教育，主要通过座谈会、报告会、讲座的方式，小组活动也得到了发展。小组多以政治、普通教育，农业技术和反宗教为主题，但也有体育、合唱和舞蹈小组。所有这些形式都致力于建立新的文化标准和形成新的节日传统。

20世纪30年代，无线电和电影进入了乌拉尔农村地区农民的文化生活。在俱乐部中安装了无线电接收机，建立了无线电转播台。到1937年斯维尔德洛夫斯克州的集体农庄和机器拖拉机站有25个无线电转播台和2400个无线电收听点[3]。开始形成电影放映网。1930~1933年乌拉尔农村的电影放映设备的数量增加到1027台，其中大部分是流动的[4]。

农村文化教育环境转变的整体动态可以参见表5-4。1927~1940年斯维尔德洛夫斯克州农村地区的俱乐部数量增加了约1倍，农村图书馆数量增加了40%，农村图书阅览室数量增加了70%。文化机构的数量动态同集体农庄和国营农场的数量指标相关联，并努力覆盖所有主要集体农庄和国营农场。

---

[1] См.: *Чуфаров В. Г.* Деятельность партийных организаций Урала по осуществлению культурной революции. Свердловск, 1970. С. 335.

[2] *Налобина С. В.* Культурное развитие уральской советской деревни в 1929 – 1937 гг. // Развитие культуры уральской советской деревни ... С. 40.

[3] *Налобина С. В.* Культурное развитие уральской советской деревни в 1929 – 1937 гг. // Развитие культуры уральской советской деревни ... С. 43.

[4] *Налобина С. В.* Культурное развитие уральской советской деревни в 1929 – 1937 гг. // Развитие культуры уральской советской деревни ... С. 43.

因此，20 世纪 30 年代在乌拉尔农村出现了很多新事物，逐渐改变了居民的价值观和世界观。文艺工作者对农村的"支援"在其中起了一定作用。20 世纪 20~30 年代在乌拉尔地区确定了由音乐会、戏剧、座谈会和讲座等组成的系统文化形式，其目的是用文艺服务农村地区，要求文艺知识分子用艺术手段促进社会主义建设思想的普及和对农民的政治教育。

这种支援在集体化时期发展特别积极。仅在 1932 年乌拉尔的演员就在农村地区组织了约 800 场音乐会①。虽然演员们视这种责任如惩罚，但是其对农村居民的觉醒和行为有很显著的影响。应当指出的是，在传统社会农民是民族艺术文化的载体和活动者，在新情况下他们成为文化的需求者，之后这种趋势也得到加强。

表 5 - 4　斯维尔德洛夫斯克州的文化机构（以 1940 年为限）

单位：所，台

指标	1927 年 12 月 15 日	1933 年 3 月 1 日	1937 年 11 月 1 日	1938 年 11 月 1 日	1939 年 10 月 1 日	1940 年 10 月 1 日
所有俱乐部机构	575	809	1154	1375	1383	1297
在农村的俱乐部机构	519	无数据	926	1099	1101	1027
农村图书阅览室	407	536	507	657	646	689
图书馆	810	465	955	1093	1128	1234
农村图书馆	574	336	612	669	707	804
电影放映机	—	—	—	451	545	518
博物馆	11	14	14	14	15	15
剧院	无数据	16	10	17	11	11

资料来源：斯维尔德洛夫斯克州国家档案馆。

20 年代末 30 年代初，出现了长期的流动创造集体。1929 年秋成立了乌拉尔农村流动剧团，主要活动在伊尔比特区、车里雅宾斯克区、沙德林斯克区、

---

① *Андрианова Г. С.* Культурно - просветительная деятельность художественной интеллигенции Урала на селе（1917 – 1941）// Развитие культуры уральской советской деревни.... C. 56 – 57.

库尔干斯克区和特罗伊茨克区，1934年12月俄罗斯苏维埃联邦社会主义共和国人民委员会通过了《关于成立集体农庄剧团的决议》，开始成立常设的农村剧团。1933年在达尔马托沃村成立了集体农庄—国营农场剧团。1934年在韦列夏吉诺村和1935年在阿尔加亚什村、库尔塔梅什村、阿尔纳希村等地成立了类似的剧团。到20世纪40年代初期在俄罗斯苏维埃联邦社会主义共和国有175个集体农庄剧团，乌拉尔地区有17个[①]。

在评价20世纪30年代出现的信息和文化的新形式对农村环境的综合性影响时，需要指出，它们的方向是进行农村的社会主义改造。俱乐部、图书馆和农村图书阅览室的活动促进了新文化环境和新业余生活方式的形成，不可避免地影响了农村居民的生活方式。20世纪30年代，虽然放映机的数量并不是很多，但电影放映机在其中也发挥着自己的作用：1940年10月1日在斯维尔德洛夫斯克州共有518台电影放映机，其中大部分位于城市地区，但是农村与"无言的巨人"（无声影片时代对电影的别称）之间的第一次接触已经开始了。政府利用流动电影放映机向农民展示苏维埃国家电影工业创作的宣传片。20世纪30年代及战后时期的电影放映机扮演着神话创造者的角色，证明集体化政策的正确性，对集体农庄制度持肯定态度。同时电影潜移默化地改变了农村生活标准，开阔了农村居民的眼界。电影的通俗易懂使其成为农村居民一种有效的信息渠道。

农村的文教机构在战时得到了很大发展。除了日常事务外，还承担了解释苏联情报局通报、阅读报纸、对政治时事进行报道的任务。在每个农村图书阅览室都成立了宣传队，其成员中有业余文艺活动参与者。

战后在政治思想压力加强的情况下，文教机构也进入了发展的新阶段。1946年确立了关于国内农村俱乐部的新规定。根据该规定，在每个农村苏维埃成立了俱乐部，其任务包括解释当下政治新闻、进行科学教育和农艺学宣传、发展军事体育工作、组织安排劳动者的业余艺术活动。俱乐部必须备

---

① *Андрианова Г. С.* Культурно – просветительная деятельность художественной интеллигенции Урала на селе（1917 – 1941）// Развитие культуры уральской советской деревни. . . . C. 58.

有带舞台的观众大厅、图书馆阅览室、小组活动用的房间和体育场。如此一来，农村的文化中心就从学校和农村阅览室转向俱乐部。阅览室无法完成新任务，于是这些任务就逐渐转向俱乐部，但是这种变化是缓慢的，直到第五个五年计划结束时才基本完成。

无线电在战后时期成为农村地区城市化的最重要渠道，在 20 世纪 50 年代成为信息环境习以为常的组成部分。1949 年斯维尔德洛夫斯克州党委通过了关于州集体农庄无线电化的决议，与全盘电力化计划一同实施。到 1950 年底，州内有 500 个大型集体农庄实现了无线电化，到 1951 年 1131 个农村居民点拥有了无线电。得益于电力化的实施，电影放映机网络也得到了发展。1947 年在斯维尔德洛夫斯克州共有 432 套固定的音响设备和 44 套可移动音响设备。乌拉尔农村地区的电影放映机在第五个五年计划结束时达到了 3219 台，1958 年这一数字增加到 4043 台[①]。无线电和电影放映机发展的数字指标证明，到 60 年代初期，建立新的社会文化环境已具备必要条件，此时已经克服了农村地区的信息孤立的难题。接下来要考虑大众媒体联系特点的改变，这种改变和赫鲁晓夫的解冻政策有关。主题和题材各异的电影、广播节目、报纸从宣传鼓动向信息化转变——所有这些都加强了信息的情感，使其变得更易理解，和农村居民的意识更加贴近。

50 年代，在苏联农村文化日常发展过程中可以观察到一系列矛盾对立的趋势。一方面，确立了扩大社会基础设施建设的条件和前提，并使其改造为新形式——建立多功能的文化机构、建设新的现代建筑。解冻时期在农村实现了大众基础建设计划：从 50 年代中期开始兴建区文化馆，50 年代末期它们被纳入集体农庄和国营农场的中心区。乌拉尔地区的农村俱乐部数量从 1945 年的 4025 家增加到 1958 年的 5270 家，大众图书馆数量增加到 1958 年的 4106 所（见表 5－5）。

---

① *Толмачева Р. П.* Деятельность сельских культурно – просветительных учреждений Урала (1946 –1958 гг.) // Развитие культуры уральской советской деревни ... С. 94 –95.

表 5 - 5　1945～1958 年乌拉尔地区农村文化机构网络动态

指标	1945 年	1950 年	1955 年	1958 年
乌拉尔区				
大众图书馆数量(所)	1960	3283	4814	4106
书籍储量(千本)	1698.1	5130.7	13114.8	16571.4
俱乐部数量(家)	4025	4977	4963	5270
电影放映机数量(台)	无数据	无数据	3219	4043
斯维尔德洛夫斯克州				
大众图书馆数量(所)	517	829	867	814
书籍储量(千本)	416.6	1030.4	2747.6	3808.8
俱乐部数量(家)	881	982	1012	1069
电影放映机数量(台)	无数据	无数据	852	1006

资料来源：托尔马乔夫《乌拉尔农村地区文教机构的活动性 (1946～1958)》《乌拉尔苏联农村文化发展 1917～1987》，斯维尔德洛夫斯克，1990，第 90 页。

　　另一方面，形成了文教机构集中和扩大的趋势，这在其数量上得到了反映。这种趋势也可以看作农村居民点系统缩减和集中的反映。客观上国家政策对农村居民网的改革予以扶持，如 50 年代初期和末期集体农庄得到扩张。对于一些地方上的村庄而言，文教机构减少，通俗性降低。总体而言，在俄罗斯苏维埃联邦社会主义共和国集体农庄图书馆的数量从 1951 年的 22200 所下降到 1955 年的 18700 所，集体农庄俱乐部的数量相应地从 32100 家减少到 25500 家[①]。

　　1960～1970 年图书馆和俱乐部数量持续减少。为了替代关掉的小俱乐部，在集体农庄和国营农场的中心地区建立了可容纳 300～400 人的文化馆和文化宫。文化馆和文化宫的成立正是为了服务周边那些"没有发展前景的"乡村的居民。到 70 年代初期只有 13% 的农村有文化和生活服务机构，因此与农村日常生活保持一致的农村文化通俗性问题变得日益尖锐。1970

---

① РГАЭ. Ф. 1562. Оп. 17. Д. 2777. Л. 2.

年在乌拉尔地区 65.7% 的农村居民点和最近的俱乐部机构相距 2 公里左右，20% 相距 5 公里左右①。

很多俱乐部的建立都取决于居民点的密度。比如，在乌拉尔南部地区，居民点更密集，那么文教机构的水平就更高，反之在中部和北部地区就低一些。1970 年在斯维尔德洛夫斯克州有 89.6% 的农村地区有电力供应。和初等学校距离 3 公里以上的村庄有 29.2%，和俱乐部距离 3 公里以上的村庄有 32.4%，和医院距离 3 公里以上的村庄有 89.3%，和医疗站距离 3 公里以上的村庄有 40.7%。有 80.1% 的村庄有电话，75.5% 的村庄有电视②。

1975 年俄罗斯苏维埃联邦社会主义共和国文化部尝试对俱乐部事业进行集中化，斯维尔德洛夫斯克州再次先行实施。为了"完善和最优化"文化工作，成立了体育文化综合馆。其联合了所有既有机构和设施——俱乐部、图书馆、电影放映机——而且实行统一领导。1976 年在斯维尔德洛夫斯克州已经有 30 个体育文化综合馆。在第五个五年计划过程中成立了 45 个体育文化综合馆，联合了 194 个俱乐部、134 所图书馆、172 套电影放映设备、285 个红角（即文娱室——机关、宿舍等特设的进行文化、教育活动的场所）、25 个汽车流动俱乐部、10 所儿童和夜晚音乐学校、6 家博物馆、5 个农村爱乐协会和超过 50 家普通教育学校。到 1980 年斯维尔德洛夫斯克州 40.5% 的农村俱乐部机构并入了文化综合馆和集中化的俱乐部系统③。斯维尔德洛夫斯克的经验得到苏联共产党中央委员会的赞赏并在乌拉尔地区进一步推广。

如此一来，当时被作为自治机构有效武器的通俗性原则，在 70 年代时已经被完全遗忘了。经济合理性开始成为社会文化环境组织的主要原则，对一直以居民点分散为特征的农村地区的特点不予考虑，这使农村居民和他们

---

① *Берсенев В. Л.* Развитие сети культурно – просветительных учреждений в колхозах Урала (1966 – 1975 гг.) // Развитие культуры уральской советской деревни … С. 119.

② ГАСО. Ф. 1813. Оп. 12. Д. 433. Л. 22 – 24.

③ См. об этом：*Рафикова Н. Д.* Культурный уровень колхозного крестьянства Урала в 1976 – 1985 гг. // Развитие культуры уральской советской деревни … С. 149.

的需求变得不那么重要。单纯为提高文化建设，而不是为满足人们需求，成为那个时代的特征。70 年代俱乐部系统的危机已经变得尤为明显。俱乐部在一定程度上成功完成了其政治思想任务，但是在新条件下明显不符合农村居民的需求。这一时期系统进行的社会学调查结果也证明了这一点①。90 年代危机时期，由于资金缺乏而开始关闭文教机构，使得情况愈加恶化。

20 世纪 60～80 年代电影和电视成了农村居民城市化生活方式形成的最主要渠道。斯维尔德洛夫斯克州的电视从 1955 年 11 月 6 日开始播放，到 50 年代末期约有 30% 的州居民可以收看电视节目，包括大部分城市和工人新村。1957 年 1 月 1 日区域内共有约 110 万台电视和无线电接收装置，其中包括 40 万台电视，这是爆炸式的增长②。

60 年代末期在乌拉尔地区有 66.7% 的农村居民点可以收看电视节目，在库尔干地区是 91.4%，在奥伦堡地区是 49.1%。根据 70 年代进行的社会学调查数据，在奥伦堡州有 83.6% 的家庭有电视，在车里雅宾斯克州有84.3%，在斯维尔德洛夫斯克州有 78.6%③。从积极的方面来看，通过社会学家的观察，认为电视对人们生活的"侵入"促进了人们对文化价值观的被动接受。车里雅宾斯克州一些村庄的居民需求显示，他们中 44.4% 的人更喜欢通过看电视来度过业余时光，而不是去参加俱乐部的活动。

如此一来，在新的信息环境下，文明行为和文化需要的新标准开始形成。但是在农村确定的文化和日常服务体系，无法完全满足大众传媒形式的需要。这种需要和可行性之间的对立，成为农村居民向城市外流和农村生活方式退化的主要原因之一。

1990～2000 年，农村图书馆和俱乐部处于非常复杂的形势下，它们也在努力寻找新的方式。其中有两个主要因素对它们在农村社会地位和作用的

① См., подробнее: *Попов А. А.*, *Сметанин А. Ф.* Советская северная деревня в 60 - х — первой половине 80 - х гг. Сыктывкар, 1995. C. 24 – 143.

② Народное хозяйство Свердловской области. Свердловск, 1967. C. 23.

③ *Берсенев В. Л.* Развитие сети культурно - просветительных учреждений в колхозах Урала.... C. 121.

改变产生影响：一是市政改革，改变了农村文化机构工作的组织原则，给它们提出了新任务——要求给地方政权提供必要的信息支持；二是社会信息化，扩大了图书馆的可能性和功能，使其变成信息中心。现在农村图书馆和俱乐部成为连接读者和区、州、国家、世界信息资源的桥梁。

最后需要强调的是，城市和农村在某些观点中象征着对周边环境和世界的不同联系——变换的和适应的。但可惜的是，在苏联的实践中，这种变换总是伴随着毁坏而出现：新结构的出现，就意味着已被确定的结构要被毁坏。苏联时期城市化的"城市模式"理念从一开始就带有侵略性。如果说20世纪初农村城市化的模式还是适应性的转换，没有毁坏的趋势，那么在20世纪下半叶策略就完全不同了——积极的改变也伴随着大量的毁坏。21世纪初，农村的文教机构才重新回归了适应性的、与农村社会互相作用的策略，力求最大限度地考虑农村居民的需求和利益。和地方自治时期一样，信息教育和社会化功能再次成为重中之重。

第六章
农村生活方式及其在城市化条件下的演变

为了对城市化水平进行评价，需划分几项客观标准，但这并不简单，特别是在地区城市化水平整体上以城市和农村人口比例和居民网特征（人口分布的集中形式和其他形式）作为评价依据时。就范围更狭窄的农村地区而言，人口指数并不适合作为评价标准，因此，需利用其他标准作为评价依据，最简单且合理的方案则是利用教育、卫生、文化生活服务、道路施工等几个机构所提供的农村地区保障性指数来进行评价。一方面，这些指数能够表现出农村地区基础设施的条件特点，使农村地区参与到文明社会福利中，另一方面，能让我们对农村居民点进行区分。

但实际上，这些指数由于苏联时期所通用的形成农村地区基础结构的原则而变得不那么重要，农村地区的基础结构在不考虑居民网特点的服务规划标准（服务于1000名农户）下得到了发展。结果，人口稀少地区在遵守文化、卫生和教育机构的现行保障标准的情况下，实现程度甚至会低于人口稠密地区。此外，标准指数并不能给我们带来有关居民需求满意程度的完整认识。

可见，通用的统计指数体系仅能用于判断农村地区城市化的外部数量特征，并不能反映其本质状态。因此，必须利用能够评价居民生活方式变化的、那些与农民分化过程有关的事物作为上述指数的补充。

需要指出，"生活方式"这一概念本身拥有丰富的历史文献，并且随着对其具体方式的研究逐渐变得明确且日益更新。除此之外，生活方式作为跨学科的研究对象，考虑到社会学、文化学、人口学、哲学、心理学、统计学、史学等不同学科中所研究对象的不同，对于"生活方式"概念的定义必然会出现分化。这一概念现有的定义方法中，能划分出两种基本方法。

第一，社会学方法。在社会学方法框架内人们试图仔细研究、构造和测量生活水平、生活质量、活动形式等城市和农村生活方式的基本特点，这些参数通过其高准确性让人们能够鉴别所学现象。还经常利用"社会意识"①范畴作为补充，能够更加明确城市和农村居民生活方式中的心理特征。与统计测量参数不同的是，"社会意识"范畴无法量化，经常会出现需要核实其真实性问题。

第二，心理学方法。这一方法关系到城市和农村居民的特殊心理类型的建立，在这种情况下城市（村庄）被看作一种社会文化现象，是一种特殊心理特点的载体（爱·维·赛科、塔·伊·阿列克谢耶娃、维·列·格拉济切夫），能够引发特殊生活方式和社会规范，最终形成对世界认识的特殊形式。社会心理学方法则用于此项研究②。

现有的研究生活方式的方法通常不考虑其演变特点，以及那些有关现代化趋势形成的变化。此时的出发点则是对传统生活方式的理解。实际上，社会学学科并不对此进行研究，而是哲学、文化学、人类学等学科在"传统文化"概念的背景下对其进行了研究。传统生活方式本身就基于对民间文化的认识，民间文化则划分为历史上所形成的几个子类型：城市文化、郊区文化、农民文化及其相应生活方式。

由此可见，在研究生活方式演变问题时有必要区分其纵向（时间的）和横向关系，它本身就影响着"城市化"概念这一社会内容的确定。城市化必须看作城市生活方式本身从传统方式到现代化方式的城市化演变过程

---

① См.: *Кобяк О. В.* Городской образ жизни［Электронный ресурс］// Социология : энциклопедия / сост. А. А. Грицанов, В. Л. Абушенко, Г. М. Евелькин и др. 2003. URL: http://voluntary.ru/dictionary/568/word/gorodskoi - obraz - zhizni.

② См., например: *Иванова Т. В.* Социально - психологические проблемы городской ментальности : дис. . . . докт. психол. наук. Ярославль, 2004.

（考虑到所有过渡阶段），还要看作某种共同标准的建立，这种标准在城市和农村环境中都能实现，但并不同时进行，且会有一些变化。农村生活方式的变化可以描述为二次反应，因为其变化趋势和性质是由宏观水平因素和所接触的城市环境来决定的。

总的来说，城市和农村生活方式的演变在城市化条件下相互联系，相互影响。城市化首先围绕城市环境进行，促进生活新标准和新条件的出现，这符合现今对"城市生活方式"的理解。之后，城市成为城市生活方式在相邻地区范围内传播和实行的根源，并逐渐扩大。农村生活方式的演变具有落后性，改革速度缓慢，并且传统特征维持时间长，包括与周围自然环境更为紧密的联系以及农村日常生活的基本周期。

在我们看来，生活方式指数能够表现出农村城市化水平最准确的规模，农村人口社会结构指数和农村地区公共设施指数可以作为其补充。它们之所以这么重要是因为生活方式中的所有变化都具有长期性和延期性，并不是立即显现的。首先，信息环境和生活条件（基础设施）开始变化，随后，意识、行为和活动的日常形式才会发生变化。

借助生活方式指数来研究评价标准时，首先需要对它进行划分，即对那些直接关系到生活方式演变的结构类型进行划分。当呈现出所有过渡类型时，重要的是确定演变过程中的顶峰，说明农村生活方式中的每一种类型，最好是弄清其社会参数和思维参数。

我们以 20 世纪 60 年代为例。这一时期作为农村生活方式发展顶峰，开启了农村城市化新阶段[1]，不仅大规模开展了彻底改变生产的科技革命，还开展了基本改变日常生活的"生活习俗革新"，形成了消费社会，开始了信息革命。在这些因素综合影响下，不仅城市居民生活方式发生了变化，农村居民生活方式也出现了变化，在农村环境中这一过程被称为"农民分化"。

长期以来，农民分化被评价成消极现象，被定义为农民丧失了重要社会品质，甚至是道德品质。在这种情况下做出单一评价似乎是不恰当的：这是

---

[1] См. об этом раздел 1.

一个复杂又艰难的客观过程，因为这一过程涉及具有不同观点和生活目标的人们。城市化的副作用则是一些传统财富的丧失（土地关系、公社集体主义等）和对个人主义、进取心、唯理论等新事物的重新定位，所有这些都与"真理""公平""义务"等稳定观念矛盾，加强了情感上形成的评价意见。改革速度及其特点发挥了自己的作用，在俄罗斯，所有这些在革命冲动下（70年内）进行得非常简略，而在欧洲国家，这一过渡经历了数百年才得以实现。归根结底，我们所拥有的还是之前那些：未完成的城市化进程，以及与农村地区和农村生活方式衰落相关的一系列综合问题。

第一节　生活方式是农村城市化水平的反映

20世纪60年代，在人口快速增长和社会文化进步的背景下，苏联社会中的农民分化问题凸显。据弗·安·伊利内赫估计，农村的传统生活方式和传统文化的质变始于20世纪50年代下半期，70年代时则彻底破坏了集体社会思潮和传统农民文化。此时，农民阶级更换了自己的社会文化符号①，成为新的社会阶级共同体——国家农业雇佣工。这种结果一般与国家的反农民政策有关，另外，城市化②被公认为是农民分化的最主要因素，它使整个过程具有客观性质，使我们将城市化和农民分化看作相关现象，相互成为对方的组成部分。

将农民分化突出作为农村城市化最高阶段的趋势和主要内容时，必须指出，这一过程进行得非常不平衡，它逐渐覆盖不同的农民社会人口群体，并根据生活方式对其进行划分。此时，人口性别年龄特点和家庭特点、就业程度、教育水平以及收入水平等各个方面都很重要，还应当突出私人经济

---

① См.：*Ильиных В. А.* Этапы и тенденции процесса раскрестьяниванияв Сибири в советский период（к постановке проблемы）［Электронный ресурс］//Гуманитарные науки в Сибири. 1998. № 2. URL：http：//muz. hum. sbras. ru/iva75. htm.

② См.：*Великий П. П.*，*Бочарова Е. В.* Раскрестьянивание как индикатор деструктивной трансформации агросферы［Электронный ресурс］. URL：http：//ecsocman. hse. ru/data/2012/05/19/1271957166/Velikiy. pdf.

（个体经济、副业）在家庭预算和固定消费模式中的地位和作用。地理参数也非常重要，最早发生变化的是与大城市相邻的农村地区，远离大城市的地区则最晚。在考虑所有这些因素的情况下，我们试图对反映城市化和农民分化过程内部的农村人口生活方式做一下类型学划分。

在进行类型学划分时，运用了以下几个家庭生活方式（参数）特征，例如：①家庭人口类型；②生活水平；③收入来源构成和收入金额；④劳动形式和方向；⑤农村人口的需求和需要体系；⑥私人副业的结构和规模。收入决定家庭生活水平和消费功能，人口类型反映家庭的角色功能和人口现象。辨别农村居民属于私人经济类型还是公有制经济类型，这对劳动分析具有重要意义，对它的评价取决于其在家庭预算构成中发挥的作用。在基层组织（家庭）层面上对所有这些参数进行综合性研究，对划分农村家庭的生活方式类型来说是有必要的，所需资料都包括在居民（集体农庄庄员、国营农场劳动者）① 预算当中。从 1932 年起，苏联统计机构开始进行长期预算调查，一直持续到1992 年，它所留下的唯一一组文件为人口收支综合资料的原始表格（调查表格）和二次表格（汇总表）。原始表格（第一类——《集体农庄庄员预算》，第二类——《集体农庄庄员预算统计检查簿》）的优点在于，其中不仅包括收支资料和时间预算资料，还包括家庭、住房、宅旁园地经济情况以及人口就业结构情况②。鉴于上述参数，根据1963 年斯维尔德洛夫斯克州集体农庄庄员预算统计分析，划分出四类具有不同生活方式的农村家庭基本类型：一是传统农民类型；二是集体农庄—国营农场类型；三是农村城市化类型；四是城市化类型③。

---

① См. : *Мазур Л. Н.* Бюджеты колхозников как источник по социально - экономической структуре крестьянства Среднего Урала в первой половине 1960 - х годов : дис. … канд. ист. наук. Екатеринбург, 1992. С. 195 - 197.

② См. : ГАСО. Ф. 1813. Оп. 14. Д. 143 - 145; Ф. 1812. Оп. 2.

③ Понятие сельско - урбанистического образа жизни было использовано Р. В. Рывкиной для характеристики сельских семей, жизнь которых в наибольшейстепени попала под влияние городских стандартов потребления и поведения (см. : *Рывкина Р. В.* Образ жизни сельского населения. Новосибирск, 1979) .

传统农民生活方式（第一类）农村家庭的主要目标为农场内部活动，即私人经济发展。这种家庭类型的特点是生活方式具有传统特征，这些特点基于半自然经济的多种经营，半自然经济不仅在形成家庭福利上起到决定性作用，并且决定农民的生活习惯和闲暇时间。必须强调的是，到了 20 世纪 60 年代初期，还依然存在少量逃避集体化的个体经济，但它已经是落后于时代的事物了。因此 20 世纪 60 年代，传统农民生活方式的社会基础并不由他们组成，而是由另外一些不参加社会生产的人组成，主要包括已过中年的退休家庭、单亲家庭和单身家庭。他们的收入水平很低，这影响到了其消费和生活条件。20 世纪 60 年代中期处于传统农民生活方式的家庭比率达到 12%[1]。

集体农庄—国营农场生活方式（第二类）形成于 20 世纪 30 年代的集体农庄—国营农场体系，其具有让家庭中所有可劳动成员强制性参与社会生产的特点，这不仅制约着生活方式的劳动方面，还为传统价值体系增添了新优势——社会优先于部分，集体优先于个体。在将农民改造成集体农庄庄员的过程中总是反复排除农民意识中的"私有制小资产阶级"残余，这是有其用意的。为了解决这一问题，不仅开始使用宣传鼓动政策，还动用了包括法律机构在内的整个国家镇压机构，根据法律，社会生产和集体农庄生产中的闲置人员被视为不劳而食者，这种行为应受刑事处罚。战后时期，集体农庄农民生活方式具有封闭特点，这一点在 1969 年的示范章程中得到了反映。这一特点表现为强制农民到集体农庄或国营农场就业，预算形成、组织劳动和休息等问题上的依赖性等。

20 世纪 60 年代上半期，中部乌拉尔地区的 70% 农户属于这一类型，预算中的副业生产和社会性生产收入比率大体上是平衡的，这无疑影响到了家庭的劳动时间结构。这一经济类型中的主要劳动力忙于从事社会性生产，只有在自由时间才能从事自己的个体农户经济，主要由非主要劳动人口（儿

---

[1]　Здесь и далее подсчитано на основе годовых бюджетов колхозников Свердловской области за 1963 г.（ГАСО. Ф. 1813. Оп. 14. Д. 3529，3581，3584）.

童、退休人员）来从事私人经济。在这一类型中，多口之家具有优势。多口之家包括以下几个人口类型家庭："有子女的夫妇""有子女和父母的夫妇""无子女的夫妇"以及部分处于黄金年龄段的单亲家庭。城市文化标准对这一类型家庭的消费结构和日常生活产生了重大影响。宅旁园地经济仍然保持着多种经营方式，在自己的庄园中饲养牛、猪、羊是必需的。与集体农庄和国营农场劳动一样，宅旁园地经济也是决定集体农庄家庭整体生活方式的显著因素。

20 世纪 60 年代，约有 18% 的家庭属于农村城市化生活方式（第三类），这一类型具有获得家庭外经济利益的特点，这种利益与私人经济无关，且专注于社会性生产，但不一定是集体农庄生产。形成这种经济利益体系的主要是高收入劳动者（行政管理机构人员、机务人员、畜牧工作者），这些人大多数涉及农业劳动的机械化和工业化进程。此外，农村知识分子家庭（教师、学者）和非农业劳动家庭（贸易、邮政、运输等）也进入了这一类型中。他们在社会生产工作中能够得到相对较高的现金收入，并不像其他农民那样，依赖于逐渐开始具有副业和辅助生产特点的私人宅旁园地经济。这些家庭拒绝从事养牛等最繁重的劳动，主要从事蔬菜种植等劳动，并且逐渐缩小规模。这一经济类型所受的城市化和农民分化进程的影响最严重，这一进程不仅围绕着他们的日常生活和业余时间，还影响到他们的家庭活动、劳动范围。根据人口类型来说，属于这一类型的主要是有子女的夫妇、年轻或中年单亲家庭，他们的物质水平属于农村的中高等富裕阶层。

农村城市化生活方式从 19 世纪下半叶开始形成，但直到 20 世纪 50 年代才开始在统计中占据明显比重，发展最为积极的时期为 20 世纪 70～90 年代。

预算分析表明，除了上述内部因素外，内务规则因素也对按照生活方式划分家庭类型产生影响：集体农庄或国营农场的经济状况，居民点离城市的地理位置以及通行程度，包括交通通信网在内的社会日常生活基础设施的发展程度等。例如，在离城市中心很远的农村，农村生活方式的传统特点保持得更加稳定，私人经济仍然具有重要意义。

通过对 20 世纪 60 年代上半期集体农庄庄员的预算研究，我们认识到农村人口生活方式发生了明显分化，并证实了城市文化要素和标准已经深入渗透到了农民生活和价值取向当中，传统活动形式被新形式所替代。需要注意的是，上面所提到的农村家庭按照生活方式的划分反映着斯维尔德洛夫斯克州的情况，那是一个早在 20 世纪 30 年代就进入城市化过渡阶段并具有高工业化潜力的地区，对改革的程度和深度具有影响。在农业地区的分布中，第一类型和第二类型比率将增加，第三类型比率将减少。

20 世纪 80～90 年代开始形成农村生活方式的新类型——城市化生活方式（第四类），这一类型反映了下一个改革阶段，到那时将出现与作为农村生活方式主要组成部分的农业生产相脱节的现象。属于这一类型的家庭生活在农村地区但完全转向工业生产或服务行业，他们的特点包括有规律的迁移、缺乏宅旁园地生产经济——换句话说就是缺少"宅旁园地景观"或园子。这一类型家庭的生活方式在舒适度、社会文化财富程度等方面跟城市并无两样。这种类型家庭的出现一部分有关亚城市化（将城里人转移到郊区），一部分有关农村人口收入水平的分化以及农村企业家和管理人员的区分。

上述类型家庭是在农村地区演变过程中所形成的，可将它们的关系看作其城市化水平客观标准。对于城市化第一阶段来说传统农民类型具有优势，伴随着为数不多的第二、三类型；第二阶段的特点为力图减少第一类型的比率（减少到 10%～15%），第二类型集体农庄—国营农场生活方式占主要地位；第三阶段试图增加第三类型——农村城市化生活方式的比率，这一类型将逐渐成为主要类型，并完善城市化类型。

在中部乌拉尔地区的材料中，我们将更为详细地说明那些农村居民生活方式中所发生的变化，这些变化关系到那些最重要的系统构成要素的发展，如宅旁园地经济、收入和消费模式，还有决定生活方式内容和演变过程的劳动和休息情况。

第二节　20世纪乌拉尔地区农业的发展

农业是农村生活方式的基础，一方面，它为农民和土地、农民和农业活动间的联系提供保障，甚至在农村环境中出现集体化和职业化时也是如此；另一方面，它规定劳动休息规范。此外，虽然农业的作用在本质上发生了变化，但农业还是影响到了整个 20 世纪农村人口的生活水平。私人经济在农村居民价值结构和活动中的地位决定着其生活方式。

由家庭、住宅建筑、日常生活建筑、家畜、家禽、份地、农具等稳定要素组成的个体农户经济具有某种遗传性，它与家庭经济活动密切相关，并在具体历史方案中得到实现，适应时代的号召，哪怕是传统农业或是采矿工业，抑或是苏联时期的宅旁园地经济，所有这些基本上代表着（家庭）个体农户经济。其特点为在具体历史和社会法律条件下的稳定性、适应性以及实用性，即以完成家庭重要任务——保障食物和形成预算为目标。尽管个体农户经济参与到了现有经济、法律以及社会关系体系中，但它还具有基于运用家庭劳动力的一定的独立性和发展内部规律性等特点。

在传统社会，绝大多数人的日常生活是在村社中进行的，农村不仅是简单的居民点，还是一种很好的社会经济机构，在这里，各种形式的经济活动相互配合进行。农户是公社最基本的生产单位，它是一种多种经营的家庭经济，自给自足并努力实现完全自给。其基本活动为耕作，工艺水平决定耕作效益，但份地面积也具有重要影响。正因如此，土地相关问题在整个 19 ~ 20 世纪都处于中心地位。需要强调的是，农民土地所有制的共同特征对农民的精神面貌、社会行为方式以及 20 世纪土地使用实际运作都产生了影响。

耕地和农村内部土地是公社的共同土地资源，每个农民在自己房屋旁都拥有一小块地，宅院组成的农村居住区周围是耕地，耕地划分成块，主要按照三区轮作制和二区轮作制原则使用。在土地分配集体形式的制约下，农民很难按照自己的决定进行经营，所有生产操作要得到村社的批准。除耕地以外，农村还有集体牧场和归公社所有的荒地和森林。

　　份地面积由闲置土地和家庭经济能力决定，即由劳动者和受抚养人数比例（劳动消费平衡）来确定。在彼尔姆省，人均土地保障供应率在0.3~2俄亩波动，土地保障供应率最高程度出现在西部县和南部县，而最低程度则出现在北部和东部省份的县中。例如，在叶卡捷琳堡县平均每人能得到0.36俄亩，维尔霍图里耶县0.4俄亩，卡梅什洛夫县1.55俄亩，伊尔比特县1.65俄亩，克拉斯诺乌菲姆斯克县1.6俄亩，沙德林斯克县2.0俄亩[①]。结果，叶卡捷琳堡县和维尔霍图里耶县粮食产量不足，无法保障居民内部需求，只能依靠从沙德林斯克和克拉斯诺乌菲姆斯克等产粮县进口粮食来解决问题。

　　彼尔姆省的低产情况不只是自然地理环境影响的结果，也是持续使用原始劳动工具和工艺所导致的。例如，19世纪70年代初期的全国性统计中提到，尽管推广了三区轮作制，但在多数情况下，人们在生产中仍使用土堤农作制和熟荒农作制。位于农村附近的块地使用土堤耕耘方法，土地所有者每年都耕地，尽可能给它施肥。而熟荒农作制则主要在远离庄园的地方实行，将一片土地耗尽后予以抛弃[②]。基本劳动工具仍然是木犁、耙和镰刀。

　　粮食在作物结构中占主要地位，是基础食物。作为粮食补充，农民一般种植土豆，小菜园能给家庭提供必要的蔬菜。在彼尔姆省的南部县，畜牧业发展更为活跃，在维尔霍图里耶县、叶卡捷琳堡县、卡梅什洛夫县和伊尔比特县，每家个体农户平均拥有2.3匹马、2.3头牛、3.1只羊、0.5头猪，畜牧业具有辅助性质[③]。

　　可见，19世纪中期，农户经济活动的目标是满足内部需求，但也并没有排除逐步将它拉入商品货币关系中。随着经济活动的发展，农户开始逐渐扩大经济交流，并且其范围不局限于公社，而是扩大到村落间和城乡间来进

---

①　См.：Списки населенных мест Российской империи. Т. 31 ： Пермская губерния. СПб.，1875. Л. CCXCVII.

②　Списки населенных мест Российской империи. Т. 31 ： Пермская губерния. СПб.，1875. Л. CCXCVI.

③　Списки населенных мест Российской империи. Т. 31 ： Пермская губерния. СПб.，1875. Л. CCCXV.

行。在农业经济中，商品生产规模的扩大具有被迫性，它是租借、税收体系、城乡间商品交换等行为发展的结果。同时，随着农业生产商品率的提高，作为获取补充收入的方法，发展副业和外出打工的行为越来越常见。但所有这些都旨在达到自给自足的目的，并没有发展成经营活动类型，这些活动是农村最贫穷的阶层所特有的行为。

农业商品率通过几个方面进行调整，即农民生产的家庭消费性，无法获得高附加产品的原始工艺的使用，以及自由劳动力市场的缺乏等。仅仅依靠家庭无法扩大生产，还需要吸引补充劳动力，但在相对均衡的农业环境中这非常困难。在农村环境中最普遍的补充劳动力不足的方法只有"帮助"，即通过邻居的帮助进行生产活动，这种帮助并不是为了获得报酬，只为一次款待和互相帮忙。富有的农民最常利用这种方式[1]。

直到 20 世纪初，农民经济主要还保持着家庭性质和自然性质，采用传统工艺进行生产。个体农户经济的经济状态由家庭劳动潜力决定，典型的农户由 2 代或 3 代血亲构成，这能够完全保障农户作为生产系统的功能。个体农户经济不仅是经济组织，还是社会组织，决定着家庭以及家族首领在公社中的地位，一般由父亲或最年长的男性担任家族首领[2]。

俄罗斯的传统村社随着斯托雷平改革的进行开始消失，但在包括乌拉尔在内的很多地区，以农民经济为基础的农业经济村社模式还一直保留到 20 世纪 20 年代末期。根据维·彼·丹尼洛夫的数据，20 世纪 20 年代，俄国农民经济平均由 5 位成员加上 2 ~ 3 名工人组成，他们直接拥有 12 俄亩土地、1 匹马和 1 ~ 2 头母牛[3]。

集体化以最基本的方式改变了这一状况。在经济关系中，农业经济分为两部分：社会性（国营农场或集体农庄）大型生产和农民私人经济。农民

---

① Списки населенных мест Российской империи. Т. 31 ： Пермская губерния. СПб. , 1875. Л. CCCXV.

② См. ： *Шанин Т.* Крестьянский двор в России // Великий незнакомец. Крестьяне и фермеры в современном мире. М. , 1992. С. 29 – 36.

③ См. ： *Данилов В. П.* Советская доколхозная деревня： социальная структура, социальные отношения. М. , 1979. С. 29.

私人经济只是表面上类似于 20 世纪初的传统个体农户经济，实际上它失去了自己的地位，成为集体农庄—国营农场体系的组成部分，它的规模严格遵守示范章程规范，税收和管理方面的限制阻止了它向商品化发展。这种农民经济的新形式被赋予新的称谓——宅旁园地经济，后又被称为副业，这些称谓的变化能够说明其社会经济功能发生了变化。

我们来明确一下"宅旁园地经济"这一概念，因为它对理解正在进行的改革来说很重要。它的起源和庄园有关，庄园本身就是传统农民经济的特殊核心，在社会主义土地规划原则条例（СУ，919，No. 39 - 40）中将庄园定性为"占满住宅和日常生活建筑，同时用于其他生产需要的一定面积的土地"[①]。在 1922 年《土地法大纲》中也能够找到有关农民庄园的概念，大纲中将它描述为土地使用制的特殊形式。庄园属于农户成员，没有他们的同意不能对庄园土地进行任何重新分配、切割或收回。

根据《土地法大纲》第 126 条，庄园的大小由村社来确定，村社考虑现有土地资源规模，按照平均主义原则进行分配。在大多数情况下，庄园最佳面积不超过 0.5 公顷，只有在集体农庄土地使用制发达地区能够有 1~2 公顷。实际上，庄园面积能够变化，这取决于居民点规划。要是因为某种原因庄园面积不太大，那么这是因为考虑了份地的划分，也就是说，实际上会依靠其他农业用地来对庄园份地的不足和剩余进行调整[②]。

在 20 世纪 30 年代俄罗斯农村的社会主义改造和耕地公有化条件下，集体农庄农户以外的庄园得到保留。想要改变庄园土地使用制传统是非常困难的，甚至可以说是不可能的。更简单的方法为将庄园经济纳入集体农庄生产之中，给予它辅助地位。根据 1930 年通过的《农业劳动组织示范章程》[③]，庄园属于公有土地范畴，但仍然供家庭使用。根据集体农庄管理委员会的决

---

① Инструкция по применению положения о социалистическом землеустройстве // Сб. законодат. док. по земельному законодательству СССР и РСФСР, 1917 - 1954. М., 1954. С. 61.

② Земельный кодекс РСФСР. 1922 г. // Сб. законодат. док. по земельному законодательству СССР и РСФСР, 1917 - 1954. С. 156 - 179.

③ Примерный устав сельскохозяйственной артели // Там же. С. 467 - 469.

定，庄园规模是能够改变的，这本身就已经破坏了前段时期存在的土地使用制传统。

因此，作为传统农村基本空间组织要素，庄园很可能是集体农庄农民和农村人口宅旁园地经济的原始模型。另外，在 20 世纪 30～80 年代形成的这一宅旁园地经济，考虑到其功能和结构，能够描述为个体农户经济的一种变体，这一变体是在 20 世纪 30 年代随着农村的社会主义改造建立起来的。尽管这些年在苏维埃政权的领导下土地制度发生了变化，但个体农户经济，或新时期术语中所谓的宅旁园地经济在集体农庄体系中占据了一定的地位。的确，这不是一下子就施行开的，为了证明其必要性和生命力花了一些时间。

在 1930 年的《农业劳动组织示范章程》中，庄园土地被允许以个人使用形式保留，但实际上还存在很多庄园土地公有化的例子。1933 年初，乌拉尔地区只有 54.6% 的集体农庄农户拥有宅旁园地份地，到了 1933 年末，这一比率提高到 76.4%。1932 年，这里的宅旁园地平均面积为 0.06 公顷，到了 1934 年增加到了 0.12 公顷[①]。

1935 年的《农业劳动组织示范章程》将土地拨给了集体农庄庄园，土地分配给集体农庄农户用于私人生产。在这一文件中首次标出份地面积允许范围为 0.25～0.5 公顷，但在个别地区达到了 1 公顷。同时，平均主义土地使用原则在标准水平上得到了证实。除了播种面积以外，集体农庄庄员还能使用割草场和牧场用于饲养家畜[②]。章程中所规定的宅旁园地面积一般多出集体农庄庄员的庄园面积，例如，根据谢·亚·杰克捷廖夫的资料，在乌拉尔北部地区的农村，庄园平均面积为 0.3 公顷，中部地区为 0.31 公顷，南部地区为 0.22 公顷[③]。这种情况是伏尔加河流域、俄罗斯中心地区的古老

---

① См. ： *Денисевич М. Н.* Индивидуальные хозяйства на Урале（1930 – 1985）. Екатеринбург，1991. С. 43.

② Примерный устав сельскохозяйственной артели // Сб. законодат. док. по земельному законодательству СССР и РСФСР，1917 – 1954. С. 467 – 469.

③ Примерный устав сельскохозяйственной артели // Сб. законодат. док. по земельному законодательству СССР и РСФСР，1917 – 1954. С. 44.

居民区等多数非黑土地区所特有的。在彼尔姆州的一些集体农庄，由于人口众多，平均每户庄园土地面积不超过 0.15 公顷[1]。

在这种情况下，要是土地面积小于规定标准，会给集体农庄庄员提供份地作为庄园的补充，用于种植谷物、土豆[2]和蔬菜。这种机制根据家庭潜力和需求的变化来保障对于经济生活来说必要的灵活性。结果，集体农庄庄园的宅旁园地经济（集体农庄农户）脱离到庄园份地框架外，以缩小的形式再现了传统农民经济结构。因此，庄园份地和庄园外份地的相互关系取决于两个因素，即庄园面积和在法规中规定的宅旁园地土地面积最大值。

确定集体农庄农户的地位和规模的同时，关系到农场劳动者的宅旁园地经济问题也得到了解决。这一进程中出现了很多困难，其中包括思想方面的问题。1920 年，人们还认为在社会主义经济中不能容忍建立具有恢复私有制倾向的经济。根据 1919 年全俄中央执行委员会通过的《关于社会主义土地规划和过渡到社会主义农业的措施》的决议（СУ，1919，№ 6，ст. 46），国有农业企业被禁止"将家畜、家禽和菜园引入私人经济中"。直到 1933 年苏联人民委员会的决议才批准给国营农场正式工人划分土地作为个人菜园，每户面积不能超过 0.25 公顷。1934 年还做出决定，允许购买家畜供私人使用。1936 年，已经有一半以上的苏联国营农场正式工人拥有家畜，将近 70% 的人拥有自己的菜园[3]。

因此，在 20 世纪 30 年代，形成了农村人口个人农户经济新模式——宅旁园地经济，它再现了更早时期的农民经济基本特点，但同时也具有不同的法律和社会基础。宅旁园地经济成为一个反映个人土地使用制（家庭土地使用制）不同社会方案的概念，可划分为三个基本种类——集体农庄农户经济、国营农场劳动者的宅旁园地经济和城市居民的个体经济（花园和菜园部分），它们之间土地使用和管理的规模及机制有所差别。

---

① ГАПК. Ф. 1090. Оп. 1. Д. 4515. Л. 230.

② 土豆属于薯类，这里的蔬菜主要指的是根茎类作物。

③ См. : *Зеленин И. Е.* Совхозы СССР в годы довоенных пятилеток，1928 – 1941 гг. М. ，1982. С. 210 – 211.

基于传统农村（土地制度的按户原则）形成的集体农庄农户经济其特点为份地分成两块或更多块地。第一，包括住房、院内建筑和菜园在内的庄园。庄园规模根据现行铁路用地修建规范来确定。20世纪30~50年代，这一面积一般为0.20~0.35公顷，后来减少到0.10~0.15公顷。庄园面积实际上并没有发生变化，也没有受到相应管辖。第二，由集体农庄管理委员会划为单独区域的份地基本用来种植土豆，很少种植其他作物。这块份地由集体农庄庄员全体大会确定，根据农户的申请作为庄园补充份地，面积取决于家庭在集体农庄生产劳动中的参与程度，以及集体农庄庄员家庭的需求。份地面积可视情况而变，并成为管辖对象。庄园外土地实际上按照村社传统被重新划分。

除种植用地外，从公有土地资源中还给集体农庄农户划分了割草场，割草场也和其他份地一样能够被重新分配。由集体农庄，更确切地说是由集体农庄管理委员会来保障集体农庄庄员使用份地和割草场权利的实现，集体农庄管理委员会的地位在许多方面依赖于集体农庄农户的富裕程度。

将宅旁园地分成庄园和份地的实际情况在整个苏联时期都被保持，但久而久之也发生了一些变化。在没有进行改造的传统居民点中，随着副业在预算中作用的减弱，份地开始逐渐缩小和消失，在有发展前途的村庄，随着建设多层多户建筑，庄园份地开始减少和消失，更准确地说，庄园份地改造成了住宅旁块地，常常移到住宅区外面，在这种情况下，私人庄园和份地出现了合并。

在组织国营农场庄园时，实行了另一种宅旁园地经济模式，这一模式首先涉及国营农场和国营农场居民区。早在20世纪30年代就已经形成了新居民点类型——国营农场居民区，其主要特点为不设单独的个体农户经济，2~4个家庭共用住宅，宿舍投入使用，之后，到了20世纪60~70年代，多层住宅也投入实际使用。国营农场居民区被设计、建造成城市类型的居民区，国营农场还给自己的工人划分了份地，虽然大部分都是耕地，但庄园附近划分面积仅为0.06~0.12公顷。这种土地使用模式保障了行政领导机构和国家机构能够对土地关系进行更严格的控制，包括借助对份地的管理以对国营农场工人产生非经济影响。

　　居住在城市和工人居民区的工人和职工的个体经济单位分到的份地面积最少，只有 0.15 公顷，切分成企业外部的划拨面积和固定面积。城市居民的两种土地使用基本类型得到了发展：花园和菜园。在第一种情况下，土地供城市家庭长期使用，在这块地里允许建造建筑物（花园小房、日常生活建筑），也可以种植蔬菜、浆果和水果。在第二种情况下，公共范围内的土地供人临时使用，用于种植蔬菜和土豆，但没有权利建造建筑物以及种植水果和浆果等作物。市界内的花园土地面积为 0.04~0.06 公顷，在城市外则最多可达到 0.12 公顷[1]。工人和职工的个体土地使用制与经济活动一样，都受到了最严格的控制和检查[2]。

　　在立法文件中，还能发现另一种个体土地使用形式——公务用地，公务用地划给了铁路、邮政、林业以及木材采运企业的劳动者。除木材采运企业工人以外，属于其他范畴工人的份地面积达到 0.25 公顷，木材采运企业工人则得到了 0.5~0.75 公顷的面积（俄罗斯苏维埃联邦社会主义共和国《土地法大纲》第 110~111 条）[3]。这是非常特殊的形式，但是根据土地使用结构，它与国营农场宅旁园地经济相似，因此没有将它划分为一个单独类型。

　　需要指出的是，宅旁园地经济保留着很多传统特点，实质上，这是劳动农民经济的变体。劳动农民经济易受内外因素的影响，其中最重要的影响因素是由生产指数上限来确定的政策和法律，此外，家庭的劳动消费平衡以及居民点类型也是重要影响因素。总之，在内外因素的影响下，20 世纪 30~80 年代经历了宅旁园地经济组织结构的逐步收缩和变化过程。宅旁园地经

---

① Ответы и вопросы колхозников, рабочих и служащих по приусадебномуземлепользованию. М., 1960. С. 48.

② Так, например, Указом Президиума Верховного Совета РСФСР от 12 августа 1959 г. было запрещено содержание скота в личной собственности граждан, проживающих в городах и рабочих поселках (см. подробнее: *Зеленин И. Е.* Аграрная политика Н. С. Хрущева и сельское хозяйство. М., 2001. С. 140).

③ Земельный кодекс РСФСР. М., 1974.

济为家庭生活重要需求提供保证，因此，对农村居民和城市居民的生活都起到了非常重要的作用，这一作用在经济危机条件下尤为凸显。

20 世纪 30～80 年代的宅旁园地经济发展的基本趋势被以下几个方面制约：普遍减少的份地面积、复杂的土地规划结构、畜牧业和其他指向市场的经济形式等。这种基本趋势在外部因素（政策）和内部因素（人口发展过程和农村人口生活方式变化）的影响下得以实现。

将宅旁园地经济看作临时过渡性现象是整个研究时期权力机构所持的观点，这种态度屡次试图加快宅旁园地经济的消失过程。逐渐收拢宅旁园地经济（规模和结构）是强制性农民分化的最明显体现之一。

20 世纪 30 年代下半期就已经开始采取措施来限制集体农庄庄员的私人经济。其中最主要的措施为苏联共产党中央委员会和苏联人民委员会于 1939 年 5 月 27 日①通过的《关于保护公共土地杜绝浪费的措施》，这项决议导致宅旁园地土地使用规范变得更加严格，份地超出规定标准开始被看作刑事犯罪："浪费土地和损毁土地是指家庭非法增划土地、虚假划分土地，或是集体农庄庄员直接分配集体农庄公共土地作为宅旁园地的行为……当宅旁份地和集体农庄公共土地混合在一起时，集体农庄土地的混乱情况会导致浪费的产生……"② 紧随其后，苏联人民委员会和中央选举委员会在稍晚的 1939 年 7 月 28 日通过的决议中，将属于生活在农村地区的工人和职工的包括建筑用地在内的宅旁份地面积限定在了 0.15 公顷以内。

1939 年的决议首次引起了有关重新划分宅旁土地的群众性运动。例如，1939 年在斯维尔德洛夫斯克州就没收了集体农庄庄员和个体农民将近 1 万公顷土地③。之后，在农村地区采取的宅旁土地使用监控常态化，尽管这些

---

① Постановление ЦК ВКП（6）и СНК СССР от 27. 05. 1939 г.《О мерах охраныобщественных земель колхозов от разбазаривания》// Сб. законодат. док. поземельному законодательству СССР и РСФСР，1917–1954. С. 566–568.

② Постановление ЦК ВКП（6）и СНК СССР от 27. 05. 1939 г.《О мерах охраныобщественных земель колхозов от разбазаривания》// Сб. законодат. док. поземельному законодательству СССР и РСФСР，1917–1954. С. С. 566.

③ См.：*Денисевич М. Н.* Индивидуальные хозяйства на Урале（1930–1985）. С. 66.

措施并未总能落至实处，有时，对宅旁土地使用进行检查变成了引发广泛社会共鸣的群众性运动。能够举出几个对集体农庄庄员土地面积的检查实行得最为积极的年份：1939 年、1946 年、1954 年、1956 年和 1964 年。常态化的检查行动反映了对土地使用规定的破坏并不是偶然的，而是具有规律性的，在经济危机时期，当副业成为生存基本方式时，这种情况变得更为严重。

这一时期最普遍的违反宅旁土地使用规范的行为通常与份地面积超出法律规定相关。文献资料显示，集体农庄庄员、劳动者和职工的份地常常超出规定面积的一半到一倍，例如，1949 年彼尔姆州的 2105 名农户（占 1.15%）[1] 每户使用 0.5～0.7 公顷的份地，到了 1952 年，在这里发生 15640 起违规行为，涉及土地面积达 1057.31[2] 公顷。没收的土地归还给了集体农庄，但这是很稀有的事情。很多时候，上缴土地是虚假上报的，在报表上写的是一码事，实际上土地还是属于原先的所有者。上缴土地往往产生负面影响，因为从农民那里没收的土地最终没有得到耕种，长满了杂草的土地脱离了农业轮作。

不得不指出，政府决策的另一个重要目标是限制个体土地使用情况的增加，形成缩小份地的趋势。常用一些直接针对解决这一问题的措施来补充监督措施。例如，1954 年 3 月 26 日在苏联部长会议中通过《关于生活在集体农庄区域农村领地上的集体农庄庄员、工人以及职工的申请审理秩序问题，关于宅旁园地面（积）的缩小问题》决议后，每个地区和州进行了土地使用检查，在此期间，还同时进行了缩小份地申请的相关审查。例如，在彼尔姆州，1954 年总共呈交了 1764 份申请，发现 3392 例违反土地使用规范的情况，归还集体农庄的土地面积达到 160 公顷[3]。

20 世纪 50 年代，因为经历了 1939 年和 1946 年的运动，"归还"集体农庄的土地面积没有达到设想的规模。那出现了什么情况？土地占有数量减

---

①　ГАПК. Ф. 1090. Оп. 1. Д. 3086. Л. 10.

②　ГАПК. Ф. 1090. Оп. 1. Д. 3057. Л. 11.

③　ГАПК. Ф. 1090. Оп. 1. Д. 3139. Л. 73.

少或者最终统计系统达到适当水平？我认为，哪个都不是。看得出，实质上出现了一种客观趋势，这种趋势的出现与由于人口原因导致宅旁用地使用面积减小以及农业人口的数量减少有关。

有关 1954 年决议在宅旁土地使用制演变过程中所起到的作用方面的研究非常少，一方面，它表现出当局对减少个体土地使用的态度，另一方面，它说明了一个实际情况，反映了农村人口对缩减份地有一定的需求。有些家庭因为没有足够的劳动力甚至都无法耕种条例中所规定的少量份地，但是因为税收多少取决于份地规模，因此政府缩减份地带来了直观的好处。决议中，第一次提出了宅旁份地重审机制。

20 世纪 30 年代末到 50 年代初所建立的集体农庄个体农户经济管理体系旨在减少宅旁园地的土地使用，但这一目标主要是靠加大税收负担来达到的。1939 年实行的集体农庄农户征税政策并没有考虑到实际经济状况，只按固定土地面积和播种结构来计算。20 世纪 40 年代，平均农业税税率为 8.5%，每户平均缴纳 770 卢布[1]。除农业税外，还实行了按百分比计算的实物税。例如，在莫斯科地区，农户每年平均缴纳 41.3 公斤肉、237 升牛奶、1.03 公斤兽毛[2]。在斯维尔德洛夫斯克州，1950 年平均缴纳税额为 529.2 卢布，这比奥伦堡州和巴什基尔还要高，但低于俄罗斯苏维埃联邦社会主义共和国时期的平均值[3]。

斯大林去世后，个体经济的平稳发展时期来临。税额降低了，收购价格也提高了，从 1958 年起，农民经济从义务性实物税中得到解放，所有这些条件对宅旁园地经济起到了有利影响。但从 1958 年起就已经开始对集体农庄庄员、国营农场工人和城市居民等个人经济进行轮流攻击，它主要涉及畜

---

① См.：*Безнин М. А.*，*Димони Т. М.*，*Изюмова Л. В.* Повинности российского крестьянства в 1930 – 1960 – х гг. Вологда，2011. С. 22 – 23.

② См.：*Безнин М. А.*，*Димони Т. М.*，*Изюмова Л. В.* Повинности российского крестьянства в 1930 – 1960 – х гг. Вологда，2011. С. 19 – 20；см. также：*Мамяченков В. Н.* Роковые годы：материальное положение колхозного крестьянства Урала в послевоенные годы（1946 – 1960 гг.）. Екатеринбург，2002. С. 199.

③ См.：*Мамяченков В. Н.* Роковые годы ... С. 199.

牧业，但也影响到了宅旁份地面积①。截至 1963 年 1 月 1 日，宅旁园地经济中的平均份地面积出现明显减少，乌拉尔地区平均份地面积减少到0.2 ~ 0.3公顷，库尔干州和车里雅宾斯克州等其他个别地区比这还要少②。苏联共产党中央委员会于 1964 年 10 月 27 日通过的《关于取消对集体农庄庄员、工人和职工私人副业的无理由限制》的决议促使基本趋势暂时放缓，集体农庄庄员、工人和职工的份地面积重新恢复到了早前规模③。

之后，拥有宅旁园地经济（这一时期开始被称为私人副业）的权利在1969 年通过的《集体农庄新示范章程》中得以确定。章程批准了用于宅旁园地经济的最大份地面积（包括建筑物所占面积在内能达到 0.5 公顷），份地面积由全体大会决定，可根据家庭成员人数以及他们在集体生产劳动中的参与程度出现变化④。在这一示范章程中，首次同意在农村居民区提供新型的公寓住宅份地。住宅楼附近的土地可分成更小面积（0.06 ~ 0.12 公顷），其余部分份地分离出了居民区。

俄罗斯苏维埃联邦社会主义共和国 1970 年《土地法大纲》中巩固了在过去几十年中建立起来的适合所有人口类型的个体土地使用制实践经验⑤。公民只有在农业企业、工业企业以及机关管理机构等作为基本土地使用者的决策基础上才能得到供个人使用的份地，同时，大纲中还建立了如下标准：集体农庄庄员（根据集体农庄章程）能够得到 0.5 公顷；正式工人、专家和国营农场职工每户 0.3 公顷；在农村地区生活和工作的工人、职工、专家

---

① См. подробнее： *Зеленин И. Е.* Аграрная политика Н. С. Хрущева и сельское хозяйство. С. 132 – 150.

② ГАРФ. Ф. 259. Оп. 45. Д. 339. Л. 10.

③ Постановлением Бюро ЦК КПСС по РСФСР и Совета министров РСФСР от 13 ноября 1964 г. 《 Об устранении необоснованных ограничений подсобного хозяйства колхозников, рабочих и служащих》 устанавливались следующие размеры участков： для рабочих и служащих совхозов – 0, 3 га； для рабочих и служащих, работающих в сельской местности – до 0, 25 га； для рабочих и служащихдругих категорий – 0, 15 га (см. ： Систематическое собрание законов РСФСР, Указов Президиума Верховного Совета РСФСР и решений правительства РСФСР. Т. 8. М. , 1968. С. 79 – 80).

④ Примерный устав колхоза. М. , 1969 (п. 42).

⑤ Земельный кодекс РСФСР. М. , 1974.

每人 0.25 公顷；在农村地区生活的工人、职工、退休人员、残疾人每人 0.15 公顷（第 66 条）。

尽管党和国家领导人都预测宅旁园地经济注定会失败，且很快就会消失，但宅旁土地使用制在 20 世纪 70~80 年代继续发展，尽管这种发展并不稳定。70 年代下半期，宅旁园地经济得到了某种扩大动力，原因在于 1977 年 9 月 14 日苏联共产党中央委员会和苏联部长会议中通过的《集体农庄庄员、工人、职工的私人副业，集体园艺及蔬菜栽培集体化相关决议》和随后实行的粮食计划。这一时期，宅旁园地经济最终作为副业得到了确立，经济学家和政治家也开始认清其必要性。

1977 年，宅旁园地生产规模在达到了最大值后开始下降，其主要原因在于农村地区无人化进程，并非政治决策的结果。此时，农村居民（集体农庄庄员和国营农场工人）宅旁园地经济的收入指数有下降趋势，城市居民同类指标则反而出现了上升。截至 1979 年 11 月 1 日，俄罗斯苏维埃联邦社会主义共和国居民（3470 万家庭）总使用面积为 783 万公顷。生活在城市和城市类型居民点以及农村地区的 99% 的集体农庄庄员、39% 的工人和职工拥有宅旁园地，集体农庄庄员的宅旁园地平均面积为 0.32 公顷，国营农场工人为 0.21 公顷，生活在农村地区的工人和职工为 0.17 公顷[①]。在保障居民饮食需求方面，私人副业所起的作用还是非常重要的。例如，1979 年个体宅旁园地经济所生产出的农产品比率如下：土豆——59%，蔬菜——31%，水果和浆果——53%，肉类——30%，牛奶——29%，蛋类——33%[②]。

宅旁园地经济在很长一段时间内被看作临时性的、对苏联社会主义性质来说非常陌生的现象。相应地，政策对它的态度也是为了将它逐步缩小消除。同时，当局不能够仅凭经济合理性、有效性，以及更为重要的生活方式规律性来杜绝个体形式经营和土地使用制。宅旁园地经济占据了自己的一席

---

① ГАРФ. Ф. 259. Оп. 46. Д. 7190. Л. 3.

② ГАРФ. Ф. 259. Оп. 46. Д. 7190. Л. 5.

经济地位，在整个苏联历史时期人口粮食保障体系中，它的地位无可取代。

我们通过斯维尔德洛夫斯克州 1963 年的集体农庄庄员预算资料来试着复原当时的宅旁园地经济结构和基本活动方向，并总结其功能中的基本规律。进行评述时，不仅需要考虑形成限制个体经济共同趋势的外部影响（政策、法律），还需要考虑内部因素。宅旁园地经济所特有的内部因素作为个体农户经济的变体，持续发挥着重要作用。总体上，它的发展建立在规律性的基础上，农民劳动经济也依赖于集体农庄庄员家庭的劳动消费平衡。

宅旁园地经济结构整体上符合传统形式，它由家庭、份地（宅旁园地份地）、家畜和家禽、住宅建筑和日常生活建筑、器材用具等组成，以缩小的规模重复着个体农户经济的所有要素。决定宅旁园地的经济潜力的不再是 19 世纪下半叶到 20 世纪初的农业，而是畜牧业。农业在宅旁园地经济中的发展强调（家庭）内部消费，而畜牧业则同时具有两种功能，即保障家庭食品供应并通过买卖获得补充收入。因此，农户的富裕程度是由家畜总头数和商品率决定的。

份地是宅旁园地经济的基础，份地的变化取决于家庭成员数量（见表 6 - 1）。在斯维尔德洛夫斯克州，在所研究时期，大部分份地面积为 0.21 ~ 0.25 公顷（占 41.16%），由 1 ~ 2 人组成的人口少的家庭拥有的份地往往更少，只有 0.1 ~ 0.25 公顷，人数多的家庭份地面积则超过 0.25 公顷。文献资料中还根据家庭的生命周期标出了具体家庭份地面积变化情况。

表 6 - 1　1963 年斯维尔德洛夫斯克州宅旁园地面积与家庭人口数量间的关系

单位：公顷，%

宅旁园地面积	家庭人口数量						
	1 人	2 人	3 人	4 人	5 人	6 人以上	总和
小于 0.1	0.90	1.36	0.90	0.00	0.00	0.00	3.16
0.1 ~ 0.15	3.17	3.17	3.16	1.81	0.90	0.45	12.66
0.16 ~ 0.20	1.36	3.17	1.36	3.62	0.45	0.90	10.86
0.21 ~ 0.25	2.26	7.69	9.04	7.69	6.34	8.14	41.16

宅旁园地面积	家庭人口数量					
	1 人	2 人	3 人	4 人	5 人	6 人以上	总和
0.26 ~ 0.30	0.90	2.30	2.70	0.90	2.30	3.20	12.30
0.31 ~ 0.35	0.45	0.00	0.00	0.45	0.90	0.45	2.25
大于等于 0.35	0.00	2.71	4.98	4.52	2.71	2.71	17.63
总和	9.04	20.40	22.14	18.99	13.60	15.85	100

资料来源：1963 年斯维尔德洛夫斯克州集体农庄庄员的预算，斯维尔德洛夫斯克州国家档案馆 Ф. 1813. Оп. 14. Д. 3529，3581，3584。

在这一问题中集体农庄的地位对份地面积的影响非常明显。例如，塔利察区的"通向共产主义道路"和佩什马区的"列宁主义道路"等集体农庄中的半数以上家庭拥有超过 0.34 公顷的份地，瑟谢尔季区以斯维尔德洛夫命名的劳动组合和图林斯克区"列宁之路"以及其他农业劳动组合的份地面积则最多不超过 0.25 公顷①。

住宅和日常生活建筑约占宅旁园地面积的 1/5，院内格局中心是原木房，周围围绕着板棚、家畜棚、浴室等日常生活建筑。20 世纪 60 年代的住宅实现了电气化，这可能是保障每户农户参与在这一时期开展的日常生活革命所取得的最主要的成果。但多数家庭依然使用火炉取暖，大部分还从水井提取饮用水（82.8% 的家庭），只有 2% 的家庭使用水龙头。

集体农庄农户的生产活动环境是由农业、畜牧业、家禽业等几个领域构成的综合体，还包括副业。副业依据示范章程和集体农庄章程进行调整，并由集体农庄管理委员会管制。集体农庄向农户供应饲料、牧场、技术、马具、电、肥料、建筑材料等，因此，集体农庄庄员宅旁园地经济与集体农庄生产的关系最为密切。

个体农户经济的要素是家庭，家庭决定着个体农户经济的劳动潜力和劳

---

① Здесь и далее, если нет дополнительных ссылок, приводятся данные, полученные в результате анализа первичных бланков бюджетов семей колхозниковСвердловской области за 1963 г. （см.：ГАСО. Ф. 1813. Оп. 14. Д. 3529，3581，3584）.

动目的。宅旁园地经济的特点在于，家庭的主要劳动力大部分时间都忙于社会性生产，只能抽出自己的部分自由时间来从事个人庄园劳动，在这种情况下，只能由妇女、老人和儿童来负担个人庄园的基本生产劳动。

20 世纪 60 年代，宅旁园地经济最重要的部分是畜牧业，农业位居其次。宅旁园地的主要面积作为菜园，用来种植土豆、甜菜、胡萝卜、葱、白菜、黄瓜、西红柿等，1.4% 的农户拥有粮食作物，用于饲养家畜和家禽。这种作物结构变化是 20 世纪 60~80 年代城市化新阶段的特征，在更早时期（20 世纪 30~40 年代）粮食作物占大部分土地面积，因为只有这样集体农庄庄员才能保障粮食自给。中部乌拉尔地区以规模不大的园艺业发展为特点，有 36% 的农户拥有园艺种植园。

根据 20 世纪 60 年代中期的预算统计资料，个体农户经济生产规模如下：农户在自己的份地生产出的土豆不少于 800 公斤，25% 的家庭能够产出 2400~3200 公斤，45.3% 的家庭则超过 3200 公斤。大部分集体农庄农户能够完全保障自己的土豆需求，11.3% 的家庭需要从其他农户那里购买土豆作为补充，只有 2.3% 的家庭从集体农庄获得部分土豆以食用。

大多数受调查家庭的蔬菜作物总收获量不超过 200 公斤，但部分农户（7.2%）从自己的菜园里就能收获超过 500 公斤的蔬菜。总的来说，超过 37% 的家庭完全能够保障自己的蔬菜需求，32% 的家庭会从私人手中或在市场中购买蔬菜，46% 从集体农庄得到蔬菜作为实物报酬。宅旁园地经济的收成主要用于个人需求，有一部分会进行出售，以此成为一项稳定的家庭收入。

畜牧业是个体农户经济最重要的部门。实际上，20 世纪 60 年代，除少数家庭外几乎所有集体农庄家庭都拥有家畜和家禽，私人的畜群以产畜为主，给家庭提供牛奶、肉和毛。牲畜包括牛（80.1% 的家庭拥有）、猪（76.5%）、羊（67.4%），山羊的保有量比较少（7.7%）。畜牧业比起农业来说更容易向贸易方向发展：45% 的农户依约或通过市场出售牛犊；21% 的家庭为自家食用或出售牛肉而屠牛。养牛能为家庭带来最可观的收入，例如，拥有 2~3 头牛的农户一年能得到的收入超过 500 卢布，而小户农户通过交易家畜和家禽得到的收入为 100 ~ 200 卢布。

在个体农户经济中，畜牧业的规模和发展进程取决于家庭的人口特征，家庭的人口变化直接影响经济情况。根据畜牧业规模可将人口类型分为两种：与子女和父母一起生活的夫妻和与子女一起生活的夫妻。属于后者的大多数家庭正处于家庭生活周期的繁荣时期，具有很大的劳动潜力。

尽管个体农户经济的主要特征仍为其自然性，但实际上所有农户或多或少都参与到了商品货币关系之中。在这一关系中最为重要的是农民经济发展中的自然趋势和商品趋势的相互关系问题，以及划分那些刺激农民经济趋于商品方向的因素问题。1963 年的预算调查材料显示，斯维尔德洛夫斯克州41.2% 的集体农庄农户靠出售自己生产的产品来获得的年收入为 100 ~ 300 卢布，23.5% 能得到 301 ~ 500 卢布，一小部分农户（5%）从这一项中得到的现金年收入超过 1000 卢布。通过出售农产品，农户人均每年获得 190 卢布的收入，出售家畜和家禽获得 145 卢布。

宅旁园地经济对生活方式和农民物质富裕程度的分化所带来的影响到底有多大？很难清楚地做出回答，因为农民经济活动有各种不同模式，但在大多数情况下，私人副业的目的不在于获得收入，而是为了消费，商品货币交易也不例外。资金不足迫使很多家庭靠出售个体农户经济中生产出的农产品来弥补，很多时候，出售的不只是剩余产品，也包括部分自需产品。由此得到一次性现金收入后，将近 1/3 的家庭不得不为自己添购土豆、蔬菜、肉等。20 世纪 60 年代，出售自己生产的产品所获得的年均收入为 100 ~ 300 卢布，这并不能给物质富裕程度带来实质性改变。此外还存在对个体农户生产活动的限制，而家庭基本劳动力忙于社会性生产，所有这些原因都使得苏联时期的个体农户经济发展未能超越自然经济范围。

因此，宅旁园地经济在特殊划分工作量的集体农庄—国营农场系统条件下并没有起到补偿作用，而是起到了满足农村家庭的食物供应需求和补充资金不足的作用。在 20 世纪 50 ~ 60 年代宅旁园地经济很少成为高收入的组成基础。

以获得利润为目标的商品经济只有在具备一定条件时才能得到发展，如具有从事个人经济的足够人手和时间，具有在市场中进行买卖的可能性，交通运输线路的发展等。商品经济是在为企业活动建立相关法律保障之后才实现的。这些法律保障形成于 20 世纪 90 年代，这一时期通过了《俄罗斯苏维埃联邦社会主义共和国所有权法》《农民（农场）经济法》《土地改革法》[①]等法律法规。在新的社会法律条件下，具备了将宅旁园地经济变换为商品经济、农场经济的可能性，但这些经济形式没能成为基本形式。到了 1997 年，农场经济体数量达到 27.9 万个[②]，根据 2006 年的农业调查统计，俄罗斯农村地区共登记了 126208 户农场农户、21288 家个体农民企业以及 12443300 个个体副业农户[③]。这种分布明显展示出了后苏联时期个体经济的发展道路：首先是维持私人副业，私人副业决定着全局，并具有农业生产自然倾向；其次是商品经济（农场和个体企业），但商品经济数量具有减少趋势。斯维尔德洛夫斯克州的农场经济单位和个体企业数量从 2006 年的 2178 家减少到了 2009 年的 1596 家[④]。

虽然并没有刻意停留在农场的发展问题上，但我们还是能注意到，农民农场经济与传统农民经济和其苏联化变体——宅旁园地经济相比有本质上的区别：一是多元化生产被单一化、专业化生产所代替；二是手工劳动被技术

---

① Закон СССР от 06.03.90 № 1305 – 1 《О собственности в СССР》［Электронный ресурс］. URL：http：//russia.bestpravo.ru/fed1991/data02/tex12668.htm；ЗаконРСФСР от 24декабря 1990 г.《О собственности в РСФСР》［Электронный ресурс］// Ведомости съезда народных депутатов РСФСР. 27 декабря 1990 г. №30. Ст. 416；Закон РСФСР от 27.12.1990 г. № 461 – 1 《О крестьянском （фермерском хозяйстве） ［Электронный ресурс］. URL：http：// base.consultant.ru/cons/cgi/online.cgi？req = doc；base = LAW；n = 34764；Закон РСФСР от 23.11.1990 № 374 – 1 （ред. от 28.04.1993）《О земельной реформе》. URL：http：// base.consultant.ru/cons/cgi/online.cgi？req = doc；base = LAW；n = 1947.

② Развитие фермерских хозяйств［Электронный ресурс］. URL：http：//www.agropart.ru/？ Ekonomicheskie_ reformy_ selmzskogo_ hozyaistvaRazvitie_ fermerskih_ hozyaistv.

③ Показатели производства сельскохозяйственной продукции и удельный весмалых форм хозяйствования в 2009 – 2010 г.［Электронный ресурс］. M.，2011. URL：http：// akkor.ru/wp – content/uploads/2011/10/2011.10.06 – pokazateli – proizvodstva.pdf.

④ Анализ численности крестьянских фермерских хозяйств и индивидуальныхпредприятий в 2006 – 2009 гг.［Электронный ресурс］. URL：http：// akkor.ru/wpcontent/uploads/2010/ 10/analiz_ chislen_ kfh_ 2006 – 2009.pdf.

和机械化工艺所取代；三是除家庭劳动外积极引进雇佣劳动力；四是所有生产以市场为目的，而非内部消费。因此，农庄经济是发展个体农户经济在市场经济和工业化条件下的总方案。因为国家和社会都没有对农业生产提供实质性支持，因此这种经营管理形式目前在俄罗斯实行的范围还十分有限，对其生命力表示严重质疑的观点也是存在的①。

第三节　农民消费模式

生活方式与收入、消费等指数有密切联系，这些指数本身受经济、人口因素的影响，并且决定着生活品质。消费的重要特点为其方向性，即对于家庭和家庭经济来说消费是指向内部资源还是外部资源的问题。在传统社会，保障家庭需求是靠内部生产来实现的，即自给自足（传统消费模式）。在工业社会环境下，由于农业贸易和交通线路的专业化和发展，农民家庭的消费结构逐渐变换方向，开始指向外部资源。结果，由于形成了基于城市标准的新型现代消费模式，此时城市和农村居民间的消费规模和结构上的差距实际上正在消失。

在历史条件下研究农民消费问题时，还必须划分出消费模式的过渡性类型，这一类型在俄罗斯 19 世纪下半叶形成，20 世纪 30~50 年代在推广集体农庄—国营农场体系的情况下得以普及，其特点为日常标准和示范性（炫耀性）标准双重标准，这两种标准相互依存，相互补充，相互制约。消费的日常水平基于传统原则，决定其生活方式。而炫耀性标准则基于城市物质文明要素（陈设、服饰、日常用品）的利用，是为了展示家庭的社会地位，与"富裕"概念有关。必须强调的是，这里所指的富裕属于社会经济范畴，而不是阶级范畴。"富农"和"雇农"概念与富裕农民和贫穷农民的概念有联系，但并不一致。前者大部分属于经济行为模式，后者则属于消费模式。

"炫耀性消费"这一术语早在 19 世纪末被创作《有闲阶级论》的美国

---

① См. ：*Веблен Т.* Теория праздного класса. М.，1984.

经济学家托·凡勃伦所提出，炫耀性消费现象用于描述那些靠自己的企业活动摆脱底层的资产阶级新代表者。暴发户的消费行为特点是为了强调自己的新地位而进行商品和设备的超额支出。20 世纪，随着中产阶级的出现，炫耀性消费成为更加典型的社会现象。20 世纪 20 年代，众多经济学家指出了从"炫耀性"消费到"流行性"消费的演变趋势，将它与消费主义联系起来作为现代社会的行为标准方案。虽然刚开始炫耀性消费被看作富裕生活的标志，但历史事实和经济学家们的现代化研究证明了贫穷人民也具有这种消费类型特点，这种消费让他们形成对自己有利的观念，并且让他们期待得到更高的地位①。炫耀性消费常见于收入水平分化严重的社会中，并为富裕阶层带来了更多实现理想的可能性。

因此，炫耀性消费与社会的经济分化过程密切相关，并在整体上反映了生活方式的过渡以及个人、家庭、社会群体的一些过渡性时刻。

消费社会所特有的个性化消费行为和特殊消费动机是过渡性（炫耀性）模式和现代城市化方案之间的原则性区别。在现代社会，消费建立在功能原则上，并具有特别明显的合理依据。物质消费的主要领域（陈设、住房、服装和鞋、日常家电、饮食类型等）构成一体化的、不可分割的物质世界，以及相应的舒适性、有效性、实用性和社会地位等观念。在这一过程中，时尚起到了非常重要的作用。例如，当前最受欢迎的是健康生活方式观念和相应的消费模式，据此可将消费类型划分为实用型、合理型、有价值型、时尚型及简单型。还未深入其特征我们就能够发现，所有这些消费方式都是为了实现某种生活基本环节，是生活方式的组成部分。现代消费模式反映了各种不同消费方式，它不像生产基层组织那样依赖于家庭资源，而是依靠社会资源，具有更加全球化的特点。在这里能够看出消费环境发展中的基本规律——全球化与个性化相结合的趋势。现代化消费模式中的差距由社会收入水平决定，而并不取决于地理原则，农村地区消费模式的建立遵循城市同一

---

① См. *Матч В.* Прилично ли жить в роскоши в разгар экономического кризиса// Итоги. № 49（651）（01. 12. 08）. URL：http：//www. itogi. ru/obsch/2008/49/135039. html.

标准。

与其他现代化进程一样，新型消费模式的建立也是一个不平衡、有针对性的过程。消费中的变化首先涉及了"富有"农民——这是在改革后由于社会经济分化开始形成的农民类型，它直接关系到农村的商品货币关系发展和对农民经济自然性的破坏。同时参与到这一过程中的还有贫农，贫农也成为农村经济货币关系的主体，他们出售自己的劳动，但仍然坚持最小化所有基本开支项目的传统消费模式，因此不应将他们看作消费领域中的现代化代表。而富农则对新型消费模式表现出了极大兴趣，他们的购买能力指数对农村贸易发展速度和整个村庄生活环境的变化产生了重大影响。

富裕观念是农民社会长期以来所固有的特点，它包括两个方面：首先，它与获得另一种社会地位无关，也就是说富农类型并不会被理解成"异己的"；其次，富裕标准主要基于数量特征（多于别人的土地、家畜、技术、收入等）。

早些时候（19世纪到20世纪20年代末），属于富农类型的首先是那些具有高生产指数（份地、家畜数量、劳动者数量）的农户，确定富农的依据是比大多数农民家庭高的收入和消费水平。需要强调一下富裕概念中的生产部分，人口、土地、生产、工艺等农户内部资源成为形成富裕概念的最重要的依据。例如，在描写改革后彼尔姆省的农民经济时，地方自治局统计材料中将那些拥有3~4匹马、3~4头奶牛、6只羊、3头猪（不计幼畜在内）的农户归到了富农类型，将拥有2匹马、2头母牛、3只羊、2头猪的农户归到了"中农"类型，而那些"贫农"只拥有1~2匹马、1头牛、2~4只羊①。

同时，这些标准还表现出其相对性，因为在南部省份的部分县，包括畜牧业在内的农业活动发展得更加积极，这表现在农户数量参数中，特别是在沙德林斯克县南部，平均拥有12~15俄亩的土地、4~6头力

① См. : Списки населенных мест Российской империи. Т. 31 : Пермская губерния. Л. CCCXIV.

畜、6~10 头牛、10~15 只羊、5~10 头猪的 4~5 人之家会被称为富农，即这里的水平超过彼尔姆省的北部县将近 1 倍。因此，应当将"富裕"理解成相对性的概念，富裕标准和内容随着周围环境和生活标准逐渐发生变化。

富裕和消费对象之间存在直接联系，但这种联系以消费模式等概念作为中间物，这些概念对于理解生产活动动机和总收入分配机制来说是必要的。

传统消费模式的特点在于它的目的性，即依靠使用内部资源来满足家庭需求，人们将它统称为自然生产，自然性是农民经济最重要的特征。在现代化条件下自然性逐渐被破坏，它将自己的烙印留在劳动战略和经济分化过程中。早在 19 世纪下半叶，就已出现农民经济商品率发展，但对于不同类型的农民来说这种现象发生的原因是各不相同的。例如，中农在自己的生产中首先保持其生产自然性，并集中力量从事自己的经济生产；贫农则被迫贩卖劳动，因为仅凭自有农产不足以供养家庭；富农可将获得的富余产品进行出售，收入用于扩大生产或进行消费。总之，在 20 世纪初，农民的工资和销售农产品所得的现金收入平均值还未达其总收入的一半。农民消费模式有以下特征：生产出的产品大部分用于食用（粮食和土豆），一部分现金收入用于购买工业品（纺织品、茶叶和奶油），现实中几乎没有文化用品支出（书、画），极少量资金用于购买扩大生产使用的设备和器材①。这种消费结构是非常典型的，并不取决于社会类型。这种结构保持了其自然特性，因此它能够首先证实生活方式的某种变化过程。

农村贸易和手工业的发展是形成新型消费模式的间接标志。就 19 世纪中期而言，文献资料中记录了彼尔姆省的手工业发展整体处于低水平，仅在彼尔姆、叶卡捷琳堡、昆古尔和下塔吉尔的记录中能找到当时有聘请雇佣工的大型手工业作坊，在其他城市，手工业仍未迈出家庭范围。19 世纪下半叶，尤其在工厂居民区，手工业生产明显活跃起来。此时彼尔姆省的农村副

---

① См. : *Шанин Т.* Крестьянский двор в России // Великий незнакомец. Крестьяне и фермеры в современном мире. С. 36.

业中织造业、弹毛行业（卡尔塔绍夫村、叶勒顿宁村、皮扬科沃村）、皮袄缝制、木箱生产、衣帽缝制（波列夫斯科耶村）、马具生产、木桶制作等都得以发展。实际上，所有农户都从事副业，且各有特点。贫农主要生产鞋、木桶、陶制品，编织粗席和草席等①，更复杂的生产（植毡、柜子、铜器等）则在具有企业经营形式的地方得到了发展。

农村副业、城市手工业及工业生产的发展对自然消费模式产生了破坏，开始出现陈设、服饰、食品方面的新事物，并逐渐在农村地区得以传播。

19 世纪末至 20 世纪初所形成的新的过渡性消费模式，其特点为消费的双重性：在日常生活中消费具有传统性质，但向外界和客人展现时则有奢华做作的特点。例如，在研究乌拉尔采矿区居民的日常生活时，斯·瓦·戈利科娃指出，早在 19 世纪下半叶，工厂居民区的内部陈设中就出现了用刺绣、桌布、帘等装饰好的床、沙发、玻璃柜，甚至还有穿衣镜和格子架，室内甚至铺有地毯或针织植毡，但这些并不能代表家庭的日常生活。城市化的陈设装饰出了家庭"整洁"的一面，但这仅在有访客时使用，或几乎紧锁不用。所有家庭成员都栖居一旁（"厨房"）②，那里的陈设和用品仍保留传统样式。

将房子分成"整洁（正房）区"和生活区的模式在农村地区扩散，矿业居民区在消费问题上领先一步，走在前沿，但本质上与农村没有区别。消费模式的双重标准也在农村地区形成，这种双重标准一直保持到 20 世纪中叶，体现在正房的阔绰装饰及其中所摆放的留声机、钟、特别打造的衣橱等物品中，以上装饰和物品正是向外界展示家庭收入的途径。同时，日常生活则符合传统消费模式，且正是日常生活决定着生活品质。这些内容记录在乡村故事中："从前人们说：'夏天储备，冬天使用。'但现在去哪儿储备？到处都需要钱。不管怎样，战前时期的生活其实更强些，勤劳的人啥也不缺。

---

① Списки населенных мест Российской империи. Т. 31: Пермская губерния. Л. CCCXXV – CCCXL.

② См.: *Голикова С. В.* 《Люди при заводах》: обыденная культура горнозаводского населения Урала XVIII – начала XX века. Екатеринбург, 2006. С. 58 – 59.

我们都穿自己亲手做的衣服，我织了很多，织过印花和带刺绣的衣服，太好看了！吃饭也不需要钱，肉和牛奶都自给自足，蘑菇一层一层铺上晒干，不知道为什么，那时候胃口特别好。人们储存浆果，斋戒时把土豆洗干净煮了，加点蘑菇和亚麻籽奶油，要是开斋期就用酸奶油。荞麦、黍米、小麦、豌豆、黑麦……所有的都自己种。什么都会做，所有一切都井然有序。"（摘自丹·格·斯维伊娜回忆录，基洛夫州野兔村）①

20 世纪 20 年代开始则是另一番景象："人们穿着粗麻布衣裳，男的穿花粗布偏领衬衫，佩戴流苏腰带，再穿上条纹裤子。粗麻布是妻子自己织的，还染了各种颜色。女的穿裁缝做的有褶边的裙子，夏天一般赤脚穿椴树皮或韧皮做的鞋，冬天则穿缝得歪歪斜斜的毡靴（皮毛用包脚布包上）。节日服装就不一样了，男的穿铬鞣革皮靴，棉毛纱裤子，缎纹条纹衬衫，戴流苏腰带；女的穿缎纹褶边裙子，戴上彩色流苏头巾，脚上穿侧面有松紧带或高细带的腰鞋（有 20 个孔）。他们非常爱惜衣服，节日衣裳单独保管在储藏室里。"②

由于集体化的出现和集体农庄—国营农场体系的确立，家庭收支结构来源也发生了变化。集体农庄农民的生活水平和收入已经在另一个坐标系中计算，这些直接关系到集体农庄事业，其影响远不止于此。在整个苏维埃政权时期，最主要的收入和消费来源仍为宅旁园地经济。早些时期集体农庄体系中宅旁园地经济几乎是支撑农民家庭生活的唯一来源，但由于集体农庄的劳动报酬只有象征意义，很多时候甚至无法保障最低生活水平。因此到了 20 世纪 30 年代的战争时期和战后时期，集体农庄庄员的家庭消费模式基本依靠内部资源（宅旁园地经济和集体农庄的食物酬劳），再现了普遍低消费水平的双重标准。

集体农庄体系内的富裕概念依然保留，但其判断依据和内容已经发生了

① *Бердинских В.* Речи немых. Повседневная жизнь русского крестьянствав XX веке. M., 2011. C. 18.

② *Бердинских В.* Речи немых. Повседневная жизнь русского крестьянствав XX веке. M., 2011. C. 129.

变化。这一时期，那些生活水平高于大多数人的家庭被认为是富裕的，即富裕度是从物质富裕的角度来进行判定的，现金收入和支出指数作为其特征。农业经济（宅旁园地经济）的生产指数退居次位，它已不再决定社会经济分化的界限了。

第一个五年计划时期，战争和战后经济恢复过程充满艰辛。战争胜利和强有力的工业建设成为国家实力的标志，但它是用什么代价换来的？多数民众的生活水平低，缺乏正常劳动和休息的基本条件，农村和城市设备简陋，经常闹饥荒，这些都是斯大林时期的典型特点。20世纪30年代的民众实际收入比1927年减少了一半还多，直到斯大林逝世，消费水平也没有恢复到1928年的水平①。除少数有权人士外，绝大多数民众为了生存进行着长期的斗争。在这种消费分级结构中，农民阶级是处于最末等级的阶级之一。

斯大林逝世之年（1953年）成为国家发展新阶段的开端，被称为赫鲁晓夫解冻时期。这一年出现了社会政治局面的变化，包括恢复人应享有的生活权利在内的部分人类价值，这是多年以来首次对提高苏联人民生活水平的必要性予以关注。平均收入（见表6-2）数额的增长，人均食品消费额的增长，通过开展大众标准化建设来提高住房条件，延长平均寿命，苏联公民家庭中出现能长期持有的物品（电视、冰箱、洗衣机等），所有这些之前想都不敢想的东西证明了生活水平的提高。

表 6-2　20 世纪 50~70 年代苏联国民收入和公民收入提高情况

指标	1950 年	1953 年	1955 年	1960 年	1970 年
国民收入（十亿卢布）	118.3	161.3	198.9	145.0	285.5
2 名工人或职工组成的家庭平均月工资（卢布）	70.2	63.4	63.6	66.9	114.6
2 名集体农庄庄员组成家庭平均月收入（卢布）	29.1	29.2	44.7	50.7	105.2

资料来源：《1913~1993 年我们的生活水平：分析参考》，莫斯科，1995，第 24~25 页。

---

① См.：*Мерль Ст.* Экономическая система и уровень жизни в дореволюционной России и Советском Союзе // Отеч. история. 1998. № 1. C. 102.

1953～1965 年通过的多项政府指令和决策都旨在解决提高生活水平问题：1956 年开始分阶段提高了从事物质生产工作的工人和职工的工资，并通过了养老金法；1960 年完成了工人和职工向每天 6～7 小时工作制的过渡。1967 年开始实行五天工作日加两天休息日制度。1968 年工人和职工最低工资涨到了 60 卢布。对农民实行的社会主义改造也毫不逊色：税降低了将近一半[①]；从 1958 年起取消了对集体农庄农户的所有实物交付，实行强制性现金垫付；1950～1958 年俄罗斯苏维埃联邦社会主义共和国集体农庄收入平均增长了 8 倍，每个集体农庄农户获得的总收入相应增加到 2418 卢布，而 1950 年这一项收入只有 259 卢布[②]。从 1966 年 7 月 1 日起，随着苏联共产党中央委员会和苏联联邦会议中通过《关于在社会生产发展中提高集体农庄庄员的物质利益的决议》，开始执行有保障的现金工资。根据决议，在进行集体农庄收入分配时，资金首先用于支付工资。此外，集体农庄庄员退休金问题也得以解决。

赫鲁晓夫十年执政时期是社会经济分化重新发展的时期，这要以农民生活水平普遍提高作为条件，并按照收入将农民分成几个等级。早期，这种分化极为受条件制约，因为普遍贫瘠的集体农庄庄员的处境决定了这种情况，在这种情况下使用富裕概念是不准确的[③]。

农民生活水平由诸如家庭总收入及实际收入等指数来说明，在统计总收入时，将所有现金收入和自然收入集中到了家庭预算中，还包括来自社会消费基金的支付款项及减免款项。20 世纪 50～60 年代，收入总和指数具有稳定增长趋势。例如，1950 年，苏联由 2 人组成的集体农庄庄员家庭平均月收入为 29.1 卢布，1955 年增加到 44.7 卢布，1960 年为 50.7 卢布，1970 年达

---

① В 1952 г. в среднем одна семья колхозников в РСФСР платила 628 руб. налогов, в 1960 г. – 350, 1 руб. (см. : *Мамяченков В. И.* Материальное положениеколхозного крестьянства Урала в послевоенные годы (1946 – 1960 гг.) : дис. . . . канд. ист. наук. Екатеринбург, 1999. С. 234) .

② См. : Судьбы российского крестьянства. М. , 1996. С. 428.

③ См. : *Безнин М. А.* , *Димони Т. М.* Аграрный строй России в 1930 – 1980 – егоды : тез. науч. докл. Вологда, 2003. С. 31.

到了 105.2 卢布（见表 6 - 2）。斯维尔德洛夫斯克州集体农庄庄员（家庭）年均现金收入为：1951 ~ 1955 年为 596.7 卢布，1956 ~ 1958 年为 801.9 卢布，1962 ~ 1965 年则达到了 1460.5 卢布[①]。

集体农庄庄员家庭的总收入结构由以下几种来源组成：来自集体农庄和机器拖拉机站的劳动收入；出售私人经济生产出的农产品所得收入；来自国家机关或合作社组织的劳动收入；养老金和补助金；手工业活动收入以及其他收入。20 世纪 50 年代初期，收入的基本来源是私人经济（俄罗斯苏维埃联邦社会主义共和国 1953 年个人宅旁园地副业收入占总收入的 45.7%），而到了 50 年代后半期，集体农庄收入在家庭预算结构中所占比例日益增加。按工作日数量发放的开支有所增长，还出台了强制性现金垫付制度。据此，俄罗斯苏维埃联邦社会主义共和国在集体农庄中获得的劳动收入比率从 1953 年的 33.3% 增加到了 1958 年的 41.3%[②]。斯维尔德洛夫斯克州的这一项收入比率高于俄罗斯苏维埃联邦社会主义共和国平均值，1960 年为 49.0%，1964 年则达到了 58.8%[③]。

实际收入指数能够给出更准确的社会经济分化图景，因为这一指数是根据家庭人均收入进行评价的，能更完整地统计家庭全体成员的人口特点。1963 年，在斯维尔德洛夫斯克州，贫困家庭（即人均年收入低于 360 卢布的家庭）比率占 45.2%，人均年收入在 361 ~ 900 卢布的中等收入家庭占 50.7%，富裕家庭（人均年收入超过 900 卢布的家庭）占 4.1%。以上类型的划分从基于平均收入指数整理出的预算调查一手资料（见表 6 - 3）中得出，1963 年斯维尔德洛夫斯克州人均年收入为 541 卢布，此时全苏联人均收入仅为 498 卢布。统计资料显示，个人每月最低生活保障费用为 35 卢布，

[①] См.: *Мотревич В. П. Личное подсобное хозяйство колхозников СреднегоУрала в 1946 – 1958 гг. // Материальное благосостояние тружеников уральскойсоветской деревни, 1917 – 1985 гг. Свердловск, 1988. С. 97；ГАСО. Ф. 1813. Оп. 14. Д. 3892. Л. 42, 63；ГАРФ. Ф. 374. Оп. 35. Д. 3234. Л. 139.

[②] См.: История советского крестьянства : в 4 т. Т. 4. М., 1988. С. 331.

[③] ГАРФ. Ф. 374. Оп. 35. Д. 3234. Л. 53；ГАСО. Ф. 1813. Оп. 14. Д. 3892. Л. 42, 62.

人均月收入低于 35 卢布的家庭被划分为低保家庭[①]。

在对集体农庄庄员收入进行分析时，我们能够确定分化确实存在，这种分化——极高的低保家庭比率和极低的富裕家庭比率极不均衡——是普遍低物质生活水平社会所特有的。

表 6－3　20 世纪 60 年代上半期斯维尔德洛夫斯克州集体
农庄庄员家庭实际收入金额分布

单位：卢布，%

家庭人均收入	小于240	241～300	301～360	361～420	421～480	481～600	601～720	721～900	901～1200	大于1200
集体农庄庄员家庭中所占比率	16.3	15.8	13.1	10.9	10.4	15.4	8.6	5.4	3.2	0.9

资料来源：1963 年斯维尔德洛夫斯克州集体农庄庄员预算统计出的数据，斯维尔德洛夫斯克州国家档案馆，Ф. 1813. Оп. 14，Д. 3529，3581，3584。

20 世纪 60 年代的农民家庭收入由什么来决定？人口因素、社会因素、经济因素的综合体对收入数额及其变化起着重要作用，上述因素还能细分成家庭年龄、劳动者人数、被赡养人数、劳动者的工资水平、个体经济规模和商品率等，此外，还包括来自社会消费基金的支付款项及减免款项的数量。如果说以前家庭富裕程度取决于农民经济的内部资源，那么在集体农庄—国营农场体系环境下，集体农庄利润率和集体农庄庄员就业程度等指数具有优先决定权。

无论是在过去还是在苏联时期，农民家庭社会经济分化的基础都是人口指数（家庭年龄、家庭构成、家庭负荷即每个劳动人口需要赡养的无劳动能力者的人数）。早前就曾指出，家庭的富裕程度取决于家庭成员的年龄。高收入家庭一般属于中年和老年类型，处于这一生命周期的人口情况最为有利：子女长大了一些，能够积极参与个体经济劳动，部分子女已进入具备劳

---

① РГАЭ. Ф. 1562. Оп. 44. Д. 3677. Л. 14；ГАРФ. Ф. 374. Оп. 35. Д. 3234. Л. 53.

动能力的年龄，且家庭的基本劳动人口已具备了最高技术水平，这会带来劳动报酬的增加[①]。

另一重要人口指数是劳动负荷量（家庭基本劳动人口数量和被赡养人口数量比例）。尽管多人家庭名义上的现金收入指数要稍高一些，但是他们的生活水平比单人家庭或人口少的家庭更低。对他们而言，平均每个劳动人口要承受更多工作量，这种工作量原本应该由两到三人甚至更多人来完成。预算统计资料显示，人均年收入超过 900 卢布的富裕家庭大多数是由 1 ~ 2 人组成的没有被赡养人口的少人口家庭，与此同时，大于等于 6 人组成的农户家庭中超过半数属于低保家庭类型[②]。

需要特别指出诸如集体农庄庄员劳动报酬金额的富裕水平指数。集体农庄的劳动收入包括实物收入和现金收入，直到 1953 年，工作日的平均现金收入都非常少（在斯维尔德洛夫斯克州，这一比率不超过集体农场所挣利润的 12%），劳动报酬基本都是实物性质。

1950 年在斯维尔德洛夫斯克州，平均每个工作日的实物报酬为 1.15 公斤粮食、0.01 公斤土豆。由此可见，实物收入比率减少了，现金收入上涨了。到了 1963 年，现金收入比率达到了 71.6%，而实物收入减少了将近 2/3[③]。劳动报酬结构中的这种变化促进了家庭预算中现金收入的增加，集体农庄庄员口袋中的自由资金是他们进入社会消费环境的重要条件，他们成为工业品的积极购买者，从而开始改变家具、服饰、饮食等自身日常生活标志。

集体农庄的经济状况、利润率、所进行劳动的性质以及家庭工作日数量等要素直接决定集体农庄的劳动报酬金额。1965 年，斯维尔德洛夫斯克州的"先进"农户平均每个工作日能拿到将近 5 卢布，其他人则少于 2 卢布

① См. , подробнее: *Мазур Л. Н.* Бюджеты колхозников как источник по социально - экономической структуре крестьянства Среднего Урала. С. 167 – 201.

② См. : подробнее: *Мазур Л. Н.* Бюджеты колхозников как источник по социально - экономической структуре крестьянства Среднего Урала. С. 167 – 201.

③ См. : ГАСО. Ф. 1813. Оп. 14. Д. 3892. Л. 61.

（例如，在加里地区的农业劳动组合"伟大的道路"）。因此，富裕的集体农庄中的富裕庄员人数要多一些，如 1963 年，瑟谢尔季区以斯维尔德洛夫命名的富裕集体农庄中，超过半数的受调查家庭能够从公有制经济体中获得超过 900 卢布的年均收入，这种情况也出现在伊尔比特区的集体农庄"祖国"里。相反，图林斯克区的集体农庄"祖国"中，大部分受调查家庭年均劳动收入低于 500 卢布。

车里雅宾斯克州、奥伦堡州、库尔干州等乌拉尔农村地区工资水平比较高，而斯维尔德洛夫斯克州的平均指数则稍低。1958 年，乌拉尔地区集体农庄的工资水平是俄罗斯苏维埃联邦社会主义共和国平均指数的 74.6%。

处于富有集体农庄是生活富裕的必要条件之一，兴旺的生产单位所提供的高工资、住房和文化生活建设、退休金保障、公益金消费支付和优惠条件等社会日常条件发挥着重要作用。完善的俱乐部、商场、医院，电气化、机械化农业劳动环境等条件也对生活方式产生了影响。到了 20 世纪 50 年代末期，一些经济上强有力的集体农庄开始建设自己的膳宿公寓和疗养院，到了 70 年代末期，全国总共建设了将近 200 家集体农庄独立所有的及集体农庄合作性的疗养院、膳宿公寓和防治疗养所，能容纳 14000 人。

集体农庄庄员的工资根据所从事的工种不同差距悬殊。在农业人口专业领域中，收入最高的是行政管理人员和专家。在被调查者中，集体农庄主席的年薪超过了 2000 卢布，在瑟谢尔季区以斯维尔德洛夫命名的集体农庄和卡梅什洛夫区以基洛夫命名的集体农庄，农庄主席年薪超过 3000 卢布。紧随其后的是副主席、农艺师、总会计师、农场和汽车库的负责人和组长等。样本数据统计显示，上述职业从业人数占总人口的 7.2%，他们的年薪超过 700 卢布。因此，苏联农村已经形成了"农民特权阶层"，他们拿到的工资高于集体农庄普通庄员，也享受着集体农庄公益金、优惠条件等特权。此外，机械工和畜牧学家也享有颇高的收入，例如，在户主职业是畜牧学家的家庭中，超过一半的受调查家庭年均收入超过 900 卢布。而在从事畜牧业的家庭，特别是从事田间劳动的家庭中，超过半数家庭的年收入低于 500 卢布。

　　需要特别区分社会混合型家庭，其家庭人员组成成分除集体农庄庄员外还包括工人和职工，主要收入来自国有企业和国家机关的工作收入。属于这一类型家庭的平均年收入超过 1000 卢布，这比集体农庄普通庄员的收入高很多。研究样本数据中，3.6% 的农户的家长在国营部门有固定工作，其他家庭成员在运输部门、苏维埃机构和国家机关工作。实际上有 1/3 的家庭除了集体农庄的主要工作外，会不定期在国营部门兼职，源自这一类劳动的年收入大多不超过 150 卢布。

　　集体农庄庄员的私人经济也是农民家庭预算的重要组成部分之一。从个人宅旁园地经济获得的收入进入预算的金额与家庭成员人数成正比，与从事社会性生产的家庭成员人数成反比。例如，通过私人经济生产获得的收入超过 1000 卢布的家庭一般由 4 名或更多家庭成员组成，也有由 2 名成员组成的例外情况，所有这些家庭都拥有 1~2 名劳动人口。相反，有 3 名以上劳动者的家庭出售自己的生产产品所获得的收入不超过 700 卢布。还有一个特殊现象，一般是那些缺乏资金的低保家庭才会出售私有产品。

　　20 世纪 60 年代前半期，国家和集体农庄公益金在农民家庭收入构成中变得更为重要，这一项收入随着退休金保障的提高而提高。1964 年的最低退休金被划定为 12 卢布，最高达到 102 卢布[①]。即便如此，退休金和补助金金额也不够保障基本生活水平，因此，实际上所有的退休人员都继续在私人和集体生产单位工作。从 20 世纪 60 年代的预算分析结果看，60.6% 的家庭得到的退休金和补助金是从社会消费基金划拨的，33.3% 的家庭这一项收入每年不超过 50 卢布，33.3% 的家庭能得到 51~150 卢布，只有 4.1% 的家庭能够获得 300 卢布以上，属于这一部分的家庭主要是靠国家保障生活的退休人员和残疾人（需要指出的是，与城市人口相比，这一时期农村地区工人和职工从社会消费基金得到的收入和优惠条件比农民多出将近1.5 倍）。

　　因此，20 世纪 50~60 年代集体农庄农民的分化和富裕水平类型的形成取决于收入指数。20 世纪 50~70 年代属于富裕类型的是集体农庄和国营农

---

① Решения партии и правительства по хозяйственным вопросам. М. , 1968. Т. 5. С. 472 – 478.

场的高收入工人家庭，包括专家、行政管理人员、机械工和部分畜牧业专家。能从集体农庄的工作中得到高额现金收入的这些人已经不像其他农民那样依赖于私人宅旁园地经济了，因此私人宅旁园地经济逐渐开始具有副业和辅助生产的特点。就是在这种环境下，城市文化标准和生活标准迅速成为一种风尚，而农民分化过程在逻辑上也算完成了。

赫鲁晓夫十年执政时期不仅成为社会经济和政治的本质性演变时期，还成为一个转折时期，在这一时期建立起了社会消费模式的苏维埃变体和现代化消费模式。

变化不是突如其来的。20 世纪 60 年代上半期，消费支出结构中食品和生活必需品占大比率，相反，满足文化生活需求的支出低得让人无法忍受，这表明当时生活总体水平是很低的（见表 6 - 4），此时的集体农庄庄员和城市居民（工人和职工）的消费结构本质上并无区别。

表 6 - 4　1965 年乌拉尔地区居民支出构成

单位：%

支出项目	乌拉尔地区 （集体农庄庄员）	斯维尔德洛夫斯克州 （集体农庄庄员）	斯维尔德洛夫斯克州 （工人和职工）
食品	50.7	50.2	41.0
非食品工业产品	25.9	26.9	20.0
服装、鞋等	18.1	19.2	17.0
烟酒	6.2	7.0	6
文化生活需求	2.8	3.7	3
税捐	1.4	1.3	8
其他	13.0	10.9	22.0

资料来源：俄罗斯联邦国家档案馆，Ф. 374，Оп. 35，Д. 3234，Л. 63～64；Д. 7896. Л. 212。

食品支出是集体农庄庄员的最大支出项目，在斯维尔德洛夫斯克州占到了将近 50%，食品的质量和种类符合宅旁园地经济构成，整体上也符合社会化生产的发展和居民收入水平。尽管 20 世纪 60 年代集体农庄庄员的饮食水平结构不断调整，特别是肉类、牛奶以及海鲜等类型的指标不断攀升，但他们所消费的尤其是蔬菜、水果和肉乳产品等食品的种类和数量要低于城市居民，与合理标准相差甚远（见表 6-5）。农民家庭的饮食结构由个体经济中生产出的产品组成，个体经济能够完全保障农民的牛奶、鸡蛋、肉类需求和 93%的蔬菜需求①。20 世纪 60 年代中期的贸易对集体农庄庄员食品保障起到的影响很小，贸易能保障他们的工业产品需求，而工业产品详细目录的充裕与否由食品杂货贸易企业和食品企业的供应程度决定。

表 6-5　1959 年俄罗斯苏维埃联邦社会主义共和国不同
居民类型的食品消费量（每人每年）

食品类型	集体农庄庄员	国营农场工人	工业劳动者	工程技术人员和职工	合理标准
谷物产品(公斤)	188.9	139.3	134.5	122.8	120.4
土豆(公斤)	188.3	137.1	121.7	114.0	96.7
蔬菜和瓜类(公斤)	78.2	71.3	73.0	75.0	146.0
肉制品(公斤)	33.3	32.0	51.8	55.9	81.8
奶制品(公斤)	287.1	300.3	296.7	346.3	433.6
蛋类(个)	174	169	133	159	292
鱼制品(公斤)	5.6	6.0	13.2	14.0	18.2
糖和糕点(公斤)	13.8	14.5	23.8	24.1	36.5

资料来源：米·阿·别兹宁《1950～1965 年工人和集体农庄庄员的物质条件》，沃洛格达，1989，第 36～37 页；伊·亚·马秋哈《居民预算统计》，莫斯科，1967，第 129 页。

　　20 世纪 60 年代的家庭在商店购买最多的商品为粮食，购买的粮食除个人消费外，一部分还用于牲畜饲料等生产需要。1961 年的统计结果显示，平均每 100 个农户用于这一目的的粮食数量每月平均达到 268.2 公斤②。66.7%的农民家庭在商店购买人造黄油和食用油，用于购买这类产品的支出一年最多不超过 30 卢布，大部分家庭（71%）仅为 3～6 卢布。家庭开

① Cм.：ГАСО. Ф. 1813. Оп. 14. Д. 3892. Л. 62； ГАРФ. Ф. 374. Оп. 35. Д. 7996. Л. 92. Приведенные данные содержатся в аналитических записках Статуправления Свердловской области за 1963 г. и являются несколько завышенными.

② Cм.：ГАСО. Ф. 1813. Оп. 14. Д. 2945. Л. 47.

支中最普遍的一项是购买糕点，大部分家庭（63%）一年花费 24 卢布，10% 的家庭则超过 50 卢布，有 1~3 名子女的家庭在这一项中的花费最多，但低收入的多子女家庭购买糖果和饼干的支出要少很多。

半数以上农户（55.2%）在商店购买茶和少量咖啡，年均花费为 1~2 卢布。商店的肉制品中，农民最喜欢香肠和熏肉食品，超过一半的家庭每年花费 15 卢布用于购买肉制品，部分农户（2.7%）则超过 60 卢布。类似情况也出现在购买罐头、咸鱼、熏鱼等鱼制品上，超过半数的家庭用于此项的年均支出达到 15 卢布。

酒精饮料的高消费引起了极大关注，记录中只有 0.9% 受访家庭没有此项支出，此项年均支出达到了 109 卢布，21.3% 的农户每年花费将近 30 卢布，8.6% 的开支用于购买葡萄酒伏特加等酒类产品，且此项开支超过 241 卢布。此外，集体农庄庄员购买糖类的花销占很大比重，购买数量基本上取决于家庭成员的需求量和家庭成员构成。糖是家酿酒的生产原料之一，这个原因也增加了家庭的此项开支。

高额的酒类饮料开支，农民家酿啤酒和自酿酒生产的传统行为表明农民生活方式中存在负面因素。在全国性统计中，民族性酗酒问题浮出水面，统计中指出"平民百姓的酒类消费还为时过早，并且超过了标准"[①]。彼尔姆省的酿酒厂 1867 年的产量为人均 0.5 桶酒精，此外，农民中普遍形成了自酿啤酒这一习俗，很多人增加了庄园中用于种植啤酒花的面积。沙德林斯克县伊谢季河和捷恰河沿岸长满了野生啤酒花，平均每个村社承包 2~3 俄里并负责采摘，每户家庭承担半普特采摘量。啤酒花在市场上是找不到的，全部都用于内需。

苏联时期，尤其是战前和战后时期，手工酿酒现象十分普遍，20 世纪 60 年代手工酿酒开始减少，这不仅因为民警经常没收居民的手工酿酒器具，还因为零售贸易中可以买到酒精了。一般购买酒精饮料不仅为私人消费，还为支付劳务报酬，如用于答谢别人帮忙盖房、修理房屋、开垦菜园等。这一

---

① 见．：Списки населенных мест Российской империи. Т. 31: Пермская губерния. Л. CCCLI.

时期，集体农庄庄员用于购买酒类的支出比率和城市居民差不多，但其绝对值要少于城市居民。

很难根据酒类开销清楚地评价农村酗酒程度。据农民回忆，人们对酒的态度在战后时期发生转折："战争前我们周围地区的年轻人几乎不喝酒，20岁之前，即入伍之前很少有人会喝酒，那时整个民族只在节日时喝一点，要是平时有人喝醉酒走在村子里，会被认为是个傻子。战争后很多人开始喝酒，可能是受到沉重命运的影响？活着回来的男人在前线时就习惯于喝酒，因为在那里不得不喝。"[①] 据其他一些受访者回忆，酒只是节日宴席的一部分。在城市长大的一位医生的记忆则是完全不同的景象："城里人喝得很凶很多。我家以前是开'官营专卖酒店'的，什么酒都有卖，从瓶装酒到散装酒，每种酒都贴着不同标签，价格也不贵。要是恰逢哪个节日，整个家里都是醉醺醺的。刚开始大家一起唱歌，之后开始打架，男人们赶女人和孩子，但是没看见过女人喝酒，战争前女人们还不喝酒。喝酒的大多数是工人，知识分子们喝得非常少。年轻人喝得也很凶，我记得在学校上七年级时，真的全班都是 18 岁以上的成年人，男生会把瓶装酒带到班上，在课堂上就喝完。现在这种事简直无法想象，但以前真的发生过。哎呀，我们家更特别，所有男人都在一个工厂干活，刚领完工资就能听见骂女人声，男人们扯着嗓子唱歌。"[②] 20 世纪 60 年代，在农村酒成了谁都买得起的东西，从此人们改变了对酒的态度。人们常常怀疑农村地区存在酗酒问题，而这也确实变成了现实问题。

在整个 20 世纪 60 年代，商店贸易对集体农庄庄员的口粮影响不大，用于供应那些很难独立生产的物品。肉、牛奶、蔬菜、鱼等食品的进项中，农村内部交易起到了一定的作用。

这一时期私人副业仍是食品结构的主要来源。家庭收入水平对口粮有一定影响，因此，生活保障高的阶级相比贫穷阶级和中等阶级来说能够享受更

---

① *Бердинских В.* Речи немых... С. 112.

② *Бердинских В.* Речи немых... С. 130 – 131.

高卡路里和更合理的饮食。多子女家庭处境最为困难，他们所有食品种类的消费水平大大低于合理标准。

在分析 20 世纪 60 年代集体农庄庄员消费结构时，需要特别指出一个细节，即公共食堂事业变得更重要了。居民的伙食由家庭伙食和公共伙食组成，其中一种伙食供给类型想要占主导地位则关系到一系列因素，包括公共伙食、收入、消费传统等发展水平。想要实现城市化，需要具备的特点之一是扩大公共伙食环境，使其成为日常要素。在农村地区，公共伙食体系从 20 世纪 30 年代开始形成，但有季节性特征，对日常饮食无明显影响。20 世纪 60 年代的预算材料显示，集体农庄庄员主要在家吃饭，偶尔才会使用公共食堂设施，对于社会消费结构来说没有本质影响。21.7% 的集体农庄庄员从来都不使用公共食堂[①]，其余多数人此项消费的支出每年不超过 20 卢布，只有 4.6% 的人口超过 81 卢布，这一数据中还包括了子女在学前班或学校吃午饭的家庭。因此，对于农民来说，我们所研究期间的公共伙食体系并没有起到主要作用，而日常饮食主要还是由家庭内部食品消费组成。

要是说 20 世纪 60 年代集体农庄庄员的饮食结构整体上再现了传统特点，那么，家庭的其他消费环境则开始发生积极变化，农民家庭物质生活开始逐渐具有城市特征。首先是服装和鞋、家具和陈设、日常技术和运输工具等方面。更早时期，获得"城市"日常生活物品只是偶然现象，旨在体现自身威望，关系到炫耀性消费模式的建立。20 世纪 60 年代，情况发生了变化，城市物品开始决定人们的日常生活水平，改变着他们对生活标准和生活方式的观念。

1963 年，农民花费在工业品的支出比 1953 年增加了 70%。这一时期的预算调查结果显示，在农村地区开始出现摩托车、洗衣机、吸尘器，甚至还出现了汽车。1963 年斯维尔德洛夫斯克州的农民家庭平均每年花费 309 卢布用于购买服装和鞋，而用于报纸和文化用品以及体育用品的花费仅为 10

---

① Здесь и далее, если нет дополнительных ссылок, приводятся данные, полученные в результате анализа первичных бланков бюджетов семей колхозниковСвердловской области за 1963 г. （ГАСО. Ф. 1813. Оп. 14. Д. 3529, 3581, 3584）.

卢布。但农民的消费水平持续处于极低的水平，消费水平指数低于工人和职工。

农村家庭中开始出现现代化家具、收音机、电唱机、早期电视和家电（见表6-6）。1960年冰箱还属于稀有物品，十年之后，它已经出现在半数家庭中。图6-1为农民在农村百货商店挑选电视机的情景。

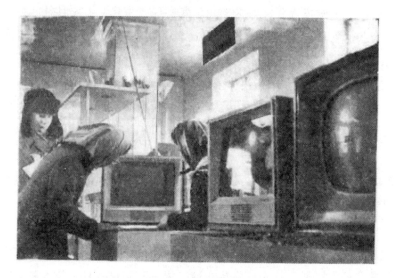

图 6 -1　电视机进入农村日常生活，在农村百货商店挑选电视机（库斯塔奈州）

资料来源: Детская энциклопедия［Электронный ресурс］. 2 - е изд. Т. 6. М.，1967. URL: http://ceolte.com/view/1010/。

这一时期，文化日常用品和工业品的供应水平无法满足农村和城市日益增长的社会需求，这一点主要表现在持续的商品缺乏现象中。例如，1965年苏联人民获得的织物量仅为合理标准的61%，内衣织物为35%，外衣织物为22%，鞋为67%①。家电方面情况则更严重，1965年苏联统计显示，平均每100户家庭拥有24台电视机（合理标准的19%）、2台录音机

---

① 见: *Баранова Л. Я.*，*Левин А. И.* Потребности，доходы，потребление : эконом. словарь - справочник. М.，1989. С. 152.

(5%)、11 台冰箱（10%）、21 台洗衣机（26%）、7 台吸尘器（12%）①。
这到底是多还是少？与过去相比确实是多了，但所有这些福利并未得到普
及。表 6-6 所列出的数据足以说明当时的一些变化，虽然这些变化还不够
引起人们的关注。

表 6-6　1963 年乌拉尔农民的家电、文化用品供应程度（平均每 100 户）

品名	乌拉尔地区	斯维尔德洛夫斯克州
电视机(台)	0.3	3.6
收音机(部)	21.2	58.7
电唱机(部)	0.2	5.8
洗衣机(台)	1.2	27.4
吸尘器(个)	—	0.3
电熨斗(个)	不详	79.5
相机(部)	1.7	7.5
缝纫机(台)	48.0	75.4
手表(只)	不详	137.1
摩托车(辆)	4.8	11.4
自行车(辆)	39.2	71.5
汽车(辆)	0.2	0.2
键盘式手风琴、键钮式手风琴(架)	10.2	2.8
书(本)	806.1	994.3
报纸(份)	88.2	105.5

资料来源：斯维尔德洛夫斯克州国家档案馆，Ф.1813，Оп.14，Д.3272，Л.1；俄罗斯联邦国家档案馆，Ф.374，Оп.32a，Д.7172，Л.78。

如果对发生在农村人口生活环境中的收入增长、支出结构等整个变化范
围进行统计，就能证明 20 世纪 50～70 年代，苏联形成了一个与众不同的苏
联式消费阶层类型，它具有普遍的生活水平低、消费结构不合理、存在长期
赤字、利用非法方式购买物品、再分配机制特殊等特点。

---

① *Баранова Л. Я.，Левин А. И.* Потребности，доходы，потребление : эконом. словарь -
справочник. М.，1989. C. 155.

消费阶层是工业社会的阶层之一，更确切地说是工业社会发展的高级阶段，其突出特点为缩小城市和农村居民的消费模式差别，将物质和文化基本需求进行统一化和标准化。苏联消费阶层同西方一样，早在20世纪60年代就形成，80年代达到了顶峰，影响着农村地区城市化消费模式的建立。

更晚期的特点是造成农村地区严重危机和农村居民分化的各种各样的过程，不仅考虑到了经济因素，也考虑到了地理因素：处于城市影响范围内的农村居民的收入和消费具有更高的指数，它们的结构整体上符合现代城市模式。在远离市中心的农村地区则出现了仿古生活方式以及回归传统消费模式的现象，他们追求自然经济，甚至走向衰落。这些过程与农业经济情况和农业经济在市场经济环境下的变化有关：由于远离城市及其肥沃的土壤，市场经济出现更多亏损。这种规律性早在19世纪德国经济学家约·海·屠能（1783~1850）的著作中就有所揭示，21世纪初才在俄罗斯以完整形式显现出来。

据家庭经济预算调查统计，1996年10%的最富裕农民的现金收入比相同数量的低收入人群高出26倍（城市人口高出13倍）。农村地区日常生活中再次出现贫穷的概念，贫穷的原因则是失业和农村劳动者的工资水平低。事实引发担忧，贫穷成为一种社会规律，导致俄罗斯农村居民当中出现了冷漠、绝望的情绪以及酗酒、嗜毒、行乞等多种社会弊病，此外，农村家庭现金收入低于最低生活需求，比城市"贫穷"人群收入少将近30%①。

亚·尼库林认为，农村地区此时的危机由下列因素决定：一是作为特殊生活和思想方式代表者的农民阶级几乎完全消失；二是社会经济分化加深；三是农村地区长期贫穷状态的形成和扩大②。

---

① Потребительская кооперация – социально – ориентированная система рыночной экономики. Развитие села и деревни ［Электронный ресурс］. URL：http：// www. univer5. ru/ekonomika/potrebitelskaya – kooperatsiya – sotsialno – orientirovannaya – sistema – ryinochnoy – ekonomiki – 30/Page – 3. html.

② См.：Никулин А. Куда селянину податься?！ Особенности постсоветского существования российского села ［Электронный ресурс］// Индекс. Досье на цензуру. 2005. № 21. URL： http：//index. org. ru/journal/21/nikulin21. html.

第四节　农民的劳动与休闲

在城市化条件下，不仅农村社会文化领域发生了变化，日常活动形式也同样有所变化。首先是劳动方式，劳动方式的变化与农业环境的现代化、农业劳动过程中机械化的推广，以及农业劳动的职业化等方面息息相关。早在20世纪30年代，机械工作者作为独立的专业群体分离出来，成为第一个五年计划时期的英雄，并在电影中被赋予浪漫主义的描写。之后出现了农艺师、兽医、畜牧工作者等特殊专家类型，并成为农业知识代表群体。20世纪60~70年代出现了更细微的职业划分，如女挤奶员、女养禽员、女养犊员、女养猪员等女性职业和拖拉机手、联合机手等男性职业，这些职业的产生也成为职业化形成的标志。

劳动性质和劳动内容的变化体现在劳动就业曲线中，这种变化显得越来越"城市化"，在劳动法中被严格规定。20世纪60年代，工休日和假期成为农民不可剥夺的社会权利，为实现这项权利，还专门建立了必要机制，并实行了社会保障性措施。对劳动和休闲的态度与传统观念不同，现代社会常常将它与道德品质的丧失联系起来，就像农民阶级丧失了勤劳意识、主人翁意识、对大自然的热爱等品质。的确，农村地区的整个生活体系发生了改变，随之而来出现了各种负面后果，其中最重要的是自由时间制度问题。

传统农民生活方式包括两项基本活动：劳动（农业劳动及家务劳动）和节日。农民缺乏自由时间（休闲）的概念，在农民的世界里存在一种观念——将无所事事（不工作）视为罪过，认为这是游手好闲者和懒汉的特征，而且不工作是在逃避农业劳动，是任何理由都无法辩解的。对无所事事者持否定态度是农民回忆录的主题："村子里有几个酒鬼，每村有一两个，他们都是不爱劳动的懒汉。在农忙期经常能看见他们拿着钓鱼竿在河边，或者背着行李去城里，秋天拿着猎枪赶着去打猎。"[1] 钓鱼和打猎是城里人的

----

① *Бердинских В. Речи немых...* С. 81.

传统休闲活动，而在农村，对于被大量农活包围的农民来说，这是不应该有的消遣。

在农民社会中能得到认可和批准的只有两种活动——农业劳动和节日。但是与其将节日理解为从劳动中的解放，不如理解为是灵魂的劳动，也就是说两种情况都不能避免劳动。的确，不管是平日还是节日，都被没完没了的工作占满，这是传统所维持的。民间俗语中有一句话——"双手在劳动，灵魂在庆祝节日"，从这句话中能够解释生活中的二元论（平日和节日），就像两种劳动状态——体力劳动和精神活动。

在传统社会，劳动具有自己的特点：一是缺乏专业性，需掌握所有必要劳动技能来保障农民经济的运行；二是工作量的非正常化，工作量主要由农业周期决定，具有季节连续性的特点。

生产劳动的交替决定了农民家庭的传统生活方式，以大自然的日历为准。农业周期从春天谢肉节之后开始，那时雪已经融化。首先要反复耕地把地耕松，然后播种和施肥。在彼尔姆省，由于其大陆性气候和夏季短暂的影响，农业周期缩短到四个多月，即4月末到9月初。播种一般从4月25~26日开始，在北部县要晚一些，5月前几天开始，秋播作物的播种工作要在7月末完成，8月初就已经开始了收割。谷物收割后捆起来，先一捆一捆放好，再堆成垛。为了谷粒不散落下来，收割要在2~3周之内完成①。7月份，在完成播种工作到收割之前的时间里要进行割草工作。春夏时期是最紧张的时节，要没日没夜地干活，一家老小——所有家庭的潜在劳动力都要投入进来。

据 Л. В. 来洛夫的计算，花在个体农户经济上的劳动时间（4月中旬到9月中旬）除星期日外有128~130天，其中，割草需要30天，耕作花费100天。按照1/10计算（除收割和脱粒外）需要22个工作日，农民在这22天内必须完成在更好的环境中需要40天来完成的工作量②，在这种时间安

---

① Списки населенных мест Российской империи. Т. 31. Л. CCXCVI – CCXCVⅡ.

② См. : *Милов Л. В.* Великорусский пахарь и особенности российского исторического процесса. М. ，2001. С. 213.

排下耕作质量只能是粗糙的。

粮食收割完毕并不意味着农民劳动的结束：下雪前要收土豆、蔬菜，储藏浆果和蘑菇，拔亚麻、揉碎亚麻茎，盖房，准备过冬。

12 月份和 1 月份在农民日历中是最平静的时候，充满各种节日，但也不能休息，这时候也需要干活：女人编织粗麻布，男人外出打工或做一些家庭副业，为新的农业季节做准备。B. 别洛夫在自己的书中写道："谢肉节后农民是没有休息时间的，（劳动）一个接一个，都没空转身（可能因此才出现了'一年到头'的说法）。劳动、休息，平日和节日都是那么有规律，哪个都不能少，就像自然规律一样有自己的顺序，农民的负担据此而来。"①这种劳动长度和连续性是农民生活方式的基础，在这种情况下从劳动中解脱出来的休闲活动就是一种例外，是在神的法典中被允许的特殊节日。

这就是为什么假期必须以传统的视角，作为一种基本劳动计划的补充来加以看待。节日意味着活动交替，保障从生产工作到人类个人需求的心理转变，这与人类最主要的几个功能——组建家庭、心理减压、交流和创造性自我实现等功能息息相关。从而，节日安排农民生活中那些与社会（集体）生活方式息息相关的各个方面，并保障人们的社会文化一体化。

传统节日被划分为宗教节日、家庭节日和社会性节日。社会性节日包括被称为"沙皇日"的几个节日：沙皇登基日、沙皇诞生日和命名日等。所有这些节日都处于宗教的影响范围内，起到圣化宗教的作用。节日周期的另一个重要调节者是与日历有密切关系的经济活动。考虑到这些因素，几个世纪以来形成了节日年度周期，它调整农村生活，为其增添稳定性和可预测性。节日还作为工作总结节点，是准备和进行某种活动的信号。节日不仅决定生产活动的时间，还决定婚礼、生育等家庭活动的时间。人们按照宗教日历来计划斋戒、婚礼时间和各种农业劳动的开始日期。

节日活动要服从规定安排：禁止劳动（"神圣的日子，万物沉睡"），

---

① *Белов В.* Лад. ［Электронный ресурс］.Ч. 1 ：Круглый год. М.，1989. URL：http：// www.netda.ru/belka/texty/lad/lad1.htm.

但家务劳动并不受其约束（准备食物、收拾屋子、照料家畜）。每个节日都有其例行的一贯仪式。需要指出，传统节日的活动结构都以相同的本质属性和行为作为基础，这使得它们具有相似特点：农户巡逻队（为确保每家每户都能得到安宁）；将节日在歌曲和仪式中拟人化（游戏、占卜、教会礼拜）；食用每个季节所特有的当季食物；祭拜祖先[①]。节日的持续时间从几天到几周各不相同，但都超过一天。正如伊万诺娃（基洛夫州波格舒勒村）所回忆的："到了节日，所有人都到邻村去串门，节日里谁也不会干整整一个星期的活，夏天也好，冬天也好，整个村子都在举行盛宴。"[②]

年度季节周期从谢肉节开始，到圣母节结束，谢肉节是献给万物复苏的春天的节日，之后一年的田间劳动就开始了。民俗历法和宗教历法的重合和结合是节日的传统特点，应将它看作农民意识的混合显影，这种意识中交织着基督教信仰和多神教信仰。这些节日正是人们对周围世界认识的最明显的例子，这种认识基于东正教理论，逐渐扩大着自己的范围。

在农民世界中，教堂起到非常重要的作用，它决定着农民对世界的认知，支撑着他们的美感和宗教感。在很多地方能见到有关教堂的回忆录，回忆录里把教堂描述为休息场所和恢复身心的地方："人们在教堂里休息，在上帝面前净化自己的心灵，忏悔罪过。教堂里面是那么的美丽！""我不是虔诚的信徒。就算我马上就到了 90 岁。但有些东西确实是存在的。很久之前去忏悔，忏悔和涂油仪式完毕后不知从哪涌现出一股力量，一回到家就开始干重活。"[③]

不止步于农民节日的宗教部分，我们来关注一下节日的具体活动及其仪式，在这方面，教会礼拜和圣礼是组成要素，但不是唯一要素。节日的非宗教要素也同样重要，这些要素涉及庆祝活动、娱乐活动、舞蹈等内容，在这

---

①　См.：*Капица Ф. С.* Славянские традиционные верования, праздники и ритуалы：справочник. М.，2009. С. 185.

②　*Бердинских В.* Речи немых... С. 41.

③　*Бердинских В.* Речи немых... С. 78，146.

些活动中，不同村子的年轻人相互结识，择偶，尽情玩耍。

复活节时人们会去荡秋千……夏天的庆祝活动都是为了纪念宗教节日。三位一体的安息日人们也过得很愉快，第二天则是"地球命名日"（圣灵节），这一天不能碰触地面，既不能挖土，也不能耕地。"斋戒期前的最后一个荤食日"周围的所有人都到梅连基村去，在那里人们唱流行歌曲，跳巴拉布什卡、克拉科维克舞、波尔卡舞、华尔兹舞、卡德里尔舞或集体舞。此后则是"博罗季诺祈祷日"，这一天人们携带神像到教堂礼拜，之后开始跳舞。随后的 7 月 7 日是"伊万诺夫日"，科绍勒克民众翩翩起舞。7 月 12 日是"彼得和保罗节"，我们到十公里外的布林尼科夫辛纳去。11 月 8 日是"米特列弗斯卡娅"日，是战胜鞑靼人的纪念日，这一天人们去别人家做客或请别人来家里做客。当圣诞节到来，在小木屋里开始举行各种娱乐晚会，孩子们在村子里溜达，召唤"今天到某某家聚聚"。圣诞节的第二周被称为"恐怖的晚上"，这一周所有人都占卜，装成魔鬼四处奔跑，乔装成各种样子，唱歌。"主显节"时人们做十字架到教堂祝圣，随后分置于家中和家畜棚中，以驱魔避鬼。这个年代还出现了流动电影院，每周圣灵降临节前人们都会运走粪便，打扫街道，冲洗家里的所有物件（摘自基洛夫州阿芬尼奇村的教师尼·格·谢列兹尼奥夫的回忆录）[1]。

家庭事件补充宗教节日，农民家庭生活中最重要的是婚礼和葬礼。葬礼仪式，特别是追悼传统，叠加在宗教日历上，形成了自己的追悼周期，这对每个家庭来说都很重要。

节假日历中星期日占重要位置，因为星期日信徒们要去教堂做礼拜。虽然庆祝星期日有很深的历史和宗教渊源，但是将它视为休息日的观念很晚才形成。在俄罗斯，这与农奴制的确立有关，从 17 世纪开始俄罗斯就禁止星期日让农奴做工。工业革命和工业化使得星期日成为劳动者的法定休息日，这也为其他多个国家设立劳动相关法律打下了基础。

有些观点认为，星期日是不愿意工作的日子，也就是非工作日，但是在

---

① *Бердинских В.* Речи немых… С. 92 – 93.

农民群体中这些观点有自己的理由。农民认为星期日是去教堂的日子："我们每个星期天都去教堂，参加教会的每个宗教节日。星期日午饭前不干活，做日祷时不干活。"能够看出，并不存在星期日全面禁止劳动的情况，不仅如此，在春夏时期，白天的每个小时都被计入劳动时间，这种约束逐渐被破坏，但星期日作为休息日得以确立本身应被评价为新环境下节日传统的发展结果。

因此，农民的这种建立在劳动和节日交替之上的生活方式作为一项基本活动被保留了很长一段时间，一直到 20 世纪 60 年代，即便是在集体农庄—国营农场体系条件下也是如此。

集体农庄和国营农场的建立以及个体农户经济的消失影响了农民的劳动计划，但这并非其主要因素。传统工艺仍处优势，农业劳动机械化仍然是未实现的课题，日常生活总循环遵循传统节奏，按照农业劳动日历中的顺序来进行。它与传统生活方式的区别在于，农民家庭在集体农庄和国营农场做工的同时必须抽出时间从事个体宅旁园地经济生产，因为 20 世纪 30 ~ 40 年代人们的生活主要依靠个体宅旁园地。这导致集体农庄庄员们的劳动强度被迫提高，从早到晚（夏天从凌晨 5 点到晚上 10 点）必须从事田间劳动和畜牧业等集体农庄的工作，自己的生产工作（菜园和饲养家畜）主要靠家庭中没有劳动能力的成员来完成，大部分工作落在女主人身上（这属于她的责任范围内），女人必须在集体劳动出工前做完所有家务事。斯特列莫乌索娃（基洛夫州克里沃舍亚村）回忆："我开始在集体农庄干活，我们有个组长，他安排我们的工作，早上五点钟就来敲窗户，告诉我们今天去哪儿，他让我们去哪儿我们就去哪儿。用马车把粪肥拉到田里，那时根本没有什么机器设备，机器什么的都是童话故事里才有的……然后开始耙地、播种，所有的事情不得不做。要是组长让我们五点去，就得三点或更早起床，生好炉子，给家畜煮食，还要给自己做饭，给母牛挤奶，给它喂食，然后一大早跑去工地……"[1] "晚上回来要洗衣服，洗完跑到小河边清涮，根本没时间睡觉，

---

[1] *Бердинских В.* Речи немых... C. 85.

给家畜煮完食，然后又跑到工地。几乎没时间看孩子，干活干得都不分节日和休息日。"[1]

总之，个体经济生产活动消耗集体农庄庄员的大部分自由时间，个体劳动的主力是女性，还有儿童和老人，妇女们花在个体经济活动上的时间是男性的 3 倍。根据斯维尔德洛夫斯克州 1963 年对集体农庄庄员的预算调查数据，大多数家庭（71.9%）一年中用于个体经济生产的劳动时间为 900～1200 个小时[2]。牲畜需要长期照料，每天要花费 2～3 个小时；宅旁园地生产活动具有季节性特点，如夏天宅旁园地劳动量最大，大多数家庭花 100～300 个小时，25% 的农户花 301～500 个小时。在乌拉尔农村地区，半数以上的家庭每年花费 301～600 个工日，2.7% 的家庭花费 100～300 个工日，35.3% 则超过 600 个工日。劳动强度取决于家庭人口数量和生产规模，引入家庭成员外的人手从事生产劳动的方式在实践中逐渐扩大，62% 的农户有过这种经验，雇佣劳动需求量最大的季节是夏天——割草时期和收割时期。家庭中缺乏足够劳动力是需要补充劳动力的原因之一。

在分析集体农庄庄员劳动繁忙程度时，需要指出，集体农庄这一大型多种经营经济体中的劳动，客观上促进了专门化和职业化的发展，但这一发展并未一蹴而就。早期阶段，劳动理所当然具有部分互换性和可代替性，农民继续充当多面手，从事着各类必要劳动。

　　我们的出勤日从早上五点跑到马圈套马开始，直到晚上，从日出到日落，只要天还亮着就得不停耕地。冬天，只要有人主动愿意干活，那么从凌晨三点开始就有各种活要干。我们要赶马，甚至要赶马搬运袋子。冬天要从牧场运干草，春天一到，就要耕地、播种，再运粪肥，所有粪肥都运到草垫子那里，让这些粪肥发臭，然后是割草……在太阳升

---

① *Бердинских В.* Речи немых... С. 105.

② Здесь и далее, если нет дополнительных ссылок, приводятся данные, полученные в результате анализа первичных бланков бюджетов семей колхозников Свердловской области за 1963 г. (см.: ГАСО. Ф. 1813. Оп. 14. Д. 3529, 3581, 3584).

起前就要开始割草，六七点钟去吃个早饭，再回去割草，然后吃午饭，之后要把草垛堆起来，然后继续割草割到晚上十点钟，再收拾一下。那么多的马匹轮班干活，400 捆禾捆在一起，做成杆。工作日铺上草席，收割粮食，要知道一粒粮食也不能漏掉。草席用韧皮编织，孩子们拔亚麻。秋天，男人们修建房屋，女人们将亚麻磨碎。冬天，男人们编鞋，擀制毡靴，做木匠活。以前想躺会儿看个电视都不行，当然那时候也没有电视。(玛·米·克丽沃舍因娜，基洛夫州济姆尼克村)[①]

随着农业生产机械化的发展，形成了机械工、农艺师、挤奶员、养犊员、养禽员等专业小组，但在整个集体农庄时期人数最多的还是劳动者这一类型，在 20 世纪 60 年代被叫作"杂工"。每种不同类型劳动者的工作计划都各有特点。

畜牧业工作者、行政管理人员和机械工的劳动就业程度最为稳定，不依赖于季节 (见表 6 - 7)。在分析集体农庄庄员就业程度时，明显能看出所有类型劳动者人数根据季节变化有所波动。在冬季，劳动力基本从事畜牧业、建筑业以及农业相关劳动，包括运粪肥、选种、盖雪保墒等工作，超过半数的集体农庄庄员从事这类劳动。研究时期，机械工组成了大量工作小组，成员主要是男性，数量相对稳定，只是在夏季收割时节会有一些增长，这时技术得到最大利用，还会引进额外劳动力，这类劳动者的比率在冬天达到 12.7%，在夏天达到 13.1% (见表 6 - 7)。

集体农庄行政管理人员组成了一个非常稳定的群体，其比率在 6.8% ~ 7.2% 浮动。行政机关管理人员包括集体农庄主席、副主席、农场和车库负责人、组长、会计员、仓库管理员，还包括农艺师、兽医、医生等专业人员。这些职位需要一定的专业水平和知识，但这在 20 世纪 60 年代是远远无法实现的。农场负责人、组长、会计员等作为管理及专业的中层人员，往往连中等教育都未接受过。此类人员多为男性 (75%)。

---

① *Бердинских В. Речи немых. . . С. 54 - 55.*

表 6 - 7 1963 年斯维尔德洛夫斯克州集体农庄庄员职业就业率

单位：%

劳动者类型	夏季	冬季
未就业者	4.1	12.2
机务人员 POLK.	13.1	12.7
畜牧师	22.2	25.3
杂工——农艺师	19.0	28.9
行政管理人员	7.2	6.8
其他**	15.8	2.3
不详	18.6	11.8

*这一类型包括看守人、锅炉工、清扫女工以及其他服务人员。

资料来源：本表格参照集体农庄庄员预算进行统计，斯维尔德洛夫斯克州国家档案馆 Ф. 1813. Оп. 14. Д. 3529，3581，3584。

在分析杂工类型的就业率时，可以发现他们具有季节性不稳定的特点，冬季做杂工的劳动人口比率达到 28.9%，夏季他们被分配到大田工作队或去做看守员、木工或厨师等，即从事服务农业生产的工作。从事作物栽培和畜牧业的大部分是女性，男性一般做机械工，在建筑或服务行业工作，随着职业化的发展，这一类型比率逐渐下降。米·阿·别兹宁和塔·米·季蒙妮指出，要是 1939 年只能划分出 12 ~ 13 种农业职业的话，到了 70 年代已经有 159 种了。1939 年，80% 的俄罗斯农民的劳动"没有专业名称划分"，到了 1970 年，没有专业劳动名称的人口比率为 47%，出现了明显的下降[1]。

冬季有一部分集体农庄庄员（12.2%）不参加集体农庄劳动，通常是退休人员。夏天，当农业劳动量加大时，这一比率急剧下降（4.1%），也就是说，这能最大限度利用农村潜在劳动力。普通集体农庄庄员的低收入状况迫使他们经常要在国营企业以私人形式从事额外劳动，这种情况存在于 1/3 的农村家庭中。额外收入不仅能够补充家庭预算，还能保障集体农庄庄

---

[1] См.：*Безнин М. А.*，*Димони Т. М.* Сельский социум России 1930 - 1980 - х гг.：контуры концептуальной переоценки // Гос. аграр. политика в России XX векав контексте модернизационного процесса. Вологда，2006. С. 181 - 189.

员全年的劳动量。

甚至在 20 世纪 60 年代中期，当包括收入和消费在内的农业人口活动在不同领域都出现巨大变化之时，劳动基本上还保持其传统特点，根据季节变化来进行不同类型的劳动以及集体农庄庄员手工劳动，特别是作物栽培中的专业化和技能的低水平等仍然是劳动的典型特点。大多数集体农庄庄员在农田和牧场忙于繁重的体力劳动，农村特权阶级（专家、机械工）范围还是非常小的，而正是这个阶级关系到劳动和休闲新关系的形成。

集体农庄农民生活方式的转折发生于 20 世纪 80 年代，当时根据所有参数（组织劳动和休息、日常技术产业饱和度、闲暇时间）能够判断，农村居民的生活方式接近城市标准。谢·格·卡尔波夫的研究结果显示，工人、职工和集体农庄庄员花费大约 1/3 的晚间时间从事劳动，只有集体农庄的妇女们花费较少的晚间时间，但她们有更多的家务活要做。集体农庄庄员比城里人在宅旁园地经济生产上花费时间更多，但是在时间安排中这一比率已经下降到了 4% ~ 5%。农村居民的休息和娱乐时间要比城里人少一些，但这些差距并没有那么大①。

在传统社会中被看作标准的几种现象，如彻夜工作、只有在暂停基本农业劳动的冬季才降低劳动强度、缺乏休息日和假期等，在工业社会环境下却属反常现象。基于法定标准的固定工作时间、工作日和休息日的轮换等"城市化"劳动制度逐渐在农村确立起来，并引发不同后果。集体农庄庄员自由时间的增加成为值得注意的问题，因为农民还不具备正确理解自由时间的意识，尤其是农忙期的自由时间更无法理解。在他们的潜意识中"工休日"是罪过，是不符合传统的事情，因此导致了酗酒等负面现象的蔓延。

相比劳动性质的改变，转变更为迅速的是农村的节日文化。在强大的政治思想压力下，苏维埃节日逐渐取代宗教节日，形成了新的家庭仪式，并且还根据职业、革命、劳动、军事爱国等内容增加了节日的命名类型。目前，

---

① См. : *Карпов С. Г.* Социальные процессы в российской деревне в 1960 – 1990 – е гг. Вологда，2007. С. 18 – 19.

城市日、公司日等一些小团体的节日还在继续补充着节日清单。无论如何，在文化教育工作范围内，这些节日与新生活方式和新文化的形成密切相关。

早在 1920 年，苏联政府废除了 9 个与基本宗教节日和"沙皇日"相关的休息日[①]。1928 年 12 月 5 日发布了列宁签署的条例，规定了每周的休息日和一系列节日：1 月 1 日——新年；1 月 22 日——纪念 1905 年 1 月 9 日；3 月 12 日——推翻专制制度日；3 月 18 日——巴黎公社日；5 月 1 日——第一国际日；11 月 7 日——无产阶级革命日。1922 年的苏联假日安排中只剩下 8 个宗教节日和新的革命节日。除此之外，1924 年，用两个新的休息日——5 月 2 日和 11 月 8 日代替了主显节（1 月 19 日）和报喜节（3 月 25 日）[②]。节假日的变化旨在建立新的非宗教革命节日传统，使节日文化摆脱宗教束缚，将其引入正轨，并据此试图改变婚礼、葬礼等家庭节日仪式。

实行新的节假日安排是一个非常复杂且缓慢的过程，特别是在农村地区，因为农村扮演着节日传统守护者的角色。在农村，不顾官方的谴责，直到 20 世纪 60 年代还庆祝着所有主要的宗教节日。与此同时，人们也逐渐习惯了庆祝十月节、五一节、新年等新的苏维埃节日。还形成了诸多与劳动传统有关的集体农庄新节日，如首沟节、首捆节、收获节等。农民们回忆："秋天有那么多集体农庄节日！没什么可伤心的事，在这种节日会有一桌子菜等着我们，第一道菜是土豆，用甜菜和胡萝卜炒出了一些菜肴……没人喝太多酒，只喝一点点，然后在手风琴伴奏下狂欢一整夜。人民懂得休息，也懂得工作。"[③]

在农村地区，新节日因引入革命要素再现了传统方式。用组织集会代替了教会礼拜，用游行示威代替了宗教游行。新节日的高潮是农村的联合盛宴和歌舞庆祝活动。

这种传统和新苏维埃节日文化要素交织碰撞的过渡一直持续到 20 世纪 50 年代，当时，农村社会文化发生了一些重大变化。随着俱乐部系统的出

---

① См. : *Руднев В. А.* Советские обычаи и обряды. Л. , 1974. С. 14.

② См. : *Руднев В. А.* Советские обычаи и обряды. Л. , 1974. С. 15.

③ *Бердинских В.* Речи немых... С. 104.

现，俱乐部开始承担起包括家庭礼仪和节日在内的组织功能，城市的相关经验在其中起到了促进作用。1959 年，第一家婚礼宫在列宁格勒开业，这为其他城市形成类似机构网络打下了基础。到了 1970 年，全国共有 600 家婚礼宫①。新礼仪的制定是在当时反宗教活动的过程中进行的，旨在让年轻人脱离宗教。在这种情况下，恢复许多民间礼仪被认为是完全可行的方案。在准备婚礼庆典时，按历史传统进行定亲和订婚。葬礼仪式的变化更为复杂，但由于教会的地位更加牢固，葬礼礼节并未发生本质改变。

20 世纪 60~70 年代的节日具有原则性不同，即引入了音乐技术、记录手法、专业演员表演等新技术。这种方式逐渐取代农村节日的传统音乐模式，从活动型转化为消费型，并作为一种与个性创作密切相关的特殊活动形式，破坏着节日的交际及审美传统。我们当前能观察到的节日文化的合理转变是其向观念多样化的转变，如在节日中客人和主人处于观众的角色，通过观看专业人士的表演而娱乐消遣。

生活方式的变化与农村劳动制度、劳动内容以及节日文化相关，这种变化导致社会时间结构变得更加复杂。要是说在传统生活方式中只能划分出劳动和节日两种活动类型，那么在新环境中又形成了第三种日常生活方式——休闲，休闲对农民来说是类似于自由时间的既陌生又不好理解的概念。在农村居民的日历中出现了工休日和假日，但自由时间的安排在农村居民日常生活安排中成为主要问题之一，这一决定关系到新俱乐部和图书馆的建设，这些建设被赋予提高休闲文化质量的使命。但俱乐部和 80 年代得到普及的电视事业都没能减轻这方面的压力，迫切需要形成新的休闲习惯，改变农民对自由时间的看法，将自由时间看作自我发展中的必要部分，为此急需时间和精力去保证新信息的获取及新的活动方式（运动、学习、积极的休闲等）的普及，这对传统的休闲方式进行了补充。

在观察农民生活方式变化过程中，我们碰到了另一问题，即有关休息权利立法制度的确立和保障问题。作为必备要素被纳入苏维埃公民权利之一，

---

① См. : *Руднев В. А.* Советские обычаи и обряды. С. 76，82.

休闲活动在农村具有自己的特点。农村居民和集体农庄—国营农场劳动者并不能马上实现这一权利，它的实现要比城里人晚很多，而且实现形式也并不完整。

需要指出，休息的权利属于人的社会经济权利范畴，在国际文件中也有所体现，证明了其在公民社会地位中的重要性。其中，1948 年 12 月 10 日通过的《世界人权宣言》（第 22 条）和 1966 年通过的《经济、社会及文化权利国际公约》（第 7 条）中确认了每个人都有拥有公平且适宜的劳动条件的权利，其中包括休息、休闲、合理安排劳动时间以及定期带薪假期等内容。休息的权利与工作权和社会保障权等其他权利密切相关。

所研究的休息法的确立享有国际及宪法地位，它是人们对权利及劳动活动所持观念的复杂发展过程，据此减少工作日的要求成为无产阶级经济斗争的主要口号之一，此后还成为工党章程之一。以缩短工时为斗争目标的无产阶级运动是工业革命和早期工业化发展的结果，因为工业革命与"早期"工业化都需要最大限度地追求利润，缺乏农村劳动力所需要的劳动条件。这意味着劳动权和休息权是在工业社会形成的条件下建立起来的，相应地，它对那些有关工业生产的社会群体和阶级来说是非常迫切的。起初，农民处于这一进程之外，因为对他们来说更加迫切的是对土地权和自主权的需求，他们基于自然规律来解决和调节劳动和休息问题，这一问题的解决就并不如工人阶级那般迫切。

休息权被认为是苏维埃立宪制的成果之一，此规定在大多数社会主义国家的宪法中得以确定，并成为"人民性"和"公正性"最强有力的证明之一。休息权的基本内容关系到几个问题的解决，如通过立宪立法限制工作时间，确立工休日和节日，并赋予劳动者每年的带薪休假权。

休息权在苏维埃法律中首次被提及是在 1936 年的宪法，第 119 章规定："苏联公民有休息的权利，休息权通过以下几种方式予以保障：大多数劳动者的劳动时间减少到 7 个小时，确立劳动者和职工每年带薪休假制度，为劳动者提供更多疗养院、休养所、俱乐部等服务体系。"在之后的 1977 年宪法中这一权利得到批准，为劳动者和职工扩大权利提供了保障（第 41 条），并且首次提到了集体农庄庄员。

但矛盾也是明显的：宪法是决定所有公民权利和义务的基本法律，不取决于社会属性。与此同时，实现这一权利的保障从一开始就只是提供给劳动者和职工的，集体农庄农民虽然表面上拥有这项权利，但一直到 20 世纪 60 年代还并不具备实现这一权利的条件，甚至在《社会主义社会发展宪法》（1977 年）中，这一权利实现的保障也被转嫁给了集体农庄，集体农庄必须独立地调整劳动时间和休息时间。

作为实现休息权的物质保障，提出了"扩大文化教育和保健机构体系"等措施，这些措施确实存在，但只能通过社会保险和工会等国家系统才能实现，直到 20 世纪 60 年代，这些活动也只能覆盖苏联社会的一小部分而已。在这一时期由农民阶层所组成的最广泛社会群体，却处于休息权保障机制之外。

与一百年前一样，20 世纪 20～50 年代，农民的生活要根据农业周期的传统进行调节，农业周期还决定着工作时长（从黎明到黄昏）以及休息日天数。与此同时，现代化条件下农业生产中的传统劳休调节机制已经无法让人满意，农业经济的机械化早在 20 世纪 30 年代就得以显现，而之后开始推广的电气化和集约化建立起了新的劳动节奏，新劳动节奏本质上近似于工业化，急需标准化管理。

直到 1969 年，所有农业劳动标准的问题无论如何也没能在立法层面得到严格规定，而只被看作经济内部事务，在集体农庄规章层面进行解决。集体农庄成员义务劳动最小值相关决议的颁布（1939，1942）是一个例外，其中规定了参加劳动日数的下限，但没有限定允许的上限①，意味着这些决议具有动员性特征，与立宪权利的实现无关。

要是从经济主体方面考虑集体农庄无权的处境，注意到他们对国家规划和管理机制完全从属的地位，那么显而易见，这种状况表现在破坏集体农庄

---

① В 1939 г. был установлен обязательный минимум трудодней для трудоспособных колхозников – 100，80 и 60 трудодней в год（в зависимости от краеви областей）. В 1943 г. он был повышен: до 120 – 150 трудодней.

庄员休息权和工作时间权利的行为中，一般来说，根本不可能向他们提出用疗养院、休养所等形式的"物质"条件来保障这些权利。组织劳动和休息的相关问题通过集体农庄章程进行调整，但在多数情况下这些问题的保障并未得到增强，因为实际上缺乏实现它的财政资金。根据 1935 年的示范章程，集体农庄可以建立社会文化基金，用于帮助残疾人、老年人或作为其他用途，最多能够扣除总产值 2% 的资金用于此项开支，但是考虑到集体农庄的制度具有充公性质，这类基金实际上没能建立起来。

长期以来，国家对集体农庄庄员社会性保障问题所采取的措施只有《农业劳动组织示范章程》和《社会互助基金示范章程》，但这些也没能对制度和标准的确立予以帮助。富裕产业本应在社会保障中承担一部分责任，但它们整体上没有起到任何作用。集体农庄庄员社会保障的这一状况一直持续到 1964 年 7 月 15 日，直到有关集体农庄成员退休金和救济金的法律颁布为止。

1959 年 1 月 1 日，将近 80% 的国家农业劳动组织向自己的成员提供了物质支持。在乌拉尔地区，这类支出在 85.2% 的生产单位得以实行，金额并不多，根据集体农庄的经济状况每月每人发放 6~8 卢布。1964 年，通过了《集体农庄成员退休金和救济金法规》，由此形成了统一的退休金保障体系。集体农庄庄员退休金规定为最低 12 卢布，最高 102 卢布。到了 1965 年末，全国集体农庄退休人员数量达到近 800 万人，1966 年，乌拉尔地区有 253600 名退休人员拿到了退休金[1]。

休息权的实施在 1969 年的示范章程中有所规定，其中首次确认了集体农庄庄员的基本公民权利——劳动权、劳动报酬保障权、安全劳动环境权和休息权[2]。与此同时，在章程中还确定由全体大会决定义务劳动最低标准，每周劳动时间由集体农庄庄员自行决定，并在内务规程中予以规定。大多数集体农庄实行 6 天工作日 1 天休息日的制度，但在农忙期这些原则未能被

---

① См.: *Акифьева Н. В.* Рост доходов колхозников Урала в 1959–1970 гг.//Материальное благосостояние тружеников уральской советской деревни. Свердловск, 1988. С. 103.

② См.: *Иванов А. С.* Права и обязанности членов колхоза. М., 1970.

遵守。

新章程还规定了集体农庄庄员带薪假期标准,这在 20 世纪 60 年代已是普遍现象,集体农庄自行决定假期长短和工资数额。章程中还提出了示范标准:基本类型劳动者的假期日数应不少于 15 天;主席、负责人、专家以及其他无规定劳动日数的劳动者应享受 6～12 天的补充假期;假期工资由集体农庄按照月平均工资的百分比来确定,集体农庄庄员要在完成规定的最低工作日前提下才能享受假期。章程中还规定了拥有荣誉称号的集体农庄庄员能够享受某些优惠条件,他们能得到现金奖励和疗养所、休养所的免费使用证。

所有支出都从社会保险集体基金中拨款,根据全苏第三次集体农庄庄员代表大会(1969 年)的决定,扣除集体农庄庄员劳动报酬总额的 2.4% 划到集体基金中,由此项基金出资向集体农庄庄员支付补助金和疗养院、休养所、膳宿公寓的使用费用。因此,农民阶级也被纳入了社会保险国家系统中,这一体系不仅保障退休费用和救济金,还为实现休息权提供物质保障,因此得以依靠集体基金支付部分或全部疗养院、休养所使用费用。社会保障基金的组织和领导工作由工会负责。

20 世纪 60 年代,为实现集体农庄庄员休息权,实施了系列保障措施,如建设私人的休养所、疗养院和膳宿公寓。1953～1958 年实行的改革及集体农庄庄员物质福利增加对集体农庄经济状况好转起到了催化作用。20 世纪 50 年代,农村的日常生活住房建筑和文化建筑数量增加,最富裕的集体农庄建起了休养所和膳宿公寓用于为自己的庄员提供休闲场所。例如,巴拉希哈区的基洛夫集体农庄在 60 年代下半期建设了膳宿公寓,几乎所有庄员都在那里休息过。1968 年,莫斯科郊外梅季希区的集体农庄"红尼瓦"为将近 1/3 的集体农庄庄员分发了在疗养院治疗的免费使用证;1969 年,将近一半的集体农庄成员去过疗养院或休养所休息①。

20 世纪 70 年代,由集体农庄、国营农场和社会保险基金出资建设的休养

---

① См.：*Иванов А. С.* Права и обязанности членов колхоза. С. 22.

建筑规模扩大，并且促进了那些规模虽小，但与被调查时期相比足以引人注目的疗养体系的建立。在苏联共建设了将近300家疗养院、400家少先队夏令营，其中包括阿卢什塔的"金嗓子"、叶先图基的"尼瓦"、别洛库里哈的"卡通"、乌斯季卡奇卡的"卡马河边的庄稼"等。为扩大休养基地规模，农业劳动者中央工会在索契和雅尔塔租下了"外国旅游者"宾馆。当然，这只是沧海一粟，但在工会有关集体农庄和国营农场劳动者在疗养院、休养所休假人数的综合报告中，几十万人次记录在册，再不复从前的寥寥无几。

1978年，115万人次苏联集体农庄庄员得到了由社会保险出资的优惠券和免费券。1965～1978年，这一数量增加到了1200万人次。针对疗养服务的社会保险支出从1971年的2300万卢布增加到了1978年的4300万卢布。1970～1978年，共支付了48900万卢布用于集体农庄庄员的社会保险[①]。

在分析农民和集体农庄庄员的休息权实现问题时，需要明确关于苏联建设疗养设施使用相关组织筹备因素。疗养服务体系和其他休闲设施的发展被认为是宪法中关于确保休息权的保障条件之一，相应也出现了其普及问题，就是包括农民在内的普通公民是否能够使用它们。

在苏维埃政权执政时期，国家建立起了疗养服务体系，其中包括两种类型的疗养院——工会疗养院和机关疗养院。1919年，通过了《关于全国意义上的医疗区》相关法令，这一法令为疗养区的国有化打下了基础。1921年5月13日人民委员会《关于成立休养所的决议》中指出，休养所由省工会委员会成立，用于向劳动者和职工提供可休息场所，即其中的主要任务交给了工会，委托工会来检查使用证分配情况[②]。作为对工会的补充，还开始出现机关疗养院（由联盟和共和国内阁、政府部门、大企业和创造联合会出资建设），但此时它的管理权属于产业工会。之后，通过工会的努力，接受疗养治疗的体系得以巩固，而那些不受工会活动支配的公民类型自动脱离了这一体系，涉及的主要是农民，之后还包括集体农庄庄员。

---

① См.：Профсоюзу работников сельского хозяйства – 60 лет. М.，1979. С. 60.

② См.：*Козлов И.*，*Слуцкий С.* Профактиву о санаторно – курортном обслуживании трудящихся. М.，1984. С. 7.

  直到 1965 年，工会活动并未涉及集体农庄庄员。虽然国家已经拥有农业劳动者和职工工会，但其影响仅限于集体农庄、机器拖拉机站、采购部门的劳动者。它的历史要追溯到 1919 年 6 月，当时彼得格勒成立了雇农工会，用来营造劳动环境、制定地区机关和集体农庄劳动者的工资、实行 8 小时工作制等①。1931 年，成立了 4 个工会：农业集体农庄劳动者联盟、畜牧业集体农庄劳动者联盟、机器拖拉机站劳动者和雇农联盟，以及制糖工业劳动者联盟。在长期的改组交替后，1953 年在它们的基础上成立了农业生产采购劳动者和职工的统一工会，1977 年更名为农业劳动者工会。

  1958 年起，随着机器拖拉机站进行改造并转交给集体农庄，部分机械工和专家从机器拖拉机站转到了集体农庄，因此做出决定在集体农庄组建工会团，为他们保留了工会成员资格和国家社会保险权利。这一时期工会成员的扩充也是依靠集体农庄、国营农场改造和集体农庄成员社会地位的变化来进行的。1965 年，批准了《关于成立集体农庄工会委员会》的决定，其中将集体农庄庄员参与工会活动的权利予以合法化，使这一类型人口能够享受属于全苏工会中央理事会所有的疗养综合设施和其他社会福利。1979 年，1150 万名集体农庄庄员（95% 的正式工人）成为工会成员。在 20 世纪 80年代，工会成员共计 2800 万人，包括集体农庄、国营农场劳动者和农业服务部门劳动者②。

  因此，对苏联现实生活中不同社会群体实现休息权的历史研究清楚显示，其中缺乏平等的机会和保障。对劳动者和职工而言，这一权利不仅在国家宪法级别得以确认，还用劳动法律、社会保障法规以及正在形成的疗养设施体系予以保护。此外，在这种情况下我们对休息和康复需求的满意度不予以评价，因为这也存在社会选择性。上级任命的干部和行政管理人员代表能够在最大程度上享受这一项权利，例如，1970 年，劳动者只得到了 48% 的疗养院和休养所使用证③。获得使用证的机会，甚至付费获得使用证的机会

---

① См. : Профсоюзу работников сельского хозяйства – 60 лет. С. 4.

② См. : Профсоюзу работников сельского хозяйства – 60 лет. С. 8.

③ См. : Санаторно – курортное обслуживание и отдых трудящихся. М. , 1985. С. 11.

也因休养机构的生产能力而被限制。

而对于集体农庄庄员和农民来说，这一权利到了 1977 年才被写入宪法，并且缺乏保障。到了 20 世纪 60 年代才开始真正履行休息权，然而由于农业领域的落后性和亏损性，这一实践并未得以显著发展。1/3 的集体农庄庄员一生中未必去过一次疗养院和休养所，当然，要是想找例外和正面例子还是能找到的。

上述情况不仅与苏联社会保障体系的不完善及既定社会方针有关，还关系到农业劳动的特点，长期以来，农业劳动中劳动和休息在传统基础上被严格规定，只有在构成工业社会和农村城市化的条件下，休闲方式的新形式才能产生。

在现代化条件下，也一直存在休息权的不平等，这种现象的加深不仅由于经济环境的成分多样化及国家社会保障力度的下降，还与生活水平等因素密切相关。此外，农村人口在这方面仍然处于最受限制的境地。

结　论

　　城市化作为现代化改革的最重要组成部分，是一种合乎规律的现象，其本质常常被认为是非常片面的。人们经常将它看作城市发展以及大多数城市居民集中到城市居民点的过程，却忽略了城市化的系统性，城市化系统性必然会涉及城市居民网本身和农村地区，给农村地区增添新特点和性能。城市标准在农村地区得到巩固，形成了新的社会文化环境，在农民意识和生活方式中得到了反映。这些农村共性改革过程常常在科学文献中记录为术语"农民分化"，因为通过农民分化出现了农村人口的社会特征变化，这种变化可以说是 20 世纪下半期农村地区社会共性的合并，这种社会共性是工业社会所特有的。

　　农村地区的改革是一个复杂的过程，早在 19 世纪就已经开始，需要将社会基础设施、公共事业、交通发展、组织居住空间时采用的新原则、改变生活方式等诸多新元素加入农村居民结构中。但是直到现在，这一改革还没有完成。

　　能够划分出几个城市文化要素渗透到农村生活方式的渠道：迁移、教育体系和日常文化服务、舆论条件等。这些影响要素当中国家政策对农村的态度占最重要的地位。国家政策客观上提出了克服城乡差别的任务，不自觉地承担起了观念载体的角色，成为社会上现有的、有关农村地区在变化中的社会所处地位和作用的观念载体（客观上来说是神话性的），并形成了指向加速收拢农村居民网并将农村改造成为城市的思想目标。

　　农村城市化的初始阶段为 19 世纪下半期到 20 世纪 20 年代，当时出现了质变的逐步积累，为农村地区的主要改革提供了前提条件。此时，农村居民网获得了新特点。农村居民点的功能、性质、甚至外观都发生了变化，还形成了社会基础结构，旨在完成附加社会功能——教育、保健，运输网和通信得到了发展，而这些并不是传统农村的特点。除此之外，1861 年出现了行政区划管理和自治的新形式——农村社会。农村社会是农民村社的存在形式，依赖于传统制度，但同时也发挥某些创新载体的作用。在完成原始功能的同时，农村社会负责开展信贷所业务，保护粮仓，保持道路、医院和救济院的完好状态，农村社会被赋予了地方政府机关的功能，也就是说农村社会的出现可以看作农民社会组织发展中的一个新阶段。

　　到第一次世界大战前夕，在涉及工业化的首都以及大型省份和地区开始出现非常明显的新迁移特征。在莫斯科和圣彼得堡周围出现了避暑山庄，非农业居民区比率也提高了。地方自治局的工作效率非常缓慢，但在农村确实出现了生活条件的改善。但是世界大战和随后的革命和内战，不仅阻挠了这些过程，还导致了传统迁移方案的恢复。

　　在农村城市化初始阶段，政治决策的影响具有间接性质，农村教育、保健、贸易、日常文化环境的发展与其说是由国家干预决定的，不如说是由内部机制来决定的，其中也包括村社传统。地方自治局和村社自治机关承担起了现代化趋势的倡议者和代表者的角色。

　　到了 20 世纪 20 年代，情况发生了一些变化，在苏维埃国家体制形成的条件下，其特点是在社会的各个领域实行集中和严格控制，包括教育、文化教育工作以及社会政治生活。同时还出现了消灭各种在农村起到显著作用的自治形式的情况，相应地提高了政治因素的影响，国家成为仅有的农村地区改革的倡议者和思想家，确定了农村城市化的方向和内容。

　　农村城市化初始阶段的特点为农村居民的生活方式主要还保持着传统特征。基本变化涉及消费的双重标准（日常消费和炫耀性消费）的建立，这要以一些城市文化（家具、日用品、服饰）的存在为前提。但是普遍低生活水平使得不可能完全改变消费模式，消费模式还保留着传统特点。

农村城市化第二阶段出现在 20 世纪 30 ~ 50 年代，其基本特点为苏联农村的社会主义改造，这一改造不仅涉及生产环境和社会环境，还涉及农民生活的日常文化条件。另外，国家的主要注意力集中在了前两个问题的解决上，而农村地区的改造问题只是顺便涉及而已。需要指出的是，在具有城市化效果的国家政策中最显著的方向则是指向消除文盲、推广初等义务教育以及在农村地区建立俱乐部、图书馆网作为农民政治思想教育基本渠道的方法体系。运行集体农庄—国营农场体系的条件对集体农庄、国营农场生活方式的合并起到了影响，这与在维持普遍低生活水平的条件下习惯性地对集体农庄庄员增加劳动强度是有区别的。强化对农民的剥削、利用包括限制农民迁移自由在内的强制性非经济手段为一些历史学家得出恢复农村农奴关系的结论奠定了基础。这种观点是对农村地区工业化早期阶段情况的简要说明，只基于政府和农民之间的一些外部关系现象。集体化是农业改革的特殊形式，它与短期内建设大型集约化农业生产、具有公开化法律手段和经济上偏移的行政手段等内容有关，直接反映在农民生活水平和生活方式中。

农村城市化第三阶段（20 世纪 60 ~ 80 年代）的特点是农村地区改造综合方法的形成，这种方法不仅涉及生产领域和文化领域，还涉及居民环境，为俄罗斯农村城市化改革提供了必然的完整性。此外，上述阶段相比之前阶段的主要特点是忽略了农村共性的功能特点，结果，城市化获得了明显的变形特征。

在农业领域实行了农业生产集约化政策，尽管结果是相互矛盾的，但客观上它推动了农业领域的工业化以及之后出现的农业共性的社会变化，其中还包括农民劳动和休息特点。这一时期，在农村地区实行了一系列计划，关系到完善公共设备、发展道路网和交通运输、电气化和煤气化等方面。但是这些仅仅面向有发展前途居民点的方针本质上限制了其成效，并未涉及绝大多数居民点。迁移无发展前途居民点的政策为俄罗斯农村的命运带来了极其严重的后果，导致大片荒地出现，农村土地开发程度也有所下降。

1982 年通过的粮食计划开始承认农村地区的危机状况。一些 80 年代在实现粮食计划基本方向期间刚刚出现的积极趋势被 80 年代末突发的危机和随后的市场化改革所中断。缺乏足够的人力资源和物资使农村地区处在了极其危险的状况之中，不仅农业生产和居民生活水平下降，还出现了对前段时间建立起来的社会日常基础设施的破坏，甚至都没有机会提出收拢城市化进程。相反，在某种意义上它的发展更具挑衅性，加强了农村的社会紧张度。

因此，国家成为 20 世纪农村地区改革的主要推动力，这种改革关系到新的城市化社会文化环境和日常生活环境。在实现社会政治和土地政策领域目标的过程中，特别是在苏维埃时期，政府成为现代化趋势的代表者，但是这一政策的结果是矛盾的，在很大程度上使农村地区的自然变化进程出现了变形，还导致了农村地区危机状况的形成，这一危机状况我们能在 21 世纪初观察得到。

城市化最主要的结果和内容为农村生活方式从传统方案到城市化的转变。这一过程与农民分化概念密切相关，是合乎规律的客观过程。其本质在于社会群体（农民）逐渐失去自己的社会经济标志和文化标志（特征）。

农民分化具有内外两方面。农民分化外部成分表现在农民人口数量的实际减少中。首先，这是工业化和农村迁移发展的结果；其次，这是人口现象类型发生变化的后果，这种变化与向少子女家庭的过渡和控制出生率有关。战后时期，农民分化外部成分得到了内部成分的补充，在它的影响下，农民活动形式的变化以及传统生活方式的变化得以加速。农民分化内部成分逐渐围绕日常生活、文化传统、闲暇时间、农村居民的世界观等方面，改变了农民的生活，使得农民丧失了其作为社会群体的属性和特征。农民分化内部成分的影响后果在战后时期已经非常明显，到了 20 世纪 60 年代，造成了农民阶级在生活方式上的分化，与传统农民生活方式和集体农庄—国营农场生活方式共存的还有农村城市化生活方式和随后的城市化生活方式。农村城市化生活方式的划分早在 20 世纪 60 年代就根据集体农庄庄员的预算被仔细研究，它证明农村地区的收入、消费、劳动和休息方面的质变。

农村城市化的第四个阶段为亚城市化，这一阶段于 1990～2000 年在农村地区大规模开展。亚城市化很难进行，而且目前只围绕大城市的郊区进行着，那里的城市居民拥有（正在建设）第二套（暑期用）住宅或移居到建好的别墅区，为自己带来新的生活方式。上述过程还未出现明显的结果，但能够预测，在亚城市化条件下将会发生城乡间功能的重新分配，农村地区将逐渐成为休养地区，其生产功能将退居次位，并被城市私有化。这一新功能将决定农村地区在后工业化社会条件下的特点和功能。未来将会证明一切。

图书在版编目（CIP）数据

城市化背景下的俄罗斯农村：19 世纪下半叶至 20 世纪／（俄罗斯）马祖尔著；张广翔，王祎，高腾译．－－北京：社会科学文献出版社，2018.10
（俄国史译丛）
ISBN 978 - 7 - 5201 - 2606 - 9

Ⅰ．①城…　Ⅱ．①马…②张…③王…④高…　Ⅲ.
①城市化 - 研究 - 俄罗斯 - 近代　Ⅳ.①F291.1

中国版本图书馆 CIP 数据核字（2018）第 078999 号

·俄国史译丛·

城市化背景下的俄罗斯农村

——19 世纪下半叶至 20 世纪

著　者／〔俄〕Л. Н. 马祖尔
译　者／张广翔　王　祎　高　腾

出 版 人／谢寿光
项目统筹／高　雁　恽　薇
责任编辑／颜林柯　程丽霞

出　　版／社会科学文献出版社·经济与管理分社（010）59367226
　　　　　地址：北京市北三环中路甲 29 号院华龙大厦　邮编：100029
　　　　　网址：www. ssap. com. cn
发　　行／市场营销中心（010）59367081　59367018
印　　装／三河市东方印刷有限公司

规　　格／开　本：787mm × 1092mm　1/16
　　　　　印　张：22.75　字　数：343 千字
版　　次／2018 年 10 月第 1 版　2018 年 10 月第 1 次印刷
书　　号／ISBN 978 - 7 - 5201 - 2606 - 9
著作权合同
登 记 号／图字 01 - 2017 - 4440 号
定　　价／98.00 元

N